비밀학 개요

Rudolf Steiner:

Die Geheimwissenschaft im Umriss (GA 13) © Rudolf Steiner Verlag, Dornach

Korean language edition:

© 2024 Korea Anthroposophy Publishing, Seoul

루돌프 슈타이너 전집 인지학 5

비밀학 개요

1판 1쇄 발행 2024년 6월 30일

지은이. 루돌프 슈타이너
옮긴이. 이수영

발행인. 이정희
발행처. 한국인지학출판사 · 한국슈타이너인지학센터 www.steinercenter.org
주소. 05659 서울특별시 송파구 마천로 76 성암빌딩 5층
전화. 02-832-0523
팩스. 02-832-0526

기획제작. 씽크스마트 02-323-5609

ISBN. 979-11-92887-04-3 (03370)

이 책의 제작을 위해 특별히 후원해주신 단체와 개인 후원자 여러분께 감사드립니다.
사단법인 한국슈타이너인지학센터, 인지학 출판프로젝트 2025, 벨레다 코리아,
한국발도르프영유아연대(KASWECE), 씽크스마트, 권영완, 박용옥, 송광수, 이정자,
장구지, 정애영 님의 특별 후원으로 제작되었습니다.

후원계좌 | 신한은행 140-009-321956(한국슈타이너인지학센터)

전집에 포함된 루돌프 슈타이너의 저서들은 전집 목록 번호(GA)와 함께 표기했다.

비밀학 개요

Die Geheimwissenschaft im Umriss

루돌프 슈타이너 Rudolf Steiner

이수영 옮김

한국인지학출판사
KOREA ANTHROPOSOPHY PUBLISHING

목차

초판 서문 (1909)

여기 이 같은 책을 대중에게 건네는 사람은 자신이 상술한 내용에 대해 현재 가능한 모든 종류의 평가를 차분하게 생각해볼 수 있어야 한다. 가령 학문의 연구 결과들에 따라 관련 문제들을 깊이 생각해 봤던 누군가가 여기 제시된 여러 가지 문제에 대한 설명을 읽기 시작했다면 다음과 같은 판단을 내릴 수도 있다. "이와 같은 주장이 우리 시대에 대체 가능하기나 한 것인지 놀라울 따름이다. 가장 단순한 자연과학적 개념들을 멋대로 다루어 기초적인 지식으로도 이해할 수 없도록 만들었으니 말이다. 저자는 가령 '열熱'이라는 개념을 물리학의 모든 현대적 사고방식을 전혀 경험하지 못한 사람만이 할 수 있는 방식으로 사용한다. 물리학의 기초만 아는 누구라도 저자가 말하는 것은 딜레탕티슴이라는 명칭조차 얻지 못하고 완전한 무지라고 치부될 뿐임을 알려줄 수 있을 것이다." 이런 종류의 평가를 내리는 문장들은 얼마든지 더 많을 수 있다. 그리고 앞의 말에 이어서 어쩌면 다음과 같은 결론도 생각할 수 있을 것이다. "이 책 몇 쪽을 읽은 사람은 자신의 기질에 따라 미소 짓거나 화를 내며 책을 치우고는 자신에게 말할 것이다. '이 시대에 방향이 잘못된 사고에서 이런 엄청나게 비정상적인 결과가 나오다니, 참 기이하다. 이 책의 내용은 사람들이 요즘 마주치게 되는 갖가지 별종의 하나로 제쳐 두는 것이 가장 좋다'라고 말이다." 그런데 정말로 그런 평가를 듣게 된다면 이 책의 저자는 뭐라고 말할까? 그는 단순히 자신의 관점에서 그 평가자를 판단력이 없는 독자로 여기거나 명민한 판단을 얻으려는 선한 의지가 없는 사람으로 간주해야 하지 않을까? 이에 대해서는 "그렇지 않다"고 대답해야 할 것이다. 저자는 결코 항상 그렇게 하지는 않는다. 그는 자신을 평가하는 사람이 매우 똑똑한 인물이거나 유능한 학자, 또는 매우 성실하게 판단을 내리는 사람일 수 있다고 생각할 줄 안다. 이 책의 저자는 그런 사람의 영혼과 그 사람을 그런 판단으로 이끌 수 있는 이유들을 충분히 이해할 수 있기 때문이다. 저자 자신은 전반적으로 적절하지 않다고 여기는 것 같지만, 특히 이 책의 경우 저자가 실제로 말하는 바를 쉽게 이해시키기 위해서는 몇 가지 개인적인 사정을 언급할 필요가 있다. 그렇다고 해도 이 책을 집필하기로 한 결심과 관계가 없는 것은 그 무엇도 언급되지 말아야 할 것이다. 만일 그런 책에서 언급된 내용이 개인적인 성격만 띠고 있다면, 그것은 분명 아무런 존재 이유가 없을 것이다. 책의 내용은 모든 사람이 이해할 수 있는 서술이어야만 하고, 가능한 한 개인적인 성향이 전혀 드러나지 않는 것이어야 한다. 그러므로 그런 의미의 개인적인 것을 말하는 것은 아니다. 여기서 개인적인 것이라고 한 것은 저자가 자신의 설명에 대하여 앞에서 요약한 평가를 납득할 만하다고 여기면서도 이 책을 쓸 수 있었던 이유를 이해시키는 것으로 국한되어야 한다. 물론 그런 개인적인 것에 대한 언급 자체를 불필요하게 만들 수 있는 무엇인가도 존재할 것이다. 이 책의 모든 세부적인 내용이 현재의 학문이 이룬 모든 발전과 정말로 일치한다는 것을 보여준다면 말이다. 그러나 그러기 위해서는 이 책에 대한 서문만으로도 여러 권의 책이 필요할 것이다. 지금으로서는 그런 책이 제공될 수 없기 때문에 저자가 보기에 만족스러운 방식으로 그런 일치를 가능하게 한다고 생각하는 개인적인 상황들을 언급할 필요가 있을 것 같다. 저자가 다음과 같은 사실을 고백할 수 없었다면, 이 책에서 열熱 과정 등에 관해서 언급된 모든 내용을 발표하려는 생각은 하지 않았을 것임이 분명하다. 30년 전부터 저자는 다양한 분야로 갈라진 물리학을 섭렵할 수 있었다. 당시 열 현상에 관한 영역에서는 이른바 열역학 이론에 속하는 설명이 연구의 중심이었다. 그리고 저자는 이 열역학 이론에 아주 특별한 관심을 가졌다. 당시 율리우스 로베르트 마이어, 헤르만 폰 헬름홀츠, 제임스 프레스콧 줄, 루돌프 엠마누엘 클라우지우스[1] 등

---

[1] Julius Robert Mayer, 1814-1878, 독일의 의사이자 물리학자로 에너지 보존 법칙을 발견했다.
Hermann von Helmholtz, 1821-1894, 선구적인 의학자, 해부학자, 생리학자, 물리학자다.
James Prescott Joule, 1818-1889, 영국의 물리학자로 역학적 일에 의해 생산된 열의 양을 측정했다.
Rudolf Emanuel Clausius, 1822-1888, 물리학자이며 역학적 열 이론의 창시자.

의 이름과 연계된 설명의 역사적 발전은 저자의 지속적인 연구에 속했다. 이를 통해서 저자는 연구하는 동안 충분한 기초와 능력을 얻었고, 이로써 오늘날 물리학의 열 이론 분야에서 이루어진 모든 실제적인 발전을 따라갈 수 있었을 뿐 아니라 이 분야에서 과학이 성취한 모든 것을 파고들려 할 때도 별다른 어려움이 없었다. 저자가 스스로에게 "이건 내가 모르는 것이다"라고 말해야 했다면, 이는 저자가 이 책에 제시한 내용들을 말하거나 쓰지 않은 채 지나갈 이유가 되었을 것이다. 실제로 저자는 현재의 학문이 알고 있는 것 가운데 저자 자신도 충분히 명확한 방식으로 말할 수 있는 것에 대해서만 언급하고 쓰는 것을 정신과학 영역의 원칙으로 삼았다. 그렇다고 저자는 그것이 모든 사람에 대한 보편적인 요구라고 말하려는 것은 아니다. 누구나 자신의 판단력, 건강한 진리 감각, 자신의 감정이 시키는 것 등을 말하고 널리 알리고 싶은 충동을 느낄 수 있다. 비록 오늘날의 학문적인 관점에서 관련 문제에 대해 언급되는 내용들을 모른다고 해도 말이다. 다만 이 책의 저자 자신만큼은 앞서 언급한 원칙을 지키기를 원한다. 이 책에 등장하는 인간 신체의 선腺 체계나 신경계 등에 관련된 문제를 예로 들자면, 저자 자신이 현재의 자연과학자가 학문의 관점에서 선 체계나 신경계를 말하는 형식으로 말하려고 시도할 수 없다면 거기에 대해 몇 문장을 언급하지 않았을 것이다. 이 책에서 서술한 것과 같은 방식으로 열에 대해 말하는 사람은 오늘날의 물리학 기초를 전혀 모르는 것이라고 판단할 수 있다. 그럼에도 불구하고 저자가 현재의 연구 상황을 진정으로 알려고 노력했기 때문에 자신이 그렇게 열에 대해 말할 권리가 있다고 믿는 것도 맞고, 저자가 모르는 것이라면 그렇게 말하지 않았을 것이라는 사실도 맞다. 저자는 그런 원칙을 말하게 되는 동기가 겸손하지 못한 태도와 쉽게 혼동될 수 있다는 사실을 안다. 그러나 이 책에 대해서는 그 원칙을 언급할 필요가 있는데, 저자의 진정한 동기가 완전히 다른 것들과 혼동되지 않도록 하기 위해서다. 이 동기의 혼동이 겸손하지 못한 태도와 혼동되는 것보다 훨씬 더 나쁠 수 있기 때문이다.

그런데 철학적 관점에서 나오는 평가도 가능할 것이다. 그 평가는 다음과 같은 형태가 될 수도 있다. 철학자가 이 책을 읽는다면 이렇게 자문할 것이다. "저자는 현재의 인식론적 작업을 모두 놓친 것일까? 그는 칸트라는 사람이 살았다는 사실, 그에 따르면 그런 것을 주장하는 것이 철학적으로 허용되지 않는다는 사실 등을 전혀 모른단 말인가?" 이런 식의 질문이 이어질 수 있다. 그러나 다음과 같은 평가로 마무리될 지도 모른다. "철학자가 보기에 그와 같이 무비판적이고, 순진하고, 비전문적인 것은 참을 수 없는 일이고, 거기에 대해 계속 논하는 것은 시간 낭비일 것이다." 저자는 앞에서 간단히 언급한 것과 같은 동기에서 그와 결부될 수 있는 모든 오해에도 불구하고 여기서도 다시 개인적인 것을 말하고자 한다. 저자는 16세에 칸트를 연구하기 시작했다. 그래서 오늘날에는 여기 이 책에 제시된 모든 것을 아주 객관적으로 칸트의 관점에서 평가할 수 있다고 진실로 생각한다. 이런 면에서도 저자가 책을 쓰지 않을 이유가 있었을 것이다. 현재의 비판적 척도가 적용해서 어떤 철학자가 이 책을 순진하다고 여길 수 있는 이유가 무엇인지 몰랐다면 말이다. 그러나 여기서는 칸트의 의미에서 가능한 인식의 한계들을 뛰어넘게 된다는 것을 정말로 알 수 있다. 나아가 요한 프리드리히 헤르바르트[2]가 "개념들의 가공"에 이르지 못한 "직접적 실재론"을 어떻게 발견하게 되는지 알 수 있다. 심지어 윌리엄 제임스와 퍼디낸드 실러[3] 등의 현대 실용주의가 "우리가 우리 것으로 습득하고, 통용시키고, 효력을 발생시키고, 입증할 수 있는"[4] "진정한 관념들"의 척도를 어떻게 극복된 것으로 여기는지도 알 수 있다. 사람들은 이 모든 것을 알 수도 있고, 그럼에도 불구하고, 어쩌면 바로 그 때문에 여기 제시된 설명을 쓰는 것이 정당하다고 생각할 수 있다. 저자는 《괴테 세계관의 인식론적 기초》,

2) Johann Friedrich Herbart, 1776-1841, 철학자이자 영향력 있는 교육학자.

3) William James, 1842-1910, 미국의 심리학자, 철학자, 종교 심리학자로 실용주의의 창시자. Ferdinand Canning Scott Schiller, 1864-1937, 영국의 철학자로 실용주의를 인문주의와 결합시켰다.

4) 심지어 "가정(Als ob)"의 철학, 베르그송주의, "언어 비판"을 진지하게 고려하고 연구했을 수 있다. (1913년 제4판에 대한 루돌프 슈타이너의 주석)

5) 《괴테 세계관의 인식론적 기초 Grundlinien einer Erkenntnistheorie der Goetheschen Weltanschauung》 (1886), GA 2.
《진리와 학문. 자유의 철학 서막 Wahrheit und Wissenschaft. Vorspiel einer Philosophie der Freiheit》 (1892), GA 3.
《자유의 철학 Die Philosophie der Freiheit》 (1894), GA 4.
《괴테의 세계관 Goethes Weltanschauung》 (1897), GA 6.
각주에 나오는 "가정"의 철학: 한스 파이힝어(Hans Vaihinger, 1852-1933)의 저서 《가정의 철학. 관념론적 실증주의를 바탕으로 한 인류의 이론적, 실천적, 종교적 허구 체계. 칸트와 니체에 관한 부록 포함 Die Philosophie des Als Ob. System der theoretischen, praktischen und religiösen Fiktionen der Menschheit auf Grund eines idealistischen Positivismus. Mit einem Anhang über Kant und Nietzsche》, Berlin 1911.
베르그송주의: 철학자 앙리 베르그송(Henri Bergson, 1859-1941)과 그의 학파.
"언어 비판": 프리츠 마우트너(Fritz Mauthner, 1849-1923)의 저서 《언어 비판 논고 Beiträge zu einer Kritik der Sprache》, 3권, Stuttgart 1901/02.

《진리와 학문》,《자유의 철학》,《괴테의 세계관》,《19세기의 세계관과 인생관》[5],《철학의 수수께끼》[6] 등의 저술에서 철학적 사고의 여러 경향을 연구했다.

생각할 수 있는 수많은 종류의 평가가 더 열거될 수 있을 것이다. 저자의 이전 저술 중에서 예를 들어《19세기의 세계관과 인생관》이나 짧은 저술인《해켈과 그의 반대자들》[7]을 읽은 사람도 있을 수 있다. 그런 사람은 이렇게 말할 수도 있다. "이 저서들과 이미 나온《신지학》[8]을 쓴 사람이 어떻게 여기 이 책도 쓸 수 있는지 이해하기 어렵다. 어떻게 전에는 그렇게 해켈을 옹호하더니 이번에는 해켈의 연구에서 건강한 '일원론'으로 귀결된 모든 것을 반박할 수 있을까? 이《비밀학》의 저자가 '불과 칼'을 들고 해켈에 맞서 싸운다고 이해할 수는 있다. 그런 그가 이전에는 해켈을 옹호했고, 심지어 해켈에게 저서《19세기의 세계관과 인생관》을 헌정했다는 사실[9]은 상상 가능한 가장 터무니없는 일일 것이다. 만일 해켈이 자신에게 책을 헌정한 사

---

6) (이 저서는 1920년 제7판부터 언급되었다.)

7) 《19세기의 세계관과 인생관 Welt- und Lebensanschauungen im neunzehnten Jahrhundert》, 2권. 1900/01. 바뀐 제목으로 출간된 증보판《철학의 역사 속에서 개요로 서술된 철학의 수수께끼 Die Rätsel der Philosophie in ihrer Geschichte als Umriß dargestellt》, 2권. (1914), GA 18.
《해켈과 그의 반대자들 Haeckel und seine Gegner》(1900), 논문 모음집《인지학의 방법론적 토대 Methodische Grundlagen der Anthroposophie》(1884-1901), GA 30, S. 152-201에 재인쇄.

8) 《신지학. 초감각적 세계 인식 및 인간 규정 입문 Theosophie. Einführung in übersinnliche Welterkenntnis und Menschenbestimmung》(1904), GA 9.

9) 이 저서의 1권에 나오는 루돌프 슈타이너의 헌사는 다음과 같다: "저자는 진심 어린 존경심에서 이 책을 에른스트 해켈 교수에게 바친다."

람이 어설픈 이원론보다 더한 것을 포함한 이《비밀학》같은 것을 집필하리라는 사실을 알았다면, 그는 그 헌정에 대해 '명확한 거절'의 의사와 함께 감사를 표명했을 것이다." 이에 대해 이 책의 저자는 다음과 같이 생각한다. 해켈을 아주 잘 이해할 수 있다고 해서 해켈의 생각과 전제들에서 나오지 않은 모든 것을 무의미한 것으로 여길 때만 그를 이해하는 것이라고 생각할 필요는 없다. 나아가 해켈을 "불과 칼"로 맞서 싸우는 것이 아니고 그가 과학에 기여한 것을 다룰 때 그를 이해할 수 있다고 말이다. 저자는 무엇보다 해켈의 반대자들이 옳다고는 전혀 생각하지 않는데, 가령 저자의 저서《해켈과 그의 반대자들》에서는 그들에 맞서 이 위대한 자연 사상가를 진정으로 옹호했다. 저자가 해켈의 전제들을 넘어서고 세계에 대한 정신적 견해를 순전히 자연적인 해켈의 견해와 나란히 둔다고 해서 그 때문에 해켈의 반대자들과 같은 의견일 필요는 전혀 없다. 문제를 올바르게 보려고 노력하는 사람은 저자의 현재 저술들이 이전 저술들과 일치한다는 점을 알아차릴 수 있을 것이다.

저자는 이 책의 서술 전체를 지극히 일반적으로 그저 제멋대로 풀어낸 상상이나 몽상적인 사유의 유희라고 비판하는 사람도 전적으로 이해할 수 있다. 그러나 이와 관련해서 언급할 수 있는 모든 것은 이 책 자체에 포함되어 있다. 여기에는 이성에 따른 사고가 어떻게 서술된 것의 시금석이 될 수 있고, 되어야 하는지 충분히 나와 있다. 이 서술된 것에 대해서도 가령 자연과학의 사실들에 마땅히 적용하는 것 같은 이성적 검토를 적용하는 사람은 이성이 그와 같은 검토에서 무엇을 말하는지 결정할 수 있을 것이다.

이 책에 반대할 사람들에 대해 이렇게 많은 이야기를 했으니 이제는 이 책에 동의하는 이유를 가진 사람들에게도 한 마디 할 수 있을 것이다. 이들에게 가장 중요한 내용은 제1장인 〈비밀학의 성격〉에 포함되어 있지만, 몇 가지는 여기서 언급해야 한다. 이 책은 비록 감각세계에 얽매인 지성으로는 알아내지 못하는 연구들을 다루지만, 선입견 없는 이성과 건강한 진리 감각이라는 천부적인 능력을 사용해도 이해하지 못할 것은 그 무엇도 제기하지 않았다. 솔직하게 말하자면 저자는 무엇보다 여기 제시된 것을 맹목적인 믿음으로 받아들이려 하지 않고 언급된 것을 자기 영혼의 인식과 자기 삶의 경험에 비춰 검증하려고 노력하는 독자들을 좋아한다.[10] 특히 논리적으로 정당화될 수 있는 것만 받아들이는 신중한 독자들을 좋아한다. 저자는 자신의 책이 맹목적인 믿음에만 의존해 있다면 아무 가치가 없을 것임을 안다. 이 책은 선입견 없는 이성 앞에서 자신을 정당화할 수 있는 한에서만 쓸모가 있다. 맹목적인 믿음은 쉽사리 어리석은 것과 미신적인 것을 진실한 것과 혼동할 수 있다. 초감각적인 것에 대한 단순한 믿음으로 만족하려는 사람들은 이 책이 너무 많은 사고 능력을 요구한다는 사실을 알게 될 것이다. 그러나 여기서 전달된 내용에서 정말로 중요한 점은 단순히 뭔가를 전달하는 것이 아니고 그에

---

10) 여기서는 초감각적 연구 방법을 통한 정신과학적 검증만이 아니라 무엇보다 건전하고 선입견 없는 사고와 상식에 의해서 얼마든지 가능한 검증을 의미한다. (1913년 제4판에 대한 루돌프 슈타이너의 주석)

연관된 삶의 영역을 진지하게 관조하는 데 적합하도록 서술한다는 사실이다. 최고의 것들이 비양심적인 협잡과 혼동되고, 실제 삶에서 인식과 미신도 너무 쉽게 맞닿아 있고 무엇보다 쉽게 혼동될 수 있는 그런 영역 말이다.

초감각적 연구에 익숙한 사람은 이 책을 읽으면서 초감각적 인식의 영역에서 오늘날 알려질 수 있고 알려져야 하는 것과 훗날에, 또는 적어도 다른 형태로 제시되어야 할 것 사이의 경계를 엄격하게 지키려 했다는 사실을 알게 될 것이다.

1909년 12월, 루돌프 슈타이너

제4판 서문 (1913)

　이 책에 기록된 것과 같은 내용의 정신과학적 결과들을 제시하려고 시도하는 사람은 무엇보다 이런 내용이 현재는 매우 광범위한 영역에서 불가능한 것으로 간주되고 있다는 사실을 고려해야 한다. 그럼에도 앞으로 이어질 상술에서는 우리 시대에 엄밀하다고 여겨지는 사고가 "인간의 지적 능력으로는 아마도 판단이 불가능한 문제로 남을 것"이라고 주장하는 문제들이 언급될 것이다. 그런데 진지하게 생각하는 많은 이가 그렇게 불가능하다고 주장하게 된 이유를 알고 존중할 줄 아는 사람이라면 인간의 인식이 초감각적 세계로 들어가지 못한다는 믿음이 어떤 오해에 기인하는지 끊임없이 밝히고 싶어할 것이다.

　이는 두 가지 이유 때문이다. 첫째, 만일 초감각적 세계로 들어가는 길이 없다면 인간의 영혼은 한층 깊은 사고의 과정에서 자신들이 제기한 삶의 의미와 가치에 대한 가장 중요한 질문들에 대한 답이란 있을 수 없다는 사실을 결국에는 인정하게 될 것이다. 그런 사실을 의도적으로 간과할 수는 있겠지만, 깊은 영혼 생명은 이런 자기기만을 동반하지 않는다. 영혼의 이 깊은 곳에 귀 기울이려 하지 않는 사람은 당연히 초감각적 세계에 대한 서술을 거부할 것이다. 그러나 이 깊은 곳의 요구가 전혀 들리지 않는 것처럼 처신하지 못하는 사람들은 존재하고, 그 수 또한 결코 적지 않다. 그들은 다른 이들이 "불가해한 것"을 숨기고 있다고 여기는 문을 끊임없이 두드리지 않고는 견디지 못한다.

둘째, "엄밀한 사고"가 내놓는 진술들은 결코 무시할 일이 아니다. 그런 진술을 접하는 사람은 그 가운데 진지하게 받아들여야 할 부분에서 그 진지함을 공감하게 된다. 이 책의 저자는 인간 지성의 한계를 규정하기 위해서 동원된 엄청난 사유 활동을 가볍게 무시하는 사람으로 간주되고 싶지는 않다. 이 사유 활동을 "고루한 지식"을 표현하는 미사여구 정도로 치부해서는 안 된다. 많은 경우에서 알 수 있듯이 그런 사유 활동은 인식을 얻으려는 진정한 노력과 진정한 통찰력을 바탕으로 이루어지는 것이다. 그보다 오히려 우리가 인정해야해야할 것은 "오늘날 과학적이라고 여겨지는 인식이 초감각적 세계로 나아가지 못하는 이유들이 그런 사유 활동에 의해 제시되었고, 그 이유들은 *어떤 의미에서는 반박될 수 없다*"는 사실이다.

저자 자신이 이 점을 조건 없이 인정하면서도 초감각적 세계와 연관된 서술을 펼치려는 것이 어떤 사람들에게는 무척 이상하게 보일 수 있다. 누군가 초감각적 세계를 인식할 수 없는 이유를 *어떤 의미*

에서는 인정하면서도 그 초감각적 세계에 대해 말하기란 거의 불가능해 보이니 말이다.

그러나 그런 태도를 취할 수도 있다. 동시에 그런 태도가 모순투성이로 느껴진다는 것도 이해할 수 있다. 인간의 지성으로 초감각적 영역으로 다가갈 때 겪게 되는 경험을 누구나 할 수 있는 건 아니다. 여기에서 이 지성의 증거들이 *반박할 수 없는* 것일 수 있다는 점, 그리고 반박할 수 없다고 해서 그것이 사실을 좌우하는 것일 필요는 없다는 점이 드러난다. 이 책에서는 모든 이론적 논쟁 대신 비교를 통해서 공통의 이해를 이끌어내고자 한다. 그 과정에서 비교 자체가 곧 증명은 아니라는 사실은 당연히 인정할 것이다. 그렇다고 해서 그런 비교가 때로는 표현할 내용을 이해할 수 있게 만든다는 사실에 걸림돌이 되지는 않는다.

실제로 일상생활과 일반적인 학문에서 작동하는 인간의 인식은 초감각적 세계를 파고들 수 없는 성질을 가졌다. 이는 반박할 수 없이 증명된다. 다만 어떤 종류의 영혼 활동에서 볼 때 이 증명은 누군가 인간이 자신의 육안만으로 한 생명체의 작은 세포들이나 멀리 있는 천체의 상태까지 볼 수 없다는 사실을 증명하는 경우가 아니면 아무런 가치가 없다. 일반적인 시력으로 세포까지 볼 수 없다는 주장이 사실이고 증명할 수 있는 것처럼, 일반적인 인식으로 초감각적 세계로 파고들 수 없다는 주장도 사실이고 증명할 수 있다. 그러나 일반적인 시각 능력이 세포에 도달하지 못한다는 증거 때문에 세포 연구에 대한 반대가 결정되는 건 결코 아니다. 이와 마찬가지로 일반적인 인식 능력이 초감각적 세계에 도달하지 못한다는 증거가 무엇 때문에 그 세계의 연구 가능성을 부정할 근거가 된단 말인가?

우리는 사람들이 이 비교에 대해 갖게 될 감정을 느낄 수 있다. 사유 활동에 대해 그런 비교로 대응하는 사람이 그런 사유 활동의 진지함을 짐작이라도 할 수 있을지 의심하는 것도 공감할 수 있다. 그러나 이 책의 저자는 그런 진지함을 온전히 공감하고 있을 뿐만 아니라 그런 사유 활동이 인류의 가장 고귀한 업적에 속한다고 생각하는 사람이다. 다만 인간의 시각 능력이 장비 없이는 세포에 도달하지 못한다는 사실을 증명하려는 노력은 불필요한 시작일 것이다. 엄밀한 사유 속에서 이 사유의 본질을 인식하는 일은 꼭 필요한 정신 활동이다. 그런 활동에 몰두하고 있는 사람이 실제가 그의 견해와 다를 수 있다는 사실을 깨닫지 못한다는 것은 충분히 이해할 만하다. 이 책의 머리말에는 여기서 추구한 것에 대한 이해가 전혀 없거나 저자 *개인*에게 허무맹랑한 공격을 가하는 사람들이 초판에 대해 제기한 여러 반박들에 대해 자세히 논할 공간은 부족할 수밖에 없다. 그럼에도 불구하고 여기 제시된 서술의 *의도*를 알려고 하지 않는 사람만이 이 책의 진지한 학문적 사유 활동을 과소평가하리라는 점을 강조하고자 한다.

시각 능력이 강화될 수 있는 것처럼 인간의 인식도 강화되고 힘이 더해질 수 있다. 다만 인식을 강화하는 수단은 전적으로 정신적인 성질의 것, 즉 내적이고 순전히 영혼적인 활동이다. 이 책에서는 그런 활동을 명상, 정관靜觀이라고 기술한다. 일반적인 영혼 활동은 신체적인 도구들에 예속되어 있다. 그러나 강화된 영혼 활동은 그것들로 부터 스스로를 해방시킨다. 오늘날의 여러 사고 경향 중에는 이런 주장을 완전히 무의미하게 여기고 그것이 오직 자기기만에 근거한다고 보는 경향이 존재한다. 그런 사고 경향들은 자신의 관점을 바탕으로 "모든 영혼 활동"이 신경계에 묶여 있음을 증명하는 일이 쉽다고 생각할 것이다. 이 책의 관점에 서 있는 사람은 그런 논증을 전적으로 이해한다. 그런 사람은 육체로부터 독립된 영혼 활동이 가능하다고 주장하는 것은 피상적일 뿐이라고 말하는 사람들을 이해한다. 그런 영혼의 체험이 신경 활동에 근거한다고 확신하는 이들은 "정신과학적 딜레탕티슴"을 간파하지 못하는 사람들이다.

여기에는 충분히 이해할 수 있는 어떤 사고 습관들이 이 책에 서술된 것과 너무나 첨예하게 대립하고 있어서 현재로서는 많은 사람들과의 소통이 전혀 불가능하다. 우리는 지금 자신의 연구 방향과 확연하게 다른 것들을 곧바로 환상이나 망상 등으로 비난하는 현재의 정신 활동에 더 이상 호응하지 말아야 한다는 바람을 관철해야 할 지점에 서 있다. 그러나 다른 한편으로는 사실 지금도 벌써 이 책에서 서술된 것과 같은 초감각적 연구 방법을 이해하는 사람들이 있다. 이들은 삶의 의미는 영혼이나 자아 등에 대한 일반적인 말에서 드러나지 않고 오직 초감각적 연구 결과에 대한 실제적인 접근을 통해서만 밝혀질 수 있다는 점을 간파한 사람들이다. 저자는 자신감이 아니라 즐거운 만족감에서 비교적 이른 시기에 제4판을 낼 필요성을 깊이 느꼈다.

이 점을 겸손하지 못하게 강조하는 이유는 새로운 판본도 "초감각적 세계관의 개요"라는 취지에 제대로 부합하지 않는다는 것을 너무나 분명하게 느꼈기 때문이다. 따라서 새 판본을 위해서 전체 내용을 다시 한 번 면밀하게 다듬었고, 중요한 부분들에 보충 사항을 추가했으며, 더욱 명료하게 설명하려고 노력했다. 그럼에도 불구하고 저자는 많은 곳에서 저자가 동원할 수 있는 표현 수단이 초감각적 연구로 드러나는 것을 담아내는 데 얼마나 거친 것들인지 느꼈다. 그로 인해 이 책에 제시된 토성과 태양과 달의 발달에 대한 사고에 도달하는 경로도 한 가지 이상 보여주기가 어려웠다. 이 문제에 관해서도 한 가지 중요한 관점이 이번 판본에서 다시 간략하게 다루어졌다. 그러나 그런 것과 관련된 경험은 감각 영역의 모든 경험과는 너무 달라서, 그런 경험에 관해서는 어느 정도만이라도 만족스러운 표현을 찾기 위해 끊임없는 노력할 필요가 있다. 여기서 서술하려고 한 것을 받아들일 용의가 있는 사람은 건조한 단어로는 말할 수 없는 많은 것들을 서술 "방식"을 통해서 드러내고자 한다는 사실을 알아챌 수 있을 것이다. 그 방식은 예를 들면 토성의 발달에서 다르고 태양의 발달에서 다르다.

이 판본에서는 "고차적 세계의 인식"을 다룬 책의 두 번째 부분에 저자가 중요하게 생각하는 다수의 보충과 부연 설명이 추가되었다. 이는 인간 내면에서 영혼적 과정이 이렇게 이루어지는지를 생생하게 묘사하기 위한 노력으로, 그 과정을 통해서 인간의 인식이 감각세계에 존재하는 자신의 한계에서 벗어나 스스로를 초감각적 세계를 체험할 수 있도록 만든다. 그런 체험은 비록 완전히 내적인 수단과 방법으로 얻어지지만 그것을 얻은 개별 인간에게 단순히 주관적인 의미만 갖지는 않는다는 것을 보여주려 했다. 서술에서 드러나야 할 것은 영혼 내에서는 영혼의 개별성과 개인적인 특수성이 벗겨지고 자기의 주관적인 체험에서부터 올바른 방식으로 발전을 이루는 모든 사람이 동일한 체험에 이르게 된다는 사실이다. "초감각적 세계의 인식"이 이런 특성을 가진 것으로 생각할 때, 그 인식은 비로소 단순히 주관적인 신비주의적 체험과 구분될 수 있다. 그런 신비주의에 대해서 우리는 그것이 어느 정도는 신비주의자의 주관적인 문제라고 말할 수 있다. 그러나 여기서 말하는 정신과학적 영혼 수련이 추구하는 것은 객관적인 체험들로, 그것들의 진실성은 온전히 내적으로 인식되는 동시에 바로 그 때문에 우리는 그 보편타당성을 통찰할 수 있다. 바로 이 부분에서도 우리는 우리 시대의 여러 사고 관습들과 소통하기가 매운 어렵다는 것을 알게 된다.

마지막으로 저자는 선의를 가진 사람들도 이 책에서 서술된 내용을 있는 그대로 받아들일 수 있으리라는 점을 언급하고 싶다. 오늘날에는 이런저런 정신적 경향에 이런저런 케케묵은 이름을 붙이려는 시도가 자주 있다. 그렇게 해야 누군가에게는 그런 사고 경향이 그럴싸하게 보인다. 그러나 "이 책에서 서술한 내용에 장미십자회의 주장이라는 등의 이름이 붙어 무엇이 얻어진단 말인가?" 하는 질문도 있을 수 있다. 중요한 건 지금의 영혼 발달기에 가능하고 거기에 적합한 수단을 통해서 초감각적 세계에 대한 통찰이 시도되는 일이고, 이 관점으로부터 탄생과 죽음의 경계 너머까지 이르는 인간의 운명과 인간 존재의 수수께끼를 관찰하는 일이다. 이런저런 케케묵은 이름을 가지려는 노력이 아니라 진리에 대한 추구가 중요한 것이다.

그뿐 아니라 적대적인 의도에서 이 책에 서술된 세계관에 여러 이름을 붙이는 일도 있었다. 저자를 가장 심하게 공격하고 모욕하려는 사람들의 허무맹랑하고 객관적으로 허위인 것들은 말할 것도 없지만, 그런 이름은 완전히 *독립적인* 진리 추구를 과소평가한다는 점에서 스스로 가치 없음을 드러낸다. 그런 이름은 이름 자체에 의한 판단이 아니라 이름 자체에 의해 만들어지거나 근거 없이 수용되고 계속 전달되는 것으로, 이런저런 사고 방향에 대한 의존성을 사람들에게 판단이라고 가르치려 한다. 저자에 대한 여러 공격에 직면해 이런 발언이 절실하기는 했지만, 저자는 *이 자리에서* 그 문제를 더 이상 다루고 싶지는 않다.

1913년 6월, 루돌프 슈타이너

제7~15판 서문 (1920)

　나는 이번에 출간되는 《비밀학 개요》의 개정판을 위해서 첫 번째 장 《비밀학의 성격》을 거의 완전히 새롭게 구성했다. 이를 통해서 이 장의 이전 텍스트에서 비롯되었다고 생각하는 여러 가지 오해의 빌미가 줄어들 것이라고 믿는다. 나는 여러 방면에서 다음과 같은 말을 들을 수 있었다. "다른 학문들은 증명을 내놓는다. 반면에 여기서 학문이라고 자처하는 것은 비밀학이 이것저것을 규명한다고 간단하게 말한다." 그런 선입견이 생기는 것은 당연한데, 감각적으로 지각할 수 있는 현실의 연관성을 설명하는 것과는 달리 초감각적 인식의 증명은 서술을 통해서는 이루어질 수 없기 때문이다. 이 책의 첫 번째 장을 수정함으로써 나는 그것이 단지 선입견과 관련된 문제라는 점을 이전 판본에서 밝혔다고 생각한 것보다 더 분명히 하고 싶었다. 책의 다른 부분에서는 내용을 보완함으로써 서술된 것을 한층 예리하게 강조하려고 노력했다. 또한 책 전체를 두루 살펴보면서 서술된

24

내용을 반복적으로 곱씹어볼 때 필요하다고 생각되는 많은 부분의
표현을 수정하려고 애썼다.

베를린, 1920년 5월, 루돌프 슈타이너

제16~20판 서문 (1925)

　책의 초판이 나오고 15년이 지났으니 이제 이 책이 탄생하게 된 영혼적인 상태에 대해 몇 가지 말해도 좋을 듯하다.

　나는 원래 이 책의 중요한 내용을 오래전에 출간된 《신지학》에 마지막 장[11]으로 덧붙일 계획이었다. 그러나 그것은 불가능했다. 《신지학》이 출판될 당시에는 이 책의 내용이 아직은 《신지학》의 내용과 같은 정도로 내 안에서 완성되지 않은 상태였다. 내 상상 속에서는 개별 인간의 정신적 본질이 내 영혼 앞에 서 있고 그것을 묘사할 수 있었지만, 《비밀학》에서 설명해야 할 우주적 연관성은 아직 내 앞에 없

---

11) 루돌프 슈타이너의 유고에서 62쪽 분량의 원고가 발견되었는데, 우주론을 《신지학》의 마지막 장으로 덧붙이려는 원래의 계획과 관련된 것으로 보인다. 계획이 그렇게 실현되지 않고 《비밀학》을 독립적인 책으로 저술한 뒤에도 슈타이너는 이 저서를 《신지학》의 속편으로 이해했다. 슈타이너가 창간하고 발행한 잡지 〈루시퍼-그노시스 Lucifer-Gnosis〉 (Nr. 33 [1907], S. 671)에서는 《신지학》 제2판에 대한 언급에 이어 이런 의미에서 《비밀학》이 예고되었다. "이제 최단 기간 내에 비밀학이라는 제목으로 이 책의 속편도 출간될 것이다."

었다. 세부적으로는 있었지만 전체적인 모습으로는 그렇지 않았다.

그래서 《신지학》은 내가 개별 인간의 삶에서 본질이 된다고 파악한 내용으로 출간하고, 《비밀학》은 가까운 시일 내에 여유를 갖고 진행하기로 결심했다.

이 책의 내용은 자연과학에 적용된 여러 사고를 기반으로 정신적인 것을 묘사하는 데 적합한 추가적인 교양이라는 생각에서 제시되어야 했다. 이 책에 다시 실린 "초판 서문"을 읽는 사람은 내가 당시 정신의 인식에 대해 썼던 모든 것에서 자연과학에 얼마나 강한 책임을 느꼈는지 알 것이다.

그러나 그런 생각 만으로는 정신적인 통찰에 의해 드러나는 정신세계를 서술하지 못한다. 그런 현현은 사고의 단순한 내용 안으로 들어가지 않기 때문이다. 그런 현현의 본질을 체험을 통해 인식한 사람은 일상적인 의식에 의한 생각이란 감각적으로 지각된 것을 표현하는 데만 적합할 뿐, 정신의 눈으로 본 것을 표현할 수는 없다는 사실을 안다.

정신의 눈으로 통찰된 것의 내용은 영감이 전달되는 수단인 상(상상)으로만 재현될 수 있는데, 그런 영감은 직관적으로 체험되는 정신의 본질에서 비롯된다. (상상, 영감, 직관의 본질에 대해 필요한 내용은 이 《비밀학》과 나의 또 다른 저서 《어떻게 고차적 세계의 인식에 도달할 것인가?》[12]에서 찾을 수 있다.)

---

12) 《어떻게 고차적 세계의 인식에 도달할 것인가? Wie erlangt man Erkenntnisse der höheren Welten?》(1904/05), GA 10.

그러나 정신세계에서 유래하는 상상을 서술하는 사람은 오늘날 간단히 그 상상을 보여줄 수는 없다. 그런 상상의 서술을 통해서 그는 우리 시대의 인식 내용과 공존하면서도 그것과 아무 관련 없이 전혀 다른 의식 내용으로 존재하는 어떤 것을 서술해야 한다. 오늘날의 의식을 정신세계를 통찰하는 다른 의식이 인식할 수 있는 무엇인가로 채워야 한다. 그래야만 정신세계가 그 서술의 내용이 되는데, 그 내용은 그것이 흘러들는 사고의 형태로 나타난다. 그렇게 되면 그 내용은 아직 정신세계를 들여다보지 못하는 오늘날의 일반적인 의식으로도 전적으로 이해할 수 있게 된다.

이런 이해는 우리 스스로 그 앞에 장벽을 세우는 경우에만 불가능해진다. 이 시대가 잘못된 자연관 탓에 스스로 만들어낸 '인식의 한계'라는 선입견을 가진다면 이해의 가능성은 생기지 않는 것이다.

정신에 대한 인식에서는 모든 것이 영혼의 내밀한 활동 속으로 가라앉는다. 정신적 통찰 자체만이 아니라 정신의 눈으로 보지 못하는 보통의 의식으로 하여금 정신적 통찰의 결과들을 알게 해주는 이해까지도 말이다.

이해한다고 믿는 것은 스스로 이해한다고 암시하는 것이라고 어설프게 말하는 사람은 이 내밀하게 일어나는 일을 전혀 모른다.

그러나 물질적 세계에 대한 이해에서 그저 개념의 진실이나 오류로 나타나는 것은 정신세계에 대한 체험이 되는 것이 사실이다.

아직 정신적으로 통찰하지 못하는 일상적인 의식은 그 의식의 한계로 인해 정신적으로 통찰한 것을 이해할 수 없다는 주장을 은연중에 감각적으로 자신의 판단에 개입시키는 사람에게는 그렇게 느끼는 판단이 먹구름처럼 이해를 가로막는다. 그러면 그는 정말로 이해하지 못하게 된다.

그러나 자신이 본 것에 사고의 형태까지 부여했을 때는 정신적으로 통찰하지는 못하지만 선입견 없는 의식이라면 자신이 본 것을 완전히 이해할 수 있다. 화가가 아닌 사람이 화가의 완성된 그림을 이해하듯이 이해하는 것이다. 물론 정신세계에 대한 이해는 예술작품처럼 예술적-감정적인 이해가 아니라 자연을 인식할 때와 마찬가지로 온전히 사고에 따른 이해다.

그러나 그런 이해가 정말로 가능하도록 하려면 정신적으로 본 것을 재현하는 사람이 자신이 본 것을 사고의 형태 안으로 온전히 쏟아넣어야 하며, 동시에 그 사고 형태 내에서 상상적인 성격을 잃지 않도록 해야 한다.

내가 《비밀학》의 구상을 마무리했을 때는 그런 모든 것이 내 영혼 앞에 놓여 있었다.

그래서 1909년에 나는 그런 것들로 책 한 권을 완성할 수 있을 거라고 느꼈다. 첫째로는 내가 정신적으로 통찰한 내용을 우선 어느 정도 만족할 만한 수준까지 사고의 형태로 제시한 책, 그리고 둘째로는 스스로 아무런 이해의 *장애물을 놓지 않는* 생각하는 사람이라면 누구나 이해할 수 있는 그런 책이었다.

지금에서야 말하지만 당시(1909)에는 그런 책을 출간하는 일이 대담한 모험이라는 생각이 들었다. 왜냐하면 특히 자연과학을 직업으로 하는 사람들은 이 책에서 요구하는 선입견 없는 태도를 보이기가 무엇보다 *어렵다는 것*, 그리고 이들의 영향 아래 판단을 내리는 수많은 사람들도 마찬가지라는 것을 알았기 때문이다.

그러나 내 영혼 앞에는 인류의 의식이 정신세계에서 가장 멀리 떨어져 있는 시기에 이 정신세계로부터 오는 소식이 가장 절실하게 필요하다는 바로 그 현실이 놓여 있었다.

나는 모든 정신적인 것으로부터의 소외를 삶의 중대한 장애로 느껴 그 내적인 갈망으로 정신세계로부터 오는 소식을 붙잡는 사람들도 있으리라는 생각에 기대를 걸었다.

그리고 이후 몇 년 동안 그 생각은 전적으로 확인되었다. 《신지학》과 《비밀학》이 어려운 문체를 받아들이려는 독자들의 호의를 전제하는 책으로 폭넓은 인기를 얻은 것이다.

나는 '대중적'으로 서술하지 않고 독자가 온전히 생각을 기울여야 그 내용으로 들어갈 수 있는 서술이 되도록 매우 의식적으로 노력했다. 그래서 내 책들을 읽는 것 자체가 정신 수련의 시작이 되도록 했다. 이 책들을 읽는 데 필요한 차분하고 신중한 사고는 영혼의 힘을 강화시키고, 그를 통해서 영혼을 정신세계로 다가갈 수 있게 해주기 때문이다.

내가 이 책의 제목을 《비밀학》이라고 붙인 사실은 곧바로 여러 가지 오해를 불러일으켰다. "학문"이라는 것은 "비밀"이어서는 안 된다는 말이 여러 곳에서 들렸다.[13] 얼마나 경솔한 반박인가. 마치 어떤 내용을 *발표하*는 사람이 그 내용을 "비밀"로 하려 했다는 것처럼 말이다. 이 책 전체는 그 무엇도 "비밀"로 지칭하지 않았고, 여느 학문처럼 이해될 수 있는 형태로 제시하려 했다는 의도를 보여준다. 우리가 "자연과학"이라는 용어를 사용할 때, 거기서는 '자연'에 대한 지식이 다루어진다는 점을 말하려는 것이 아닌가? 비밀학은 외부 자연에서는 인지되지 않고 영혼의 내면이 정신을 지향하여 초점을 맞추는 곳에서 "비밀리에" 일어나는 일에 대한 학문이다.

"비밀학"은 "자연과학"과 대립하는 학문이다.

사람들은 내가 정신세계에서 관찰한 내용에 매번 이의를 제기했다. 그것이 옛날부터 인간이 정신세계에 대해 가졌던 관념들을 변형시켜 되풀이한 것이라며 말이다. 내가 이런저런 것들을 읽고 잠재의식 안으로 받아들인 다음, 그것을 내가 인식한 것으로 믿으며 내놓았을 거라고 말했다. 내가 그노시스파의 가르침, 중근동의 지혜가 담긴 시문학 등에서 표현 방법을 얻은 것임에 틀림없다는 것이다.

이와 같은 내용을 주장하는 사람들은 그 생각이 너무나도 피상적이다.

---

13) 빈첸티 루토스와프스키(Wincenty Lutoslawski)가 가톨릭 잡지에 게재한 초기 논문 〈루돌프 슈타이너의 이른바 "비밀학" Rudolf Steiners sogen. "Geheimwissenschaft"〉, in 〈Hochland〉, Jg. 1910/11, Heft 1, München Oktober 1910, S. 45-58 참조. 그는 논문의 첫 번째 단락에서 바로 그런 반박을 제시했다. "'비밀학'이라는 표현은 '메마른 축축함'이나 '밝은 어둠' 같은 표현처럼 모순을 담고 있다. 학문과 잡동사니 비밀은 낮과 밤처럼 서로 대립된다."

내가 분명하게 알고 있는 정신적인 것에 대한 내용들은 나 자신이 통찰한 결과들이다. 나는 세부 내용을 다루거나 전체를 살펴볼 때 나는 언제나 정신적인 것을 직시하며 나아가는 과정의 매 걸음에 완전히 분별 있는 의식을 동반하는지 여부를 엄격하게 검증했다. 수학자가 무의식이나 자기 암시 같은 것에 영향을 받지 않으면서 사고에서 사고로 나아가듯, 정신적 인식도 영혼 속에 분명하게 지각된 의식의 정신적 내용 말고는 다른 무엇이 없는 상태로 객관적인 상상에서 객관적인 상상으로 나아가야 한다고 나 자신에게 말했다.

우리는 상상이 단순히 주관적인 상이 아니라 객관적인 정신 내용을 상으로 재현한 것이라는 사실을 건강한 내적 체험을 통해서 안다. 건강한 유기체가 감각적 지각의 영역에서 단순한 상상과 객관적 지각을 올바르게 구별하는 것처럼, 정신적이고 영혼적 방식으로도 그에 도달할 수 있다.

이와 같이 나는 내 관찰의 결과들을 얻었다. 그 결과들은 처음에는 이름 없는 "견해들"이었다.

내가 그것을 전달하는 데는 명칭이 필요했다. *그래서* 아직 말이 없는 것을 말로 표현하기 위해서 이전에 정신적인 것을 서술한 명칭들을 찾았다. 그런 다음에는 그중 어느 *하나도* 내가 찾았던 곳에 있던 명칭과 일치하지 않도록 자유롭게 사용했다.

그러나 언제나 나 자신의 관찰 속에 어떤 내용이 떠오르고 난 *뒤에야* 비로소 내 생각을 표현할 방법을 모색했다.

나는 방금 기술한 의식 상태를 바탕으로 나 자신이 연구하면서 관찰하는 과정에서는 *이전에 읽은 것들*을 제외시킬 수 있었다.

이제 사람들은 내 *표현*들에서 이전의 사고들을 연상시키는 것을 발견했다. 내용은 이해하지 않으면서 그런 표현들에 매달렸다. 내가 인간의 아스트랄체에 있는 "연꽃"에 대해 말했으면, 그것은 내가 그 표현을 사용하는 인도의 가르침을 인용한다는 증거였다. 이처럼 내가 "아스트랄체"에 대해 말했으면, 그것은 내가 중세의 저술을 읽은 결과였다. 내가 천사나 대천사 같은 표현을 사용했으면, 그것은 내가 단순히 그리스도교 영지주의의 사고를 되살린 것이었다.

나는 완전히 피상적으로만 움직이는 그런 사고가 끊임없이 내게 반대한다는 것을 알았다.

그래서 지금 새로운 판본으로 출간되는 《비밀학》에서 그 점에 대해서도 언급하려고 했다. 이 책은 전체 인지학의 개요를 내용으로 한다. 그 때문에 주로 인지학이 직면하고 있는 오해를 받게 될 것이다.

나는 이 책에서 묘사한 상상이 내 영혼 안에서 전체적인 상으로 융합된 이후부터는 인간을 탐구하고 인류의 역사적 생성 과정과 우주를 탐구하는 내 시선을 끊임없이 연마했다. 그래서 개별적인 부분에서는 항상 새로운 결과에 이르렀다. 그러나 내가 15년 전 《비밀학》에서 개요로서 제시했던 것들은 그 무엇에서도 전혀 흔들리지 않았다고 믿는다. 그 뒤로 내가 말할 수 있었던 모든 내용은 이 책의 적절한 위치에 삽입되어 당시 제시한 개요의 후속 설명이 될 것이다.

괴테아눔, 1925년 1월 10일, 루돌프 슈타이너

I.

비밀학의 성격

1   이 책의 내용에 대해서는 "비밀학"이라는 오래된 말이 사용되었다. 이 말은 오늘날의 다양한 사람에게 극도로 상반되는 감정을 일으킬 수 있다. 많은 사람에게는 뭔가 기분 나쁘게 하는 것을 갖고 있고, 조롱, 연민의 미소, 어쩌면 경멸도 불러일으킨다. 그들은 그렇게 지칭되는 사고방식이 무의미한 망상이나 환상에서 나오는 것일 뿐이고, 그런 "자칭" 학문의 배후에는 "진정한 학문성"과 "참된 인식의 추구"를 아는 사람이라면 마땅히 기피할 온갖 종류의 미신을 되살리려는 충동만 감춰져 있을 수 있다고 생각한다. 또 다른 사람들은 비밀학이라는 말의 의미가 분명 다른 어떤 방법으로도 도달할 수 없는 무엇인가를, 성향에 따라서는 인식에 대한 깊은 내적 갈망이나 영혼적으로 정제된 호기심을 일으키는 무엇인가를 제시할 것이라고 생각한다. 첨예하게 상반되는 이런 의견들 사이에는 사람들이 "비밀학"이라는 말을 들었을 때 떠올리는 조건부 거부나 수용의 갖가지 중간

단계들이 존재한다. 어떤 사람들에게는 비밀학이라는 말이 매력적으로 들린다는 사실을 부정할 수 없다. 그것이 자연적인 방법으로는 도달하지 못하는 "미지의 것", 비밀스러운 것, 즉 불분명한 것을 알려고 하는 숙명적인 갈망을 만족시키는 것으로 보이기 때문이다. 많은 사람이 명확하게 인식될 수 있는 것을 통해서는 영혼의 가장 깊은 갈망을 충족시키려 하지 않으니 말이다. 그들은 세계 내에서 인식할 수 있는 것 말고도 인식이 도달하지 못하는 무엇인가가 분명히 존재할 거라고 확신한다. 그러면서 그들 자신이 알아차리지 못하는 기이한 모순 속에서 인식을 향한 가장 깊은 갈망을 채우기 위해서 모든 "알려져 있는" 것을 거부하고, 자연에 합당한 연구를 통해서 알게 된다고는 말할 수 없는 것만 인정하려고 한다. "비밀학"에 대해 말하는 사람은 그와 같은 학문을 옹호하는 사람들에 의해 야기된 갖가지 오해에 직면한다는 사실을 직시하는 것이 좋다. 그 옹호자들은 근본적으로 지식이 아니라 지식에 대립하는 것을 추구하는 사람들이다.

2   이 책에서 서술하는 내용은 어떤 말이 여러 상황으로 인해 선입견을 불러일으킨다는 사실에 휘둘려 공평한 태도를 잃지 않을 독자들을 대상으로 한다. 여기서는 모종의 이유로 "비밀"로 여겨져 특별히 운이 좋은 일부 사람들이나 접근할 수 있는 지식을 말하는 것

이 아니다. 괴테가 세계 현상에서 "드러나 있는 비밀"[14]을 말할 때 염두에 두었던 것을 생각한다면, 여기서 의미하는 단어 사용을 올바르게 이해할 것이다. 감각, 그리고 감각과 연결된 지성으로만 파악할 때 그 현상들 속에 "비밀스럽게" 있는 것, 즉 드러나지 않은 채로 있는 것이 초감각적 인식의 내용으로 간주된다.[15] 감각, 그리고 그 감각을 돕는 지성에 의해서 드러나는 것만을 "학문"으로 인정하는 사람에게는 여기서 "비밀학"이 의미하는 것이 당연히 학문일 수 없을 것이다. 그러나 그런 사람은 자신이 근거 있는 통찰에서가 아니라 순전히 개인적인 감정에 좌우되는 판단에서 "비밀학"을 거부한다는 사실을 인정해야 할 것이다. 자기 자신을 이해하기를 원한다면 말이다. 그것을 깨닫기 위해서는 학문이 어떻게 생겨나고 인간의 삶에는 어떤 의미가 있는지 깊이 생각해보면 된다. 어느 학문이 다루는 대상에서 그 학문이 생성되는 것을 인식하기란 본질적으로 불가능하다. 그것은 학문적 추구에서 나타나는 인간 영혼의 활동 방식에서 인식된다. 우

---

14) "드러나 있는 비밀은 아주 많은데, 이는 그 비밀들에 대한 감각이 소수에서만 의식되고 이들이 자신과 다른 사람들을 해칠까 두려워 내적 깨달음을 발설하지 않기 때문입니다." 괴테가 1821년 11월 28일 Ch. L. F. 슐츠에게 보낸 편지, 《괴테 전집Goethes Werke》, Weimarer Ausgabe, IV. Abt., 35. Bd. (1906), S. 192. .

15) 저자가 이미 이전 판본들에서도 사용한 "비밀학"이라는 표현을 두고, 학문이란 그 누구에게도 "비밀스러운 것"일 수 없다는 이유에서 그 표현을 반대하는 일이 일어났다. 만일 그것을 그런 의미로 사용했다면 그 반대가 옳을 것이다. 그러나 이 제목은 그런 경우가 아니다. 자연과학이 누구나 "본래부터 지니고 있다"는 의미에서 "자연적인" 학문인 것은 아니듯, 저자도 "비밀학"이라는 말에서 "비밀스러운" 학문이 아니라 세계 현상 속에서 통상적인 인식 방법으로는 "드러나지 않는 것", 즉 "비밀인 것"과 관련된 학문, "드러난 비밀"에 대한 학문을 생각했다. 그러나 이 학문은 학문적인 방법으로 인식을 추구하는 누구에게도 비밀이어서는 안 된다.

리는 영혼이 학문에 매진하며 배울 때 취하는 태도에 주목해야 한다. 감각을 통해 드러나는 것이 고려될 때만 그런 영혼의 활동 방식을 동원하는 습관이 생긴다면, 감각을 통해 드러나는 것이 본질이라는 생각에 쉽게 빠질 것이다. 그러면 인간 영혼의 어느 특정한 활동이 감각을 통해 드러나는 것에만 적용되었다는 사실에 주목하지 못한다. 그러나 우리는 이런 자의적인 자기 제약을 넘어설 수 있으므로 특별한 경우를 제외하고는 학문적 활동의 특성을 직시할 수 있다. 여기서 비감각적 세계 내용의 인식을 "학문적" 인식이라고 말하는 것은 그런 사실에 기초한 것이다. 인간의 사고방식은 다른 경우에는 자연과학적 세계 내용에 관여하는 것처럼 *비감각적* 세계 내용에 작용하기를 원한다. 비밀학은 감각적 사실들의 상호연관성 및 과정에 의지하는 자연과학적 연구 방식과 연구 태도를 이 특별한 적용에서는 분리시키기를 바라지만, 그 연구 방식과 태도의 다른 사색적 특징은 유지하고자 한다. 비밀학은 자연과학이 감각적인 것에 대해 말하는 것과 같은 방식으로 비감각적인 것을 말하고자 한다. 자연과학이 이 연구 방식과 사고방식으로 감각적인 것에 머물러 있는 반면, 비밀학은 자연에 대한 영혼적인 작업을 일종의 영혼적 자기 교육으로 여기고, 그 교육에서 배운 것을 비감각적 영역에 적용하고자 한다. 또한 비밀학은 감각적 현상들 자체에 대해 말하지는 않지만, 자연 연구자가 감각적인 세계에 대해 말하는 것과 같은 방식으로 비감각적 세계 내용에 대해 말하고자 한다. 비밀학은 자연과학적 방법에 들어 있는 영혼적인 원리, 즉 자연에 대한 인식이 비로소 학문이 되도록 하는 것을 고수한다. 이런 이유로 비밀학은 스스로를 학문이라고 칭할 자격이 있다.

3   인간의 삶에서 자연과학이 갖는 의미에 대해 깊이 생각하는 사람은 그 의미가 자연에 대한 갖가지 인식을 얻는 것으로는 완전히 채워질 수 없다는 사실을 알게 될 것이다. 그런 인식들은 인간 영혼 자체가 *아닌* 것을 체험하는 것 이외에는 결코 다른 어떤 것으로도 우리를 이끌지 못하기 때문이다. 영혼적인 것은 인간이 자연에서 인식하는 것 속이 아니라 인식하는 과정 속에 있다. 영혼은 자연에 대한 자신의 활동에서 스스로를 체험한다. 영혼이 이 활동에서 *생생하게* 얻는 것은 자연 자체에 대한 지식과는 다른 무엇이다. 그것은 자연 인식에서 경험하는 자기 발달이다. 비밀학은 단순한 자연 너머에 있는 영역에서 자기 발달의 이익을 실증하고자 한다. 비밀학자는 자연과학의 가치를 잘못 판단하는 것이 아니라 오히려 자연과학자 자신보다 더 그것을 인정하고자 한다. 그는 자연과학을 주도하는 사고방식의 엄밀함 없이는 어떤 학문도 확립될 수 없다는 사실을 안다. 그러나 자연과학적 사고의 정신으로 진정 깊이 파고듦으로써 이 엄밀함이 획득되었다면, 그것이 영혼의 힘에 의해서 다른 분야에서도 획득될 수 있다는 사실도 알고 있다.

4   그런데 이때 우려를 자아내는 무엇인가가 나타난다. 영혼은 비감각적 세계 내용을 관찰할 때보다 자연을 관찰할 때 훨씬 더 강하게 관찰된 대상에 의해 이끌린다. 그래서 비감각적 세계 내용의 관찰

에서는 영혼이 고차적 수준에서 순전히 내적인 충동으로부터 학문적 사고방식의 본질을 고수하는 능력을 지녀야 한다. 그런데 무의식적이긴 하지만 상당히 많은 사람이 자연 현상들이 주는 실마리에서 이 본질을 붙잡을 수 있다고 믿기 때문에 자의적 판단에 의해서 결정하는 경향을 보인다. 다시 말해서 그 실마리에서 벗어나는 순간, 영혼은 곧바로 학문적 작업에서 허공을 더듬게 된다는 것이다. 그런 사람들은 이 작업의 특성을 의식하지 못했다. 그들이 대부분 오류를 토대로 판단하기 때문으로, 그런 오류는 자연 현상에 대한 학문적 태도가 충분히 다져지지 않았음에도 영혼이 비감각적 세계 영역의 관찰로 나아가려고 할 때 발생할 수밖에 없다. 이런 경우에는 당연히 비감각적 세계 내용에 대해 수많은 비학문적 말이 생겨나게 된다. 이는 그런 말들이 본질적으로 학문적일 수 없어서가 아니라 특별한 경우에 자연 관찰을 통한 학문적 자기 교육이 결여되었기 때문이다.

5   다만 비밀학에 대해 말하려는 사람은 방금 언급된 내용을 고려하는 가운데 세계의 드러난 비밀들에 대한 학문적 숙고 없는 단언에서 발생하는 모든 불확실한 것에 대해서도 주의를 기울여야 한다. 그럼에도 불구하고 비밀학에 대한 상술을 시작하는 바로 이 자리에서 가능한 모든 오류를 언급한다면 유익한 결과를 얻지 못할 것이다. 그 오류들은 온갖 선입견으로 가득한 사람들이 영혼에서 이 방향의 모든 탐구를 무시하게 만드는데, 그런 사람들은 실로 헤아릴 수 없이 많은 기존의 오류를 이유로 그 어떤 노력도 정당하지 않다는 결론을

내리기 때문이다. 그러나 학자들이나 학문적으로 생각하는 비판자들의 경우 비밀학에 대한 거부가 대부분 앞에서 언급한 자의적 판단에서만 비롯된 것이고, 그런 오류들을 근거로 내세우는 것은 종종 무의식적인 핑계에 불과하기 때문에, 그런 반대자들과의 논쟁이 처음에는 별로 생산적이지 않을 것이다. 물론 그 무엇도 그들이 분명 전적으로 타당한 반박, 즉 다른 사람이 오류에 빠져 있다고 믿는 사람에게 앞에서 밝힌 확고한 토대가 정말로 있는지 여부는 처음부터 그 무엇으로도 확인할 수 없다는 반박을 제기하는 것을 방해하지 못한다. 그러므로 비밀학을 추구하는 사람은 그가 말해도 된다고 생각하는 것을 그냥 제시할 수 있다. 그의 정당성에 대한 판단은 다른 사람들만이, 그 가운데서도 모든 권위적 판단을 피하면서 세계 현상의 드러난 비밀들에 대해 그것이 전달하는 내용의 본질로 들어갈 수 있는 사람들만이 할 수 있다. 다만 비밀학을 추구하는 사람에게는 자신이 제시한 것이 지식과 삶에서 얻은 다른 성과와는 어떤 관계인지, 어떤 반대가 가능한지, 삶의 직접적이고 외적이고 감각적인 현실은 그의 관찰을 어느 정도로 확증하는지 보여주어야 할 의무가 있다. 그러나 그는 내용보다는 자신의 설득 능력을 통해서 영향을 미치는 방식으로 서술하려 해서는 결코 안 된다.

6   비밀학의 서술에 대해서는 종종 반박이 제기된다. 비밀학의 서술은 자신이 제시하는 것을 증명하지 못한다거나, 그저 이런저런 것을 제시하고는 비밀학이 그것을 확인했다고만 말한다는 것이

다. 앞으로 이어지는 서술이 그런 식으로 무엇인가를 제시했다고 생각한다면, 그것은 그 서술을 오해하는 것이다. 여기서 추구하는 바는 자연에 대한 지식으로 인해 영혼 안에 펼쳐진 것이 그 본성에 맞게 계속 발달할 수 있도록 하는 것이고, 그런 발달에서 영혼이 초감각적 사실들을 만나는 것에 주목하도록 하는 것이다. 이때 서술된 내용을 받아들일 수 있는 모든 독자는 필연적으로 그런 초감각적 사실들과 마주친다는 것이 전제된다. 다만 우리가 정신과학의 영역으로 들어서는 순간, 거기에는 순전히 자연과학적인 관찰과 대립되는 차이가 있다. 자연과학에는 감각세계의 영역에 속하는 사실들이 있다. 자연과학적으로 서술하는 사람은 감각적 사실들의 연관성과 과정의 뒤로 물러나는 어떤 것으로서 영혼의 활동을 관찰한다. 정신과학적으로 서술하는 사람은 이 영혼 활동을 전면에 내세워야 한다. 독자는 이 영혼 활동을 올바른 방식에서 자기 것으로 만들 때만 사실들에 도달하기 때문이다. 이 사실들은 자연과학에서와는 달리 영혼 활동 *없이*도 인간의 지각 앞에, 그러나 이해되지 못한 채 놓여 있으며, 오히려 영혼 활동을 통해서만 인간의 지각 안으로 들어간다. 따라서 정신과학적으로 서술하는 사람은 독자가 자신과 함께 이 사실들을 탐색한다고 전제한다. 그의 서술은 이 사실들의 발견에 대해 이야기하는 방식으로 이루어지며, 그가 이야기하는 방식을 주도하는 것은 개인적인 자의가 아니라 자연과학에서 길러진 학문적 감각이다. 따라서 그는 비감각적인 것, 즉 초감각적인 것의 관찰에 도달하게 하는 수단들에 대해서도 말할 수밖에 없게 된다. 정신과학적 서술로 들어가는 사람은 곧 그것을 통해서 이전에는 갖지 못했던 사고와 관념이 획득된다는 사실을 깨닫게 된다. 그렇게 해서 이전에 "증명"의 본질에 대해 생각했던 것에 대해서도 새로운 생각을 갖게 된다. 또한 자연과학적 서술에서 "증명"이었던 것은 대체로 외부로부터 가져온 것이라는 점을 인식하게 된다. 그러나 정신과학적 사고에는 영혼이 자연과학적 사고에서 증명을 위해 투입한 활동이 사실들에 대한 추구 자체에 이미 들어있다. 사실들로 나아가는 길 자체가 *증명하는* 길이 아니라면 그 사실들을 발견할 수는 없다. 진정으로 이 길을 걸어가는 사람은 그 과정에서 이미 증명하는 것을 체험한다. 외부에서 더해진 증명으로는 아무것도 실행할 수 없기 때문이다. 비밀학의 성격에서 이 점을 잘못 생각하는 탓에 많은 오해가 일어난다.

7   모든 비밀학은 모든 인간 안에 뿌리를 내릴 수 있는 두 가지 사고에서 싹터 나와야 한다. 여기서 의미하는 비밀학자가 보기에 이 두 가지 사고란 적합한 수단을 사용할 때 체험할 수 있는 사실들을 표현한다. 많은 사람들이 볼 때는 이 두 가지 사고 자체가 이미 상당히 논란의 여지가 있고, 그것이 불가능함을 "증명"할 수는 없더라도 많은 논쟁이 벌어질 수 있는 주장을 의미한다.

8   그 두 가지 사고는 다음과 같다. 먼저, 보이는 세계 뒤에는 보이지 않는 세계, 즉 *먼저* 감각에, 그리고 감각에 종속된 사고에는 *감춰진* 보이지 않는 세계가 존재한다. 다음으로, 인간은 자기 안에 잠들어

있는 능력의 발달을 통해서 이 감춰진 세계로 들어갈 수 있다.

9   어떤 이는 그런 감춰진 세계는 존재하지 않는다고 말한다. 인간이 자신의 감각으로 지각하는 세계가 유일한 세계다, 그 세계의 수수께끼는 세계 자체로부터 풀 수 있다, 비록 인간이 지금은 아직 존재의 모든 물음에 답할 수 있는 상황에서 동떨어져 있지만, 감각의 경험과 거기에 토대를 둔 학문이 그 물음에 대답할 수 있는 시기가 올 것이다, 하고 말한다.

10   또 어떤 이는 보이는 세계 뒤에 감춰진 세계란 존재하지 않는다고 주장할 수는 없다고 말한다. 인간의 인식 능력은 그 세계로 들어가지 못하며, 이는 그 능력이 넘어설 수 없는 한계를 갖고 있기 때문이고, 그런 세계를 "믿으려는" 욕구로 인해 확실한 사실에 기초한 진정한 학문이란 그런 세계를 다룰 수 없다며 도피할 수는 있을 것이다, 하고 말한다.

11   세 번째 부류는 인간이 자신의 인식 작업을 통해 "지식"을 포기하고 오직 "믿음"에 만족해야 하는 영역으로 들어가려고 하는 것을 일종의 오만으로 여긴다. 이런 견해를 가진 사람들은 나약한 인간이 종교적 삶에만 속할 수 있는 세계로 밀고 들어가려는 것을 부당한 일로 느낀다.

12   또한 감각세계의 사실들에 대한 공통의 인식은 모든 사람에게 가능하지만, 초감각적인 문제와 관련해서는 개인의 사적인 견해만 고려될 수 있을 뿐, 이 문제에서는 일반적으로 타당한 확실성을 말해서는 안 된다는 주장도 있다.

13   또 다른 사람들은 갖가지 다른 의견을 주장한다.

14   우리가 분명히 알 수 있는 것은 눈에 보이는 세계에 대한 관찰이 이 세계 자체의 사실들로는 결코 풀지 못하는 수수께끼들을 인간에게 제시한다는 사실이다. 그 수수께끼들은 사실들에 대한 학문이 생각할 수 있는 최대한으로 발전을 이룬다고 해도 그런 식으로는 결코 풀리지 않는다. 눈에 보이는 사실들은 그 고유한 내적 본성을 통해서 감춰진 세계를 명백하게 알려주기 때문이다. 그런 점을 깨닫지 못하는 사람은 도처에서 감각세계의 사실들로부터 분명하게 솟아나오는 수수께끼들에 스스로를 닫아버린다. 그는 어떤 물음과 수수께끼는 전혀 알려고도 하지 *않는다*. 그 때문에 모든 물음이 감각적으로 지각되는 사실들을 통해서 해결될 수 있다고 생각한다. 그가 제기*하려는* 물음들은 그가 미래에는 발견되리라고 기대하는 사실들을 통해서 실제로도 모두 해결될 수 있을 것이다. 그것은 즉시 인정할 수 있다. 하지만 왜 아무 질문도 하지 않은 사람까지 어떤 문제들에 대한 답을 기다려야 할까? 비밀학을 추구하는 사람은 자신에게는 그런 물음들이 자명하다는 사실, 그리고 그 물음들을 인간 영혼이 내놓는

전적으로 옳은 표현으로 인정해야 한다는 사실을 말하려는 것뿐이다. 인간에게 선입견 없는 물음을 금지하는 것으로 학문에 *한계를 정할 수는 없는* 것이다.

15   인간에게는 넘을 수 없는 인식의 한계, 보이지 않는 세계 앞에서 멈추게 하는 인식의 한계가 있다는 견해에 대해서는 다음과 같이 말해야 한다. 그런 인식 방법으로는 보이지 않는 세계로 들어가지 *못할 것이 분명하다고 말이다. 이* 인식 방법을 유일하게 가능한 것으로 여기는 사람은 더 차원 높은 세계가 있어도 그 안으로 들어가는 것이 인간에게는 불가능하다는 생각 말고는 다른 견해를 가질 수 없다. 그러나 동시에 우리는 이렇게 말할 수도 있다. *다른* 인식 방법을 발전시키는 것이 가능하다면, 그 인식 방법은 초감각적 세계로 들어갈 수 있을 거라고 말이다. 그런 인식 방법을 불가능하다고 여긴다면, 초감각적 세계에 대한 모든 말을 완전히 무의미한 것으로 치부하는 관점에 이르게 된다. 그러나 선입견 없는 판단과는 달리 그런 견해는 나쁜 인식 방법을 따라서 내놓게 될 뿐, 달리 이유가 있을 수 없다. 그런데 자신이 모른다고 주장하는 대상에 대해서 어떻게 판단을 내릴 수 있단 말인가? 선입견 없는 사고는 *자신이 아는 것*만 말하고 모르는 *것*에 대해서는 그 무엇도 단언하지 않는다는 원칙을 신봉해야 한다. 그런 사고는 누군가 자신이 경험한 일을 전달하는 권리에 대해서만 말할 수 있을 뿐, 자신이 모르거나 알려고 하지 않는 것을 불가능하다고 단언할 *권리*에 대해서는 말할 수 없다. 누구에게나 초

감각적인 것에 관심을 갖지 않을 권리가 있다는 사실은 부정할 수 없다. 그러나 그가 자신이 알 수 있는 것만이 아니라 "한 인간"이 알지 *못하*는 모든 것에 대해서까지 결정적인 주장을 하는 것에는 결코 합당한 이유가 있을 수 없다.

16   초감각적 영역으로 들어가는 것을 오만한 행위라고 말하는 사람들은 비밀학의 다음과 같은 고찰을 깊이 생각해야 한다. 인간은 초감각적 영역에 들어갈 능력이 있으며, 인간이 자신에게 주어진 능력을 발달시키고 사용하는 대신 그것을 황폐화시킨다면 그 능력에 죄를 범하는 것이라는 고찰 말이다.

17   그런데 초감각적 세계에 대한 견해가 전적으로 개인적인 생각과 감정에 속한다고 여기는 사람은 모든 인간의 본질에 존재하는 공통적인 것을 부정하는 것이다. 모두가 이 문제에 대한 통찰을 자기 스스로 찾아야만 한다는 말은 분명 옳다. 하지만 충분할 정도로 멀리까지 나아가는 모든 인간은 이 문제에 대해 서로 다르지 않은 동일한 통찰에 이른다는 것도 사실이다. 그 차이는 사람들이 학문적으로 확립된 방법이 아니라 개인적인 독단으로 최고의 진리에 다가가려 하는 한 존재할 뿐이다. 그러나 비밀학의 독자성에 친숙해지려는 의지가 있는 사람만이 비밀학적 방법의 올바름을 인정할 수 있다는 점도 곧바로 시인하지 않을 수 없다.

18   모든 사람은 자신에게 알맞은 시점에 비밀학으로 나아가는 길을 찾을 수 있다. 드러나 있는 것에서 감춰진 것의 존재를 인식하거나 그저 짐작하거나 어렴풋이 예감하는 사람, 인식의 힘은 발달 가능성이 있다는 의식으로 인해 감춰진 것이 자신에게 드러날 수 있으리라고 느끼게 되는 모든 사람이 말이다. 이런 영혼의 체험에 의해서 비밀학으로 인도된 사람에게는 비밀학을 통해 그의 인식이 갈망하는 어떤 질문들에 대한 답을 찾게 되리라는 전망만 열리는 것이 아니고, 삶을 가로막고 약하게 만드는 모든 것을 극복하는 사람이 되는 완전히 다른 가능성까지 열린다. 그리고 초감각적인 것을 외면하거나 부정할 수밖에 없다면, 이는 어떤 고차적 의미에서는 삶의 약화를, 영혼적인 죽음을 의미한다. 인간이 감춰진 것이 드러나리라는 희망을 잃는다면, 그것은 어떤 경우에는 절망으로 이어진다. 다양한 형태로 나타나는 이 죽음과 이 절망은 또한 비밀학을 향한 노력의 내적이고 영혼적인 적수이다. 그것은 인간의 내적인 힘이 사라질 때 나타난다. 그럴 때는 그가 소유해야 할 삶의 모든 힘은 외부에서 공급되어야 한다. 그래야 그가 자신의 감각에 다가오는 사물과 존재와 과정을 인지한다. 그는 자신의 지성으로 그것들을 분석한다. 그것들은 그에게 기쁨과 고통을 주고 그가 할 수 있는 행동으로 그를 몰아간다. 그는 한동안은 계속 그렇게 할 수 있을 테지만, 언젠가는 분명 그가 내적으로 죽는 지점에 도달한다. 인간이 그런 식으로 세계로부터 끌어낼 수 있는 것들이 고갈되기 때문이다. 이는 한 개인의 경험에서가 아니라 모든 인간의 삶에 대한 선입견 없는 관찰에서 비롯된 주장이다. 이

고갈로부터 지켜주는 것이 사물의 깊은 곳에 존재하는 감춰진 것이다. 언제나 새로운 생명력을 끌어올리기 위해서 이 깊은 곳으로 내려가는 힘이 인간에게서 사라지면, 결국에는 사물의 외적인 것도 더 이상은 삶을 뒷받침하지 못하는 것으로 드러난다.

19   이 문제는 결코 개별 인간에게만, 개인의 행복과 불행에만 관련되어 있지 않다. 인간은 바로 진정한 비밀학적 관찰을 통해서 개인의 안녕과 고통이 차원 높은 관점에서는 전 우주의 안전이나 재앙과 밀접하게 연관되어 있다는 사실을 깨닫는다. 그래서 인간이 *자신의* 힘을 올바른 방식으로 발현시키지 못하면 전 우주와 그 안의 모든 존재에 해를 입힌다는 통찰에 이르도록 하는 길이 있다. 초감각적인 것과의 연관을 잃음으로써 자신의 삶을 황폐화시킨다면, 인간은 결국 상실되면 자신을 절망으로 이끌 수 있는 자기 내면의 무엇인가를 파괴한다. 뿐만 아니라 자신의 나약함으로 인해 자신이 살고 있는 전 우주의 발달을 가로막는 장애물까지 만든다.

20   그런데 인간은 자신을 속일 수 있다. 그는 *감춰진 것은 존재하지 않고*, 그의 감각과 지성에 다가오는 것 속에는 존재할 수 있는 모든 것이 이미 포함되어 있다는 믿음에 빠질 수 있다. 그러나 이런 기만은 피상적인 의식 안에서만 가능할 뿐, 깊은 의식에서는 불가능하다. 감정과 욕망은 이 기만적인 믿음에 따르지 않는다. 감정과 욕망은 어떤 방식으로든 감춰진 것을 계속해서 갈망하게 된다. 그리고

감춰진 것을 확인하지 못할 때 감정과 욕망은 인간을 의구심으로, 삶의 불확실성으로, 그야말로 절망으로 몰아넣는다. 감춰진 것을 드러내는 인식은 모든 의구심, 삶의 모든 불확실성, 모든 절망을, 간단히 말해서 삶을 약화시키고 전체 우주에서 삶에 필요한 일을 불가능하게 만드는 모든 것을 극복하도록 한다.

21   이것이 지식에 대한 욕구만 만족시키지 않고 삶에 힘과 확실성을 주는 정신과학적 인식의 아름다운 결실이다. 그런 인식이 활동하는 힘과 삶에 대한 확신을 길어 올리는 원천은 고갈되지 않는다. 한번이라도 이 원천에 제대로 다가가본 사람이라면 다시 찾아간 그 피난처에서 힘을 얻지 않은 상태로 떠날 일은 없을 것이다.

22   어떤 사람들은 방금 언급한 내용에서도 벌써 건강하지 않은 무엇인가를 보기 때문에 그런 인식에 대해 전혀 알려고 하지 않는다. *삶의* 피상적이고 외면적인 모습에 대해서는 그런 사람들이 전적으로 옳다. 그들은 삶이 이른바 현실에 제공하는 것을 방해받지 않고 알고 싶어 한다. 그들은 인간이 현실을 외면한 채, 그들이 보기에 환상적이고 몽상적인 세계와 같은 감춰진 세계에서 행복을 찾는 것을 나약함으로 본다. 정신과학적 추구에서 병적인 몽상과 나약함에 빠지지 않으려면 그런 반박이 부분적으로 타당하다는 것을 인정해야 한다. 그런 반박은 건강한 판단에 근거한 것이기 때문이다. 다만 그 판단은 사물의 깊은 곳으로는 파고들지 못하고 그 표면에 머물러 있기 때문

에 전체가 아닌 절반의 진실로 이어진다. 초감각적인 인식을 향한 노력이 삶을 약화시키고 인간을 진정한 현실로부터 외면하게 했다면, 그런 반박은 분명 이 정신적 방향의 토대를 빼앗을 정도로 강력했을 것이다.

23   그러나 이 의견들에 대해서도 자신을 글자 그대로 "변호하려" 한다면, 그런 비밀학적인 노력은 올바른 길을 가지 못할 것이다. 이 점에서도 비밀학적 노력은 모든 선입견 없는 사람이 인식할 수 있는 가치를 통해서만 말할 수 있으며, 그래야만 그런 노력이 올바른 의미에서 거기에 적응하는 사람의 생명력과 활력을 높이는 것을 느끼게 할 수 있다. 이 노력이 인간을 세상과 동떨어진 사람으로, 몽상가로 만들 수는 없다. 그런 노력이 인간의 정신적이고 영혼적인 부분을 탄생시킨 생명의 원천으로부터 인간에게 힘을 주기 때문이다.

24   많은 사람이 비밀학적 노력을 향해 다가갈 때 이해를 가로막는 또 다른 장애물에 부딪히게 된다. 비밀학에 대한 서술에서 독자가 초감각적 세계 내용으로 나아갈 수 있게 하는 영혼의 체험에 대한 묘사를 발견하는 것은 원칙적으로 맞다. 그러나 그것은 실제에서는 일종의 이상일 수밖에 없다. 독자는 일단 자신이 아직 체험하지 않은 상당히 많은 초감각적 경험을 전해지는 대로 받아들여야만 한다. 그것은 어쩔 수 없고, 이 책에서도 그럴 것이다. 여기서는 인간의 본질에 관하여, 탄생과 죽음에서의 인간의 상태에 관하여, 그리고 정신

세계에서 몸으로부터 자유로운 인간의 상태에 관하여 저자가 안다고 생각하는 내용이 서술될 것이다. 나아가 지구와 인류의 발달 과정이 설명될 것이다. 그래서 권위를 근거로 믿음을 요구하는 도그마처럼 많은 헛된 인식을 제시하기 위해 준비하는 것처럼 보일 수 있다. 그러나 그렇지 않다. 초감각적 세계 내용에 대해 인지될 수 있는 것은 서술하는 사람 안에 생동감 있는 영혼의 내용으로 살아 있기 때문이다. 그래서 이 영혼의 내용에 적응하면, 자기 영혼에 대한 이 적응은 그 내용에 상응하는 초감각적 사실들로 이끌어가는 충동에 불을 붙인다. 정신과학적 인식에 대해 읽을 때 우리의 상태는 감각적 사실에 대한 내용을 읽을 때와는 그 방식이 다르다. 감각적 세계에서 오는 메시지를 읽을 때 우리는 바로 그 메시지에 *내한* 것을 읽는다. 그러나 초감각적 사실에 대한 메시지를 올바른 의미에서 읽을 때 우리는 정신적 현존의 흐름에 익숙해진다. 결과를 받아들이는 동시에 그리로 나아가는 고유한 내적인 길도 받아들인다. 여기서 의미하는 바를 독자가 처음에는 전혀 알아차리지 못하는 경우가 많다는 것은 사실이다. 사람들은 정신적인 세계로 들어가는 것을 감각적인 체험과 너무 비슷하게 생각한다. 그래서 이 세계에 대한 것을 읽고 경험한 것을 지나치게 사색적이라고 여긴다. 그러나 *진정* 사색적으로 수용할 때 우리는 이미 이 세계에 들어와 있고, 그래서 단순히 전달되는 생각을 전달받았다고 여긴 것을 자기도 모르는 사이에 벌써 체험했다는 사실만 분명히 알면 된다. 이렇게 체험한 것의 진정한 본질이 무엇인지는 이 책의 두 번째 장 마지막 부분에서 초감각적 인식으로 나아가는 "길"로 서술된 것을 실제로 수행할 때 비로소 완전히 깨달을 수 있을 것이다. 반대로 그 길이 먼저 서술되는 것이 옳다고 쉽게 생각할 수 있을 것이다. 그러나 그렇지 않다. 영혼의 시선을 초감각적 세계의 특정한 사실들로 향하지 않은 채 초감각적 세계로 들어가려는 "수행"만 하는 사람에게는 그 세계가 불확실하고 당혹스러운 혼돈일 뿐이다. 사람들은 이 세계의 특정한 사실들을 알게 되면서 어느 정도는 순진하게 이 세계와 친숙해지는 법을 알게 된다. 그러고 나면 순진함을 버리고 자신들이 초감각적 세계로부터의 전달을 얻게 된 체험을 어떻게 스스로 그리고 완전히 의식적으로 도달했는지를 설명한다. 비밀학적 서술로 파고드는 사람은 초감각적 인식으로 나아가는 확실한 길은 이 길뿐이라고 확신하게 된다. 또한 초감각적 인식이 처음에는 도그마로서 어느 정도는 암시적 힘에 의해서 작용할 수 있다는 모든 견해가 전혀 근거가 없다는 사실도 우리는 깨닫게 된다. 이는 초감각적 인식의 내용이 어떤 영혼 활동에서 얻어지기 때문인데, 이 영혼 활동은 단순히 암시적인 힘을 우리에게서 빼앗고, 오로지 우리의 신중한 판단에 맞추어 말해 준 모든 진리를 우리에게 전달하는 방법으로 다른 사람에게 말할 수 있게 한다. 또 어떤 사람이 자신이 정신세계에 살고 있다는 사실을 처음에는 깨닫지 못하는 이유는, 자신이 읽은 것을 생각 없이 암시적으로 받아들여서가 아니라 독서에서 체험한 내용이 섬세하고 생소하기 때문이다. 이와 같이 이 책의 첫 번째 부분에서 제시된 내용을 처음 받아들임으로써 우리는 우선 초감각적 세계를 *함께 인식하는 사람*이 된다. 그런 다음 두 번째 부분에서 제시된 영혼 활동의 실질적 설명을 통해서 우리는 이 세계에서 독립적으로 인식하는 사람이 된다.

25   정신과 *진정한* 의미를 기준으로 하면 그 어떤 올바른 학자라도 감각세계의 사실들을 바탕으로 구축된 자신의 학문과 초감각적 세계를 탐구하는 방법 사이에서 모순을 발견하지 못할 것이다. 그런 학자는 모종의 도구와 방법을 사용한다. 그는 "자연"이 그에게 제공하는 것을 가공하여 도구를 만들어낸다. 초감각적 인식 방법도 한 가지 도구를 사용한다. 그 도구는 다름아닌 인간 자체다. 그리고 이 도구도 고차적 연구에 쓰이기 위해서는 먼저 준비되어야 한다. 인간의 관여 없이 자연에 의해 인간에게 주어진 능력과 힘은 먼저 고차적 능력과 힘으로 바뀌어야 한다. 이를 통해서 인간은 스스로를 초감각적 세계의 연구를 위한 도구로 만들 수 있다.

II.

인간의 본질

1   초감각적 인식 방법의 관점에서 인간을 관찰할 때는 이 인식 방법에서 일반적으로 통용되는 것이 즉시 효력을 발휘한다. 이 관찰은 인간의 고유한 본질 안에 "드러나 있는 비밀"을 인정하는 것에 기초한다. 감각, 그리고 감각에 의존하는 지성은 초감각적 인식에서 인간의 본질로 파악된 것 가운데 일부만, 즉 물질체physischer Leib만 이해할 수 있다. 이 물질체의 개념을 밝히기 위해서는 먼저 커다란 수수께끼처럼 생명에 대한 모든 관찰에서 펼쳐지는 현상에 주목해야 한다. 죽음, 죽음에 연관된 이른바 생명 없는 자연, 항상 자기 안에 죽음을 품고 있는 광물계를 주목해야 하는 것이다. 이것이 오직 초감각적 인식에 의해서만 완전한 설명이 가능하고 또 이 책의 중요한 부분을 할애해야 하는 사실들이다. 그러나 여기서는 우선 길잡이가 될 만한 몇 가지 생각만 제시할 것이다.

2   보이는 세계 내에 있는 인간의 물질체는 광물계와 동일하다. 그에 반해 인간을 광물과 구분되게 해 주는 것은 물질체일 수 없다. 선입견 없는 관찰을 위해서 무엇보다 중요한 것은, 죽음이 인간 본질 가운데 광물계와 성질이 동일한 무엇인가를 노출시킨다는 사실이다. 시체는 인간에게서 죽음 이후 광물계의 영역에서 이루어지는 과정들에 종속된 부분을 보여준다고 할 수 있다. 인간 본질의 이 구성 요소, 즉 시체에는 광물 영역에 작용하는 것과 동일한 물질과 힘이 작용하고 있다는 사실을 강조할 수 있다. 그러나 그에 못지않게 강조할 것은 죽음과 함께 이 물질체에 붕괴가 나타난다는 사실이다. 다음과 같은 사실도 말하는 것이 마땅하다. 즉 인간의 물질체에도 광물에 작용하는 것과 똑같은 물질과 힘이 작용하는 것은 분명하지만, 살아 있는 동안에는 그 작용이 고차적 작업에 사용된다는 것이다. 그런데 인간이 죽으면, 그 물질과 힘은 이제 광물계에 작용하는 것과 동일하게 작용한다. 그때 그것들은 물질적 구성의 분해라는 고유한 성질을 보인다.

3   이와 같이 인간에서는 드러나 있는 것과 감춰진 것이 분명하게 구분된다. 살아 있는 동안에는 감춰진 것이 물질체에 내재한 광물적인 물질과 힘에 맞서 끊임없이 싸워야 하기 때문이다. 이 싸움이 멈추면 광물적인 것의 작용이 나타난다. 이것이 초감각적인 것에 대한 학문이 시작되어야 할 지점이다. 이 학문은 앞에서 언급된 싸움을 이끄는 것이 무엇인지 찾아야 한다. 그런데 그것은 감각적으로 관

찰할 때는 감춰져 있고, 초감각적으로 관찰할 때만 비로소 확인할 수 있다. 어떻게 하면 보통의 눈에 감각적 현상들이 보이는 것처럼 인간이 이 "감춰진 것"에 도달할 수 있는지에 대해서는 나중에 언급될 것이다. 여기서는 초감각적 관찰에서 어떤 결과들이 생기는지 기술될 것이다.

4   이미 언급한 바와 같이, 인간이 초감각적 연구로 드러나는 것을 먼저 단순한 이야기를 통해서 알고 있어야만 고차적 직관에 도달하는 길에 대한 내용들도 그에게 중요할 수 있다. 이 영역에서는 아직 *관찰*하지 않은 것도 *파악*할 수 있기 때문이다. 파악으로 출발하는 것이 직관으로 나아가는 바람직한 길인 것이다.

5   물질체에서 붕괴에 맞선 싸움을 이끄는 감춰진 것이 비록 고차적 직관으로만 관찰될 수 있다고 해도, 그 감춰진 것의 *작용*은 드러난 것에 한정되는 판단력에 의해서도 분명하게 관찰된다. 그리고 이 작용은 살아가는 동안 물질체의 광물적 성분과 힘이 결합된 *형태*나 형상으로 표현된다. 죽음과 함께 이 형태는 서서히 사라지고, 물질체는 광물계의 일부가 된다. 그러나 초감각적 통찰로 우리는 살아있는 동안 물질적 성분과 힘으로 하여금 물질체의 분해라는 고유의 길을 가지 못하게 방해하는 것이 인간 본질의 독립적인 구성 요소라는 사실을 관찰할 수 있다. 이 독립적인 구성 요소는 "에테르체 Ätherleib" 또는 "생명체Lebensleib"로 불릴 것이다. 처음부터 오해가 생

기지 않도록 하려면, 인간 본질의 두 번째 구성 요소의 명칭에 대해 두 가지가 고려되어야 한다. 여기서 "에테르"라는 단어는 오늘날 물리학에서 사용하는 것과는 다른 의미에서 사용되었다. 오늘날의 물리학은 빛의 전달자를 에테르로 부르기도 한다. 그러나 여기서 에테르는 앞에서 언급된 의미로 제한되어야 한다. 이 단어는 고차적 직관이 다가갈 수 있는 무엇인가에 사용되어야 하고, 물질체에 존재하는 광물적 성분과 힘에 일정한 형태나 형상을 부여할 수 있어서 그 작용만 감각적 관찰로 인식되는 무엇인가에 사용되어야 한다. 또한 "~체"라는 단어에 대해서도 오해가 있어서는 안 된다. 고차적 존재들을 명명하는 데도 일반 언어의 단어들을 사용하지 않을 수 없다. 그런데 이 단어들은 감각적 관찰의 대상인 감각적인 것만을 표현한다. 감각적인 의미에서 "에테르체"는 아무리 섬세한 것으로 상상한다고 해도 물질적인 덩어리가 전혀 아니다.[16]

6   초감각적인 것에 대한 서술에서 "에테르체"나 "생명체"를 언급하는 단계까지 이르게 되었으니, 우리는 그런 서술로 인해 오늘날 많은 반대되는 견해에 직면할 수밖에 없게 되었다. 인간 정신의 발달은 우리 시대에 인간 본질의 그런 구성 요소에 대해 말하는 것이 비학문적인 것으로 여겨질 수밖에 없는 방향으로 나아갔다. 물질주의

---

16) 이 책의 저자는 오래 되었고 자연과학적으로 이미 극복된 "생명력"이라는 관념이 "에테르체", "생명체"라는 명칭으로 간단히 되살려져서는 안 된다는 점을 자신의 저서 《신지학》에서 언급한 바 있다.

적 사고방식은 살아 있는 신체에서 이른바 생명 없는 광물에서도 발견되는 물질적 성분과 힘들의 결합 이외에는 다른 무엇도 보지 못하는 상태에 이르렀다. 살아 있는 것에서 보이는 결합이 생명 없는 것의 경우보다는 복잡할 뿐이라는 것이다. 얼마 전까지만 해도 일반 학문에서도 그와는 다른 견해들이 있었다. 19세기 전반기에 나온 여러 진지한 학자들의 저술을 추적해 본 사람이라면, 당시의 "진정한 자연과학자들"도 살아 있는 몸에는 생명이 없는 광물에 존재하는 것과는 다른 무엇인가가 더 존재한다는 것을 알고 있었음을 분명히 확인할 것이다. 그들은 "생명력"이라는 단어를 사용했다. 물론 이 "생명력"은 앞에서 "생명체"라고 부른 것처럼 설명되지는 않았다. 그러나 그 관념에는 생명체와 비슷한 것이 존재한다는 예감이 밑바탕에 깔려 있다. 사람들은 이 "생명력"을 단순히 철에 자기력이 더해져 자석이 되는 것처럼 살아 있는 몸에서 물질적 요소와 힘들에 더해지는 어떤 것으로 생각했다. 그러다가 이 "생명력"이 학문의 내용에서 축출되는 시대가 왔다. 모든 것을 단순한 물리적, 화학적 원인들로 이해하는 데 만족하게 된 것이다. 오늘날에는 이와 관련된 생각이 많은 자연과학 사상가에게서 다시 역전되는 상황이 나타나고 있다. "생명력"과 비슷한 뭔가를 가정하는 것이 완전히 무의미한 일은 아니라는 점이 여러 방면에서 인정되고 있다. 그러나 그런 것을 마지못해 인정하는 학자도 "생명체"와 관련하여 여기에 서술된 견해에는 동의하려 하지 않는다. 초감각적 인식의 관점으로 그런 생각을 가진 사람들과 토론에 임하는 경우, 보통은 아무런 성과를 얻지 못한다. 초감각적 인식 쪽에서 오히려 물질주의적 사고방식이 우리 시대에 이루어진 위대한 자연과학적 발전의 필연적인 부수 현상이라는 사실을 인정하게 될 것이다. 이 자연과학적 발전은 감각적 관찰을 위한 수단이 놀라울 정도로 정교해졌기 때문에 가능했다. 또한 그때그때 다른 능력을 희생시키면서 개별적인 능력을 상당한 완성도에 이르게 한 것은 인간의 본성이기도 하다. 자연과학을 통해 이처럼 의미 있는 수준으로 발전한 정교한 감각적 관찰은 "감춰진 세계들"로 이끄는 인간 능력을 장려하지 않고 배후로 물러나게 했다. 그러나 이 장려가 다시 필요한 때가 왔다. 감춰진 것에 대한 인정은 이 감춰진 것에 대한 부정에서 나오는 논리적으로 일관된 판단들에 맞서 싸움으로써가 아니라 감춰진 것 자체가 제대로 드러나게 함으로써 가능해진다. 그러면 감춰진 것을 보는 능력을 장려할 "때가 왔다"고 생각하는 사람들이 인정받게 될 것이다.

7   여기서 이와 같은 내용을 언급할 수밖에 없었던 것은 여러 곳에서 완전히 공상적인 것이라고 간주되는 "에테르체"를 거론하면 자연과학의 관점에 무지한 것이라고 여겨지지 않도록 하기 위해서였다.

8   그러니까 이 에테르체는 인간 본질의 두 번째 구성 요소이다. 초감각적 인식에서 볼 때 에테르체는 물질체보다 차원 높은 실재이다. 초감각적으로 볼 때 에테르체가 어떻게 인식되는지에 대한 서술은 이 책의 다음 부분들에서 그런 서술을 어떤 의미에서 받아들여

야 하는지가 분명히 드러날 때에야 제시될 수 있을 것이다. 지금은 우선 에테르체가 물질체 곳곳으로 스며드는 것으로, 물질체를 만드는 일종의 건축가로 여겨진다고 말하면 충분할 것이다. 모든 기관은 에테르체의 흐름과 움직임에 의해서 그 형태와 형상이 유지된다.[17] 물질적 심장에는 "에테르 심장"이, 물질적 뇌에는 "에테르 뇌"가 기초가 되어 있는 식이다. 에테르체는 물질체와 마찬가지로 여러 요소로 구성되어 있지만 단지 더 복잡할 뿐이며, 물질체 안에 있는 분리된 부분들로 존재하는 이 에테르체에서는 모든 것이 생동감 있게 뒤섞여 흐른다.

9   인간과 광물 모두에 있는 것은 물질체이고, 인간과 식물 모두에 있는 것은 에테르체이다. 살아 있는 모든 것에는 에테르체가 있다.

10   초감각적 관찰은 에테르체에서 인간 본질의 또 다른 구성 요소로 올라간다. 초감각적 관찰은 이 또 다른 구성 요소에 대한 관념을 형성하는 데 필요한 수면이라는 현상과 연결되는데, 이는 에테르체와 죽음이 연결되는 것과 마찬가지다. 눈에 보이는 것만 고려하면 인간이 하는 모든 일은 깨어있을 때의 활동에서 비롯된다. 그러나 이 활동은 인간이 소진된 힘을 매번 잠을 통해 강화할 때만 가능

---

17) 이와 관련해서는 1911년 3월 20-28일 프라하에서 행해진 연속 강연 《비밀 생리학 Eine okkulte Physiologie》, (GA 128) 중에서 특히 다섯 번째 강연 내용 참조.

하다. 잠을 자는 동안에는 행동과 생각이 사라지고 모든 고통과 즐거움은 의식적인 삶을 위해 가라앉는다. 인간이 깨어날 때는 마치 감춰진 비밀스러운 샘에서 물이 솟아나는 것처럼 잠의 무의식에서 의식적인 힘이 솟아오른다. 이는 잠이 들 때 깊은 어둠 속으로 가라앉았다가 깨어날 때 다시 올라오는 의식이다. 무의식의 상태에서 끊임없이 생명을 깨어나게 하는 것이 초감각적 의미에서 인간 본질의 세 번째 구성 요소이다. 이것을 아스트랄체Astralleib라고 부를 수 있다. 물질체가 자기 안에 있는 광물적 요소와 힘에 의해서 형태를 유지할 수 있는 것이 아니라 이 유지를 위해서는 에테르체가 스며들어 있어야 하는 것처럼, 에테르체의 힘도 자기 자신을 의식의 빛으로 밝히지 못한다. 에테르체 혼자서라면 끊임없이 잠의 상태에 있어야만 할 것이다. 에테르체는 물질체 안에 있는 식물적 생명만 유지할 수 있다고 말할 수도 있을 것이다. 깨어있는 에테르체는 아스트랄체에 의해서 빛으로 가득 채워진다. 인간이 잠에 빠지면 이 아스트랄체의 작용은 감각적 관찰에서는 사라진다. 초감각적으로 관찰하면 아직 아스트랄체가 남아 있지만, 에테르체에서는 분리되었거나 빠져나온 상태이다. 감각적 관찰은 아스트랄체 자체가 아니라 눈에 보이는 것 안에서 이루어지는 아스트랄체의 작용에만 연결되어 있다. 그리고 그 작용은 자는 동안에는 직접적으로 이루어지지 않는다. 인간은 광물과 함께 물질체를, 식물과 함께 에테르체를 공통으로 갖는다는 것과 같은 의미에서 아스트랄체와 관련해서는 동물과 함께 아스트랄체를 공통으로 갖는다. 식물은 지속적으로 잠자는 상태에 있다. 이 문제에서

64

정확하게 판단하지 못하는 사람은 동물과 인간이 깨어있는 상태에서 갖고 있는 것과 동일한 의식이 식물에도 있다고 생각하는 오류에 쉽게 빠질 수 있다. 그러나 그것은 의식에 대해 부정확한 관념을 갖고 있을 때만 일어날 수 있다. 그럴 경우 식물에 외부의 자극이 가해졌을 때 식물도 동물처럼 어떤 움직임을 한다고 말한다. 누군가는 외부 사물이 닿았을 때 잎을 오므리는 일부 식물들의 *민감성*을 예로 들 것이다. 그러나 의식의 특징은 어떤 존재가 하나의 작용에 반작용을 보이는 것이 아니라 그 존재가 자기 내면에서 단순한 반작용에 새로이 더해지는 무엇인가를 체험하는 것이다. 그렇지 않으면 쇠붙이가 열의 영향으로 팽창하는 것을 보면서도 의식 이야기를 하게 될 것이다. 예를 들어 어떤 존재가 열의 작용으로 내적인 고통을 체험할 때에야 비로소 의식이 있게 된다.

11   그런데 초감각적 인식으로 파악하게 될 인간 본질의 네 번째 구성 요소는 인간을 둘러싼 드러나 있는 세계와는 더 이상 공통점이 없다. 그것은 한 인간을 다른 인간과 구별되게 하는 것, 그리고 인간을 한때 자신에게 속했던 피조물들의 정점이 되게 하는 것이다. 초감각적 인식은 깨어있는 체험들 사이에도 근본적인 차이가 있다는 사실을 알려줌으로써 인간 본질의 이 네 번째 구성 요소에 대한 관념을 형성한다. 이 차이가 곧바로 나타나는 것은 인간이 깨어있는 상태에서 한편으로는 끊임없이 왔다가 사라지는 체험들의 한가운데 서 있고, 다른 한편으로는 그렇지 않은 체험들도 있다는 사실에 주목할 때

이다. 인간의 체험을 동물의 체험과 비교할 때 그 차이는 특히 명확하게 드러난다. 동물은 외부 세계의 영향을 아주 일정하게 경험하는데, 더위와 추위의 영향 아래서는 고통과 즐거움을, 자기 몸에서 규칙적으로 일어나는 어떤 과정들에 의해서는 배고픔과 갈증을 자각한다. 그러나 인간의 삶은 그런 체험만으로 채워져 있지 않다. 인간은 그 모든 것을 넘어서는 욕망과 소망들을 가질 수 있다. 우리가 충분히 깊이 들여다볼 능력만 있다면, 동물의 경우 몸의 외부나 내부에서 행동이나 감정을 유발하는 동기가 어디에 있는지를 항상 확인할 수 있을 것이다. 그러나 인간의 경우에는 전혀 그렇지 않다. 인간은 몸의 내부나 외부에서 그 생성 동기가 충분하지 않은 소망과 욕망을 가질 수 있다. 이 영역에 해당하는 모든 것에는 특별한 원천이 존재해야만 한다. 그리고 초감각적 학문의 의미에서 그 원천은 인간의 "자아Ich"에서 찾을 수 있다. 따라서 자아를 인간 본질의 네 번째 구성 요소라고 할 수 있다. 아스트랄체가 혼자 움직인다면 즐거움과 고통, 배고픔과 갈증이 그 안에서 일어날 것이다. 그러나 그렇다면 그 모든 것 안에 *지속적인 것*이 있다는 감정은 생기지 않을 것이다. 여기서는 지속적인 것 자체가 아니라 이 지속적인 것을 체험하는 주체를 자아라고 부를 것이다. 이 영역에서는 개념들을 아주 날카롭게 파악해야 오해가 생기지 않는다. 내적 체험의 교차 속에서 계속되는 것, 지속적인 것을 인식하게 되면서 "자아감정Ichgefühl"이 깨어나기 시작한다. 예를 들어 어떤 존재가 배고픔을 느낀다는 사실은 그 존재에게 자아 감정을 주지 못한다. 배고픔은 그 존재 안에서 배고픔을 일으키는 새로운 동기가 효력을 발휘할 때 나타난다. 그러면 바로 이 *새로운 동기*가 있기 때문에 그 존재는 먹을 것으로 달려든다. 그러나 자아감정은 이 새로운 동기가 인간을 먹을 것에 몰아갈 때만이 아니고, 이전에 배부르게 먹었을 때 쾌감이 생겼고 그 쾌감의 의식이 남아 있어서 배고픔이라는 *현재의* 체험만이 아니라 *이전에* 느꼈던 쾌감이라는 지나간 체험이 그를 먹을 것으로 내몰 때 비로소 나타난다. 에테르체에 의해 지탱되지 않으면 물질체가 붕괴하고 아스트랄체에 의해 빛으로 가득 채워지지 않으면 에테르체가 무의식 안으로 가라앉는 것처럼, 지나간 것이 자아에 의해 *현재로* 옮겨지지 않는다면 아스트랄체는 지나간 것을 계속해서 *망각* 속으로 가라앉혀야 할 것이다. 물질체에게 죽음이고 에테르체에게 잠인 것이 아스트랄체에게는 *망각*이다. 다시 말해서 에테르체에는 *생명*이, 아스트랄체에는 *의식*이, 자아에는 *기억*이 속한다고 할 것이다.

12   식물에 의식이 있다고 여기는 것보다 더 쉽게 빠지는 오류는 동물의 기억에 대해 이야기하는 것이다. 개가 상당히 오랫동안 보지 못한 주인을 알아보는 모습에서 동물의 기억을 생각하는 것은 매우 당연하다. 그러나 그렇게 동물이 어떤 대상을 다시 알아보는 것은 사실 기억이 아니라 완전히 다른 무엇인가에 근거한다. 개는 자기 주인에게 어떤 끌림을 느낀다. 이 끌림은 주인의 본성에서 비롯된다. 이 본성이 주인이 곁에 있을 때 개에게 즐거움을 준다. 그러고 나면 주인이 곁에 있을 때 매번 이전의 즐거움을 새롭게 느끼게 된다. 그러

나 기억은 한 존재가 단순히 현재의 체험으로 느낄 때가 아니라 과거의 체험을 간직할 때만 있는 것이다. 심지어는 이런 사실을 인정하면서도 개가 기억을 갖고 있다는 오류에 빠질 수 있다. 개는 주인이 자기 곁을 떠날 때 슬퍼하니까 주인에 대한 기억이 있다고 말할 수 있을 것이다. 그러나 이것도 잘못된 판단이다. 주인과 함께 있는 동안 개는 주인의 존재가 욕구가 된다. 그로 인해서 개는 배고픔을 느끼는 것과 비슷한 방식으로 주인의 부재를 느낀다. 이런 구별을 하지 않는 사람은 삶의 진정한 상황을 명료하게 파악하지 못할 것이다.

13   어떤 편견을 근거로 동물에게 인간의 기억과 비슷한 뭔가 있는지 여부는 알 수 없다며 이 설명을 반박한다면, 그런 반박은 미숙한 관찰에서 비롯된다. 동물이 경험과 관련해서 어떻게 행동하는지를 정말로 정확하게 관찰할 수 있는 사람이라면 그 행동이 인간의 행동과 다르다는 사실을 깨달을 것이다. 또한 동물이 기억이 없는 것에 맞게 행동한다는 사실도 알게 될 것이다. 초감각적으로 관찰하면 그런 사실은 즉시 분명해진다. 그러나 초감각적 관찰에서 직접적으로 의식하게 되는 것이라면, 그것은 이 영역에 미치는 *그것의 작용*을 통해 감각적 지각에 의해서, 그리고 감각적 지각의 사고적 통찰에 의해서도 인식될 수 있다. 인간은 동물에서는 생각할 수 없는 내적인 영혼의 관찰을 통해서 *자신의* 기억에 대해 안다고 말한다면, 그런 주장의 바탕에는 치명적인 오류가 깔려 있다. 인간이 자신의 기억에 대해 말할 수 있는 것은 내적인 영혼의 관찰에서 얻어지는 것이 아니고,

외부 세계의 사물및 사건들과 맺고 있는 자신의 관계 속에서 스스로 체험하는 것에서만 끌어낼 수 있다. 인간은 *자기 자신과* 다른 사람들, 그리고 동물들에 대해서도 완전히 똑같은 방식으로 그런 체험을 한다. 내적인 관찰만을 기준으로 기억 여부를 판단한다고 생각한다면, 이는 인간을 현혹시키는 허상일 뿐이다. 기억의 기초가 되는 힘이라면 내적으로 무엇인지 확인할 수 있을 것이다. 그러나 자기 자신에 관해서라고 해도 이 힘에 대한 *판단*은 삶의 관계를 바라보는 것을 통해서 외부 세계에서 얻어진다. 그리고 그 관계가 어떤지는 자기 자신에서나 동물에서도 판단할 수 있다. 그런 문제와 관련하여 현재 통용되는 우리의 심리학은 대단히 미숙하고 부정확한 관념들, 상당 부분 관찰의 오류로 인해서 착각을 일으키는 관념들로 가득하다.

14   "자아"에게 기억과 망각은 아스트랄체에게 깨어있음과 잠이 의미하는 것과 매우 비슷한 어떤 것을 의미한다. 잠이 하루의 근심과 걱정을 사라지게 하는 것처럼, 망각은 삶의 나쁜 경험들 위로 베일을 펼쳐 놓음으로써 과거의 한 부분을 지워버린다. 또한 고갈된 생명력을 새롭게 강화하기 위해서 잠이 필요한 것처럼, 인간이 자유롭고 선입견 없는 마음으로 새로운 것들을 체험하기 위해서는 자기 과거의 어떤 부분들을 기억에서 지워야 한다. 그리고 바로 이 망각으로부터 새로운 것을 지각하는 힘이 강해진다. 글쓰기를 배우는 일 같은 것들을 생각해 보라. 아이가 글쓰기를 배우는 과정에서 경험한 모든 세세한 내용은 잊히고, 남는 것은 글쓰기 능력뿐이다. 펜을 들 때마다 글

쓰기를 배울 때 겪어야 했던 모든 경험이 영혼에 기억으로 떠오른다면 인간이 어떻게 글을 쓸 수 있을 것인가?

15   이제 기억은 여러 단계에서 떠오른다. 인간이 하나의 대상을 인지했다가 그 대상에서 멀어진 다음에 그 대상에 대한 *표상*을 다시 일깨울 수 있는 것이 이미 기억의 가장 단순한 형태이다. 인간은 대상을 지각하는 동안 그 대상에 대한 표상을 형성한 것이다. 이때 그의 아스트랄체와 자아 사이에서 하나의 과정이 일어났다. 아스트랄체가 대상에 대한 외적 인상을 지각하게 한 것이다. 그러나 자아가 이 앎을 받아들여 자기 것으로 만들지 않는다면, 대상에 대한 앎은 그 대상이 인간 앞에 *있는 동안에만* 지속될 것이다. 바로 이 지점에서 초감각적 관찰은 신체적인 것과 영혼적인 것을 구분한다. 현재 있는 대상에 대한 앎의 생성을 주시하는 것은 *아스트랄체*의 소관이다. 그러나 그 앎에 지속성을 주는 것을 영혼이라고 부른다. 그런데 방금 언급한 것에서도 우리는 인간의 경우 아스트랄체가 앎에 지속성을 부여하는 영혼 부분과 얼마나 밀접하게 결합되어 있는지 알 수 있다. 둘 다 어느 정도는 인간 존재의 한 구성 요소로 결합되어 있다. 따라서 이 결합도 아스트랄체라고 부를 수 있다. 정확한 명칭을 원한다면 인간의 아스트랄체를 *영혼체Seelenleib*라고 말할 수 있고, 아스트랄체와 결합되어 있다는 점에서 이 영혼을 *감정영혼Empfindungsseele*이라고 할 수 있다.

16   자아의 활동이 대상에 대한 앎에서 앎을 소유하는 쪽으로 향할 때, 자아는 본질의 고차적 단계로 올라간다. 이는 자아로 하여금 자신이 소유한 것들 속에서 일하기 위해서 지각 대상들로부터 점점 더 떨어져 나가는 활동이다. 영혼에서 이런 일이 일어나는 부분은 *지성영혼Verstandesseele*, 또는 *정서영혼Gemütsseele*이라고 부를 수 있다. 감정영혼과 지성영혼은 감각에 의해 지각된 대상들에 대한 인상에서 얻은 것과 그 중에서 기억에 보관하고 있는 것을 가지고 작업한다. 이때 영혼은 자신에게는 외적인 것에 완전히 몰입해 있다. 영혼은 기억을 통해서 자기 소유로 만드는 것도 외부에서 받아들인 것이다. 그러나 영혼은 그 모든 것에서 멈추지 않고 더 나아간다. 영혼은 감정영혼과 지성영혼만이 아니다. 초감각적 관조는 이 나아간다는 관념을 아주 쉽게 형성할 수 있는데, 이는 그 관념이 포괄적인 의미에서만 평가되어야 할 단순한 하나의 사실을 가리킬 때이다. 그것은 언어 전체를 통틀어 본질적으로 다른 모든 명사와 구분되는 단 하나의 명사가 존재한다는 사실이다. 그것은 바로 "나"라는 명사이다. *누구나* 어떤 대상이나 존재에 그에 해당하는 각각의 이름을 붙일 수 있다. 그러나 어느 존재에 대한 명칭으로서의 "나"는 그 존재가 이 명칭을 스스로에게 붙일 때만 의미를 갖는다. 외부에서는 어떤 사람을 결코 "나"라는 이름으로 부를 수 없다. 오직 그 사람 자신만이 그 이름을 자신에게 사용할 수 있다. "나는 나 자신에게만 나이고 다른 모든 사람에게는 너다. 그리고 다른 모든 사람은 나에게 너다." 이 사실은 깊은 의미가 있는 진실을 외적으로 드러낸다. "나"의 원래 본질은 모든

외적인 것에서 독립해 있다. *그 때문에* "나"라는 이름도 외부의 어떤 것에 의해서 불릴 수 없다. 그래서 초감각적 관조와의 관계를 의식적으로 유지해온 종교들은 "나"라는 명칭을 "말로 표현할 수 없는 신의 이름"이라고 말한다. 이 표현을 사용하면 다름 아닌 암시된 것을 지칭하기 때문이다. 어떤 외적인 것도 인간 영혼에서 이 명칭이 의미하는 부분으로는 들어가지 못한다. 그곳이 영혼의 "감춰진 성소聖所"이다. 영혼과 동일한 종류의 존재만이 그 안으로 들어갈 수 있다. "인간 안에 거하는 신은 영혼이 스스로를 나라고 인식할 때 말한다." 감정영혼과 지성영혼은 외부 세계에서 활동하지만, 영혼의 세 번째 구성요소는 영혼이 자신의 본질을 지각할 때 신적인 것 안으로 들어간다.

17   이에 대해서는 마치 그런 견해들이 자아를 신과 *하나*라고 설명한 것 같다는 오해가 쉽게 생길 수 있다. 그러나 그 견해들은 결코 자아가 신이라고 말하는 것이 아니고, 단지 그 성질과 본질이 신적인 것과 같다고 말할 뿐이다. 누군가 바다에서 나온 물방울이 바다와 같은 본질이나 실체라고 말한다면 그는 그 물방울이 바다라고 주장하는 걸까? 꼭 비유를 사용하고자 한다면 다음과 같이 말할 수 있을 것이다. "자아"가 신적인 것에 대해 갖는 관계도 물방울과 바다의 관계와 같다고 말이다. 인간은 자기 안에서 신적인 것을 찾을 수 있다. 그의 가장 근원적인 본질이 신적인 것에서 나왔기 때문이다. 그러니까 인간은 아스트랄체를 통해서 외부 세계를 아는 것처럼 이 영혼의 세 번째 구성 요소를 통해서 자기 자신에 대한 내적인 앎에 도

달한다. 그 때문에 비밀학은 영혼의 이 세 번째 요소를 *의식영혼* *Bewußtseinsseele*이라고도 부를 수 있다. 신체적인 것이 물질체, 에테르체, 아스트랄체라는 세 요소로 이루어지는 것처럼 영혼적인 것도 그런 의미에서 감정영혼, 지성영혼, 의식영혼이라는 세 요소로 이루어진다.

18   기억력에 대한 판단과 관련해서 이미 언급한 오류와 비슷하게, 심리학의 관찰 오류는 자아의 본질에 대한 올바른 통찰도 어렵게 만든다. 사람들은 자신들이 이해한다고 믿는 많은 것을 앞에서 이와 관련해 진술된 내용을 반박한다고 여길 수 있다. 실은 그 내용을 확인하는 것인데도 말이다. 예를 들어 에두아르트 폰 하르트만[18]이 그의 《심리학 개요》[19]에서 제시한 자아에 대한 언급이 그런 경우다. "먼저 자기의식은 나라는 말보다 오래되었다. 인칭대명사들은 언어의 발달에서 상당히 늦게 나왔으며 언어에서는 축약의 가치만 가지고 있다. 나라는 말은 말하는 사람의 고유명사에 대한 짧은 대용물이지만, 다른 사람들이 그를 어떤 고유명사로 부르든 상관없이 모든 말하는 사람 스스로 자신을 위해 사용하는 대용물이다. 자기의식은 고유명사와 연결시키지 않더라도 동물에서나 교육을 받지 못한 청각장애

---

18) Eduard von Hartmann, 1842-1906, 《철학 체계 개요 System der Philosophie im Grundriß》, Bd. III 《심리학 개요 Grundriß der Psychologie》, Bad Sachsa 1908, S. 55f. 하르트만의 말을 글자 그대로 옮기면 "짧은 대용물"이 아니라 "아주 짧은 대용물"이다.

19) 《System der Philosophie im Grundriß》, Band III. Bad Sachsa 1908.

인들에서나 상당히 높은 수준으로 발달할 수 있다. 고유명사의 의식은 나라는 말을 사용하지 않는 것을 완전히 대신할 수 있다. 이런 통찰로써 많은 사람이 나라는 짧은 말을 감싸고 있다고 생각하는 마법의 후광이 제거된다. 나라는 말은 자기의식의 개념에 어떤 것도 덧붙일 수 없고, 오히려 그 전체 내용을 오직 자기의식으로부터 받아들인다." 사람들은 이런 견해에 전적으로 동의할 수 있다. 또한 관련 문제에 대한 신중한 관찰을 흐리게 할 뿐인 마법의 후광이 나라는 짧은 말에 부여되지 않는다는 점에도 동의할 수 있다. 그러나 한 *사물*의 본질에 결정적인 것은 어떻게 그 사물에 대한 *명칭*이 서서히 생겨나는가가 아니다. 중요한 것은 자기의식 속에 있는 자아의 진정한 본질이 "나라는 말보다 오래되었다"는 사실이다. 또한 중요한 사실은 인간은 외부 세계와의 상호 관계에서 동물이 경험할 수 있는 것과는 다르게 자신이 경험하는 것에 대해서는 오직 인간에게만 속하는 특징들과 결합된 *이* 짧은 단어를 사용할 수밖에 없다는 것이다. 삼각형이라는 "단어"가 어떻게 생겼는지 보여주는 식으로는 삼각형의 본질에 대해 알 수 없는 것처럼, *언어의 발달*에서 나라는 단어의 사용이 다른 단어의 사용으로부터 어떤 식으로 형성되었는지 알 수 있다는 사실이 자아의 본질을 결정하지는 않는다.

19   "자아"의 진정한 본성은 의식영혼에서 비로소 드러난다. 영혼이 감정과 지성에서는 다른 것으로 사라지는 반면에 의식영혼으로서는 자신의 본질을 붙잡고 있기 때문이다. 따라서 이 자아는 어떤

내적 활동에서 그렇듯 의식영혼에 의해서 인식될 수 있다. 외부 대상들에 대한 표상은 왔다가 사라지는 대상들에 대해 형성되지만, 그 표상은 자신의 힘에 의해서 지성 안에서 계속 활동한다. 그러나 자아가 자기 자신을 인식하는 것은 단순히 자신을 *내어주는 것*으로는 안 된다. 자아가 자신에 대한 의식을 갖기 위해서는 내적인 활동을 통해 자신의 본질을 자기 깊은 곳에서부터 끌어올려야 한다. 자아의 내적인 활동은 자아에 대한 인식과 함께, 즉 *자각*과 함께 시작된다. 이 활동으로 인해 의식영혼에서 이루어지는 자아의 지각은 인간에게 신체의 세 구성 요소와 영혼의 다른 두 구성 요소를 통해 밀려오는 모든 것의 관찰과는 완전히 다른 의미를 갖는다. 의식영혼 안에서 자아가 드러나게 하는 힘은 나머지 모든 세계에서 자신을 드러내는 힘과 동일하다. 다만 이 힘은 신체에서, 그리고 영혼의 낮은 구성 요소들에서는 직접적으로 나타나지 않고 그 작용들 속에서 단계적으로 드러난다. 가장 낮은 단계의 현현은 물질체를 통한 현현이다. 그 다음에는 단계적으로 올라가 지성영혼을 채우는 것에 이른다. 매 단계로 올라갈 때마다 감춰진 것을 에워싸고 있는 베일이 하나씩 떨어진다고 말할 수 있을 것이다. 의식영혼을 채우는 것 안에는 이 감춰진 것이 외피를 벗은 채로 영혼의 가장 깊숙한 신전으로 들어간다. 그렇다고 해도 그것은 모든 것을 관통하는 정신성의 바다에서 나온 물 한 방울처럼 보일 뿐이다. 그러나 인간은 이 정신성을 여기서 일단 붙잡아야 한다. 그는 자기 자신 안에서 정신성을 인식해야 한다. 그러면 그 현현에서도 그 정신성을 찾을 수 있다.

20   이때 물 한 방울처럼 의식영혼으로 스며들어 가는 것, 그것을 비밀학은 *정신*이라고 부른다. 이처럼 의식영혼은 모든 드러난 것 속에 있는 감춰진 것인 정신과 결합되어 있다. 이제 인간이 모든 드러난 것에서 정신을 붙잡고자 한다면 의식영혼에서 자아를 붙잡는 것과 같은 방식으로 해야 한다. 그는 자신을 자아에 대한 지각으로 이끌었던 활동을 드러난 세계 쪽으로 돌려야 한다. 그것을 통해서 인간은 자기 본질의 고차적 단계로 발전한다. 그는 신체와 영혼의 구성 요소들에 새로운 것을 더한다. 그 다음에 할 일은 자기 영혼의 낮은 구성 요소들 안에 감춰진 것도 스스로 획득하는 것이다. 그러려면 자아를 바탕으로 자신의 영혼에 대해 작업해야 한다. 인간이 그런 작업을 어떻게 하는지는 아주 저열한 욕망과 감각적 쾌락이라고 하는 것에 빠져 있는 사람을 고귀한 이상주의자와 비교하면 분명해진다. 전자는 저열한 것을 좋아하는 마음을 버리고 고차적인 것으로 마음을 돌릴 때 후자가 된다. 그렇게 함으로써 그는 *자아를 바탕*으로 자신의 영혼을 향상시키고 정신적인 것으로 승화하도록 한 것이다. 이제 자아는 영혼 활동을 주재하게 되었다. 그런 상태는 자아가 강제하지 않아도 영혼에 어떤 욕망, 어떤 쾌락이 들어갈 자리가 없을 정도까지 될 수 있다. 이런 방식으로 이전에는 오로지 의식영혼이었던 전체 영혼이 자아의 현현이 된다. 근본적으로 인간의 모든 문화생활과 정신적 추구는 자아의 이런 지배를 목표로 하는 작업으로 이루어진다. 현재 살아가는 *모든 인간*은 이 작업을 하는 중이다. 그가 원하든 원치 않든, 이 사실을 알든 모르든 말이다.

21   그러나 이 작업을 통해서 인간 본질은 고차적 단계로 올라간다. 인간은 이 작업으로 자기 본질의 새로운 구성 요소들을 발달시킨다. 인간에게는 이 요소들이 드러난 것 뒤에 감춰져 있는 것으로서 놓여 있다. 인간은 자아로부터 시작되는 자기 영혼에 대한 작업을 통해서 이 영혼의 지배자가 되어 영혼으로 하여금 드러난 것 안에 감춰진 것을 밖으로 밀어내도록 한다. 뿐만 아니라 이 작업을 더 확장할 수도 있다. 그는 아스트랄체에까지 관여할 수 있다. 자아는 아스트랄체의 감춰진 본질과 결합함으로써 아스트랄체를 장악한다. 자아에 의해 정복되고 변형된 이 아스트랄체를 *자아-정신Geistselbst*이라고 부를 수 있다. (이는 동양의 지혜에서 "마나스Manas"라고 부르는 것과 동일하다.) 자아정신에는 인간 존재 안에 마치 싹처럼 존재하다가 자기 자신에 대한 작업이 이루어지는 동안 점점 밖으로 자라나오는 고차적 구성 요소가 주어져 있다.

22   인간은 아스트랄체 뒤에 있는 감춰진 힘을 향해 밀고 나감으로써 자신의 아스트랄체를 정복하는데, 같은 일이 에테르체의 발달 과정에서도 일어난다. 그러나 에테르체에 대한 작업은 아스트랄체에 대한 작업보다 더 집중적이다. 에테르체에 감춰진 것은 두 겹의 베일에 싸여 있지만 아스트랄체의 감춰진 것은 단 한 겹의 베일에만 덮여 있기 때문이다. 인간의 발달 과정에서 나타날 수 있는 어떤 변화들을 통해서 우리는 아스트랄체와 에테르체에 대한 작업에서 나타나는 차이를 이해할 수 있다. 먼저 자아가 영혼에 대한 작업에 임할

때 인간 영혼의 어떤 특성이 발달하는지, 쾌락과 욕망, 기쁨과 슬픔이 어떻게 바뀔 수 있는지 생각해 보라. 인간은 그저 자신의 어린 시절을 떠올려 보면 된다. 그때는 어디서 기쁨을 얻었고, 고통을 초래한 것은 무엇이었나? 그는 어린 시절에 할 수 있었던 것 말고 무엇을 더 배웠나? 그런데 이 모든 것은 자아가 어떻게 아스트랄체를 지배하게 되었는지가 드러나는 양상일 뿐이다. 아스트랄체는 쾌락과 고통, 기쁨과 슬픔의 운반자이기 때문이다. 또한 이를 인간의 다른 특성들, 예를 들어 그의 기질과 더 깊은 성격적 특성 같은 것은 시간이 지나는 동안에도 별로 변하지 않는다는 사실과 비교해 보라. 어렸을 때 버럭 화를 내는 성질이 있던 사람은 나이가 들어서도 그런 성질의 일부를 간직하게 되는 경우가 많다. 이 문제는 인간의 근본적인 성격이 변할 가능성을 완전히 부정하는 사상가들이 존재할 정도로 두드러진다. 그들은 이 근본적인 성격이 이런저런 모습으로 나타나기는 하지만 평생 동안 변하지 않는 것이라고 가정한다. 그러나 그와 같은 판단은 관찰이 부족해서 나온 것일 뿐이다. 그런 문제를 알아보는 감각이 있는 사람은 인간의 성격과 기질도 자아의 영향 아래 변한다는 사실을 분명히 깨닫는다. 다만 이 변화는 앞서 언급된 성질들의 변화에 비해서는 느리게 진행되는 변화다. 이 두 가지 변화는 시계의 시침과 분침이 서로 다르게 움직이는 것과 비교할 수 있다. 성격이나 기질의 변화를 일으키는 힘은 에테르체의 감춰진 영역에 속한다. 그것은 생명의 영역을 지배하는 힘, 그러니까 성장과 영양 공급과 번식에 사용되는 힘과 동일한 종류다. 이 문제는 이 책의 이어지는 상술을 통해서 제대로 드러날 것이다. 즉, 단순히 쾌락과 고통, 기쁨과 슬픔에 빠져 있을 때가 아니고, 그와 같은 영혼 성질의 특성이 변할 때 자아가 아스트랄체에 작용하고 있다는 것이다. 마찬가지로 자아가 성격적 특성, 기질 등을 바꾸려고 활동할 때 그 작업은 에테르체로 확장된다. 모든 인간은 스스로 알든 모르든 이 후자의 변화에도 관여한다. 일상생활에서 그런 변화를 위해 노력하게 만드는 가장 강한 충동은 종교적 충동이다. 자아가 종교에서 흘러나오는 충동을 계속해서 자신에 작용하도록 하면, 그 충동은 자아 안에서 에테르체에까지 영향을 미쳐 에테르체를 변화시키는 힘을 형성한다. 삶의 미미한 충동들이 아스트랄체에 변화를 불러오는 것처럼 말이다. 배움, 심사숙고, 감정의 순화 등을 통해 인간에게 다가가는 삶의 미미한 충동들은 다채롭게 변화하는 현존의 지배를 받는다. 그러나 종교적 감정은 모든 사고, 감정, 의지에 동일한 뭔가를 새겨 넣는다. 말하자면 영혼의 모든 활동에 공통적이고 통일적인 빛이 퍼지게 한다. 인간은 오늘은 이것을 생각하고 느끼며 내일은 저것을 생각하고 느낀다. 온갖 다양한 원인이 그렇게 하도록 만든다. 그러나 어떤 종류의 종교적 감정이든 그 감정에 의해서 무언가 모든 변화를 관통하는 것을 예감하는 사람은 자신이 오늘 생각하고 느끼는 것도 자기 영혼이 내일 경험하는 것과 똑같은 이 기본 감정과 연관시킬 것이다. 이를 통해서 종교적 고백은 영혼 활동에 두루 영향을 미치게 된다. 그 영향력은 지속적으로 반복해서 작용하기 때문에 시간이 지나면서 점점 더 강해진다. 그 때문에 에테르체에 작용하는 힘을 얻는 것이다. 진정한 예술이 인간에게 미치는 영향력도 비슷한 방식으로 작용한다. 인간이 어느 예술작품의 외적 형태나 색채, 음을 통해서 사고와 감정으로 그 작품의 정신적 토대에 다다르게 되면, 이를 통해서 자아가 받는 충동은 실제로 에테르체에까지 작용한다. 이 생각을 마지막까지 철저하게 밀고 나간다면, 우리는 예술이 모든 인간의 발달에 얼마나 엄청난 의미가 있는지 헤아릴 수 있다. 이상으로 에테르체를 향해 작용하려는 충동을 자아에 제공하는 몇 가지만 언급했다. 인간의 삶에는 방금 언급한 것과 달리 관찰하는 사람의 시선에 드러나지 않는 영향력도 많다. 그러나 드러나 있는 것들만 보아도 이미 인간 안에는 자아의 작업에 의해 점점 더 밖으로 나와야 할 또 다른 구성 요소가 감춰져 있다는 사실을 알 수 있다. 이 구성 요소는 정신의 두 번째 요소인 *생명정신 Lebensgeist*으로 부를 수 있다. (이는 동양의 지혜에서 "부디Buddhi"라고 부르는 것과 동일하다.) 생명정신이라는 표현은 그 안에 "생명체" 안에서 작용하는 것과 동일한 힘이 작용하는 것을 나타내기 때문에 적절하다. 다만 그 힘이 생명체로 드러날 때는 인간의 자아가 거기서 활동하지 않는다. 그러나 생명정신으로 표출될 때 그 힘은 자아의 활동으로 가득 차 있다.

23   인간의 지적 발달, 인간의 감정과 의지 표출의 정화와 순화醇化는 아스트랄체를 자아정신으로 변화시키는 척도다. 종교적 체험을 비롯하여 많은 경험은 에테르체에 새겨져 에테르체를 생명정신으로 만든다. 일상적인 삶이 이루어지는 동안에는 이것이 어느 정도 무

의식적으로 일어나는 반면, 인간의 이른바 *입문Einweihung*에서는 자아정신과 생명자아에서의 이 작업을 완전히 의식적으로 수행할 수 있는 수단이 초감각적 인식을 통해 알려진다. 이 수단들에 대해서는 이 책의 뒷부분에서 언급될 것이다. 지금까지는 우선 인간 안에 영혼과 육체 말고도 정신이 작용하고 있다는 사실을 알려주는 것이 중요한 문제였다. 이 정신이 어떻게 덧없는 육체와는 달리 인간에게 있는 *영원한 것*에 속하는지는 나중에 제시될 것이다.

24   자아의 활동은 아스트랄체와 에테르체에 대한 작업으로 한정되지 않는다. 그 일은 물질체로도 확장된다. 자아가 물질체에 영향을 미친다는 징후는 어떤 경험들에 의해서 얼굴이 붉어지거나 창백해지는 현상 같은 것에서 보인다. 여기서 자아는 실제로 물질체에서 일어난 한 과정의 유발자이다. 이렇게 자아의 활동에 의해서 물질체에 미치는 영향과 관련한 변화가 나타난다면, 자아는 정말로 이 물질체의 감춰진 힘들과 결합한 것이다. 물질체의 물리적 과정들에 작용하는 것과 동일한 힘들과 결합한 것이다. 이때 우리는 자아가 그런 활동을 통해서 물질체에 작용한다고 말할 수 있다. 이 표현을 오해해서는 안 된다. 마치 뭔가 거친 물질적인 과정이 일어났다고 생각해서는 절대로 안 된다. 물질체에서 거친 물질적인 것으로 보이는 것은 단지 드러나 있는 것일 뿐이다. 이 드러나 있는 것 뒤에 그외 본질외 감춰진 힘들이 놓여 있다. 그리고 이 힘들은 정신적인 것이다. 여기서는 물질체를 물질적인 것으로 보이게 하는 것에 대한 작업이 아니

라 물질체를 생기게 했다가 다시 붕괴하게 만드는 보이지 않는 힘들에 대한 정신적 작업이 언급될 것이다. 일상생활에서 물질체에 대한 자아의 이 작업은 인간에게 매우 불분명하게 의식된다. 인간이 초감각적 인식의 영향 아래 의식적으로 그 작업을 수행할 때라야 비로소 그 작업이 완전히 명료하게 의식된다. 그렇게 되면 인간 안에 아직 세 번째 정신적 구성 요소가 존재한다는 사실이 드러난다. 이를 물질적 인간과 반대되는 *정신인간Geistesmensch*이라고 부를 수 있다. (동양의 지혜에서는 이 "정신인간"을 "아트마Atma"라고 부른다.)

25   정신인간과 관련해서도 다음과 같은 사실로 인해서 미혹되기가 쉽다. 사람들은 물질체를 인간의 가장 낮은 구성 요소로 보며, 그래서 이 물질체에 대한 작업이 인간 본질의 가장 높은 구성 요소에 이르게 한다는 생각을 쉽게 받아들이지 못한다. 그러나 물질체가 자기 안에서 활동하는 정신을 세 겹의 베일로 감추고 있다는 바로 그 이유 때문에 인간에게서 가장 높은 종류의 활동은 자아를 인간의 감춰진 정신과 결합시키는 것이다.

26   비밀학에서 볼 때 인간은 이처럼 서로 다른 구성 요소들로 이루어진 존재로서 자신을 드러낸다. 신체의 요소는 물질체, 에테르체, 아스트랄체다. 영혼의 요소는 감정영혼, 지성영혼, 의식영혼이다. 영혼에서 자아는 자신의 빛을 발한다. 정신의 요소는 자아정신, 생명정신, 정신인간이다. 앞에서 제시된 설명을 통해서는 감정영혼

과 아스트랄체가 밀접하게 결합되어 모종의 관계에서 하나의 전체를 이룬다는 사실을 알 수 있다. 의식영혼과 자아정신도 비슷한 방식으로 하나의 전체를 형성한다. 정신이 의식영혼 속에서 빛을 내어 의식영혼을 바탕으로 인간 본성의 다른 구성 요소들을 두루 비추기 때문이다. 이런 점들을 고려하면서 인간의 이어지는 구성에 대해서도 말할 수 있다. 아스트랄체와 감정영혼은 하나의 구성 요소로 통합할 수 있으며, 의식영혼과 자아정신도 마찬가지다. *지성영혼*은 자아 본성의 일부이며 어떤 점에서는 자신의 정신적 본질을 아직 깨닫지 못했을 뿐 이미 자아이기 때문에 "자아"라고 부를 수 있다. 따라서 인간은 다음과 같은 일곱 부분으로 이루어진다.

1. 물질체, 2. 에테르체 또는 생명체, 3. 아스트랄체, 4. 자아, 5. 자아정신, 6. 생명정신, 7. 정신인간

27   물질주의적 관념에 익숙한 사람도 흔히들 7이라는 숫자에 대해 생각하는 것 때문에 인간의 이런 7중의 구성을 "왠지 모르게 불가사의한 것"으로 여기지는 않을 것이다. 앞에서 다룬 내용의 의미를 정확히 파악하고 있고, 처음부터 "불가사의한 것" 자체를 이 문제에 끌어들이지 않았다면 말이다. 다른 어떤 관점이 아니라 세계를 관찰하는 고차적 형태의 관점에서만 인간의 "일곱" 가지 구성 요소에 대해 언급되어야 한다. 빛외 일곱 가지 색이나 음계외 일곱 음(옥타브를 기본음의 반복이라고 볼 때)에 대해서 말하는 것처럼 말이다. 빛이 일곱 가지 색으로 나타나고 음이 일곱 가지 높이로 나타나듯이,

인간의 *"일원적인"* 본질은 앞에서 구분한 일곱 가지 구성 요소로 나타난다. 음과 색에서 7이라는 숫자가 "미신"과 전혀 관계가 없는 것처럼, 인간의 구성에서 나타나는 7의 숫자도 마찬가지다. (예전에 이 문제를 구두로 제시하는 자리에서 색채에서는 숫자 7이 맞지 않는다는 말을 들은 적이 있다. "빨간색"과 "보라색" 너머에는 눈으로 지각하지 못하는 다른 색들이 더 있기 때문이라는 것이다. 그러나 그 점을 고려하더라도 색과의 비교는 옳다. 한편으로는 물질체 너머에, 다른 한편으로는 정신인간 너머에도 인간의 본질은 이어지기 때문이다. "빨강"과 "보라" 너머의 색들이 육안에는 보이지 않는 것처럼 정신적 관조라는 수단으로는 그런 이어짐이 "정신적으로 보이지 않을" 뿐이다. 것은, 초감각적 관찰이란 자연과학적 사고를 대수롭지 않게 여길 뿐 아니라 자연과학적 사고에 관해서라면 초감각적 관찰이 아마추어적이라는 의견이 쉽게 나오기 때문이다. 그러나 여기서 언급된 내용이 의미하는 바에 올바르게 주목한다면 그것이 실은 진정한 자연과학과 모순되는 곳이 전혀 없다는 점을 알게 될 것이다. 구체적인 설명을 위해서 자연과학적 사실을 끌어들일 때나 여기서 언급한 내용으로 자연 연구와의 직접적인 관계를 설명할 때도 마찬가지다.)

III.

잠과 죽음

1   인간이 잠을 자는 동안 경험하는 상태를 관찰하지 않고는 깨어있는 의식의 본질을 이해할 수 없다. 또 죽음을 관찰하지 않고는 삶의 수수께끼에 다가가지 못한다. 그러나 초감각적 인식의 중요성에 대한 감각이 없는 사람에게는 초감각적 인식이 우리를 잠과 죽음의 관찰로 몰아간다는 사실에서부터 이미 그 중요성에 대해 의구심을 가질 수 있다. 초감각적 인식은 그런 의구심을 일으키는 동기에 의미를 부여할 수 있다. 누군가 인간은 활동적이고 효과적인 삶을 위해 존재하며 그 활동이 그런 삶에 전념하기 위한 것이라고 말한다면 그 말에 납득하지 못할 것은 전혀 없기 때문이다. 또 잠과 죽음 등의 상태에 몰입하는 것은 한가한 몽상에 대한 감각에서만 생길 수 있고, 공허한 환상 말고는 다른 무엇으로도 이어질 수 없다고 말하는 것도 충분히 이해할 수 있기 때문이다. 사람들은 그런 "공상"에 대한 거부를 쉽게 건강한 영혼의 표현으로 여기고, 그런 "한가한 몽상"에 빠지

는 것을 삶의 활력과 기쁨이 부족하고 "진정한 활동"을 영위할 수 없는 사람들에게만 적합한 병적인 것으로 여길 수 있다. 그와 같은 판단을 두고 곧바로 옳지 않다고 말하는 것은 부당하다. 그 안에는 어느 정도 진실된 내용이 담겨 있기 때문이다. 말하자면 그것은 진실에 속하는 4분의 3으로 보완되어야 할 4분의 1짜리 진실이다. 따라서 진실된 4분의 1을 몰아내려고 한다면, 4분의 1은 아주 잘 보지만 나머지 4분의 3은 전혀 모르는 사람에게 불신만 야기할 뿐이다. 잠과 죽음이 가리고 있는 것에 대한 관찰이 실제 삶을 약화시키거나 실제 삶에서 멀어지게 한다면, 그런 관찰이 병적이라는 점은 무조건 인정되어야 한다. 또한 예로부터 비밀학의 세계에서 언급되었고 오늘날에도 그 이름으로 행해지고 있는 많은 것들이 건강하지 못하고 삶에 적대적인 특징을 지니고 있다는 것에도 동의할 수 있다. 그러나 이 건강하지 못한 것은 결코 *진정한* 초감각적 인식에서 나오는 것이 아니다. 오히려 실제 사실은 다음과 같다. 인간은 항상 깨어있을 수는 없으므로 전체적인 삶의 실제 관계들에서도 초감각적인 것이 그에게 제공할 수 있는 것 없이는 삶을 헤쳐 나가지 못한다. 삶은 잠자는 동안에도 계속 이어지고, 깨어있는 동안 일하고 활동하는 힘은 잠이 제공하는 것을 통해 강해지고 회복된다. 인간이 드러난 세계에서 관찰할 수 있는 것도 마찬가지다. 세계의 영역은 *이런* 관찰의 영역보다 넓다. 인간이 보이는 것에서 인식하는 것은 보이지 않는 세계에 대해 알 수 있는 것을 통해서 *보완되고 결실을 얻어야 한다*. 쇠약해진 힘을 매번 잠을 통해서 강화하지 못하는 사람은 자신의 삶을 파멸로 이끌 수밖에 없을 것이다. 마찬가지로 감춰진 것의 인식에 의해 결실을 얻지 않는 세계 관찰은 황폐해질 수밖에 없다. 그것은 "죽음"과 비슷하다. 살아 있는 존재는 새로운 생명이 탄생할 수 있도록 죽음에 이른다. "자연은 풍부한 생명을 갖기 위해서 죽음을 발명했다"[20]라는 괴테의 멋진 문장을 분명하게 밝혀주는 것이 바로 초감각적 인식이다. 죽음 없이는 일반적인 의미에서의 생명이 존재할 수 없는 것처럼 초감각적인 것에 대한 통찰 없이는 보이는 세계에 대한 진정한 인식도 있을 수 없다. 보이는 것에 대한 모든 인식은 끊임없이 보이지 않는 것으로 가라앉아야 발달한다. 이와 같이 초감각적인 것에 대한 학문이야말로 드러난 지식의 삶을 가능하게 한다는 것을 알 수 있다. 초감각적 인식은 그 참된 형태로 나타날 때 결코 삶을 약화시키지 않는다. 그것은 삶이 자기 자신에 의존해 스스로를 약하고 병들게 만들었을 때 삶에 힘을 주고 끊임없이 삶을 생기 있고 건강하게 해준다.

2   인간이 잠에 빠지면 인간을 이루는 구성 요소들 사이의 관계는 달라진다. 잠자는 사람에게서 쉬고 있는 것은 그 사람의 물질체와 에테르체일 뿐, 아스트랄체와 자아는 그렇지 않다. 잠자는 동안에는

---

20) 괴테의 말을 글자 그대로 옮기면 다음과 같다. "삶은 자연의 가장 아름다운 발명이고, 죽음은 풍부한 삶을 갖기 위한 자연의 책략이다." Goethe, 〈자연에 관한 잠언 Die Natur, Aphoristisch〉, in: 요제프 퀴르슈너(Josepf Kürschner)가 감수한《독일 민족 문학 Deutsche National-Literatur》, 5권 (1884-1897)에서 루돌프 슈타이너가 발행하고 해설한《자연과학 저술 Naturwissenschaftliche Schriften》, 재판 Dornach 1975, GA la-e, Bd. 2, GA lb, S. 8.

88

에테르체가 물질체와 결합되어 있기 때문에 생명 활동은 계속된다. 물질체는 혼자 있는 순간 붕괴될 수밖에 없을 것이기 때문이다. 잠자는 동안 사라지는 것은 온갖 생각들이고, 고통과 쾌락, 기쁨과 근심이며, 의식적 의지를 표출하는 능력이고, 이와 비슷하게 현존과 연관된 사실들이다. 그런데 이 모든 것의 운반자는 아스트랄체다. 물론 선입견 없이 판단하는 경우에는 잠자는 동안 아스트랄체가 모든 쾌락과 고통, 모든 관념과 의지의 세계와 함께 파괴된다는 견해를 전혀 고려하지 않을 수도 있다. 아스트랄체는 다른 상태로 있으니 말이다. 인간의 자아와 아스트랄체가 쾌락과 고통, 그리고 앞에서 언급한 다른 모든 것으로 가득 차 있을 뿐만 아니라 그런 것들을 의식적으로 지각하고 있으려면, 아스트랄체가 물질체 및 에테르체와 결합되어 있어야 한다. 깨어있을 때는 아스트랄체가 그런 상태이지만 잠자는 동안에는 그렇지 않다. 아스트랄체는 그런 상태에서 빠져나와 있다. 아스트랄체는 자신이 물질체와 에테르체에 결합되어 있는 동안 가지고 있던 것과는 다른 존재 방식을 받아들인 것이다. 아스트랄체의 이 다른 존재 방식을 관찰하는 것이 초감각적 인식의 과제이다. 외부 세계에서 관찰하면 잠자는 동안에는 아스트랄체가 사라진다. 그런데 초감각적 관조는 잠에서 깨어날 때 아스트랄체가 다시 물질체와 에테르체를 소유할 때까지 아스트랄체의 활동을 뒤따라야 한다. 세계의 감춰진 사물과 과정들을 인식하려고 나서는 모든 경우가 그렇듯이 초감각적 관찰은 잠자는 상태의 실제 사실들의 고유한 형태를 발견하기 위한 것이다. 그러나 초감각적 관찰에 의해 발견될 수 있는 것이 무엇인지 일단 분명해졌다면, 정말로 선입견 없는 사고는 그것을 곧바로 이해할 수 있다. 감춰진 세계의 과정들은 드러난 세계에 미치는 그 작용에서 나타나기 때문이다. 초감각적 관찰이 제시하는 것이 어떻게 감각적인 과정을 이해하게 하는지 간파한다면, 삶을 통한 그런 확인이 이런 문제들에서 요구할 수 있는 증거가 된다. 나중에 제시하게 될 초감각적 관찰에 도달하기 위한 수단을 사용하지 않으려는 사람은 다음과 같은 경험을 할 수 있다. 그는 먼저 초감각적 인식이 제시하는 내용을 받아들인 다음, 그것을 자신의 경험으로 드러난 것들에 적용할 수 있다. 이런 방식으로 삶이 분명해지고 이해할 수 있게 된다는 사실도 깨달을 수 있다. 그리고 일반적인 삶을 더욱 정확하고 치밀하게 관찰할수록 그만큼 더 그런 확신에 이르게 된다.

3   아스트랄체는 잠자는 동안 어떤 사고도 경험하지 않고 쾌락과 고통과 그 비슷한 것들도 경험하지 않지만, 그렇다고 아무 활동 없이 있는 것은 아니다. 아스트랄체는 오히려 잠자는 상태에서 활발하게 활동해야 한다. 이는 아스트랄체가 한동안 물질체와 에테르체와 함께 활동했을 때 리듬에 따른 연속 과정 속에서 계속해야 하는 활동이다. 시계추가 왼쪽으로 움직였다가 가운데로 돌아온 다음에는 이 움직임에서 모인 힘으로 다시 오른쪽으로 움직이는 것처럼, 아스트랄체와 그 품 안에 있는 자아는 물질체와 에테르체에서 한동안 활동하고 나서는 이후의 시간을 이 활동의 결과에 의해서 몸으로부터 자유로운 상태로 영혼적-정신적인 주변 세계에서 활발하게 활동

해야만 한다. 인간 삶의 일반적인 상태에서는 아스트랄체와 자아가 몸에서 자유로울 때 무의식이 나타나는데, 바로 이 무의식이 깨어있을 때 물질체와 에테르체와 함께 있음으로써 펼쳐진 의식 상태에 대한 *대립*을 나타내기 때문이다. 시계추의 오른쪽 최고점이 왼쪽 최고점과 대립되는 것처럼 말이다. 인간의 정신적-영혼적인 것은 이 무의식으로 들어갈 필요성을 피로라고 느낀다. 그러나 이 피로는 아스트랄체와 자아가 잠자는 동안 다음과 같은 일을 하려고 준비한다는 표현이다. 즉 물질체와 에테르체가 정신적-영혼적인 것에서 벗어나 있는 동안에 순전히 유기적인 — 무의식적인 — 형성 활동에 의해서 그들 안에 생겨난 것을 곧 이어지는 깨어있는 상태에서 원래대로 돌리려 한다는 것이다. 이 무의식적인 형성 활동은 의식이 있는 동안 의식을 통해서 인간 안에서 일어나는 것과는 대립 관계에 있다. 리듬에 따른 연속 과정 속에서 교대해야 하는 대립 관계다. 물질체는 인간에게 어울리는 형태와 형상을 인간의 에테르체를 통해서만 유지할 수 있다. 그러나 물질체의 이 인간 형태를 유지하는 에테르체도 아스트랄체로부터 그에 상응하는 힘을 얻어야만 한다. 에테르체는 물질체의 조형가이자 건축가이다. 그러나 아스트랄체로부터 자신이 어떤 식으로 만들어야 하는지에 대한 자극을 받아야만 제대로 된 조형을 할 수 있다. 아스트랄체에는 에테르체가 물질체에 부여할 형태의 *본보기*들이 존재한다. 그런데 깨어있는 동안 아스트랄체는 물질체를 위한 이 본보기들로 채워지지 않거나 최소한 어느 정도까지만 채워진다. 깨어있는 동안에는 영혼이 이 본보기들의 자리에 자신의 상

91

들을 놓기 때문이다. 인간이 감각을 자기 주변으로 돌릴 때, 그는 바로 지각을 통해서 사고 안에 상들을 형성하는데, 그것들은 자기를 둘러싸고 있는 세계의 모상들이다. 주변 세계의 이 모상들은 처음에는 물질체를 유지하도록 에테르체를 자극하는 상들에게는 훼방꾼이다. 인간이 자신의 활동에 의해서 에테르체에 *올바른 자극*을 줄 수 있는 상들을 자신의 아스트랄체에 전달할 수 있을 때만 그런 방해가 없을 것이다. 그런데 인간의 현존에서는 바로 이 방해가 중요한 역할을 한다. 그리고 이 방해는 깨어있는 동안에는 에테르체를 위한 본보기들이 완전한 힘을 발휘하지 못하는 것으로 나타난다. 아스트랄체는 물질체 내에서 깨어있는 활동을 수행한다. 하지만 잠자는 동안에는 외부에서부터 물질체에 작용한다.[21]

4   물질체가 가령 영양 공급을 위해 자신과 같은 성질을 가진 외부 세계가 필요한 것처럼 아스트랄체에도 뭔가 비슷한 것이 필요하다. 자기를 둘러싸고 있는 세계로부터 멀어진 인간의 물질체를 생각해 보라. 그 물질체는 파멸할 수밖에 없을 것이다. 이는 물질체가 물질적 주변 환경 없이는 존재할 수 없다는 사실을 보여준다. 실제로 인간의 물질체가 존재하려면 전체 지구는 지금과 같은 상태여야 한다. 사실 인간의 몸이란 지구의 한 부분일 뿐이고, 넓은 의미에서는

---

21) 피로의 본질에 대해서는 이 책의 마지막 부분에 덧붙인 "정신과학 영역의 개별 사항들"을 참조할 것.

물질적 전 우주의 일부일 뿐이다. 이런 점에서는 이를테면 손의 손가락이 전신의 일부인 것과 마찬가지다. 손가락을 손에서 분리시키면 그것은 더 이상 손가락일 수가 없다. 그것은 말라 죽는다. 인간의 몸도 마찬가지여서, 자신이 그 구성 요소의 하나인 것에서 분리된다면, 다시 말해 지구가 제공하는 생명의 조건들에서 멀어지면 비슷한 일이 일어날 것이다. 인간의 몸을 지구 표면 위로 높이 들어 올린다면 손에서 잘려나간 손가락이 못쓰게 되는 것처럼 인간의 몸도 파괴될 것이다. 인간이 손가락과 몸의 관계를 생각할 때보다 자신의 물질체에 대해서 이 사실을 덜 주목하는 것은, 손가락은 지구 위의 인간과는 달리 몸에서 이리저리 돌아다닐 수가 없어서 그 의존성이 더 쉽게 눈에 띄기 때문일 뿐이다.

5   물질체가 자기가 속하는 물질적 세계에 융합되어 있는 것처럼 아스트랄체도 자신의 세계에 속한다. 다만 깨어있음으로 해서 자신의 세계와 분리되어 있는 것이다. 이때 일어나는 일은 한 가지 비유로 생생하게 설명될 수 있다. 물이 든 그릇이 있다고 생각해 보라. 그릇에 든 전체 물에서 물 한 방울은 혼자 고립되어 있지 않다. 하지만 작은 스펀지로 물을 빨아들여 보라. 잠에서 깨어날 때 인간의 아스트랄체에도 그런 일이 일어난다. 잠자는 동안 아스트랄체는 자기와 동일한 세계에 있다. 그리고 모종의 방식으로 그 세계에 속하는 뭔가를 만들어낸다. 그러다가 잠에서 깨어날 때 물질체와 에테르체가 아스트랄체를 빨아들인다. 그것들은 아스트랄체로 스스로를 채

운다. 그것들은 아스트랄체로 하여금 외부 세계를 지각하도록 하는 기관들을 포함하고 있다. 그러나 이런 지각에 이르기 위해서 아스트랄체는 자기 세계에서 빠져나와야 한다. 그런데 아스트랄체는 이 자기 세계로부터 에테르체를 위해 필요로 하는 본보기만 받을 수 있다. 물질체가 자기 주변에서 음식물을 공급받는 것처럼 아스트랄체는 잠자는 동안 자신을 둘러싼 세계로부터 *상*들을 제공받는다. 이때 아스트랄체는 실제로 물질체와 에테르체 바깥에 있는 우주에 있다. 모든 요소를 갖춘 인간을 탄생시킨 바로 그 우주에서 있는 것이다. 인간에게 형상을 부여하는 상들의 원천은 바로 이 우주 안에 있다. 인간은 이 우주에 조화롭게 편입되어 있다. 그는 깨어있는 동안에는 외부 세계를 지각하기 위해서 모든 것을 에워싸는 이 조화에서 빠져나온다. 그러다 잠이 들면 인간의 아스트랄체는 다시 우주의 조화 안으로 되돌아간다. 인간은 잠에서 깨어날 때 한동안 우주의 조화에 머물지 않아도 괜찮을 수 있을 만큼의 힘을 그 조화로부터 자신의 몸들로 들여보낸다. 아스트랄체는 잠자는 동안 자신의 고향으로 돌아갔다가 깨어날 때는 새로이 강해진 힘을 가져온다. 아스트랄체가 깨어날 때 가져오는 것은 외적으로는 건강한 잠이 주는 상쾌함으로 드러난다. 비밀학의 이어지는 설명은 아스트랄체의 이 고향이 더 좁은 의미에서 물질적 주변인 물질체에 속하는 어떤 것보다 포괄적이라는 점을 밝힐 것이다. 인간은 물질적 존재로서는 지구의 일원이지만, 그의 아스트랄체는 우리 지구가 아닌 천체들이 자리잡고 있는 우주에 속한다. 따라서 앞에서 말했다시피 이어지는 설명에서야 비로소 분명해질 사

실이지만, 아스트랄체는 잠자는 동안 지구가 아닌 다른 세계로 들어
간다.

6   이 사실들과 관련해서 쉽게 생길 수 있는 오해를 언급하는
일은 불필요할 것이다. 그러나 확실한 물질주의적 사고방식들이 존
재하는 우리 시대에는 불필요하지 않다. 물론 그런 사고방식이 지배
하는 쪽에서는 잠과 같은 것을 그 물리적 조건들에 따라서 연구하는
것만이 과학적이라고 말할 수 있을 것이다. 비록 학자들이 아직은 잠
의 물리적 원인에 대해 일치된 의견을 가진 것은 아니지만, 그들은
이 현상의 근간에 놓인 특정한 물리적 과정들을 받아들여야 하는 것
은 확실하다고 말한다. 하지만 초감각적 인식도 그런 주장과 전혀 모
순되지 않는다는 사실을 인정한다면 얼마나 좋을까! 초감각적 인식
은 그런 쪽에서 말하는 모든 것을 인정한다. 집 한 채가 물리적으로
생성되기 위해서는 벽돌 하나하나를 차곡차곡 쌓아야 한다는 사실,
집이 완성되면 그 형태와 연결 구조가 순전히 기계적인 법칙으로 설
명될 수 있다는 사실을 인정하는 것처럼 말이다. 그러나 집을 지을
수 있으려면 건축가의 사고가 필요하다. 물리적 법칙만 연구하는 사
람은 그런 사고를 찾지 못한다. 집을 설명할 수 있게 하는 물질적 법
칙 뒤에 그 창조자의 생각이 있는 것처럼, 물질적 과학이 전적으로
올바른 방식으로 제시하는 것 뒤에는 초감각적 인식에 의해서 말해
지는 것이 있다. 이 비교는 분명 세계의 정신적 배경을 주장할 때 자
주 제시되므로 진부하게 여길 수도 있다. 그러나 그런 문제에서 중요

95

한 점은 어떤 개념들을 알고 있는 것이 아니라 한 문제의 논증을 위해서 그런 개념들에 올바른 의미를 부여하는 것이다. 하지만 대립하는 사고들이 판단력에 너무 강한 영향을 미치는 바람에 이 의미를 올바르게 느끼는 일이 방해를 받을 수도 있다.

7   깨어있는 것과 잠자는 것의 중간 상태는 꿈꾸는 것이다. 꿈의 체험이 신중한 관찰에 제공하는 것은 다채로운 상들이 혼란스럽게 뒤섞여 물결치는 세계이지만, 그 안에는 규칙과 법칙 같은 무엇인가가 포함되어 있다. 이 세계는 처음에는 혼란스럽게 반복되는 밀물과 썰물을 보여주는 것처럼 보인다. 꿈을 꾸는 동안 인간은 자신을 감각적 지각과 판단력의 규칙에 묶어두는 깨어있는 의식의 법칙에서 풀려난다. 그러나 꿈은 비밀에 찬 어떤 법칙들을 갖고 있다. 그 법칙들은 인간에게 매혹적이고 흥미로운 예감을 불러 일으키며, 예술적 감정의 기초가 되는 상상의 기분 좋은 유희를 언제나 "꿈"과 비교하고 싶게 되는 깊은 원인이다. 그저 몇 가지 특징적인 꿈을 떠올려 본다면 이런 사실을 확인할 수 있을 것이다. 자기에게 마구 달려드는 개를 몰아내는 꿈을 꾸는 사람을 생각해 보자. 잠에서 깨어난 그는 자신이 무의식적으로 이불 한 쪽을 밀쳐내고 있다는 것을 깨닫게 된다. 이불이 전과는 다른 신체 부위에 놓여 있는 것이 성가시게 느껴졌던 것이다. 이때 꿈이라는 활동은 감각적으로 지각할 수 있는 과정에서 무엇을 만들어 낼까? 잠을 자는 활동은 감각이 깨어있는 상태에서 지각하는 것을 처음에는 완전히 무의식적인 상태에 있도록 놓아

둔다. 그러나 뭔가 본질적인 것, 즉 그 사람이 자신으로부터 뭔가를 *물리치려* 한다는 사실은 꽉 붙잡는다. 그리고 그것을 중심으로 상으로 된 과정이 만들어진다. 상들 자체는 깨어있는 낮 동안의 생활에서 온 여운들이다. 낮 동안의 생활에서 여운들을 끄집어내는 방식은 임의적이다. 꿈은 동일한 외적 자극에서도 다른 상들도 불러낼 수 있다는 것을 누구나 느낀다. 그러나 그 상들은 뭔가 물리쳐야만 하는 것이 있다는 느낌을 상징적으로 표현한다. 꿈은 상징을 만든다. 그래서 꿈은 상징주의자다. 내적인 과정들도 그런 꿈속 상징으로 바뀔 수 있다. 어떤 사람이 자기 옆에서 불이 탁탁 소리를 내며 타는 꿈을 꾼다. 그는 꿈에서 불꽃을 본다. 잠에서 깨어난 그 사람은 자신이 너무 두꺼운 이불을 덮고 자는 바람에 너무 더웠다고 느낀다. 너무 덥다는 느낌은 꿈속 상에서 상징적으로 표현된다. 꿈에서는 굉장히 극적인 체험이 펼쳐질 수 있다. 가령 누군가가 낭떠러지에 가까이 서 있는 꿈을 꾸면서 한 아이가 그리로 달려가는 것을 본다. 꿈은 그에게 생각만 해도 끔찍한 고통을 체험하게 한다. 아이가 부주의하지 않아서 아래로 떨어지지 말아야 할 텐데, 하는 생각으로 말이다. 그는 아이가 떨어지는 모습을 보고 아래쪽에서 아이의 몸이 쿵, 하고 떨어지는 둔탁한 소리를 듣는다. 잠에서 깨어난 그는 자신의 방 안 벽에 걸려 있던 물건이 떨어지면서 둔탁한 소리를 냈다는 사실을 알게 된다. 꿈은 이 단순한 과정을 흥미진진한 상들 속에서 펼쳐지는 하나의 과정 속에서 표현한다. 우선은 마지막 예에서 어떤 물건이 둔탁한 소리를 내며 떨어지는 순간이 어떻게 일정 시간에 걸쳐 이어지는 것처럼 보이는 일련의 과정으로 펼쳐지는지에 대해서는 깊이 생각할 필요가 없다. 일단은 꿈이 어떻게 깨어있는 감각적 지각이 제공하는 것을 하나의 상으로 바꾸는지만 주시하면 된다.

8　　　우리는 감각이 활동을 멈추면 인간에게는 즉시 창조적인 것이 효력을 드러낸다는 것을 알 수 있다. 그것은 꿈을 꾸지 않고 보내는 잠에도 존재하고, 깨어있는 영혼 상태와는 반대되는 것으로 보이는 영혼 상태를 나타내는 것과 동일한 창조적인 것이다. 꿈 없는 잠이 나타나려면 아스트랄체는 에테르체와 물질체에서 빠져나왔어야 한다. 아스트랄체는 꿈을 꾸는 동안에는 물질체의 감각 기관들과 더 이상 아무 관련이 없다는 점에서 물질체와 분리되어 있다. 하지만 에테르체와는 아직 어느 정도의 관계를 유지한다. 아스트랄체의 과정들이 상으로 인지될 수 있는 것은 에테르체와의 이런 관계에서 비롯된다. 이 관계도 끊어지는 순간에는 상들이 무의식의 어둠 속으로 가라앉고, 그러면 꿈 없는 잠이 나타난다. 꿈속 상들의 자의적이고 때로는 부조리한 성격은 아스트랄체가 물질체의 감각 기관들과 분리되는 바람에 그 상들을 외적 환경의 올바른 대상 및 과정들과 연관시키지 못하기 때문이다. 이런 사실은 자아가 어느 정도 분열되어 있는 꿈을 관찰할 때 특히 뚜렷해진다. 꿈에서 학생이 되어 교사가 하는 질문에 대답할 수가 없는데 교사가 즉시 질문의 답을 말하는 꿈의 경우를 보자. 꿈을 꾸는 사람은 자기 물질체의 지각 기관을 사용할 수 없기 때문에 그 두 과정을 동일한 사람인 자신과 연관시키지 못한다.

그러니까 자기 자신을 지속적인 자아로 인식하기 위해서도 인간에게는 외적 지각 기관이 갖춰져야 한다. 인간은 그런 지각 기관에 의한 것과는 다른 방식으로 자신의 자아를 인식하는 능력을 얻었을 때만 자기 물질체 밖에서도 지속적인 자아를 인지할 수 있다. 초감각적 의식으로 얻게 되는 것은 그런 능력이며, 이 책에서는 앞으로 그 방법에 대해 언급할 것이다.

9   죽음도 다름 아닌 인간의 본질을 이루는 요소들의 관계에 변화가 생기기 때문에 나타난다. 이에 관한 초감각적 관찰의 결과도 드러나 있는 세계에서 나타나는 그 작용에서 볼 수 있으며, 선입견 없는 판단력은 외적 삶의 관찰을 통해서도 초감각적 인식의 메시지들이 확인되었다는 것을 알게 된다. 그러나 이 사실들에서는 보이는 것 안에 있는 보이지 않는 것의 표출이 그렇게 분명하지 않다. 또한 이 영역에서 초감각적 인식의 메시지들을 외적 삶의 과정들에서 확인해 주는 것이 얼마나 중요성을 완전하게 느끼기란 더욱 어렵다. 따라서 감각적인 것 안에 어떻게 초감각적인 것에 대한 뚜렷한 암시가 포함되어 있는지 알려고 하지 않는다면, 이 책에서 이미 언급된 많은 것들에 대해서보다는 이 부분에서 초감각적 인식이 전하는 내용을 그저 상상의 산물로 여길 가능성이 더 크다.

10   잠으로 넘어갈 때는 아스트랄체만 에테르체 및 물질체와의 결합에서 풀려나는 반면, 에테르체와 물질체는 계속 결합되어 있다

가 죽음과 함께 물질체가 에테르체에서 분리된다. 물질체는 그 자신의 힘에 맡겨진 상태가 되고, 그 때문에 시체로서 붕괴될 수밖에 없다. 그러나 죽음과 함께 에테르체에는 이제 탄생과 죽음 사이의 시간 동안 — 나중에 언급하게 될 특정한 예외 상태는 제외하고 — 에테르체가 한 번도 있어 보지 못한 상태가 나타난다. 다시 말해서 에테르체는 이제 물질체가 없는 상태에서 아스트랄체와 결합되어 있는 것이다. 에테르체와 아스트랄체는 죽음이 나타난 바로 직후에 분리되지 않기 때문이다. 그들은 당연히 존재한다고 생각할 수 있는 힘에 의해서 한동안 결합되어 있다. 그 힘이 존재하지 않는다면 에테르체는 물질체에서 빠져나올 수 없을 것이다. 에테르체는 물질체와 결합되기 때문이다. 이런 점은 아스트랄체가 인간의 다른 두 구성 요소를 분리시키지 못하는 잠에서 드러난다. 이 힘은 죽음에서 효력을 발휘하여, 물질체에서 에테르체를 분리시켜 에테르체가 아스트랄체와 결합하도록 한다. 초감각적 관찰은 죽음 이후의 이 결합이 사람마다 서로 다르다는 것을 보여준다. 그 기간은 날짜별로 측정된다. 여기서는 그 기간에 대해 일단 이 정도로만 언급될 것이다. 나중에는 아스트랄체도 에테르체에서 분리되어 에테르체 없이 자신의 길을 계속 간다. 인간은 에테르체와 아스트랄체가 결합해 있는 동안에는 아스트랄체의 경험을 인지할 수 있는 상태에 있다. 물질체가 있는 동안에는 아스트랄체가 물질체에서 분리됨과 동시에 소모된 기관에 원기를 회복시키는 작업이 외부로부터 시작되어야 한다. 물질체가 완전히 분리되면 이 작업은 끝난다. 그러나 인간이 잠잘 때 이 작업에 사용된 힘은 죽음 후에도 남아 있으며, 그 힘은 이제 다른 것에 사용될 수 있다. 그것은 아스트랄체 자체의 과정을 지각할 수 있도록 하는 데 사용된다.

11   삶의 외적인 것에 밀착하는 관찰은 어쨌든 다음과 같이 말할 수 있을 것이다. 그 모든 것은 초감각적 관찰 능력이 있는 사람에게만 이해되는 주장일 뿐, 다른 사람은 그 진실에 다가갈 가능성이 전혀 없다고 말이다. 그러나 사실은 그렇지 않다. 초감각적 인식이 일상적인 지각에서 동떨어진 영역에서 관찰하는 것도 *일단 발견되고 난 이후에는* 일상적인 판단력에 의해서 이해될 수 있다. 이 판단력은 드러난 것들 안에 있는 삶의 연관관계들을 올바른 방식으로 보기만 하면 된다. 사고와 감정과 의지가 서로간에, 그리고 외적 세계에서 인간이 하는 체험들과 서로 이해하지 못하는 관계에 놓이는 것은, 사고와 감정과 의지의 *드러난* 활동 방식이 드러나지 않은 활동 방식의 표출로 여겨지지 않을 경우이다. 이 드러난 활동이 분명한 판단의 대상이 되려면, 먼저 인간의 물질적 삶의 과정에서 이루어지는 드러난 활동이 초감각적 인식에 의해 비물질적인 것이라고 확인된 것의 결과물로 간주될 수 있어야 한다. 초감각적 인식이 없으면 그 활동에 대해서는 빛이 없는 캄캄한 방에 있는 것처럼 아무것도 알 수 없다. 빛이 있을 때만 주변의 물질적 대상들을 보는 것처럼, 인간의 영혼 활동에서 일어나는 일도 초감각적 인식을 통해서만 설명할 수 있다.

12   인간이 물질체와 결합해 있는 동안 외적 세계는 모사한 상들 속에서 의식 안으로 들어온다. 물질체를 벗고 난 뒤에는 그 어떤 물질적 감각 기관들을 통해서도 외적 세계와 연결되지 않은 아스트랄체가 체험하는 것이 지각된다. 아스트랄체는 처음에는 새로운 것을 경험하지 않는다. 에테르체와의 결합이 새로운 뭔가를 경험하지 못하게 방해하기 때문이다. 그러나 아스트랄체는 지나간 삶에 대한 기억을 간직하고 있다. 아직 함께 있는 에테르체는 이 기억을 내용이 풍부하고 생생한 한 폭의 그림으로 나타나게 한다. 이것이 인간이 죽음 이후에 하게 되는 첫 번째 체험이다. 그는 탄생과 죽음 사이의 삶이 일련의 상으로 자기 앞에 펼쳐지는 것을 본다. 살아 있을 때는 인간이 물질체와 결합해 있는 깨어있는 상태에서만 기억이 존재한다. 기억은 물질체가 허용하는 한에서만 존재하는 것이다. 사는 동안 영혼에 영향을 준 것들 가운데 영혼에서 사라지는 것은 전혀 없다. 그래서 물질체가 그럴 능력이 있는 도구였다면 삶의 매 순간에 모든 과거를 영혼에 떠올릴 수 있었을 것이다. 물질체의 그런 한계는 죽음과 함께 중단된다. 에테르체가 인간 안에서 유지되는 동안에 기억은 어느 정도 완전한 상태다. 그러나 에테르체가 물질체에 머무는 동안 가지고 있던 물질체와 비슷한 형태가 사라지는 정도에 따라 기억도 사라진다. 이것이 아스트랄체가 어느 정도 시간이 지나고 나서 에테르체와 분리되는 이유이기도 하다. 아스트랄체는 에테르체가 물질체와 비슷한 형태를 지속하는 동안만 에테르체와 결합한 채로 남아 있을 수 있으며, 탄생과 죽음 사이의 삶 동안 에테르체의 분리는 예외

적인 경우에 잠시 동안만 나타난다. 가령 인간이 자신의 구성 요소들 중 하나를 무리하게 활동하도록 하면, 에테르체의 한 부분이 물질체에서 분리될 수 있다. 이런 경우가 발생한 구성 요소를 두고 우리는 "잠들어 있다"고 말한다. 그리고 그때 느끼는 독특한 감정은 에테르체의 분리에서 비롯된다. (물론 이 경우에도 물질주의적 사고방식은 보이는 것 속에 존재하는 보이지 않는 것을 부정하면서 그 모든 것은 그저 압박으로 야기된 육체적 장애에서 기인하는 것일 뿐이라고 말할 수 있다.) 초감각적 관찰은 그런 경우에 에테르체의 상응하는 부분이 어떻게 물질체 밖으로 빠져나오는지 알 수 있다. 인간이 매우 이례적인 충격이나 그 비슷한 일을 겪으면 몸의 상당 부분에서 아주 잠깐 동안 에테르체의 분리가 일어날 수 있다. 인간이 어떤 이유로 인해서 갑작스럽게 죽음의 위험을 겪을 때, 가령 물에 빠져 죽기 직전이거나 산비탈에서 추락할 위기에 처했을 때가 그런 경우다. 그런 일을 겪은 사람들이 하는 말은 실제로 진실에 가깝고, 초감각적 관찰에 의해서도 확인될 수 있다. 그들은 그런 순간에 그때까지 살아온 모든 삶이 거대한 기억의 그림처럼 영혼에 나타났다고 말한다. 여기서 인용할 수 있는 사례들은 많겠지만 그 중 한 가지만 언급하고자 한다. 그것이 그런 일들에 대한 이 책의 모든 언급을 허황된 망상으로 여기는 사고방식을 가진 한 남자에게서 유래했기 때문이다. 초감각적 관찰로 몇 걸음 내딛은 사람에게는 이 학문을 망상으로 여기는 사람들이 하는 말을 아는 것이 매우 유익하다. 그런 말을 관찰자의 편견이라고 쉽게 말할 수는 없다. (비밀학을 연구하는 사람들은 자신들의 노력을 무의미한 일로 여기는 사람들에게서 아주 많은 것을 배울 수 있다. 그와 관련해서 그 사람들로부터 인정을 받지 못한다고 해서 당황해 할 필요는 없다. 다만 초감각적 관찰 자체를 위해서는 그 결과가 진실임을 입증할 필요가 없다. *초감각적 관찰*은 그런 언급을 통해서도 *증명*하려는 것이 아니라 설명하려는 것이다.) 뛰어난 범죄인류학자이자 자연과학의 여러 분야에서 중요한 연구자인 *모리츠 베네딕트*[22]는 자서전에서 자신이 경험한 일을 이야기한다. 그는 언젠가 수영을 하다가 하마터면 물에 빠져 죽을 뻔했는데, 그 순간 자신이 살아온 모든 삶이 마치 한 장의 그림처럼 눈앞에 떠올랐다고 한다. 만일 다른 사람들이 비슷한 경우에 경험한 상들을 다르게 묘사하거나 심지어는 자신들의 과거사와는 별 관련이 없는 상이었다고 말한다 해도, 그것은 앞서 언급한 것과 모순되지 않는다. 왜냐하면 물질체로부터 분리되는 매우 예외적인 상태에서 생기는 상들은 삶과의 연관성이 쉽사리 설명되지 않기 때문이다. 그러나 올바른 관찰에서는 이 관계가 항상 인식될 것이다. 어떤 사람이 가령 익사 직전까지 갔지만 베네딕트와 같은 체험을 하지 않았다 해도 그것은 반

---

22) Moritz Benedikt, 1835-1920, 자서전《나의 인생. 기억과 논의 Aus meinem Leben. Erinnerungen und Erörterungen》, Wien 1906, S. 35. 그는 이 경우를 다음과 같이 서술한다. "나는 어려서부터 물을 무척 좋아했고, 내 기억에 남은 많은 일들을 경험했다. 타고난 수영 선수처럼 되려고 노력했지만 언제인가 도나우 강에서 수영을 하다가 물에 빠지는 일이 발생했다. 나는 다행히 해수욕하는 사람들을 위한 표시용으로 세워둔 한 말뚝에 닿았다. 내가 이제 물에 빠져 죽는다고 생각한 시간은 채 30초가 넘지 않았을 것이다. 나는 그 짧은 시간 동안 내 삶의 모든 기억이 굉장히 빠른 속도로 내 앞을 스쳐지나가는 진기한 자기 관찰을 경험했다. 이 관찰은 심리학에서도 알려져 있다. 그러나 직접 경험한 사람은 소수다. 나는 그때 열두 살 가량이었다."

박이 아니다. 그런 체험은 에테르체가 물질체에서 완전히 분리되는 동시에 아스트랄체와는 아직 결합된 채로 남아 있을 *때만* 나타날 수 있다는 점을 염두에 두어야 한다. 공포로 인해서 에테르체와 아스트랄체의 결합까지 풀리는 경우에는 그런 체험이 나타나지 않는데, 이럴 때는 꿈이 없는 잠처럼 완전한 무의식 상태가 되기 때문이다.

13   죽음 직후에는 그동안 체험한 과거가 기억의 그림들로 요약되어 나타난다. 에테르체에서 분리된 후 아스트랄체는 자기 혼자 다음 여정을 이어간다. 아스트랄체가 물질체에 머물러 있는 동안 자신의 활동을 통해 자기 소유로 만든 모든 것이 아스트랄체에 남아 있다는 사실은 어렵지 않게 이해할 수 있다. 자아는 어느 정도까지는 자아정신, 생명정신, 정신인간을 만들어냈다. 이 정도까지 발달한 이것들은 자신의 현존을 몸 안에 있는 기관들이 아니라 자아에 의존한다. 그리고 이 자아는 인식을 위해 그 어떤 외적 기관도 필요로 하지 않는 존재이다. 또한 자기 자신과 결합한 것을 계속 간직하게 해주는 기관도 필요하지 않다. 아마 이런 반박이 나올지 모른다. "그렇다면 잠자는 동안에는 왜 이 발달된 자아정신, 생명정신, 정신인간을 인지하지 못하는가?" 그런 지각이 없는 까닭은 자아가 탄생과 죽음 사이에는 물질체에 묶여 있기 때문이다. 자아는 잠자는 동안에도 아스트랄체와 함께 물질체 밖에 있지만, 그럼에도 불구하고 물질체와 밀접하게 결합되어 있다. 아스트랄체의 활동이 이 물질체로 향해 있기 때문이다. 이 때문에 자아의 지각은 외적 감각세계로 향하게 되어 있으

며, 따라서 정신적인 것의 현현을 직접적인 형태로 받아들일 수가 없다. 정신적인 것의 현현은 죽음을 통해서야 자아로 다가가는데, 죽음으로 인해서 자아가 물질체 및 에테르체와의 결합에서 해방되기 때문이다. 살아 있는 동안 자신의 활동 자체를 구속하는 물질적 세계에서 빠져나오는 순간, 영혼에는 다른 세계가 분명하게 등장할 수 있다. 그리고 그런 순간에도 인간에게는 외적 감각세계와의 모든 결합이 중단되지 않는 이유가 있다. 이는 이 결합을 유지하려는 어떤 욕구가 남아 있기 때문인데, 그것은 인간이 자신의 자아를 자기 본질의 네 번째 구성 요소로 의식하기 때문에 생기는 욕구이다. 세 가지 낮은 단계의 신체적 본질에서 생기는 욕구와 소망은 외적 세계 내에서만 작용할 수 있다. 따라서 그것들이 떨어져 나가면 욕구와 소망도 중단된다. 배고픔은 외적인 신체적 본질에 의해서 생긴다. 이 외적인 신체적 본질이 더 이상 자아와 결합되어 있지 않으면 동시에 배고픔도 사라진다. 자아가 자신의 정신적 본질에서 생겨난 욕구들 이외에 다른 어떤 욕구도 갖고 있지 않다면, 자아는 죽음과 함께 자신이 옮겨간 정신세계에서 완전한 만족을 얻을 수 있을 것이다. 그러나 삶은 자아에 또 다른 욕구들을 주었다. 자아 안에 향유에 대한 갈망을 불러일으킨 것이다. 이 향유는 신체 기관들을 통해서만 충족될 수 있지만, 그럼에도 이들 기관 자체의 본질에서 유래한 것은 아니다. 물질적 세계를 통한 만족은 세 가지 신체적 본질만을 요구하는 것이 아니다. 자아 자체도 정신세계에는 만족시킬 대상이 존재하지 않는 향유를 물질적 세계 내에서 찾는다. 자아는 삶에서 두 가지 소망을 갖는다. 하나는 신체적 본질들에서 유래하고 그 안에서 충족되어야 하지만 그것들의 붕괴와 함께 끝나는 소망이다. 다른 하나는 자아의 정신적 본성에서 유래한 소망이다. 자아가 세 가지 신체적 본질 안에 있는 한 이런 소망도 신체 기관들을 통해 충족된다. 신체 기관들이 드러내는 것에는 감춰진 정신적인 것이 작용하기 있기 때문이다. 또한 감각이 지각하는 모든 것에서도 신체 기관들이 정신적인 것을 받아들이기 때문이다. 이 정신적인 것은 비록 다른 형태로 바뀌긴 해도 죽음 이후에도 존재한다. 감각이 더 이상 존재하지 않아도 자아가 감각세계 내에서 정신적인 것으로부터 갈망하는 모든 것은 존재한다. 이 두 종류의 소망에 세 번째 소망이 더해지지 않는다면, 죽음은 단지 감각으로 충족될 수 있는 욕구에서 정신세계의 현현에서 실현되는 욕구로 넘어감을 의미할 뿐일 것이다. 이 세 번째 종류의 소망은 자아가 감각세계에서 살아가는 동안 만들어내는 것인데, 그 세계에서 정신적인 것이 드러나지 않음에도 자아가 거기서 즐거움을 찾기 때문이다. 가장 낮은 향유는 정신의 현현일 수 있다. 음식물 섭취가 배고픈 존재에게 제공하는 만족은 정신의 현현이다. 왜냐하면 음식물 섭취로 인해서 어떤 점에서는 정신적인 것을 발달시킬 수 있는 무언가 이루어졌기 때문이다. 그러나 자아는 이런 사실을 통해 필연적으로 제시될 향유를 넘어설 수 있다. 자아는 음식물 섭취로 정신에 기여하는 것과는 아무 상관없이도 맛있는 음식을 갈망할 수 있다. 감각세계의 다른 사물에도 같은 일이 나타난다. 그렇게 해서 인간의 자아가 감각세계에 편입되지 않았다면 결코 나타나지 않았을 소망들이 생겨났다. 그러나 그런 소망이 자아의 *정신적 본질에서* 나오는 것도 아니다. 자아는 몸에서 사는 동안, 또한 자아가 *정신적인* 한에서는 감각적인 즐거움을 *누려야만* 한다. 감각적인 것에서 정신이 드러나기 때문이다. 자아는 감각세계에서 정신의 빛을 가득 채워주는 것에 몰입할 때 다른 무엇이 아닌 정신을 향유하는 것이다. 그리고 감각세계가 더 이상 *정신의 빛*을 통과시키지 않더라도 자아는 그 빛을 향유하고 있을 것이다. 그러나 감각적인 것에 이미 정신이 살고 있지 않은 그런 소망은 정신적인 세계에서도 실현되지 않는다. 죽음이 나타나면 *이* 소망들의 향유 가능성은 차단된다. 맛있는 음식을 향유할 수 있는 것은 음식을 전달하는 데 사용되는 입과 혀 등의 신체 기관들이 있기 때문이다. 물질체에서 벗어난 인간은 그런 기관들을 더 이상 갖고 있지 않다. 그러나 자아가 여전히 그런 향유에 대한 욕구를 갖고 있다면, 그 욕구는 충족되지 않은 채로 남을 수밖에 없다. 이 향유가 정신에 상응하는 것이라면 신체 기관들이 있는 동안에만 가능하다. 그러나 정신에 기여하는 바 없이 자아가 만들어낸 향유라면 죽음 이후에도 헛되이 충족을 갈망하는 소망으로 남는다. 지금 그 사람에게서 일어나는 일에 대한 관념은 사방 어디를 보아도 물이 없는 지역에서 타는 듯한 갈증으로 괴로워하는 사람을 떠올릴 때만 만들어진다. 죽음 이후에도 외적 세계의 향유에 대해 꺼지지 않는 욕망을 품고 있지만 그것을 충족시킬 기관이 없는 한 자아도 그와 마찬가지다. 물론 죽음 이후 자아의 상태를 비유하는 타는 듯한 갈증이 헤아릴 수 없을 정도로 강해졌다고, 그 갈증이 실현될 *어떤 가능성도* 없는 나머지 모

든 욕망으로까지 확장되었다고 상상해야 한다. 자아의 다음 상태는
외적 세계로 끌어당기는 이 끈에서 스스로를 해방시키는 것이다. 이
와 관련해 자아는 자기 안에 정화와 해방을 가져와야 한다. 몸안에서
자아에 의해서 만들어지고 정신세계에 머물 권한이 없는 모든 소망
이 자아에서 제거되어야 한다. 하나의 대상이 불에 타 없어지는 것처
럼 묘사된 욕망 세계는 죽음 이후에 해체되고 파괴된다. 이로써 초감
각적 인식이 "모든 것을 삼켜버리는 정신의 불"이라고 부를 만한 세
계를 볼 가능성이 열린다. 감각적인 종류이지만 그 감각적인 것이 정
신의 표현이 아닌 욕망은 그 "불"에 붙잡힌다. 이 과정과 관련해서 초
감각적 인식이 제공하는 표상들은 암담하고 무섭게 여겨질 것이다.
감각 기관이 욕망을 충족시키는 데 필요한 희망이 죽음 이후에는 절
망으로 바뀌고 물질적 세계만이 실현시킬 수 있는 소망이 타는 듯한
결핍으로 바뀐다는 사실은 두렵게 보일 것이다. 그러나 그런 생각은
죽음 이후 "모든 것을 삼켜버리는 불"에 붙잡히는 모든 소망과 욕망
이 고차적 의미에서는 삶에 유익한 힘이 아니라 파괴하는 힘이라는
사실을 고려하지 않는 동안에만 가질 수 있다. 자아는 그런 힘을 통
해서 자기에게 이로운 모든 것을 감각세계로부터 받아들이는 데 필
요한 것보다 더 강하게 감각세계와 결합한다. 이 감각세계는 그 뒤에
감춰진 정신적인 것의 현현이다. 자아가 감각적인 것에 감춰진 정신
적인 것을 향유히는 데 감각을 사용하지 않으려 한다면, 자아는 신체
감각을 통해서만 드러날 수 있는 형태의 정신을 결코 향유할 수 없
을 것이다. 그러나 자아도 정신과는 상관없이 감각세계만을 갈망할

정도로 진정한 정신적 현실에서는 멀리 벗어난다. 정신의 표현인 감각적 향유가 자아의 고양과 발전을 의미한다면, 정신의 표현이 아닌 향유는 자아의 영락과 황폐화를 의미한다. 따라서 그런 종류의 욕구가 감각세계에서 충족된다고 해도 자아를 황폐하게 하는 영향은 남아 있다. 다만 자아에 대한 이 파괴적인 영향은 죽기 전에는 드러나지 않는다. 그 때문에 삶에서 그런 욕구의 향유는 같은 종류의 새로운 소망들을 낳을 수 있다. 또한 인간은 자신이 "모든 것을 삼켜버리는 불"로 자신을 감싸고 있다는 사실을 전혀 인식하지 못한다. 죽음 이후에는 살아 있을 때도 이미 그를 둘러싸고 있던 것이 눈에 보이게 될 뿐이고, 그것은 눈에 보이게 됨으로써 동시에 효과적이고 유익한 결과로 나타난다. 누군가를 사랑하는 사람은 단순히 신체 기관을 통해서 느낄 수 있는 것에서만 그 사람에게 매료되지는 않는다. 신체 기관을 통해서 느낄 수 있는 것은 죽음과 함께 지각에서는 벗어나는 것이라고 말할 수 있을 따름이다. 신체 기관은 단지 수단일 뿐이었지만, 신체 기관을 통해서 느끼는 바로 그것이 사랑하는 사람한테서 드러나게 된다. 이 완전한 가시화를 유일하게 방해하는 것은 신체 기관들을 통해서만 충족될 수 있는 욕구의 존재다. 이 욕구가 제거되지 않는다면 사랑하는 사람에 대한 의식적인 지각은 죽음 이후에 전혀 나타나지 않을 수 있다. 이렇게 관찰하면 초감각적 인식이 묘사하는 죽음 이후의 일들이 인간에게 갖게 할 수 있는 무섭고 절망적인 것에 대한 생각은 깊은 만족과 위로로 바뀐다.

14　　죽음 직후에 겪는 경험들은 또 다른 관점에서 살아 있을 때의 경험들과는 완전히 다르다. 정화가 이루어지는 동안 인간은 거슬러 올라가며 산다고 할 수 있다. 그는 세상에 태어나서 살아가는 동안 겪은 모든 일을 다시 한 번 경험한다. 죽음 직전에 있었던 일들에서 시작해 어린 시절에 이르기까지 모든 것을 역순으로 다시 경험하는 것이다. 그리고 이 과정에서 살아 있는 동안 자아의 정신적 본성에서 유래하지 않은 모든 것이 정신적으로 그의 눈앞에 나타난다. 다만 이 모든 것도 이제는 역으로 경험할 뿐이다. 가령 예순 살에 세상을 떠난 어떤 사람이 마흔 살 때 끓어오르는 분노 때문에 누군가에게 신체적이거나 정신적 고통을 가한 적이 있다고 생각해 보자. 이 사람이 죽음 이후 자신의 삶을 역순으로 걷다가 마흔 살에 도달한다면, 그는 그 사건을 다시 경험하게 될 것이다. 다만 살아 있을 때는 다른 사람을 공격하는 데서 만족을 얻었다면, 이제는 다른 사람에게 가한 고통을 자신이 경험한다. 그런데 방금 말한 것에서는 동시에 다음과 같은 사실을 알 수 있다. 그런 일들 중에서는 외부의 물질적 세계에서 생긴 자아의 욕구에서 비롯된 일만 죽음 이후 고통스럽게 인지될 수 있다는 것이다. 사실 자아는 그런 욕구의 충족으로 다른 사람만이 아니라 자기 자신에게도 해를 끼친다. 다만 자기 자신이 입은 손상은 살아 있을 때는 드러나지 않을 뿐이다. 그러나 죽음 이후에는 해를 입히는 모든 욕구의 세계가 자아에게 보이게 된다. 그러면 자아는 그런 욕구에 불을 지피는 모든 존재와 대상에 끌리는 것을 느낌으로써 그 욕구가 생겼을 때와 마찬가지로 "모든 것을 삼켜버리는 불" 속

에서 그것들이 다시 제거될 수 있도록 한다. 인간이 삶을 거슬러 올라가는 길에서 자신의 탄생 시점에 이르렀다면 그런 종류의 모든 욕구는 비로소 정화의 불을 통과한 것이고, 이제부터는 그 무엇도 그가 *정신세계*에 완전히 몰입하는 것을 방해하지 못한다. 그는 현존의 새로운 단계로 들어선다. 죽음으로 물질체를 내려놓고 곧 이어서 에테르체를 벗어 던지는 것처럼, 이제 아스트랄체에서도 외적인 물질세계의 의식 속에서만 살 수 있는 부분이 붕괴된다. 그로써 초감각적 인식에는 물질적 시체, 에테르적 시체, 아스트랄적 시체라는 세 종류의 시체가 있게 된다. 아스트랄적 시체가 인간에게서 떨어져 나가는 시점은 정화의 시간이 탄생과 죽음 사이를 흐른 시간의 약 3분의 1이라는 특징을 보인다. 왜 그런지는 나중에 비밀학을 토대로 인간의 삶의 과정을 관찰할 때 비로소 분명해질 것이다. 초감각적 관찰에 의하면 정화 상태로부터 고차적 현존으로 넘어가는 인간에게서 떨어져 나간 아스트랄적 시체가 인간의 주변 세계에 지속적으로 존재한다. 이는 물질적 지각에 의하면 사람들이 사는 곳에 물질적 시체가 생기는 것과 마찬가지다.

15   정화 이후 자아에는 완전히 새로운 의식 상태가 나타난다. 죽음 이전에는 외적인 것에 대한 지각이 자아로 흘러 들어와야만 의식의 빛이 그 위로 쏟아질 수 있었다면, 이제는 하나의 세계가 안에서부터 흘러나와 의식에 도달한다고 할 수 있다. 자아는 탄생과 죽음 사이에도 이 세계 안에서 살아간다. 다만 거기서는 이 세계가 감각에

의해 드러나는 것으로 나타나 있다. 그리고 자아가 모든 감각적 지각을 무시한 채 자신의 "가장 내밀한 성역"에서 자기 자신을 인지하는 곳에서만 보통은 감각적인 것의 베일에 가려진 채 드러나는 것이 직접적인 형상으로 드러난다. 죽음 이전에 내면에서 자아에 대한 지각이 일어나는 것처럼, 총체적인 정신세계는 죽음과 정화 과정 이후에 내면에서 자신을 드러내 보인다. 이 현현은 원래 에테르체를 내려놓은 직후부터 일어나는 일이다. 그러나 여전히 외부 세계로 향해 있는 욕구의 세계가 먹구름처럼 그 앞에 놓여 있다. 그것은 정신적 체험의 복된 세계에 "불 속에서 자신을 삼켜버리는" 욕구에서 탄생한 어두운 악마적 그림자가 섞인 것처럼 존재한다. 이 욕구는 이제 단순한 그림자가 아닌 실제적 존재들이다. 신체 기관들이 자아에서 멀어지고 그럼으로써 자아가 정신적인 것을 지각할 수 있게 되면 이런 사실이 곧바로 드러난다. 이 존재들은 인간이 이전에 감각적 지각을 통해 알고 있던 것의 일그러지고 왜곡된 모습으로서 나타난다. 초감각적 관찰에 의하면 정화하는 불의 세계에 있는 존재들의 모습은 정신의 눈에는 무섭고 고통을 야기할 모습이고, 그들의 쾌락은 파괴처럼 보이며, 그들의 열정은 악을 향해 있을 것인데, 그 악에 비하면 감각세계의 악은 아무것도 아닌 것처럼 보일 것이다. 앞에서 언급한 욕구들 중에서 인간이 이 세계로 가져온 것은 이 존재들에게는 자신들의 힘을 항상 새롭게 북돋워주고 강화시키는 양분으로 나타난다. 이와 같이 감각에는 지각되지 않는 세계에 의해서 만들어진 상이 조금은 조금은 그럴싸하게 보이는 경우는 인간이 동물 세계의 한 부분을 선입견 없

113

는 시선으로 관찰할 때이다. 정신의 눈으로 볼 때 사납게 배회하는 늑대란 무엇인가? 감각이 늑대에게서 지각하는 것에서는 무엇이 드러나는가? 그것은 바로 욕구 속에서 살고 욕구에 따라 행동하는 영혼이다. 우리는 늑대의 외적 모습을 두고 그런 욕구들이 형상화된 것이라고 말할 수 있다. 인간은 이 형체를 지각하기 위한 기관을 갖고 있지 않더라도 그런 존재의 현존을 인정할 수밖에 없는데, 이는 그 존재의 욕구가 눈에는 보이지 않은 채 그 작용에서 현존이 드러날 때, 즉 눈에 보이는 늑대에 의해서 일어나는 모든 일이 일어날 수 있도록 하는 보이지 않는 힘이 슬며시 돌아다니고 있을 때이다. 물론 정화하는 불의 존재들은 감각적 의식이 아닌 초감각적 의식의 대상일 뿐이다. 하지만 그것들은 명백히 작용하며, 그 작용은 자아가 그것들에게 양분을 제공할 때 자아를 파괴하는 것이다. 그 작용은 근거 있는 향유가 무절제와 방탕으로 변할 때 뚜렷하게 드러난다. 왜냐하면 감각에 지각될 수 있는 것은 향유가 자아의 본질에 근거한 한에서만 자아도 자극할 것이기 때문이다. 동물은 *자신의* 세 가지 신체적 본질이 갈망하는 것에 의해서만 외적 세계에서 욕구를 갖게 된다. 반면에 인간은 세 가지 신체적 본질에 자아라는 네 번째 구성 요소가 더해지기 때문에 더 차원 높은 것들을 향유한다. 그러나 자아가 자신의 본성을 유지하고 발전시키는 것이 아닌 파괴하는 것에서 만족하기를 원하면, 그런 갈망은 세 가지 신체적 본질의 작용도, 자아 자신의 본성의 작용도 아닐 수 있다. 그것은 그 진정한 형상으로 인해 감각에는 감춰져 있지만 자아의 고차적 본성에 접근할 수 있는 존재들의 작용,

자아를 자극해 감각과는 아무 관계가 없지만 오직 감각을 통해서만 충족되는 욕구로 이끌 수 있는 존재들의 작용일 수 있다. 하필이면 열정과 욕구를 양분으로 삼는 존재들이 있는데, 그 열정과 욕구는 감각적인 것에서 소진되지 않고 정신적인 것을 움켜잡아 감각의 영역으로 끌어내리기 때문에 모든 동물적인 열정과 욕구보다 나쁜 종류의 열정과 욕구이다. 따라서 그런 존재들의 형상은 정신의 눈으로 보기에 감각적인 것에 근거한 열정만 형상화된 가장 사나운 동물들의 형상보다 더 추하고 끔찍하다. 이 존재들의 파괴력은 감각적으로 지각할 수 있는 동물 세계에 존재하는 모든 파괴적 분노를 훨씬 뛰어넘는다. 초감각적 인식은 어떤 점에서는 눈에 보이는 파괴적인 동물계보다 낮은 곳에 있는 존재들의 세계로 인간의 시선을 넓혀야 한다.

16   인간이 죽은 뒤에 앞에서 언급한 세계를 통과하면, 그는 이제 또 하나의 세계와 마주하게 된다. 그것은 정신적인 것을 포함하고 있는 세계, 정신적인 것에서만 충족되는 갈망을 인간 안에 불러일으키는 세계이다. 그러나 여기서도 인간은 자신의 자아에 속하는 것과 자아의 정신적 외부 세계라고도 말할 수 있는 자아의 주변을 형성하는 것 사이를 구별한다. 다만 인간이 이 주변에서 체험하는 것은 그에게 흘러드는데, 이는 몸을 가지고 사는 동안 자신의 자아가 인지하는 것이 자신에게 흘러드는 것과 마찬가지다. 결국 탄생과 죽음 사이의 삶에서는 인간의 주변이 그 신체 기관을 통해서 그에게 말하지만, 모든 몸을 내려놓은 뒤에는 새로운 주변의 언어가 자아의 "가장 내밀

한 성소"로 직접적으로 밀고 들어오는 것이다. 인간의 전체 주변은 이제 그의 자아와 같은 종류인 존재들로 가득 차는데, 이는 자아들끼리만 서로 가까이할 수 있기 때문이다. 감각세계에서는 광물, 식물, 동물이 인간을 둘러싼 세계를 구성하는 것처럼, 죽음 이후에 인간은 정신존재들로 구성된 세계에 둘러싸여 있다. 그런데 인간은 자신의 주변과는 다른 뭔가를 정신세계로 가져간다. 그것은 바로 자아가 감각세계 내에서 체험한 것이다. 그 모든 체험은 죽음 직후 에테르체가 아직 자아와 결합되어 있는 동안에 포괄적인 기억의 그림으로 나타난다. 나중에 에테르체 자체는 떨어져 나가지만, 기억의 그림 가운데 일부는 영원히 자아의 소유가 된다. 탄생과 죽음 사이에 한 모든 체험과 경험을 요약하여 추출하는 것처럼 거기에 뭔가가 것이다. 그것이 삶의 정신적 수확이고 열매이다. 이 수확은 정신적인 성질의 것이다. 거기에는 정신적인 것이 감각을 통해 드러내는 모든 것이 포함된다. 그러나 감각세계에서의 삶 없이는 그런 수확은 불가능할 것이다. 죽음 이후 자아는 이 감각세계의 정신적 열매를 이제 그 자신의 내부 세계로, 그의 자아만이 가장 깊은 내면에서 자기 자신을 드러낼 수 있는 것처럼 자기를 드러내는 존재들의 세계로 함께 들어가는 것을 느낀다. 어느 식물 전체에서 진수에 해당하는 배아가 다른 세계로, 즉 흙 속으로 들어가야만 싹이 트는 것처럼 자아가 감각세계에서 가져오는 것도 이제 그를 받아들인 정신적인 주변의 영향을 받는 싹처럼 자라난다. 다만 초감각적인 것에 관한 학문은 이 "정신존재들의 영역"에서 일어나는 일을 묘사할 때 오로지 상들로만 제시할 수 있다. 그럼에도 불구하고 감각의 눈으로는 보이지 않는 일들을 뒤쫓는 초감각적 의식에게는 그 상들이 참된 현실을 나타내는 것일 수 있다. 거기서 묘사되는 것은 감각세계와의 비교를 통해 뚜렷해진다. 그것이 완전히 정신적인 성질의 것이면서도 어떤 점에서는 감각세계와의 유사성을 갖고 있기 때문이다. 가령 이런저런 사물이 눈에 영향을 줄 때 감각세계에 어떤 색채가 나타나는 것처럼, "정신존재들의 영역"에서 어떤 존재가 자아에 작용하면 색채를 통한 눈의 체험과 같은 체험을 자아가 표상하게 된다. 다만 이 체험은 탄생과 죽음 사이의 삶에서 자아의 지각이 내면에서만 만들어지는 것과 같은 식으로 이루어진다. 빛이 외부에서부터 인간 내부로 쏟아지는 것과 같은 방식이 아니라, 다른 존재가 직접적으로 자아에 영향을 주어 자아로 하여금 이 작용을 하나의 천연색 그림으로 떠올리게 하는 방식이다. 이렇게 자아의 정신적 주변에 있는 모든 존재는 색채로 빛나는 세계로 표현된다. 그들의 기원은 다른 성질이기 때문에 정신세계의 이 색채 체험도 당연히 감각적 색채에서의 체험과는 뭔가 성격이 다르다. 인간이 감각세계에서 받는 다른 인상들에 대해서도 비슷한 이야기를 할 수 있다. 이 감각세계의 인상들과 가장 비슷한 것이 정신세계의 소리들이다. 그리고 인간이 정신세계에 친숙해질수록 그에게는 이 정신세계가 감각적 현실에서의 소리와 그 조화에 비할 만한 활기찬 삶이 된다. 인간은 그 소리를 외부에서 어느 신체 기관에 다가오는 무엇으로가 아니라 그의 자아에 의해서 세계 속으로 흘러나가는 힘으로 느낀다. 그는 감각세계에서 자신이 하는 말이나 노래처럼 그 소리를 느낀

117

다. 그러나 그는 정신세계에서는 그에게서 흘러나오는 이런 소리가 동시에 그를 통해서 세상으로 쏟아져나온 다른 존재들의 자기 표명이라는 사실도 안다. 그 소리가 "정신적인 말"이 될 때 "정신존재들의 땅"에서는 더 차원 높은 자기 표명이 이루어진다. 그러면 자아를 통해서 다른 정신적 존재의 *활기찬 삶*만 흘러나오는 것이 아니고, 그런 존재 자체가 자신의 내적인 것을 자아에게 알린다. 자아가 "정신적인 말"로 넘쳐흐르면, 두 존재는 감각세계에서의 공존에서는 필연적인 분리 요소 없이 서로 뒤섞인 채 살아간다. 죽음 이후 자아와 정신존재들의 공존은 실제로 이런 성질의 것이다.

17   초감각적 의식 앞에는 물질적 감각세계의 세 부분과 비교할 수 있는 정신세계의 세 영역이 나타난다. 첫 번째 영역은 말하자면 정신세계의 "육지"이고, 두 번째는 "바다와 강의 영역"이며, 세 번째 영역은 "대기권"이다. 지상에서 물질적 형태를 취해 신체 기관에 의해서 인지될 수 있는 것은 그 정신적 본질에 따라서 "정신존재들의 땅"의 첫 번째 영역에서 지각된다. 예를 들어 수정에서는 수정의 형태를 이루는 힘이 지각될 수 있다. 다만 거기서 드러나는 것은 감각세계에서 나타나는 것과는 반대이다. 감각세계에서 암석으로 채워진 공간은 정신의 눈에는 일종의 빈 공간으로 나타난다. 그러나 이 빈 공간 주변으로는 암석의 형태를 만드는 힘이 보인다. 암석이 감각세계에서 가지고 있는 색은 정신세계에서는 보색 체험처럼 나타난다. 다시 말해서 붉은색을 띤 암석은 정신세계에서는 녹색으로 보이

고, 녹색 암석은 붉은색으로 체험된다. 다른 특성들도 그 반대로 나타난다. 암석과 흙덩어리, 그리고 그 비슷한 것이 감각세계의 육지, 즉 대륙을 형성하는 것처럼 앞에서 설명한 구조가 정신세계의 "육지"를 이룬다. 감각세계에서 생명이 있는 모든 것은 정신적인 것에서는 바다의 영역이다. 감각적 시선에 생명은 식물, 동물, 인간에게 미치는 그 작용에서 드러난다. 정신의 눈에 생명은 바다와 강처럼 정신존재들의 땅을 관통하여 흐르는 존재이다. 신체의 혈액순환과 비교하는 것이 나을 것이다. 감각세계에서 바다와 강은 불규칙하게 분포되어 나타나는 반면, 정신존재들의 땅에서 흐르는 생명은 혈액순환과 마찬가지로 규칙적으로 분포되어 있기 때문이다. 바로 이 "유동적인 생명"이 동시에 정신적인 소리처럼 지각된다. 정신존재들의 땅에서 세 번째 영역은 그 "대기권"이다. 감각세계에서 감정으로 나타나는 것이 정신 영역에서는 지상에 공기가 있는 것처럼 모든 것에 스며든 채로 존재한다. 끊임없이 흐르는 감정의 바다라고 생각해야 할 것이다. 감각세계의 대기권에서 바람과 폭풍이 부는 것처럼 정신 영역에서는 슬픔과 고통, 기쁨과 황홀이 흐른다. 지상에서 벌어지는 전투를 떠올려 보라. 그때는 감각의 눈으로 볼 수 있는 인간 형상들만 서로 마주서 있는 것이 아니라 감정과 감정, 열정과 열정이 맞서 있다. 고통이 전쟁터와 인간들을 가득 채운다. 거기 있는 모든 열정, 고통, 승리의 기쁨은 감각적으로 지각할 수 있는 작용에서 드러나는 동안에만 존재하지는 않는다. 그것은 정신존재들의 세계의 대기권에서 일어나는 과정으로 의식된다. 정신적인 것에서 그와 같은 일은 물질적 세계에서 일어나는 천둥번개와 같다. 그리고 그런 일들에 대한 지각은 물질적 세계에서 말하는 소리를 듣는 것에 비할 수 있다. 따라서 사람들은 말한다. 공기가 지상의 존재들을 감싸고 가득 채우는 것처럼 "나부끼는 정신의 말"이 정신존재들의 땅의 존재와 과정들을 감싸고 가득 채운다고 말이다.

18   이 정신세계에서는 또 다른 지각들도 가능하다. 또한 물질적 세계의 온기와 빛에 비교할 수 있는 것이 여기에도 존재한다. 온기가 지상의 사물과 존재를 가득 채우는 것처럼 정신의 땅에서 모든 것을 채우는 것은 사고 세계 그 자체이다. 다만 이때는 생각을 살아 있는 독립적 존재로 떠올려야 한다. 인간이 드러난 세계에서 사고라고 파악하는 것은 정신존재들의 땅에서 사고 존재로서 살아가는 것의 그림자와 같다. 인간 안에 있는 사고가 인간에게서 풀려나 행동하는 존재로서 고유한 내적 삶을 갖췄다고 상상한다면, 이는 정신존재들의 땅의 네 번째 영역을 채우는 것에 대한 충분한 비유가 아니다. 인간이 탄생과 죽음 사이의 물질적 세계에서 사고라고 지각하는 것은 신체적 본질들의 도구들을 통해 형성될 수 있는 사고 세계의 현현일 뿐이다. 그러나 인간이 물질세계의 *풍부하게* 하는 것이라는 의미의 사고들에서 품고 있는 모든 것은 정신존재들의 영역에서 유래한다. 그런 사고들이라고 해서 위대한 발명가, 천재적인 인물들의 이념만 떠올릴 필요는 없다. 모든 사람에게서 우리는 그들이 외적 세계에서 비롯된 "발상"을 갖고 있을 뿐만이 아니라 그 발상을 통해서 외적

세계 자체를 변형시킨다는 사실을 알 수 있다. 외적 세계에서 비롯된 감정과 열정의 경우, 그 감정과 열정 등은 정신존재들의 땅의 세 번째 영역으로 옮겨진다. 그러나 인간의 영혼 안에서 인간을 창조자로 만드는 모든 것, 주변 세계를 변형시키고 열매를 맺도록 작용하는 모든 것은 정신세계의 네 번째 영역에서 그 고유하고 본질적인 형태를 드러낸다. 다섯 번째 영역에 존재하는 것은 물리적인 *빛에 비교될* 수 있다. 그것은 고유한 형태로 자신을 드러내는 *지혜*이다. 태양이 물질적 존재에 빛을 비추는 것처럼 자기 주변으로 지혜를 쏟아내는 존재들이 이 영역에 속한다. 이 지혜의 빛에 비춰진 것은 정신세계에 대한 자신의 참된 의미와 중요성을 드러내는데, 물질적 존재가 빛을 받았을 때 자기 색깔을 드러내는 것과 마찬가지다. 정신존재들의 땅에는 이보다 고차적 영역들이 존재한다. 이들 영역에 대한 설명은 이 책의 뒷부분에서 보게 될 것이다.

19   죽음 이후 자아는 감각적인 삶에서 가져온 수확물과 함께 그 세계로 가라앉는다. 이 수확물은 아스트랄체에서 정화의 시간이 끝날 때 떨어져 나가지 않은 부분과 여전히 결합되어 있다. 죽음 이후 욕망과 소망을 가지고 물질적 삶에 향해져 있던 부분만 떨어져 나가기 때문이다. 자아가 감각세계에서 획득한 것과 함께 정신세계로 가라앉는 것은 성숙의 내시에 씨앗을 심는 것과 비교될 수 있다. 씨앗이 자기 주변에서 새로운 식물로 성장하는 데 필요한 물질과 힘을 끌어당기는 것처럼, 정신적인 세계로 가라앉은 자아의 본질은 발전과

성장이다. 어느 기관이 지각하는 것에는 그 기관 자체를 형성하는 힘도 감춰져 있다. 눈은 빛을 지각한다. 그러나 빛이 없다면 눈도 없을 것이다. 어둠 속에서 살아가는 존재들은 애초에 시각을 위한 도구를 발달시키지 않는다. 이와 같이 육체적 인간 전체는 신체적 본질의 구성 요소들을 통해 지각되는 것의 감춰진 힘들에 의해서 만들어졌다. 물질체는 물질적 세계의 힘에 의해서, 에테르체는 생명 세계의 힘에 의해서 구축되었으며, 아스트랄체는 아스트랄 세계로부터 형성되었다. 그런데 정신존재들의 땅으로 옮겨지면 자아는 물질적 지각에는 감춰져 있던 바로 그 힘들과 맞서게 된다. 정신존재들의 땅의 첫 번째 영역에서 나타나는 것은 항상 인간을 둘러싸고 있으면서 인간의 물질체도 형성한 정신 존재들이다. 따라서 인간이 물질적 세계에서 지각하는 것은 바로 그 자신의 물질체도 형성한 정신적 힘의 현현일 뿐이다. 죽음 이후 그는 이전에는 감춰져 있었지만 이제 고유한 형상 속에서 나타나는 형성하는 힘들 자체의 한가운데에 있다. 두 번째 영역에서도 그의 에테르체를 구성하는 힘의 한가운데 있다. 세 번째 영역에서는 그의 아스트랄체를 만들어낸 힘이 그에게 밀려온다. 이때는 정신존재들의 땅의 고차적 영역들도 탄생과 죽음 사이의 삶에서 그를 구성한 것을 그에게 흘러들게 한다.

20   정신세계의 이 존재들은 이제부터 인간이 이전 삶에서 열매로서 가져와 이제 싹이 되는 것과 함께 작용한다. 그리고 이 협력을 통해서 인간은 먼저 정신적 존재로서 새롭게 구축된다. 잠에서는 물

질체와 에테르체가 존속된다. 아스트랄체와 자아는 그 둘의 외부에 있지만 아직은 그들과 결합되어 있다. 이런 상태에서 아스트랄체와 자아가 정신세계로부터 받는 영향은 깨어있는 동안 다 써버린 힘을 회복시키는 데만 유익할 수 있다. 그러나 물질체와 에테르체가 떨어져 나가고 정화의 시간이 지난 뒤에 욕망에 의해서 물질적 세계와 결합되어 있던 아스트랄체의 부분들도 벗어지면, 이제 정신세계로부터 자아로 흘러드는 모든 것은 단순히 개선하는 데 그치지 않고 새로운 것을 형성하는 주체가 된다. 이 책에서 나중에 언급하겠지만, 그로부터 어느 정도 시간이 지나고 나서 자아 주변으로 하나의 아스트랄체가 형성되고, 이 아스트랄체는 탄생과 죽음 사이에 인간이 소유하는 것 같은 에테르체와 물질체에 다시 기거할 수 있다. 인간은 다시 탄생을 거쳐 이제는 이전 삶의 열매를 자기 안에 갖춘 새로운 지상의 삶에 나타날 수 있다. 그는 아스트랄체가 새로 형성될 때까지 아스트랄체의 재건을 지켜보는 증인이다. 정신존재들의 땅의 위력은 외부 기관을 통해서가 아니라 자기의식 안에서 나타나는 자아처럼 내면에서부터 드러나기 때문에, 인간의 감각이 아직 외적 감각세계로 향해 있지 않은 동안에는 그 현현을 인지할 수 있다. 그러나 아스트랄체가 새로 형성된 순간부터 인간의 감각은 외부로 향한다. 아스트랄체는 이제 다시 외적인 에테르체와 물질체를 요구하고, 그로써 내적인 것의 현현에서는 등을 돌린다. 그 때문에 이제는 인간이 무의식으로 가라앉는 중간 상태가 존재한다. 물질적 지각에 필요한 기관들이 형성되면, 의식은 비로소 물질적 세계에 다시 나타날 수 있다. 내적인 지각을 통해 밝아진 의식이 멈춰 있는 이 시간에 새로운 에테르체는 아스트랄체와 결합하기 시작하고, 그러면 인간은 다시 물질체로 들어갈 수 있다. 에테르체와 물질체에 감춰진 창조하는 힘, 즉 생명정신과 정신인간을 자신으로부터 만들어낸 자아만이 의식적으로 그 둘의 통합에 참여할 수 있다. 인간이 거기까지 이르기 전까지는 그 자신보다 더 발달한 존재들이 이 통합을 이끌어야 한다. 아스트랄체는 그런 존재들에 의해서 어떤 부모에게 인도되어 적합한 에테르체와 물질체를 받을 수 있게 된다. 에테르체의 결합이 이루어지기 전에는 물질적 삶으로 다시 들어가는 인간에게 뭔가 굉장히 중요한 일이 일어난다. 그는 자신의 이전 삶에서 방해하는 세력을 만들었고, 그 세력은 죽음 이후 삶을 되돌아보는 과정에서 모습을 드러냈다. 앞에서 언급한 예를 다시 살펴보자. 어떤 사람이 이전 삶에서 마흔 살 때 끓어오르는 분노로 인해 누군가에게 고통을 가했다. 그 누군가가 겪은 고통은 죽음 이후 그의 자아가 발달하는 것을 방해하는 힘으로 그에게 다가왔다. 이전 삶에서 있었던 그와 비슷한 모든 일도 마찬가지다. 물질적 삶으로 다시 들어올 때는 발달을 가로막는 이 장애물들이 자아 앞에 나타난다. 죽음의 과정이 시작될 때 일종의 기억의 그림이 인간의 자아 앞에 나타나는 것처럼, 이제는 다가오는 삶을 미리 보게 된다. 인간은 다시 보게 되는 그림은 인간이 계속 발달하기 위해서 제거해야만 하는 모든 장애물이 담겨있다. 그리고 인간이 그렇게 보는 것은 그가 새로운 삶으로 가져가야 하는 힘의 출발점이 된다. 그가 다른 사람에게 가한 고통의 모습은 자아가 다시 삶으로 들어갔을 때 그 고통을 만회하도록 하는 힘이 된다. 따라서 이전 삶은 새 삶에 결정적으로 영향을 준다. 이 새 삶에서 하는 행위는 어떤 식으로든 이전 삶의 행위에서 비롯된다. 죽음 이전의 삶과 이후의 삶 사이에 존재하는 이 법칙적 관계를 *운명의 법칙*으로 보아야 한다. 이 법칙은 보통 동양의 지혜에서 차용한 표현인 "카르마"라고 불린다.

21　　　그러나 신체적 본질들의 새로운 관계를 구성하는 것이 죽음과 새로운 탄생 사이에 있는 인간이 해야 할 유일한 활동은 아니다. 이 구성이 진행되는 동안 인간은 물질적 세계 밖에서 산다. 그리고 그 시간 동안 물질적 세계의 발달은 계속된다. 지구는 비교적 짧은 기간에 그 모습을 바꾼다. 현재 독일이 차지하고 있는 지역은 수천 년 전에는 어떤 모습이었을까? 인간이 새로운 삶의 존재로 지상에 나타날 때, 지구는 보통 그의 마지막 삶 당시의 모습과 결코 같은 모습이 아니다. 그가 지구에 없는 동안에 모든 상상 가능한 것이 달라졌다. 지구의 모습이 이렇게 변하는 데는 감춰진 힘들도 작용한다. 그 힘들은 인간이 죽음 이후에 머무는 곳과 동일한 세계로부터 작용한다. 그리고 인간 자신도 지구의 이런 변형에 함께 작용해야 한다. 인간이 생명정신과 정신인간을 낳음으로써 정신적인 것 그리고 물질적인 것에서 나타나는 정신적인 것의 표출 사이의 관계에 대해 분명한 의식을 얻지 못한다면, 그는 고차적 존재들의 인도를 받아야 그렇게 할 수 있다. 그러나 그는 지상의 상태 변화에 함께 작용한다. 인간은 죽음과 새로운 탄생 사이의 시간 동안 지구에서 자기 자신을 발달시

키는 데 적합하도록 지구의 상태를 변화시킨다고 할 수 있다. 우리가 지구의 한 지역을 특정 시점에 관찰한 다음 오랜 시간이 지나 완전히 변화된 상태를 보게 된다면, 그 변화를 초래한 힘은 죽은 사람들에 있다. 이들은 이런 식으로 죽음과 새로운 탄생 사이에도 지구와 관계를 맺고 있다. 초감각적 의식은 모든 물질적 존재에서 감춰진 정신적인 것의 현현을 본다. 물질적으로 관찰하면 태양의 빛, 기후의 변화 등이 지구의 변화에 영향을 준다. 초감각적으로 관찰하면 태양에서 식물로 쏟아지는 빛 속에 죽은 사람들의 힘이 존재한다. 초감각적 관찰에는 인간의 영혼이 식물 주위를 떠돌고 대지를 변화시키는 모습이 보인다. 인간은 죽음 이후 자기 자신에만, 지상에서의 새로운 삶을 위한 준비에만 관심을 기울이지는 않는다. 탄생과 죽음 사이의 삶을 물질적으로 살아가야 하는 것처럼, 죽음 이후의 삶에서는 외적 세계에서 정신적으로 살아가야 할 운명이다.

22   그러나 인간의 삶은 정신존재들의 땅으로부터 물질적 세계의 상태들에만 영향을 미치는 것이 아니고, 반대로 물질적 삶에서의 활동도 정신적인 세계에 영향을 준다. 이와 관련해서 일어나는 일은 다음의 예로 설명할 수 있다. 엄마와 아이 사이에는 사랑의 끈이 존재한다. 이 사랑은 감각세계의 힘에 뿌리를 둔 둘 사이의 끌어당김에서 나온다. 그런데 그 사랑은 시간이 지나면서 변한다. 감각적 끈은 점점 정신적 끈이 된다. 그리고 이 정신적 끈은 단순히 물질적 세계만을 위해 짜인 것이 아니라 정신존재들의 땅을 위한 것이기도 하다.

다른 상황들도 마찬가지다. 물질적 세계에서 정신 존재들에 의해 짜인 것은 정신세계에 계속 남는다. 삶에서 친밀하게 결합된 친구들은 정신존재들의 땅에서도 함께 속하고, 신체적 본질들이 떨어져 나간 뒤에는 물질적 삶에서보다 훨씬 더 친밀한 공동체가 된다. 앞에서 정신 존재들이 내적인 것을 통해서 다른 존재들에 드러나는 과정에서 서술된 바와 같이, 그들도 정신으로서 서로를 위해 있기 때문이다. 그리고 두 사람 사이에 연결된 끈은 새로운 삶에서도 그들을 다시 결합시킨다. 따라서 죽음 이후에 이루어지는 인간들의 재회를 글자 그대로 말해야 한다.

23   탄생에서 죽음까지, 그리고 죽음에서 새로운 탄생까지 인간에게 일어난 일들은 반복된다. 인간은 물질적 삶에서 획득한 열매가 정신존재들의 땅에서 무르익을 때마다 지상으로 다시 돌아온다. 그러나 그것은 시작과 끝이 없는 반복이 아니다. 인간은 현존의 어느 형태로부터 위에서 특징된 방식으로 진행되는 현존 형태로 넘어가며, 미래에는 또 다른 형태로 넘어간다. 이 과도기적 단계들의 모습은 나중에 초감각적 의식의 의미에서 인간과 연관된 우주의 발달이 기술될 때 드러날 것이다.

24   물론 외적인 감가저 관찰에는 죽음과 새로운 탄생 사이에 일어나는 과정들이 탄생과 죽음 사이에 드러나 있는 현존에서 바탕이 되는 정신적인 것보다 더 감춰져 있다. 감각적 관찰은 감춰진 세

계의 이 부분에 대한 작용을 물질적 삶으로 들어가는 곳에서만 볼 수 있다. 이때 감각적 관찰에 제기되는 의문은 새로운 탄생을 통해 삶으로 들어가는 인간이 초감각적 인식이 이전의 죽음과 탄생 사이의 과정들에 대해 묘사한 것을 함께 가져오는지 여부일 것이다. 누군가 동물의 흔적은 전혀 없는 달팽이 껍질을 발견한다면, 그는 그럼에도 불구하고 그 달팽이 껍질이 어느 동물의 활동으로 생겨났다는 사실을 인정할 것이고, 그것이 단순한 물리적 힘들에 의해서 그런 형태로 짜 맞춰졌다고 생각하지는 않을 것이다. 마찬가지로 삶에서 인간을 관찰하다가 *이 삶*에서는 나올 수 없는 뭔가를 발견한 사람은 그것이 초감각적인 것에 관한 학문이 묘사한 것에서 유래한다는 사실을 당연히 인정할 수 있는데, 달리는 설명되지 않을 것이 그 사실로 분명하게 드러난다면 말이다. 이와 같이 감각적이고 지적인 관찰도 눈에 보이는 작용으로부터 보이지 않는 원인을 이해할 수 있다고 여길 수 있다. 그리고 이 삶을 완전히 선입견 없이 관찰하는 사람에게는 새로운 관찰을 할 때마다 그런 사실이 점점 더 옳은 것으로 밝혀질 것이다. 삶에 나타나는 작용들을 관찰하는 데 필요한 올바른 관점을 찾는 것이 중요할 뿐이다. 예를 들어 초감각적 인식이 정화 시간의 과정으로 묘사하는 것의 작용들은 어디에 있을까? 정신적 연구들에 따를 때 인간이 이 정화의 시간 이후 순전히 정신적인 영역에서 체험한다는 것의 작용은 어떻게 드러날까?

25   이 영역에서 삶에 대해 진지하고 깊이 관찰할 때는 어느 경

우에나 많은 수수께끼가 떠오른다. 가령 어떤 사람은 약간의 재능만을 가진 채 가난하고 불행한 환경에서 태어난다. 태어날 때부터 주어진 그 사실들로 인해서 그에게는 비참한 삶이 예정되어 있는 것처럼 보인다. 또 어떤 사람은 삶의 첫 순간부터 배려하는 손길과 사랑으로 보살핌을 받으며 자란다. 그는 뛰어난 능력을 발휘하여 풍요롭고 만족스러운 삶을 살 수 있다. 이런 문제와 관련해서는 상반되는 두 가지 관점이 대두될 것이다. 하나는 감각이 지각하는 것과 이 감각에 의지하는 지성이 파악할 수 있는 것에 매달리려 한다. 이 관점은 어떤 사람은 행복하게, 어떤 사람은 불행하게 태어난 것에서 아무런 문제도 보지 못할 것이다. 설령 "우연"이라는 단어를 사용하려 하지는 않는다 해도 그런 일을 야기하는 어떤 법칙적인 연관성을 인정할 생각은 못할 것이다. 또한 그런 사고방식은 소질과 재능에 관해서는 부모와 조부모와 기타 조상으로부터 "유전된" 것이라고 주장할 것이다. 이 관점은 정신적 과정들에서 원인을 찾기를 거부할 텐데, 그 과정들은 인간이 조상의 유전 경로 저편에서 그의 탄생 이전에 직접 경험한 것이자 인간에게 소질과 재능을 형성하게 한 것이다. 또 다른 관점은 그런 견해를 불만족스럽게 느낄 것이다. 그 관점은 다음과 같이 말할 것이다. 드러나 있는 세계에서도 특정한 장소나 특정한 환경에서 일어나는 일들 가운데 그 원인을 전제하지 않고 일어나는 일은 아무것도 없다고 믿다. 많은 경우에 인간이 아직 그 원인들을 탐구하지 않았을 수는 있지만 그것들은 존재한다. 알프스 꽃은 저지대에서는 자라지 않는다. 그 꽃의 본성에는 알프스 지역과 연결시키는 무엇인가 있기 때문이다. 인간에게도 그를 특정한 환경에 태어나게 하는 무언가가 당연히 존재한다. 그것은 단순히 물질적 세계에 있는 원인들과는 관계가 없다. 진지하게 생각하는 사람의 눈에 그 원인들은 마치 누군가 다른 사람을 때린 사실을 때린 사람의 감정이 아니라 그 사람 손의 물리적 메커니즘으로 설명해야 하는 것처럼 보인다. 이 관점도 소질과 재능을 모두 단순히 "유전"으로만 설명하는 것과 마찬가지로 불만족스러울 수밖에 없다. 어쨌든 그런 설명과 관련해서는 특정한 소질이 어느 집안에서 계속 유전되는 것을 보라고 말할 수는 있을 것이다. 가령 바흐 가문[23]의 구성원들에게는 두 세기 반 동안 음악적 소질이 유전되었다. 베르누이 가문[24]에서는 수학자 여덟 명이 배출되었는데, 그중 일부는 어린 시절에 전혀 다른 직업을 갖게 되어 있었다. 그러나 "유전된" 재능이 그들을 항상 가업 쪽으로 몰아갔다. 그 밖에 언급할 수 있는 것은, 한 인물의 가계에 대한 정확한 연구를 통해서 그 인물의 재능이 선대에 여러 방식으로 나타났고, 그것이 유전된 소질의 종합일 뿐임을 밝힐 수 있다는 사실이다. 앞에서 말한 두 번째 관점을 가진 사람은 그런 사실들을 분명 무시하지는 않을 것이

---

23) Bach 가문: 17세기와 18세기 독일의 음악가 가문으로 몇 명의 유명한 작곡가를 포함해서 50명 이상의 음악가를 배출했다.

24) Bernoulli 가문: 어렸을 때는 전혀 다른 길을 가도록 정해졌던 수학자들. 17세기와 18세기에 스위스 바젤이 배출한 뛰어난 수학자들이다. 야콥 베르누이(Jacob Bernoulli, 1654-1705)는 신학을 공부했고, 요한 베르누이(Johann Bernoulli, 1667-1748)는 처음에 의학을, 야콥 헤르만 베르누이(Jacob Hermann Bernoulli, 1678-1733)는 처음에 신학을 공부했다. 니콜라우스 베르누이 1세(Nicolaus Bernoulli, 1687-1759)는 법학을, 니콜라우스 베르누이 2세(Nicolaus Bernoulli, 1695-1726)는 수학과 법학을 공부했으며, 다니엘 베르누이(Daniel Bernoulli, 1700-1782)는 의학을 공부했다.

다. 그러나 그에게는 그 사실들이 감각세계의 과정에만 의존해 설명하려는 사람이 생각하는 것과 같을 수 없다. 그는 시계의 금속 부분들이 저절로 시계로 만들어지지 않는 것처럼 유전된 소질들이 종합되어 저절로 한 인간의 전체 개성이 될 수 없다고 지적할 것이다. 누군가 그에게 부모의 공동 작용이 일종의 시계 제작자의 자리를 대신해 소질들을 결합시킬 수 있다고 반박한다면, 그는 다음과 같이 대답할 것이다. 모든 아이의 개성과 함께 주어진 완전히 새로운 것을 선입견 없이 본다면, 그것은 그 부모에게는 없었던 것이라는 단순한 이유 때문에 부모로부터 올 수 없다고 말이다.

26   불분명한 생각은 이 영역에서 상당한 혼란을 야기할 수 있다. 최악의 상황은 첫 번째 관점을 가진 사람들이 두 번째 관점을 가진 사람들을 "확실한 사실"에 근거한 것을 반대하는 사람들로 여기는 경우이다. 그러나 후자는 그런 사실의 진실이나 가치를 부인할 생각조차 할 필요가 없다. 그들도 특정한 정신적 소질, 정신적 경향 같은 것이 한 집안에서 "계속 유전된다"는 것, 그리고 어느 한 후손에서 종합되고 조합된 특정한 소질들이 중요한 인물을 배출한다는 사실을 분명히 안다. 그들은 가장 유명한 이름은 한 혈연 집단의 가장 윗대인 일이 드물고 대체로 끝에 있는 말도 전적으로 인정할 수 있다. 그러나 그들이 감각적 사실들에만 머물러 있으려는 사람들과는 완전히 다른 생각을 한다고 해서 그들을 나쁘게 생각해서는 안 된다. 감각적 사실들만 고수하는 사람들에게는 이렇게 대답할 수 있다. 한 인간은

분명 자기 선조의 특징들을 보이는데, 탄생을 통해서 물질적 삶으로 들어가는 정신적이고 영혼적인 것은 유전이 그에게 부여한 것에서 그 신체성을 취하기 때문이라고 말이다. 그러나 그것이 말하고자 하는 바는 한 존재는 그 자신의 모습을 감추게 한 매개물의 특징을 지닌다는 사실일 뿐이다. 분명 이상하고 진부한 비교겠지만 선입견 없는 사람은 다음과 같은 말의 정당성을 부인하지는 않을 것이다. "어떤 사람이 물에 빠지는 바람에 젖었다는 사실이 그 사람의 내적 본성에 대한 뭔가를 증명하지 못하는 것처럼, 한 인간 존재가 자기 조상의 특징으로 감싸인 채 모습을 드러낸다는 사실이 그 존재의 개인적 특성의 유래를 증명하는 것은 아니다." 계속해서 다음과 같이 말할 수 있다. "가장 유명한 이름이 한 혈연 집단의 끝에 나온다면, 이는 그 이름을 가진 사람이 그의 전체 개성을 발달시키는 데 필요했던 몸을 형성하기 위해서 그 혈연 집단이 필요했다는 사실을 나타내는 것이다." 그러나 그것이 개인적인 것 자체의 "유전"을 증명하는 것은 전혀 아니다. 온전한 논리로 볼 때 이 사실은 정반대를 증명하기 때문이다. 다시 말해서 개인적인 재능이 유전되었다면, 그 재능은 한 혈연 집단의 처음에 나타나 거기서부터 후손에게 전해졌어야 했다. 그러나 끝에 나오기 때문에 그것은 바로 개인적인 재능이 유전되지 *않는다*는 하나의 증거가 된다.

27　　　그러나 삶에서 정신적 원인들을 말하는 사람들에 의해서도 적지 않게 혼란이 야기된다는 사실을 부인해서는 안 된다. 그들은 종

종 너무 일반적이고 불분명하게 말한다. 한 사람의 개성이 유전된 특징들의 종합이라고 말하는 것은 분명 시계의 금속 부분들이 자신을 시계가 되도록 조립했다고 주장하는 것과 비교할 수 있다. 그러나 정신세계와 관련된 많은 주장은 시계의 금속 부분들은 시계 바늘이 앞으로 움직이도록 스스로를 조립할 수 없으므로 시계 바늘을 앞으로 움직이게 하는 어떤 정신적인 것이 있어야 한다는 것과 별다르지 않은 내용이라는 사실도 인정해야 한다. 어쨌든 그런 주장을 하는 사람에 비해서는, "어휴, 나는 시계 바늘을 앞으로 움직이는 그런 '신비한' 존재에 대해서는 더 이상 신경 쓰지 않는다. 나는 시계 바늘을 앞으로 움직이게 하는 기계적 관련성을 알고 싶다." 하고 말하는 사람이 훨씬 더 나은 토대 위에 있다. 여기서는 시계와 같은 기계적인 것 뒤에 시계 제작자라는 정신적인 것이 있다는 사실을 단순히 아는 것이 문제가 아니고, 시계를 완성하는 시계 제작자의 정신에서 *선행된* 사고를 아는 것이 중요할 수 있다. 우리는 그 사고를 메커니즘에서 다시 발견할 수 있다.

28   초감각적인 것에 대한 모든 단순한 몽상과 환상은 혼란만 가져온다. 그것들이 반대자들을 만족시키기에 적합하지 않기 때문이다. 초감각적 존재들에 대한 그런 일반적인 언급은 사실을 이해하는 데 전혀 도움이 되지 않는다는 반대자들의 말은 옳다. 이 반대자들은 분명 정신과학의 *특정한* 주장에 대해서도 같은 말을 할 수 있다. 그러나 그럴 때 우리는 드러난 삶에서 감춰진 정신적 원인들의 작용

이 어떻게 나타나는지 지적하면서 다음과 같이 말할 수 있을 것이다. "관찰을 통한 정신 연구가 확인하고자 한 것, 즉 인간은 죽음 이후 정화의 시간을 거쳤다는 것, 그리고 그 시간 동안 자신이 이전 삶에서 행한 특정 행위가 지속적인 발달에 장애물이 되었음을 영혼적으로 *체험했다는* 것이 옳다고 가정하자. 그런 체험을 하는 동안 그에게는 그 행동의 결과를 바로잡으려는 충동이 형성되었다. 그는 이 충동을 새로운 삶으로 가져온다. 그리고 이 충동으로 인해 그의 본성 안에 그를 개선이 가능한 자리에 세우는 특징이 형성된다. 그와 같은 충동 전체를 주목하면 한 사람이 태어난 운명적 환경의 원인을 알 수 있다." 이와는 다른 가정을 통해 접근할 수도 있다. 정신과학에서 말하는 것이 옳다고 다시 가정해 보자. 즉, 지나간 삶의 열매는 인간의 정신적 싹에 융합되었다. 죽음과 새로운 삶 사이에 인간이 기거하는 정신존재들의 땅은 이 열매가 무르익어 새로운 삶에서 소질과 재능으로 변형되어 나타나게 하고 이전 삶에서 획득한 것의 작용으로 보이도록 인격을 형성하는 영역이다. 이렇게 가정하고 이를 통해 삶을 선입견 없이 관찰하는 사람이 알게 되는 것은, 그 가정으로 통해서 모든 감각적이고 사실적인 것의 완전한 의미와 진실이 인정될 수 있다는 사실, 그리고 동시에 생각은 정신세계로 향해 있으면서 단순히 감각적 사실들에만 의지하는 사람에게 항상 이해할 수 없는 것으로 남을 수밖에 없는 모든 것도 명백해진다는 사실이다. 무엇보다 앞에서 언급했던 바와 같이 가장 중요한 인물이 한 혈연 집단의 끝에 나오기 때문에 그가 가진 재능은 물려받은 것이라는 종류의 모든 비논리는 사라질 것이다. 삶은 정신과학에 의해 밝혀진 초감각적 사실들에 의해서 논리적으로 이해될 것이다.

29   그러나 초감각적 세계에서의 고유한 경험 없이 사실들 속에서 올바른 길을 찾고자 하는 성실한 진리의 탐구자는 또 하나의 중요한 이의를 제기할 수 있을 것이다. 다시 말해서 다른 식으로는 설명되지 않는 뭔가를 이해할 수 있게 만들었다는 이유만으로 어떤 사실들의 현존을 받아들이는 것은 허용되지 않는다는 주장이 제기될 수 있다. 이런 반박은 초감각적 경험을 통해 해당 사실들을 알고 있는 사람에게는 분명 아무런 의미가 없다. 그리고 이 책의 이어지는 부분들에서는 여기서 서술된 다른 정신적 사실들만이 아니라 정신적 원인의 법칙도 고유한 체험하도록 해주는 길이 제시될 것이다. 그러나 그 길로 들어설 생각이 없는 사람에게는 앞에서 제기한 반박이 의미를 가질 수 있다. 그리고 그 사람에 반대하는 내용은 앞에서 언급한 길을 스스로 가기로 결심한 사람에게도 가치가 있다. 누군가 그 내용을 올바른 방법으로 받아들인다면, 그것 자체가 이 길에서 행할 수 있는 *최선의* 첫걸음이기 때문이다. 다른 식으로는 이해되지 않는 뭔가를 이해할 수 있게 해주었다는 이유만으로 그 현존에 대해 전혀 모르는 어떤 것을 가정해서는 안 된다는 말은 전적으로 옳다. 그러나 앞에서 언급된 정신적인 사실들의 경우에서는 문제가 다르다. 만일 그 사실들을 가정한다면 그 사실들을 통해 삶을 이해할 수 있게 되었다는 이지적 결과를 얻을 뿐만 아니고, 그 가정들을 자신의 사고 안

으로 받아들임으로써 완전히 다른 무엇인가도 경험하게 된다. 다음과 같은 경우를 생각해 보면 그렇다. 누군가에게 무척 곤혹스러운 감정을 불러일으키는 일이 일어난다. 그는 두 가지 방식으로 그 일을 대할 수 있다. 먼저 그 일을 자신을 곤혹스럽게 하는 어떤 것으로 경험해서 곤혹스러운 감정에 빠지거나 심지어는 심하게 괴로움을 겪을 수도 있다. 그러나 이와는 다른 식으로도 그 일을 대하면서 다음과 같이 말할 수도 있다. "실은 나 스스로가 이전 삶에서 일을 겪을 힘을 내 안에서 만들었고, 나에게 이 일을 겪게 한 것도 나 자신이다." 이제 그는 이런 생각의 결과로 생길 모든 감정을 자기 안에서 일으킬 수 있다. 그가 모든 감각과 감정의 움직임에서 그런 결과를 얻으려면 그 생각이 당연히 완전히 진지하고 온 힘을 다한 것이어야 한다. 그 일을 해내는 사람이 어떤 경험을 하게 될지는 다음의 비교로 아주 분명하게 드러날 것이다. 두 사람이 제각기 봉랍蜂蠟 막대를 들고 있다고 가정해 보자. 한 사람은 막대의 "내적 본성"에 대한 지적 관찰을 한다. 이 관찰은 매우 영리한 것일 수 있지만, 그 "내적 본성"이 무엇인지 전혀 드러나지 않는다면 누군가 그 사람에게 그 지적 관찰이 망상이라고 냉정하게 반박할 수 있다. 반면에 또 한 사람은 천으로 봉랍 막대를 문지르고는 막대가 작은 물체들을 끌어당기는 모습을 보여준다. 첫 번째 사람의 머리 속에서 스쳐 지나가며 관찰로 이끈 생각과 두 번째 사람의 생각 사이에는 상당한 차이가 있다. 첫 번째 사람의 생각은 실제적인 결과가 없다. 그러나 두 번째 사람의 생각은 뭔가 실제적인 것을 감춰진 상태로부터 꾀어내는 힘을 갖고 있다. 어떤 사건과 마주치는 힘을 이전의 삶에서 자기 안에 스스로 심었다고 떠올리는 사람의 생각도 마찬가지다. 단지 그렇게 생각하는 것만으로도 그에게는 실제적인 힘이 일어나서 그런 생각을 품지 않았을 때와는 전혀 다른 방식으로 그 사건과 만날 수 있게 한다. 이를 통해서 그에게는 그렇지 않았으면 그저 우연으로 치부했을 이 사건의 필연적인 본질이 분명해진다. 그리고 그는 곧바로 깨닫게 된다. '나는 올바른 생각을 한 거야. 이 생각이 내게 그 사실을 드러내는 바로 그 힘을 갖고 있기 때문이지.' 누군가 이런 내적 과정을 반복하면, 그 과정들은 내적인 힘을 공급하는 수단으로 이어지며, 그렇게 결실을 맺는 능력으로 그 올바름을 증명한다. 그리고 이 올바름은 점점 아주 강력한 결과를 낳는다. 그런 과정들은 정신적, 영혼적, 신체적인 면에서 건강하게, 즉 모든 면에서 삶에 유익하게 작용한다. 인간은 탄생과 죽음 사이에 놓인 하나의 삶에만 주목할 때는 미혹에 빠지는 반면, 그런 과정들에서는 자신이 올바른 방식으로 삶의 관계로 들어선다는 것을 깨닫는다. 인간은 여기서 그 특징이 언급된 앎을 통해서 영혼적으로 더 강해진다. 다만 정신적 원인의 작용에 대한 순수히 내적인 증거는 각자가 자신의 내면생활에서 스스로 얻을 수밖에 없다. 그리고 누구나 그런 증거를 얻을 수 있다. 물론 그 증거를 스스로에게 제공하지 못한 사람은 그 증명력도 판단할 수 없다. 하지만 그것을 가진 사람은 더 이상 거기에 대해 의심하지 않는다. 이런 상황을 이상하게 생각할 필요도 없다. 인간의 가장 내적인 본성, 즉 그의 인격을 형성하는 것과 전적으로 관련된 것은 가장 내적인 체험에서만 충분히 증명될 수 있는 사실이 지극히 당연하기 때문이다. 다만 이 경우 그런 일은 내적 체험에 해당하기 때문에 누구나 스스로 해결해야만 하므로 정신과학의 문제일 수 없다는 주장에는 반박하기가 어렵다. 어떤 수학적 명제의 증명은 누구나 스스로 터득해야만 하는 것처럼 그런 체험도 누구나 스스로 해야 한다는 것은 분명하다. 하지만 수학적 명제를 증명하는 방법이 모든 사람에게 통용되듯이 체험에 도달할 수 있는 길 또한 모두에게 통용된다.

30 당연히 초감각적 관찰을 제외하면, 방금 언급한 증명, 즉 힘을 일으키는 적절한 사고 능력에 의한 증명이 모든 선입견 없는 논리를 이겨내는 유일한 증명이라는 점을 부인해서는 안 된다. 물론 다른 모든 숙고도 매우 중요하지만, 그 모든 숙고에는 반대하는 사람이 취약점을 찾을 수 있는 뭔가 있을 것이다. 그러나 선입견 없는 시선을 충분히 터득한 사람이라면, 인간 교육의 가능성과 그 실제에서 이미 정신적 존재가 신체의 외피 속에서 활동하려 애쓰고 있다는 것을 논리적으로 증명할 뭔가를 발견할 것이다. 그는 동물을 인간과 비교하고는 다음과 같이 말할 것이다. 동물의 경우 그 동물의 결정적인 특징과 능력은 탄생과 함께 그 자체로 이미 결정되어 있는 것으로 나타나며, 그것은 유전에 의해서 미리 정해진 것과 외적 세계에서 발달하는 방식을 분명히 보여준다. 병아리가 태어날 때부터 삶에 필요한 일들을 특정한 방식으로 해내는 것을 보면 말이다. 그러나 인간의 경우에는 어떤 유전적 요소와 상관없이도 자신의 내면생활과 관계를 맺

는 무엇인가가 교육에 의해서 나타난다. 그리고 그는 그런 외적인 영향의 작용을 자기 것으로 만드는 능력이 있다. 교육자는 인간 내면의 힘이 그런 영향을 받아들여야 한다는 것을 안다. 그렇지 않으면 모든 수련과 교육은 의미가 없다. 선입견 없는 교육자가 볼 때는 유전된 소질과 이 소질을 통해 드러나고 이전 삶의 과정에서 비롯된 인간의 내적 힘 사이에는 매우 분명한 경계도 있다. 물론 이런 일들에 대해서는 특정한 물리적 사실을 저울을 통해 증명하는 것과 같은 방식으로 "유력한" 증거를 제시하지는 못한다. 이런 일들은 삶의 내밀함이기 때문이다. 거기에 대한 감각을 가진 사람에게는 그런 명백하지 않은 증거들도 증명력이 있고, 심지어는 명백한 현실보다도 더 확증적이다. 본질적인 것을 볼 수 있는 사람에게는 동물들도 길들일 수 있다는 것, 다시 말해서 동물들이 교육을 통해서 어느 정도는 특성과 능력을 받아들인다는 사실이 반박을 의미하지는 않는다. 전 세계 곳곳에서 변화의 경향이 발견된다는 점을 제외한다면, 동물에서 훈련의 결과들은 결코 인간에서와 같은 방식으로 그 동물의 개별적 본성과 융합하지 않는다. 그런데 인간과의 공동생활에서 길들여진 덕분에 가축들이 얻은 능력이 유전된다고, 다시 말해서 한 개체에 대한 영향이 아니라 곧바로 종 전체에 영향을 미친다고 강조하는 사람들도 있다. 다윈은 개들이 누구한테 배우거나 본 적도 없이 물건을 물어온다고 서술한다. 인간의 교육에 대해서도 같은 것을 주장하려는 사람이 있을까?

31   그런데 인간은 순전히 외부에서 유전된 힘으로 이루어졌다
는 견해를 스스로의 관찰을 통해서 뛰어넘는 사상가들이 있다. 그들
은 개별성이라는 정신적 본질은 물질적 삶에 선행하고 물질적 삶을
형성한다는 생각에까지 이른다. 그러나 그들 중 많은 사람은 반복되
는 지상의 삶이 있고 그런 삶들 사이의 중간의 현존에는 함께 형성에
일조하는 이전의 힘들의 열매가 있다는 것까지는 이해하지 못한다.
그런 사상들 중에서 한 사람을 언급하고자 한다. 위대한 피히테[25]
의 아들 임마누엘 헤르만 피히테Immanuel Hermann Fichte[26]는 저서《인
류학》에서 다음과 같은 종합적 판단에 이르게 하는 그의 관찰을 언
급한다. "부모는 완전한 의미의 생산자가 아니다. 그들은 유기 물질
을 제공한다. 단순히 그것뿐만이 아니라 동시에 기질을 비롯해서 독
특한 정서적 경향과 특수한 형태의 충동 같은 것들에서 나타나는 중
간적인 것, 즉 감각적-정서적인 것도 제공하는데, 그런 것들의 공통
원천으로서 우리에 의해서 증명된 더 넓은 의미에서의 '환상'이 생겨
났다. 개성의 이 모든 요소에는 부모 영혼의 혼합과 고유한 결합이
분명하게 나타난다. 따라서 이런 요소들을 단순한 생식의 산물로 설
명하는 것은 전적으로 타당하며, 우리가 생식을 실제적인 영혼의 과
정으로 이해해야 한다고 결정해야 할 때는 더욱 그렇다. 그러나 개성
의 본래적인 결정적 중심점은 여기에 없다. 왜냐하면 더 깊이 파고

---

25) 요한 고틀리프 피히테(Johann Gottlieb Fichte, 1762-1814), 철학자.
26) Immanuel Hermann Fichte, 1796-1879, 철학자이자 아버지 요한 고틀리프 피히테 저
    서들의 발행인이다. 《인류학 Anthropologie》, Leipzig 1860, S, 528 u. 532.

들어가는 관찰에 의하면 그런 정서적인 특성도 그저 인간의 근본적으로 정신적이고 이상적인 소질을 자기 안에 붙잡기 위한 외피이자 *도구적인 것일 뿐*, 그 소질의 발달을 촉진하거나 방해하는 데는 적합하지만 그것을 자신으로부터 생겨나게 하지는 못하기 때문이다." 그는 계속해서 말한다. "모든 사람은 자신의 정신적 기본 형상에 따라 선재先在한다. *동물의 한 종이 다른 종과 다른 것처럼 정신적으로 관찰할 때는 어떤 개인도 다른 개인과 같지 않기 때문이다.*" 이 사고는 어떤 정신적 본질이 인간의 물질적 신체성 안으로 들어가 있다는 정도까지만 파악한다. 하지만 그 본질이 가진 형성력은 이전 삶의 원인에서 유래하는 것이 아니기 때문에 하나의 개성이 되살아날 때마다 그런 정신적 본질이 신적인 근원으로부터 생겨나야만 한다. 그러나 이런 전제 하에서는 인간의 내면으로부터 밖으로 나오려고 애쓰는 맹아들과 삶의 과정에서 지상의 외부 환경으로부터 인간의 내면으로 밀고 들어가는 것 사이의 유사성을 설명할 가능성은 없을 것이다. 신적인 근원에서 유래한 모든 개별 인간의 내적인 것은 그가 지상의 삶에서 직면하는 것을 완전히 낯설게 볼 것이다. 그래야만 — 실제로도 그렇지만 — 인간의 이 내적인 것이 외적인 것과 이미 결합되어 있었고, 처음으로 그 안에 사는 것이 아닌 경우가 된다. 그러나 선입견 없는 교육자는 다음과 같은 점을 분명하게 인지할 수 있다. '나는 지상 생활의 결과들로부터 무엇인가를 내 제자에게 가져다준다. 그것은 그의 단순히 유전된 특성에는 낯선 것이지만, 그에게는 그런 결과들을 낳은 작업에 그 자신이 마치 함께 있었던 것처럼 느끼게 할 것이다.' 반복된 지상의 삶, 지상의 삶들 사이에 있는 정신적 영역에 대한 정신 연구의 설명만이 현재 인류에 모든 면에서 관찰된 삶에 대해 만족스럽게 설명할 수 있다. 여기서는 명시적으로 "현재" 인류라고 언급했다. 정신적 연구에 따르면 언젠가 지상의 삶의 순환이 시작되었고, 당시에는 신체적 외피 안으로 들어가는 인간의 정신적 본질을 둘러싼 조건들이 현재와는 달랐기 때문이다. 다음 장에서는 인간 존재의 이 태고적 상태로 거슬러 올라갈 것이다. 그렇게 해서 정신과학의 결과들로부터 이 인간 존재가 지구 발달과의 관계 속에서 어떻게 현재의 형태를 얻었는지 밝혀진다면, 인간의 정신적 본질의 핵심이 어떻게 초감각적 세계에서 신체의 외피 안으로 밀고 들어가고, 정신적 인과 법칙, 즉 "인간의 운명"이 어떻게 형성되는지에 대해서도 더욱 정확하게 설명될 수 있을 것이다.

IV.

우주의 발달과 인간

1   앞에서 살펴본 관찰을 통해 인간의 본질은 물질체, 생명체, 아스트랄체, 자아체라는 네 가지 요소로 구성되었다는 것이 밝혀졌다. 자아는 다른 세 구성 요소 내에서 활동하며 그들을 변화시킨다. 그런 변형을 통해서 더 낮은 단계에서는 감정영혼, 지성영혼, 의식영혼이 생겨난다. 인간 본질의 고차적 단계에서는 자아정신, 생명정신, 정신인간이 형성된다. 인간의 본성을 이루는 이 요소들은 전체 우주와 아주 다양하게 연관되어 있다. 또한 그것들의 발달은 우주의 발달과 연관되어 있다. 우리는 이 발달에 대한 관찰을 통해서 인간 본질의 더 깊은 비밀에 대한 통찰을 얻는다.

2   인간의 삶이 자신의 주변 환경, 그의 발달이 이루어지는 거주지 등 매우 다양한 방향으로 연결되어 있다는 것은 분명하다. 그래서 외적인 학문도 이미 그 학문에 주어진 사실들을 통해서 가장 광범

위한 의미에서 인간의 거주지인 지구 자체가 발달해 왔다는 견해를 가질 수밖에 없다. 이 학문은 인간이 아직 현재와 같은 상태로 우리 행성에 존재하지 않았던 시기에 지구의 상태가 어땠는지 알려준다. 또한 인류가 단순한 문명 상태들에서 시작하여 얼마나 느리고도 점진적으로 현재의 상태로 발달해 왔는지 보여준다. 다시 말해서 이 학문도 인간의 발달과 인간의 천체인 지구의 발달 사이에 관계가 있다는 견해에 도달한다.

3   정신과학[27]은 정신적 기관들에 의해 예리해진 지각의 결과에서 사실들을 얻는 인식을 통해서 그 관계를 뒤쫓는다. 정신과학은 인간의 발달 과정을 거슬러 올라가며 추적한다. 그 결과로 정신과학은 인간의 본래적이고 내적인 정신적 본질이 이 지상에서 일련의 삶을 거쳐 왔다는 사실을 알게 된다. 또한 이를 통해 정신 연구는 인간의 내적 본질이 처음으로 오늘날과 같은 의미에서 외적인 삶으로 들어서게 된 머나먼 과거의 시점에 도달한다. 이 첫 번째 지상의 육화에서 자아는 아스트랄체, 생명체, 물질체라는 세 개의 신체적 본질 내에서 활동하기 시작했다. 그리고 그 다음에는 이 작업의 열매들을 다음 삶으로 함께 가져갔다.

---

27) 전후 맥락에서 알 수 있듯이 여기서 정신과학이라는 용어는 "비밀학", 초감각적 인식 등과 같은 의미로 사용되었다.

4   앞에서 언급된 방식으로 이 시점까지 거슬러 올라가며 관찰을 이어가면, 물질체, 생명체, 아스트랄체가 이미 발달해서 서로 모종의 관계를 맺고 있는 상태의 지구를 "자아"가 만난다는 것을 알게 된다. "자아"는 처음으로 이 세 개의 몸으로 이루어진 존재와 결합한다. 이제부터 자아는 세 가지 몸의 계속되는 발달에 참여한다. 이전에 이 세 가지 몸은 그런 인간의 자아 없이 이 자아를 만나는 단계까지 발달해 왔다.

5   정신과학이 다음의 질문들에 대답하고자 한다면 더 거슬러 올라가며 연구를 이어가야 한다. 세 가지 몸은 어떻게 자아를 받아들일 수 있는 발달 단계에 도달했으며, 이 "자아"는 어떻게 생겨나 세 개의 몸에서 작용할 수 있는 능력을 얻었을까?

6   이 질문들에 대한 답은 지구라는 행성 자체의 발달 과정을 정신과학적 의미에서 뒤쫓을 때만 가능하다. 우리는 그런 연구를 통해서 이 지구 행성의 시작에 도달한다. 물질적 감각의 사실들에만 기초한 관찰 방식으로는 이 지구의 시작과 조금은 연관된 결론에까지 도달하지 못한다. 그런 결론을 이용하는 견해는 지구의 모든 물질적인 것이 원시바다에서 형성되었다는 결과에 이른다. 그러나 이 저술의 과제가 그런 사고들을 더 상세하게 논하는 것일 수는 없다. 정신 연구에서는 단순히 지구 발달의 물질적 과정이 아니라 무엇보다 물질적인 것 뒤에 놓인 정신적 원인을 고찰하는 것이 중요하기 때문이

다. 어떤 사람이 앞에서 손을 든다면, 이 손을 드는 행위는 두 가지 관찰 방식을 자극할 수 있다. 먼저 팔을 비롯한 유기조직들의 메커니즘을 연구한 다음 그 과정을 순전히 물리적으로 일어나는 방식으로 설명할 수 있다. 아니면 그 사람의 영혼에서 무슨 일이 일어났고, 손을 들게 한 영혼의 동기가 무엇인지에 정신적 시선을 돌릴 수도 있다. 정신적 지각에 단련된 연구자는 비슷한 방식으로 감각적-물질적 세계의 모든 과정 뒤에 있는 정신적 과정을 본다. 그가 볼 때 지구 행성의 물질적인 것에서 일어나는 모든 변화는 물질적인 것 뒤에 놓인 정신적 힘의 현현이다. 그러나 지구의 삶에 대한 그런 정신적 관찰을 계속해서 더 거슬러 올라가면, 모든 물질적인 것이 처음 시작되는 발달 지점에 이른다. 이 물질적인 것은 정신적인 것에서 발달해 나온다. 그 전에는 정신적인 것만 존재한다. 우리는 이 정신적 관찰을 통해서 정신적인 것을 인지하고, 계속되는 추적에서는 이 정신적인 것이 어떻게 부분적으로 물질적인 것으로 응축되는지 알게 된다. 이는 물통의 물이 치밀하게 유도된 냉각에 의해서 서서히 얼음덩어리가 형성되는 것을 관찰할 때와 같은 방식이면서 고차적 단계에서 하나의 과정이 일어나는 것이다. 이전에 물이었던 것이 얼음으로 응축되는 것을 보는 것처럼, 정신적인 관찰을 통해서 이전에는 전적으로 정신적이었던 것에서 어떻게 물질적인 사물, 과정, 존재들이 응축되는지 추적할 수 있다. 이와 같이 물질적 지구 행성은 정신적 우주존재로부터 발달해 나왔으며, 물질적으로 이 지구 행성과 결합되어 있는 모든 것은 이전에 지구와 정신적으로 결합되어 있었던 것으로부터 응축되어 나왔다. 그러나 모든 정신적인 것이 물질적인 것으로 변형된다고 생각해서는 안 되는데, 물질적인 것에서는 항상 본래 정신적인 것의 변형된 부분들만 보이기 때문이다. 이때 정신적인 것은 물질적 발달 기간에도 실질적으로 유도하고 이끄는 원칙이다.

7   감각적-물질적 과정들만, 그리고 지성이 이 과정들로부터 추론할 수 있는 것만 고수하려는 사고방식이 여기서 말하는 정신적인 것에 대해 아무것도 말하지 못한다는 것은 분명하다. 얼음은 인지하지만 냉각을 통해 얼음이 생기도록 하는 더 섬세한 물의 상태는 인지하지 못하는 감각을 가진 어느 존재가 있다고 가정해 보자. 그런 존재에게는 물이란 존재하지 않는 것이고, 물의 일부가 얼음으로 변했을 때에야 비로소 물에 대해 뭔가를 인지하게 될 것이다. 이와 같이 지구의 과정들 뒤에 있는 정신적인 것도 물질적 감각에 존재하는 것만을 인정하려는 사람에게는 감춰져 있다. 그가 만일 현재 지각하는 물리적 사실들로부터 지구 행성의 초기 상태에 대해 올바른 결론들을 이끌어낸다면, 그 사람은 선행하는 정신적인 것이 일부분 물질적인 것으로 응축된 발달 지점까지만 도달한 것이다. 그런 관찰 방식은 이 선행하는 정신적인 것은 물론이고, 지금도 물질적인 것 뒤에서 보이지 않게 주재하는 정신적인 것도 보지 못한다.

8   인간이 정신적 지각 속에서 여기서 논의되고 있는 지구의 초기 상태를 되돌아보는 능력을 얻는 과정에 대해서는 이 저술의 마지

막 장에서야 언급될 수 있을 것이다. 지금은 일단 정신적 연구에서 볼 때는 머나먼 과거의 사실들도 사라지지 않는다는 점만 언급되어 야 할 것이다. 한 존재가 육체적 삶에 이르면 그 존재의 육체적 죽음 과 함께 물질적인 것도 사라진다. 그러나 이 육체적인 것을 자기 밖 으로 밀어내는 정신적 힘들은 동일한 방식으로 "사라지지" 않는다. 정신적 힘들은 우주의 정신적 토대에 자신들의 흔적, 자신들의 정확 한 모상을 남긴다. 보이는 세계를 관통해서 보이지 않는 것까지 인 지할 수 있는 사람은 마침내 거대한 정신적 파노라마와 비교할 수 있 는 어떤 것을 만날 수 있게 되는데, 그 안에는 우주의 지나간 모든 과 정이 기록되어 있다. 모든 정신적인 것의 이 불멸하는 흔적을 "아카 샤 기록"이라고 부를 수 있으며, 세계 과정의 덧없는 형태들과는 달 리 정신적이고 지속적인 것을 아카샤 본질이라고 부른다. 이 대목에 서도 다시 강조해야 할 점은 존재의 초감각적 영역에 대한 연구는 정 신적 지각을 통해서만, 그러니까 여기서 관찰된 영역에 대한 연구는 방금 말한 "아카샤 기록"을 읽는 것을 통해서만 수행될 수 있다는 것 이다. 그럼에도 불구하고 이 저술의 앞부분에서 비슷한 것에 대해 이 미 기술한 내용은 여기에도 통용된다. 초감각적 사실들은 초감각적 지각을 통해서만 *밝혀질 수* 있다. 그러나 초감각적 사실들이 밝혀져 초감각적인 것에 대한 학문에 의해서 전달되었다면, 그 사실들은 정 말로 선입견 없이 보고자 하는 일상적인 사고에 의해서도 *이해될 수* 있다. 앞으로 이어지는 부분에서는 초감각적 인식의 의미에서 지구 의 발달 상태를 전할 것이다. 우리 행성의 변화를 현재 삶의 상태에 이르기까지 추적하여 살펴볼 것이다. 누군가 현재 단순한 감각적 지각의 대상이 된 것을 관찰한 다음 초감각적 인식이 그 현재적인 것이 태곳적부터 발달해 온 과정에 대해 말하는 것을 받아들인다면, 그는 진정 선입견 없는 사고에서 다음과 같이 말할 수 있다. 첫째, 초감각적 인식이 알려주는 것은 전적으로 논리적이다. 둘째, 초감각적 연구를 통해 전달된 것이 옳다고 생각한다면 나는 그 일들의 상태가 나에게 보이는 것과 같다는 것을 알 수 있다. 물론 이와 관련해서 "논리적"이라고 한 것이 초감각적 연구의 설명에는 논리적 관계의 오류가 포함될 수 없다는 뜻은 아니다. 여기서도 "논리적"이라는 말은 물질적 세계의 일상적인 삶에서 논리적이라고 말할 때와 같은 의미에서 사용되어야 한다. 어떤 사실 영역에서 사실을 서술하는 개인이 논리적 오류에 빠질 수 있음에도 논리적 서술을 요구하는 것이 당연하게 여겨지는 것처럼 초감각적 연구에서도 마찬가지다. 심지어는 초감각적 영역을 지각할 수 있는 연구자가 논리적 서술에서 오류에 빠졌을 때, 초감각적으로 지각하지는 못하지만 온전한 사고 능력을 가진 누군가가 그 연구자의 오류를 바로잡는 일도 일어날 수 있다. 그러나 근본적으로는 초감각적 연구에 적용된 논리에는 어떤 이의도 제기될 수 없다. 또한 단순히 논리적 이유에서는 사실들 자체에 전혀 반박하지 못한다는 것은 강조할 필요도 없다. 물질적 세계의 영역에서 고래가 존재하는지 아닌지는 결코 논리적으로가 아니라 보는 것을 통해서만 증명할 수 있는 것처럼, 초감각적 사실들도 정신적 지각을 통해서만 인식될 수 있다. 그러나 초감각적 영역의 관찰자을 위해 반드시 강조해야 하는 것은, 그가 자신의 지각 속에서 정신세계로 접근하려 하기 전에 앞에서 언급된 논리를 통해, 그리고 마찬가지로 비밀학이 전달하는 내용들이 옳다고 가정할 때 감각적으로 드러난 세계가 도처에서 얼마나 분명하게 보이는지 인식하는 것을 통해 하나의 관점을 얻어야 한다는 것이다. 앞에서 서술된 준비 과정이 무시되었을 때 초감각적 세계에서의 모든 체험은 불확실한 — 위험한 — 더듬거림에 머물 뿐이다. 그 때문에 이 책에서도 초감각적 인식 자체의 길에 대해 언급하기에 앞서 지구 발달의 초감각적이면서 사실적인 것이 먼저 제시될 것이다. 순전히 사고를 통해서 초감각적 인식의 대상 안으로 들어가는 사람은 자기가 직접 보지 못한 어떤 물리적 과정에 대한 이야기를 듣는 사람과는 결코 같은 입장이 아니라는 사실도 고려되어야 한다. 순수한 사고는 그 자체로 이미 초감각적 활동이기 때문이다. 감각적인 것으로서는 자기 자신을 통해서 초감각적 과정들로 나아갈 수는 없다. 그러나 순수한 사고를 초감각적 과정과 초감각적 관찰에 의해 서술된 과정들에 적용한다면, 그것은 *자기 자신을 통해서* 점차 초감각적 세계로 뻗어 나간다. 심지어는 초감각적 인식에 의해 전달된 것에 대한 사고를 통해 점점 고차적 세계로 들어가는 것이 초감각적 영역에서 고유한 지각에 도달하는 가장 좋은 방법 중 하나이다. 그런 방법으로 안으로 들어가는 것이 가장 명료한 것이기 때문이다. 그래서 정신과학 연구의 어느 한 방향도 *이런* 사고를 모든 정신과학적 수련에서 가장 믿을 만한 첫 번째 단계라고 본다. 이 저술에서는 드러나 있는 것에 작용하는 초감각적인 것의 방식을 정신에 의해 지각된 지구 발달의 모든 세부 사항과 관련해서 언급하지 않는다는 것도 충분히 납득할 일이다. 감춰진 것이 그 드러난 작용 어디서나 증명될 수 있다고 했을 때도 원래 말하고자 하는 바는 그것이 아니었다. 그 말은 오히려 인간이 드러난 과정들을 비밀학에 의해 가능해진 관점으로 바라본다면 그가 직면하는 도처의 모든 것이 그에게 명확해지고 이해할 수 있게 된다는 뜻이다. 앞으로 이어지는 관찰에서는 특징적인 개별 부분에서만 드러난 것을 통해 감춰진 것을 확인하는 일이 시험적으로 제시될 수 있을 것이다. 이는 삶의 실제적인 과정에서는 원하는 곳 *어디서나* 그렇게 할 수 있다는 것을 보여주기 위해서이다.

9   우리는 앞에서 언급한 정신과학적 연구의 의미에서 지구의 발달 과정을 거꾸로 추적함으로써 우리 행성의 정신적 상태에 도달한다. 그러나 이 연구의 길을 거꾸로 계속 거슬러 올라가면, 그 정신적인 것이 이전에 일종의 물질적으로 형체화되어 이미 존재했다는 것을 알게 된다. 그러니까 과거의 물질적 행성 상태를 만나는 것인데, 그 상태가 나중에 정신화되었다가 그 뒤에 반복적인 물질화를 통해서 우리의 지구로 변형된 것이다. 그렇게 하여 우리의 지구는 아주 오래된 한 행성의 재육화로 나타난다. 그러나 정신과학은 계속해서 더 거슬러 올라갈 수 있다. 그러면 그런 전체 과정이 두 번 더 반복되는 것을 알게 된다. 따라서 우리의 지구는 세 번의 선행하는 행성 상태를 거쳤고, 그 사이에는 항상 정신화라는 중간 상태가 있었다. 다

만 우리가 지구의 형체화 과정을 계속 거슬러 올라갈수록 물질적인 것은 점점 더 섬세한 것으로 나타난다.

10   이어지는 서술에 대해서는 다음과 같은 반박이 제기될 수 있다. 여기서 언급된 것처럼 헤아릴 수 없이 먼 과거에 있었던 우주 상태에 대한 가정을 보통의 건강한 판단력이 어떻게 받아들일 수 있단 말인가? 이 반박에 대해서는 다음과 같이 말해야 할 것이다. 분명하게 드러난 것에서 *지금*은 감춰진 정신적인 것을 명민하게 볼 수 있는 사람에게는 아무리 멀리 떨어진 과거의 발달 상태에 대한 통찰도 전혀 불가능하지 않다고 말이다. 감춰진 정신적인 것의 현존을 인정하지 않는 사람에게만 여기서 말하는 그런 발달에 대한 말들이 아무런 의미가 없다. 그것을 인정하는 사람에게는 현재 상태의 모습 안에 이전의 모습도 들어 있어서 쉰 살인 사람의 모습에 한 살짜리 아이의 모습이 보인다. 그렇게 말할 수도 있고, 한 살짜리 아이에게서 쉰 살인 사람의 모습만이 아니라 그 사이에 있을 수 있는 모든 중간 단계가 보인다고 할 수도 있다. 그것은 맞는 말이다. 그러나 여기서 말하는 정신적인 것의 발달도 그런 식이다. 이 영역에서 정확한 판단에 도달한 사람은 정신적인 것을 포함하여 현재적인 것을 빠짐없이 관찰할 결과에는 현재의 완전함에 이르기까지 계속된 존재의 발달 단계들과 함께 과거의 빌린 상태들까지 징밀로 보존되어 있다는 것도 알게 된다. 쉰 살인 사람들 옆에 한 살짜리 아이들이 존재하는 것처럼 말이다. 잇따라 나타나는 서로 다른 발달 상태들을 구별할 수만

있다면, 우리는 지금 지상에서 일어나는 일에서 그 근원이 되는 사건을 볼 수 있다.

11   이제 현재의 형체로 발달한 인간이 앞에서 묘사한 행성의 발달에서 네 번째 형체화에 해당하는 이 지구에 비로소 등장한다. 이 형체에서 본질적인 것은 인간이 물질체, 생명체, 아스트랄체, 자아라는 네 가지 구성 요소로 이루어졌다는 사실이다. 그러나 그에 앞선 발달 사실들을 통해 준비되지 않았다면 이런 형체는 나타나지 않았을 수도 있다. 이 준비는 이전의 행성 형체화 과정에서 현재 인간에게 있는 네 가지 구성 요소들 가운데 물질체, 생명체, 아스트랄체를 이미 가지고 있던 존재들이 발달함으로써 이루어졌다. 어떻게 보면 인간의 조상이라고 부를 수 있는 이 존재들은 아직 "자아"가 없었지만, 다른 세 가지 구성 요소들, 그리고 그것들 사이의 관계를 발달시켜 나중에 '자아'를 받아들일 수 있을 정도에 이르게 되었다. 이로써 인간 조상은 이전의 행성 형체화 과정에서 세 가지 구성 요소들의 일정한 성숙 상태에 도달했다. 이 상태는 정신화 과정으로 들어갔다. 그리고 정신화로부터 새로운 물질적, 행성적 상태인 지구 상태가 생겨났다. 이 지구 상태 안에는 성숙한 인간 조상이 싹처럼 포함되어 있었다. 전체 행성이 정신화를 거쳐 새로운 형태로 나타남으로써 지구는 자기 안에 포함된 싹들이 물질체, 생명체, 아스트랄체와 함께 그들이 이전에 이미 있었던 수준까지 다시 발달할 기회를 제공했다. 뿐만 아니라 이들이 그 수준에 도달한 뒤에는 "자아"를 받아들임

으로써 자신을 넘어서는 또 다른 가능성도 제공했다. 그러니까 지구의 발달은 두 부분으로 나뉜다. 첫 번째 시기에는 지구 자체가 이전 행성 상태의 재형체화로 나타난다. 그러나 이렇게 다시 나타난 상태는 그사이 일어난 정신화에 의해서 앞선 형체의 상태보다는 고차적 상태이다. 그리고 지구는 이전 행성에서 온 인간 조상의 싹들을 자기 안에 포함하고 있다. 이 싹들은 먼저 자기들이 이미 있었던 수준까지 발달한다. 이들이 그 수준에 도달하면 첫 번째 시기가 종결된다. 그러나 지구는 이제 그 자신이 도달한 고차적 발달 단계로 인해 그 싹들을 더 수준으로, 다시 말해서 "자아"를 받아들일 수 있는 수준으로 데려갈 수 있다. 지구 발달의 두 번째 시기는 물질체, 생명체, 아스트랄체 내에서 자아가 발달하는 시기이다.

12   이런 방식으로 인간이 지구의 발달을 통해 한 단계 더 높아진 것처럼, 이전의 행성 형체화들에서도 마찬가지였다. 이 형체화들 가운데 첫 번째 형체화에 이미 인간의 어떤 무엇인가 있었기 때문이다. 따라서 인간의 발달 과정을 언급된 행성 형체화들 가운데 첫 번째 형체화의 아득한 과거로 거슬러 올라가면, 현재 인간 존재에 대한 것을 명료하게 알게 된다. 초감각적 연구에서는 이 첫 번째 행성 형체화를 토성이라고 부른다. 두 번째 형체화는 태양, 세 번째는 달, 네 번째는 지구라고 할 수 있다. 이때 엄격히 준수해야 할 점은, 이 명칭들을 우선은 현재 우리 태양계를 구성하는 행성들에 사용되는 것과 같은 명칭들과 연관지어서는 안 된다는 것이다. 여기서 말하는 토

성, 태양, 달은 지구가 경험한 *지나간* 발달 형태들에 대한 이름이어야 한다. 태고의 이 세계들이 현재의 태양계를 이루는 천체들과 어떤 관계였는지는 이어지는 관찰 과정에서 드러날 것이다. 그러면 왜 그 이름들이 선택되었는지도 분명해질 것이다.

13   이제부터 방금 말한 네 개 행성의 형체화에 관한 구체적인 서술은 개략적으로만 이루어질 수 있다. 토성, 태양, 달에서의 상황과 존재들, 그리고 그들의 운명은 지구 자체에서와 마찬가지로 실로 다양하기 때문이다. 따라서 그런 상황에 대한 서술에서는 지구의 상태가 이전 상태로부터 어떻게 발전했는지를 구체적으로 설명하는 개별적 특징만 강조될 것이다. 이때 계속 거슬러 올라갈수록 그 상태는 현재의 상태와는 점점 달라진다는 점도 고려해야 한다. 그럼에도 불구하고 그 상태는 현재의 지구 상태에서 추론한 생각들을 이용해 특징을 묘사하는 방식으로만 서술될 수 있다. 그러니까 예를 들어 그런 초기 상태의 빛이나 열, 또는 그 비슷한 것에 대한 서술이 나오면, 그것이 오늘날 빛과 열이라는 단어가 나타내는 것과 정확히 똑같은 의미는 아니라는 사실을 무시해서는 안 된다. 그럼에도 불구하고 그와 같이 이름을 붙이는 것은 옳은 방식이다. 초감각적인 것의 관찰자는 이전의 발달 단계들에서 무엇이 지금의 빛과 열 등으로 변했는지 보이기 때문이다. 그리고 여기서 행해진 서술을 추적하는 사람은 그런 것들의 연관 관계로부터 어떤 생각을 얻어야 머나먼 과거에 일어난 사실들에 대한 특징적인 상과 비유를 갖게 되는지를 분명 짐작할 수 있을 것이다.

14   그런데 이 어려운 일은 달의 형체화에 선행하는 여러 행성 상태에는 매우 중요하다. 달이 형체화하는 동안에는 어느 정도 지구와 유사한 상태가 지배적이었기 때문이다. 이 상태를 서술하려고 시도하는 사람은 초감각적으로 획득된 지각을 분명한 생각으로 표현하기 위한 몇 가지 근거를 현재와의 유사성에서 얻을 수 있다. 그러나 토성과 태양의 발달이 서술될 때는 문제가 다르다. 토성과 태양의 발달이 투시력 있는 관찰 에 제시하는 것은 현재 인간의 생활 영역에 속하는 대상과 존재들과는 현저하게 다르다. 그리고 이 차이는 그에 해당하는 태고의 사실들을 초감각적 의식 영역으로 가져가는 일을 극도로 어렵게 만든다. 그럼에도 불구하고 토성의 상태로까지 거슬러 올라가지 않으면 현재의 인간 존재는 이해될 수 없기 때문에 그에 대한 서술은 이루어져야만 한다. 그런 어려움이 존재한다는 사실, 그리고 그로 인해 언급되는 많은 것들이 해당 사실들의 정확한 기술이라기보다는 그에 대한 암시와 단서일 수밖에 없다는 사실을 직시하는 사람은 분명 그와 같은 서술을 오해하지 않을 것이다.

15   물론 여기뿐 아니라 이어지는 부분에서 언급된 내용과 앞쪽에서 이전의 것이 현재적인 것에 존속한다고 말한 내용 사이에는 모순이 있을 수 있다. 현재의 지구 상태 이외에 이전의 토성, 태양, 달의 상태는 어디에도 없으며, 이 책에서 그런 지나간 상태들 내에 존재한다고 서술한 인간의 형상도 어디에도 없다고 생각할 수 있다. 쉰 살인 사람들 옆에 세 살짜리 아이들이 돌아다니는 것처럼 지구 인간

이외에 토성 인간, 태양 인간, 달 인간이 돌아다니는 것은 분명 아니다. 그러나 지구 인간 *내부*에서는 이전 인류의 여러 상태가 초감각적으로 지각될 수 있다. 이를 인지하기 위해서는 삶의 주변 상황들로 확대된 분별력을 획득해야만 한다. 쉰 살인 사람 옆에 세 살짜리 아이가 있는 것처럼, 살아있고 깨어있는 지구 인간 옆에는 시체, 잠자는 인간, 꿈꾸는 인간이 존재한다. 인간 존재의 이런 다양한 외형들이 비록 서로 다른 발달 단계에서 비롯된 형태와 *직접적*으로 일치하지는 않지만, 논리정연한 관조는 그런 다양한 형태에서 그 단계들을 알아볼 수 있다.

16   인간 존재에게 있는 현재의 네 가지 구성 요소 중에서는 물질체가 가장 오래되었다. 또한 그 나름대로는 그 완전함이 최고에 도달한 구성 요소이기도 하다. 초감각적 연구는 인간의 이 구성 요소가 토성이 발달하는 기간부터 이미 있었다는 것을 보여준다. 이 서술에서는 물질체가 토성에서 가지고 있던 형체가 현재 인간의 물질체와는 전혀 다른 것이었음을 보여줄 것이다. 지구 인간의 물질체는 이 저술의 앞부분에서 설명한 바와 같은 방식으로 생명체, 아스트랄체, 자아와 관계를 맺음으로써만 그 본성을 유지할 수 있다. 그와 같은 관계는 토성에는 아직 존재하지 않았다. 당시 물질체는 인간의 생명체, 아스트랄체 또는 자아가 편입되지 않은 상태에서 그 첫 번째 발달 단계를 거쳤다. 그러다가 토성이 발달하는 동안에 비로소 생명체를 받아들일 수 있을 정도로 성장했다. 이를 위해서는 먼저 토성이

정신화되어 태양으로 재형체화되어야 했다. 태양의 형체화 과정에서는 토성에서 물질체가 된 것의 잔재가 하나의 싹에서 자라나듯이 다시 발달했고, 물질체는 그제야 비로소 에테르체로 채워질 수 있었다. 물질체는 에테르체의 편입에 의해서 그 성질이 바뀌었다. 완성의 두 번째 단계로 올라간 것이다. 달이 발달하는 동안에도 비슷한 일이 일어났다. 태양에서 달로 발달해 간 인간 조상은 거기서 아스트랄체를 받아들였다. 그렇게 해서 물질체는 세 번째로 변형되었고, 따라서 그 완전함의 세 번째 단계로 올라갔다. 이 과정에서 생명체도 변형되어 이제 완전함의 두 번째 단계로 올라섰다. 지구에서는 물질체, 생명체, 아스트랄체로 이루어진 인간 조상에 자아가 편입되었다. 그를 통해서 물질체는 완전함의 네 번째 단계에 도달했고, 생명체는 세 번째, 아스트랄체는 두 번째 단계에 이르렀으며, 자아는 겨우 자기 존재의 첫 번째 단계에 있다.

17   인간을 선입견 없이 관찰하면, 개별 구성 요소들이 가진 서로 다른 완전함의 단계를 제대로 떠올리는 일이 어렵지는 않을 것이다. 그러려면 물질체를 아스트랄체와 비교하기만 하면 된다. 아스트랄체는 영혼적인 구성 요소로서 물질체보다 고차적 발달 단계에 있는 것이 분명하다. 아스트랄체가 장차 완전해진다면, 아스트랄체는 인간의 전체 존재에 대해 현재의 물질체보다 훨씬 더 많은 의미를 가질 것이다. 그러나 물질체는 그 *자신의 본성이라는* 면에서 일정 수준에 도달했다. 가장 지혜롭게 조직된 심장 구조, 뇌와 기타 기관의

놀라운 구조 등을 비롯해서 심지어 넓적다리의 상단과 같은 뼈 하나하나의 구조를 생각해 보면 말이다. 넓적다리뼈의 상단에서는 미세한 가닥으로 규칙적으로 배열된 그물망이나 구조물을 볼 수 있다. 그전체 구조는 최소한의 재료를 들여 관절 표면에 가장 유리하게 작용할 수 있도록 짜여 있고, 마찰을 가장 목적에 맞도록 분배하고 올바른 방식으로 움직일 수 있도록 결합되어 있다. 물질체의 여러 부분에서는 이렇게 굉장히 지혜롭게 짜인 장치들을 발견할 수 있다. 거기서더 나아가 부분과 전체 사이의 공동 작용에서 나타나는 조화를 관찰하는 사람은 인간 존재에서 물질체라는 구성 요소의 방식이 완전하다는 말을 분명 옳다고 여길 것이다. 그와는 달리 물질체의 어떤 부분들에서 목적에 맞지 않게 보이는 것이 나타나거나 구조와 기능에장애가 발생할 수 있다는 사실은 문제가 되지 않는다. 심지어는 그런장애가 어떤 점에서는 전체 물질적 유기체 위로 쏟아지는 지혜로 가득한 빛의 불가피한 이면일 뿐이라고 생각할 수도 있다. 이제 쾌락과고통, 욕망과 열정의 운반자로 나타나는 아스트랄체를 물질체와 비교해 보면 어떤가. 쾌락과 고통으로 인해 아스트랄체에는 얼마나 큰불안이 지배하고, 인간의 고차적 목적에 반하는 무의미한 욕망과 열정이 거기서 얼마나 자주 일어나는가. 아스트랄체는 우리가 물질체에서 이미 만난 조화와 내적 완결성을 향해 가는 과정을 겨우 시작했을 따름이다. 에테르체도 그 나름으로는 아스트랄체보다 더 완전하지만 물질체보다는 완전하지 못하다는 사실도 확인할 수 있을 것이다. 또한 적절한 방식으로 관찰하면 인간 존재의 본래 핵심인 "자아"

가 이제야 비로소 발달의 초기에 있다는 사실도 마찬가지로 밝혀질 것이다. 그때까지 이 자아가 인간 존재의 다른 구성 요소들을 변형시켜 그들로 하여금 자아 자신의 본성을 드러내게 하는 작업에서 얼마나 많은 성과를 얻었겠는가? 이런 방식으로 외적인 관찰에서 이미 드러난 것은 정신과학에 정통한 사람에게는 또 다른 뭔가를 통해서 더 예리해진다. 물질체가 병에 걸리는 것을 근거로 제시할 수 있을 것이다. 정신과학은 모든 질병의 상당 부분이 아스트랄체에서에서 일어난 오류들이 에테르체로 옮겨진 뒤 에테르체를 통해 우회하면서 그 자체로 완전한 물질체의 조화를 파괴함으로써 발생한다는 사실을 보여줄 수 있다. 여기서는 그저 암시만 할 수 있는 더 깊은 연관성과 많은 질병 과정의 진정한 원인은 물질적-감각적 사실들로만 국한시키려는 학문적 관찰로는 확인되지 않는다. 대부분의 경우 아스트랄체의 손상이 일어난 삶에서가 아니라 그 뒤에 이어지는 삶에서 물질체에 병적 현상을 일으킨다는 사실에서 그 연관성이 밝혀진다. 따라서 여기서 언급되는 법칙들은 인간 삶의 반복을 인정할 수 있는 사람에게만 의미가 있다. 그러나 그런 더 깊은 인식에 대해서는 전혀 알고 싶어 하지 않더라도, 인간이 물질체의 조화를 파괴하는 너무 많은 향락과 욕구에 빠져든다는 사실은 보통의 삶에서도 관찰할 수 있다. 그리고 향락, 욕구, 열정 등의 자리는 물질체가 아니라 아스트랄체에 있다. 이 아스트랄체는 많은 관점에서 물질체의 완전함을 파괴할 수 있을 정도로 아직은 불완전하다. 여기서도 이와 같은 설명으로 인간 존재의 네 가지 구성 요소의 발달에 대한 정신과학의 진술이 증명되어야 한다는 것은 아니라는 점을 언급해 두고자 한다. 그 증거들은 정신적 연구에서 이끌어낼 수 있는데, 그에 따르면 물질체는 네 번의 변형을 거쳐 고차적 수준의 완전함을 얻었고, 인간의 다른 구성 요소들은 앞에서 기술된 바와 같이 그보다는 낮은 수준에 도달해 있다. 여기서는 정신적 연구가 알려주는 이 내용들이 외적으로도 관찰될 수 있는 물질체와 생명체 등의 완전함의 정도에 미치는 영향에서 나타나는 사실들과 관련된다는 것만 언급해야 할 것이다.

18   토성이 발달하는 동안의 상태에 대해 어느 정도 실제에 근접하는 명료한 관념을 얻으려면, 근본적으로 그 기간에는 현재 지구에 속해 있으며 광물계, 식물계, 동물계를 포함하는 모든 사물과 생물이 그 기간에는 아직 없었다는 점을 고려해야 한다. 그 세 가지 영역의 존재들은 그때 이후의 발달 시기에 비로소 형성되었다. 당시에는 오늘날 물질적으로 지각할 수 있는 지구의 존재들 중에서 인간만이 당시에 있었으며, 인간을 이루는 구성 요소들 중에서는 물질체만 앞에서 기술된 방식으로 존재했다. 그러나 지금은 광물계, 동물계, 식물계, 인간계의 존재들뿐 아니라 물질적 성격으로 자기를 드러내지 않는 다른 존재들도 지구에 속한다. 그런 존재들은 토성이 발달하는 동안에도 존재했다. 토성이라는 무대에서 이루어진 그들의 활동은 그 뒤로 인간의 발달을 불러왔다.

19   우선 이 토성의 형체화가 이루어지는 처음과 끝이 아닌 중

간 시기로 우리의 정신적 지각 기관을 향하면, 거기에는 주로 "열"로만 이루어진 상태가 나타난다. 기체 형태와 액체 형태이거나 심지어 고체적인 요소는 전혀 발견되지 않는다. 그 모든 상태는 그보다 나중에 이루어진 형체화에서 비로소 나타난다. 현재의 감각 기관을 가진 한 인간이 관찰자로서 이 토성의 상태에 접근한다고 가정해 보라. 그가 얻을 수 있는 모든 감각적 인상들 중에서 열에 대한 감각 이외에는 아무것도 일어나지 않을 것이다. 그런 존재가 토성에 다가간다고 가정하면, 그는 토성이 차지하고 있는 공간 부분에 이르렀을 때 그곳이 나머지 주변 공간과는 다른 열 상태에 있다는 점만 지각할 것이다. 그러나 그 공간 부분이 균일하게 뜨겁다고 여겨지는 않을 것이고, 온갖 다양한 방식으로 더 뜨겁거나 더 차가운 부분들이 교대로 나타날 것이다. 열이 어떤 선을 따라 흐르는 것이 지각될 것이다. 그런 흐름들은 직선으로만 이어지는 것이 아니라 열의 차이로 인해서 불규칙적인 형태를 이룰 것이다. 그 자체로 구분되어 있으면서 변화하는 상태 속에서 나타나는, 오직 열로만 이루어진 우주 존재와 같은 뭔가를 보게 될 것이다.

20   현재의 인간에게는 오직 열로만 이루어진 뭔가를 떠올리는 일이 어려울 것이다. 열을 그 자체로 인식하는 것이 아니라 뜨겁거나 차가운 기체나 액체, 또는 고체에서 인식하는 데 익숙해져 있기 때문이다. 특히 우리 시대의 물리학적 관념을 획득한 사람에게는 위와 같은 방식으로 열에 대해 말하는 것이 터무니없게 여겨질 것이다. 그런

사람은 아마 이렇게 말할 것이다. "고체, 액체, 기체가 있다. 열은 물체의 이 세 형태 중 어느 하나의 상태만을 표시한다. 기체의 가장 작은 부분들이 움직이면 이 움직임은 열이라고 지각된다. 기체가 없는 곳에서는 그런 움직임이 있을 수 없으며, 따라서 열도 있을 수 없으니 말이다. 그러나 정신과학 연구자에게는 이 문제가 다르게 나타난다. 그에게 열은 그가 기체, 액체, 고체에 대해서 말할 때와 같은 의미에서 말하는 어떤 것이다. 다만 그가 보기에 열은 기체보다 더 미세한 물질이다. 그리고 그에게 기체는 응축된 열과 다르지 않은데, 액체가 응축된 증기이고 고체가 응축된 액체인 것과 같은 의미에서다. 따라서 정신과학자는 기체와 증기 형태의 체를 말하는 것처럼 열체"에 대해 말한다. 이 영역에서 정신 연구자의 뒤를 따르고자 한다면 영혼적인 지각이 존재한다는 사실을 인정하기만 하면 된다. 물질적 감각에 주어진 세계에서는 열이 전적으로 고체, 액체, 또는 기체의 상태로 나타난다. 그러나 이 상태는 단지 열의 외적 측면이거나 작용일 뿐이다. 물리학자들은 열의 이런 작용에 대해서만 말할 뿐, 그 내적 본성에 대해서는 말하지 않는다. 외부의 물체를 통해 받아들이는 모든 열의 작용은 완전히 배제한 채, "나는 따뜻해", "나는 추워"라고 말할 때 느끼는 내적인 체험만을 떠올리려고 시도해 보라. 이 내적 체험만으로도 토성이 앞에서 설명한 발달 시기에 어떤 상태였는지에 대한 표상을 얻을 수 있다. 토성에 어떤 압력을 가했을 기체가 전혀 없고 빛을 낼 수 있는 고체나 액체도 전혀 없었다면, 우리는 토성이 차지한 공간을 완전히 관통해서 지나갈 수 있었을 것이다. 그러나 외부로부터 받는 인상 없이도 우리는 그 공간의 모든 지점에서 이런저런 온도가 있다는 사실을 내적으로 느낄 수 있었을 것이다.

21   그런 성질을 가진 천체에는 현재의 동식물과 광물을 위한 조건들이 전혀 없다. (그 때문에 위에서 말한 내용이 실제로는 결코 일어날 수 없었으리라는 점을 지적할 필요는 거의 없다. 현재의 인간 자체로는 관찰자로서 옛 토성과 대면할 수 없으니 말이다. 앞의 설명들은 단지 사실을 명료하게 나타내기 위한 것이었다.) 초감각적 인식으로 토성을 관찰하는 과정에서 지각하는 존재들은 감각적으로 지각할 수 있는 현재의 지구 존재들과는 완전히 다른 발달 단계에 있었다. 초감각적 인식 앞에는 우선 현재의 인간이 가진 것 같은 물질체가 없는 존재들이 나타난다. 여기서 "물질체"를 말할 때는 현재의 인간이 지닌 물질적 신체를 떠올리지 않도록 주의해야 한다. 그보다는 물질체와 광물체 사이를 세심하게 구분해야 한다. 물질체는 오늘날 광물계에서 관찰되는 물리적 법칙에 지배되는 신체이다. 그러나 인간의 현재 물질체는 단순히 그런 물리적 법칙들에 지배될 뿐만 아니라 광물질과도 섞여 있다. 토성에서는 아직 그런 물질적-광물적 신체에 대해서는 말할 수 없다. 거기에는 물리적 법칙에 지배되는 물질적 신체만 존재한다. 그러나 이 물리적 법칙들은 열의 작용을 통해서만 나타난다. 따라서 물질적 신체는 더 미세하고 엷은 에테르적 열체다. 그리고 전체 토성은 그런 열체들로 구성된다. 이 열체들이 인간이 지금 가지고 있는 물질적-광물적 신체의 첫 번째 맹아이다. 인

간의 물질적-광물적 신체는 나중에야 형성된 기체, 액체, 고체 물질들이 열체에 편입됨으로서 열체로부터 형성되었다. 초감각적 의식이 토성의 상태와 직면하는 순간에 초감각적 의식 앞에 나타나는 존재들, 인간 이외에 토성의 거주자라고 말할 수 있는 존재들 중에는, 물질체 같은 것이 전혀 필요 없는 존재들이 있었다. 이 존재들의 가장 낮은 구성 요소는 에테르체였다. 그러나 대신에 인간 존재의 구성 요소들을 넘어서는 또 다른 구성 요소도 갖고 있었다. 인간에게 있는 가장 높은 구성 요소는 정신인간이다. 그런데 이 존재들은 고차적 구성 요소를 갖는다. 그들은 에테르체와 정신인간 사이에 있는 요소들, 즉 이 저술에서 기술되었고 인간에서 발견되는 모든 구성 요소들을 갖고 있으니, 그것은 바로 아스트랄체, 자아, 자아정신, 생명정신이다. 우리의 지구가 "대기권"으로 둘러싸여 있는 것처럼 토성도 마찬가지였다. 다만 토성에서는 그 대기권이 정신적인 성질[28]이었다. 그것은 원래 방금 언급된 존재들 그리고 그와는 다른 또 다른 존재들로 이루어졌다. 토성의 열체들과 언급된 그 존재들 사이에는 끊임없는 상호 작용이 존재했다. 이 존재들은 자신들의 구성 요소들을 토성

---

28) 정신 연구에서의 내적 체험을 엄밀하게 표현하기 위해서 "토성이 대기권으로 둘러싸여 있었다"라는 말 대신에 아주 정확한 표현 방법으로 말해야 했다. 즉, "초감각적 인식이 토성을 의식하게 되는 순간에 이 의식 앞에도 토성의 대기권이 나타난다"라고 하거나, "이런 저런 종류의 다른 존재들이 나타난다"라고 해야 했다. "이것이나 저것이 있다"라는 표현으로 바꾸는 것도 허용되어야 한다. 감각적 지각에서 실제 영혼의 체험을 나타낼 때 사용하는 언어 형태에서도 근본적으로는 동일한 전환이 일어나기 때문이다. 그러나 이어지는 서술에 대해서는 이 체험을 현재적인 것으로 여기게 될 것이 분명하다. 이는 서술의 맥락에서도 이미 밝혀져 있다.

의 물질적 열체 속으로 가라앉게 했다. 열체들 자체에는 생명이 없었지만 이들 주변에 있는 존재들의 생명이 이들 안에서 표출되었다. 이 열체들을 거울과 비교할 수 있을 것이다. 다만 이들에게서 비춰진 것은 언급된 주변 존재들의 모습이 아니라 그들의 삶의 상태들이었다. 그러니까 토성 자체에서는 살아 있는 것은 전혀 발견할 수 없었을 것이다. 그러나 토성은 자기 주변의 우주 공간에 생기를 주는 작용을 했는데, 마치 메아리처럼 자기에게 보내진 생명을 주변 공간으로 반사시켰기 때문이다. 토성 전체가 우주 생명의 거울처럼 보였다. 토성에 의해 그 생명이 반사되는 아주 높은 존재들을 "지혜의 정신존재들Geister der Weisheit"이라고 부를 수 있을 것이다. [이들은 그리스도교 정신과학에서는 "퀴리오테테스Kyriotetes(주품천사들)"라는 이름을 갖고 있으며 "통치권"을 뜻한다.] 토성에서 그 존재들의 활동은 토성 발달의 중간 시기부터 시작되지 않는다. 그때는 어떤 식으로든 이미 종결되었다. 그들은 토성의 열체로부터 그들 자신의 생명의 반사를 인지할 수 있는 단계에 이르기 전에 먼저 이 열체들이 반사를 일으킬 수 있는 상태가 되도록 만들어야 했다. 따라서 그들의 활동은 토성의 발달이 시작된 직후에 시작되었다. 그 일이 일어났을 때 토성체는 여전히 아무것도 반사할 수 없는 무질서한 물질성 상태였다. 그리고 우리가 이 무질서한 물질성을 주시하면 정신적인 관찰을 통해서 토성 발달의 시작으로 옮겨가게 된다. 거기서 관찰될 수 있는 것은 나중에 생기는 열의 특징은 아직 전혀 갖고 있지 않다. 그것의 특성을 말하려 하면 인간의 의지와 비교할 수 있는 특성만 말할 수 있을 것이다. 그것은 철저하게 의지일 뿐이다. 다시 말해서 전적으로 영혼적인 상태와 관계가 있다. 이 "의지"가 어디서 왔는지 추적하면 그것이 고귀한 존재들의 유출에 의해서 생겨난다는 것을 알게 된다. 이 존재들은 토성의 발달이 시작되었을 때 그저 예감만 할 수 있는 단계에서 그들 자신의 본질로부터 "의지"를 내보낼 수 있는 수준까지 스스로를 발달시켰다. 이 유출이 한동안 지속되고 난 뒤에 앞에서 설명한 "지혜의 정신존재들"의 활동은 의지와 결합된다. 그렇게 해서 이전에는 특성이 전혀 없던 의지는 서서히 우주 공간으로 생명을 반사시키는 특성을 얻게 된다. 토성의 발달이 시작될 때 의지를 내보내는 것에서 가없는 행복을 느끼는 존재들을 "의지의 정신존재들Geister des Willens"이라고 부를 수 있다. [그리스도교 신비학에서 이들은 "트로노이Thronoi(좌품천사들)"로 불리며 "권좌"를 뜻한다.] 의지와 생명의 상호 작용을 통해서 토성 발달이 일정한 단계에 도달한 뒤에는 마찬가지로 토성의 주변에 있는 다른 존재들의 작용이 시작된다. 이들을 "운동의 정신존재들Geister der Bewegung"이라고 부를 수 있다. [그리스도교 신비학에서는 "뒤나미스Dynamis(역품천사들)"로 불리며 "세력"이나 "힘"을 뜻한다.] 이들에게는 물질체도 에테르체도 없다. 이들의 가장 낮은 구성 요소는 아스트랄체다. 토성체가 생명을 반사하는 능력을 얻으면 반사된 이 생명은 "운동의 정신존재들"의 아스트랄체에 존재하는 특성들로 채워질 수 있다. 그 결과 감각의 표현과 감정, 그리고 비슷한 영혼적인 힘들이 토성에서 우주 공간으로 던져진 것처럼 보인다. 온 토성이 공감과 반감을 드러내는 영혼이 깃든 존재처럼 보인다. 그러나 이 영혼적인 표현은 결코 그 자신의 것이 아니라 "운동의 정신존재들"의 영혼적인 작용이 되던져진 것일 뿐이다. 이것이 일정한 시기 동안 지속되고 나면 "형태의 정신존재들Geister der Form"로 불리는 또 다른 존재들의 활동이 시작된다. 이들의 가장 낮은 구성 요소도 아스트랄체다. 그러나 이 아스트랄체는 운동 정신들의 아스트랄체와는 다른 발달 단계에 있다. 운동의 정신존재들의 아스트랄체가 반사된 생명에 일반적인 감각의 표현들만 반사된 생명에 전달한다면, 형태의 정신존재들[그리스도교 신비학에서는 "엑수시아이Exusiai(능품천사들)"로, "권능"을 뜻한다]의 아스트랄체는 감각의 표현들이 개별 존재들에게서 나오는 것처럼 우주 공간으로 던져지도록 작용한다. 운동의 정신 존재들은 토성이 전체적으로 영혼이 있는 존재처럼 보이게 한다고 말할 수 있다. 형태의 정신 존재들은 이 생명을 개별 생물들로 구분하고, 그러면 토성은 그런 영혼 존재들의 결합으로 보인다. 이 상태를 하나의 상으로 파악하려면 개개의 작은 열매들이 결합되어 있는 오디나 나무딸기를 떠올려 보면 된다. 초감각적으로 인식하는 사람이 볼 때 방금 서술된 발달 시기에 있는 토성은 개별적인 토성 존재들로 이루어져 있다. 이들은 독자적인 생명과 영혼을 갖고 있지는 않지만 자기 안에 있는 거주자들의 생명과 영혼을 반사시킨다. 이제 이런 토성의 상태 또 다른 존재들이 개입한다. 이들에게도 아스트랄체가 가장 낮은 구성 요소이지만, 이들은 아스트랄체를 오늘날 인간의 자아처럼 작용하는 단계로 발달시켰다. 자아는 이 존재들을 통해서 토성의 주변으로부터 토성을 내려다본다. 그리고 토성의 개별 생물들에 자신의 본성을 알린다. 그로써 오늘날 삶의 영역에서 개성의 작용처럼 보이는 무엇인가가 토성으로부터 우주 공간으로 내보내진다. 이런 일을 야기하는 존재들을 "인격의 정신존재들Geister der Persönlichkeit"이라고 부른다. [그리스도교 신비학에서는 "아르카이Archai(권품천사들)"로 불리며, "태초", "근원"이라는 뜻이다.] 이들은 토성체의 작은 부분들에 인격의 특징을 부여한다. 그러나 인격은 토성 자체에는 존재하지 않고 흡사 인격의 거울에 비친 상, 인격의 껍질로 존재한다. 인격의 정신 존재들은 그들의 실제 인격을 토성의 주변에 갖고 있다. 이 인격의 정신 존재들이 앞에서 서술한 식으로 토성체로 하여금 자신들의 존재를 반사하도록 함으로써 토성체에는 앞에서 "열"로 묘사된 미세한 물질성이 부여된다. 토성 전체에는 내면성이 없다. 그러나 인격의 정신존재들은 토성으로부터 그들에게로 흘러드는 열에 의해서 자신들의 내면성의 상을 인식한다.

22   이 모든 일이 일어나면 인격의 정신존재들은 인간이 현재 서 있는 단계에 도달한다. 그들은 거기서 그들의 인류 시기를 지낸다. 이 사실을 선입견 없는 눈으로 바라보고자 한다면, "인간"이라는 존재가 단순히 현재 인간이 보이는 형태만이 아닐 수 있다는 점을 생각할 수 있어야 한다. 인격의 정신존재들은 토성의 "인간들"이다. 그들의 가장 낮은 구성 요소는 물질체가 아니라 자아를 가진 아스트랄체다. 그 때문에 이 아스트랄체의 체험들을 현재의 인간처럼 물질체와 에테르체에서 표현하지는 못한다. 그러나 그들은 "자아"를 *가지고 있*

을 뿐만 자아에 대해서도 *안다*. 토성의 열이 이 "자아"를 반사시켜 그들에게 그것을 의식하도록 만들기 때문이다. 그러니까 그들은 지구와는 다른 상태인 "인간"인 것이다.

23   토성의 계속되는 발달 과정에서는 지금까지와는 다른 종류의 사실들이 이어진다. 지금까지는 모든 것이 외적 삶과 감각의 반영이었다면 이제부터는 일종의 내적 삶이 시작된다. 토성 세계 여기저기서 깜박 타오르다가 다시 어두워지는 빛의 생명이 시작되는 것이다. 이곳저곳에서 희미하게 깜박거리는 빛이 나타나고, 또 다른 곳에서는 번개처럼 번쩍이는 뭔가 나타난다. 토성의 열체가 아른거리고 빛나기 시작하며, 빛을 발산하기 시작한다. 이 발달 단계에 도달함으로써 다시 또 다른 존재들이 활동할 수 있는 가능성이 생긴다. 이들은 "불의 정신존재들Feuergeister"로 불릴 수 있는 존재들이다. [그리스도교에서는 "아르크앙겔로이Archangeloi"로 불리는 "대천사"들이다.] 이 존재들은 아스트랄체를 가지고 있지만, 지금 설명한 단계에서는 자신들의 아스트랄체에 아무 자극도 주지 못한다. 이미 서술된 토성 단계에 도달한 열체에 작용하지 못하면 어떤 감정도 감각도 일깨울 수 없을 것이기 때문이다. 이 작용은 그들이 행하는 그 작용에서 그들 자신의 존재를 인식할 가능성을 준다. 그들은 스스로에게 "나는 여기 있다"라고 말할 수는 없고, "내 주변이 나를 여기 있게 한다"라고 말할 수 있을 뿐이다. 그들은 지각하는데, 그들의 지각은 이미 서술한 토성에서의 빛의 작용이다. 이 빛의 작용이 어떤 점에서는 그들

171

의 "자아"다. 그것은 그들에게 특별한 종류의 의식을 부여한다. 이를 상의식Bilder-Bewußtsein으로 부를 수 있다. 인간의 꿈의식과 비슷하게 생각할 수 있을 것이다. 다만 그 생생함의 정도가 인간이 꿈을 꿀 때보다 훨씬 크다고 생각해야 하고, 실체 없이 떠올랐다가 사라지는 꿈속 상들이 아니라 토성의 빛의 유희와 실제적인 관계가 있는 것이다. 불의 정신존재들과 토성의 열체 사이에서 이루어지는 이 상호 작용에는 인간 감각 기관들의 싹이 발달에 융합되어 있다. 현재 인간에게 물질적 세계를 지각하게 하는 기관들은 미세한 에테르적 싹에서 처음으로 반짝거리기 시작한다. 그 자체로는 아직 감각 기관들의 빛의 원형만을 드러낼 뿐인 인간 환영들은 토성 내에서 천리안적 지각 능력으로 인지될 수 있다. 그러니까 이 감각 기관들은 불의 정신존재들의 활동의 열매이지만, 그 활동의 실현에 불의 정신들만 참여하는 것은 아니다. 불의 정신존재들과 함께 다른 존재들도 토성의 무대에 등장한다. 감각의 싹들을 사용해 토성의 삶에서 일어나는 우주적 과정을 바라볼 수 있을 만큼 발달을 이룬 존재들이다. 이들은 "사랑의 정신 존재들Geister der Liebe"로 불릴 수 있는 존재들이다. [그리스도교에서는 "세라핌Seraphim[29]"으로 불리는 치품천사들이다.] 이들이 존재하

---

29) 세라피메(Seraphime) … 케루비메(Cherubime): 천사 이름의 표기 방식: 루돌프 슈타이너는 이 저서에서 히브리어로 정확한 세라핌과 케루빔(단수형: 세라프, 케루브) 대신에 문법적으로는 틀렸지만 16세기 이후 독일에서 통용된 복수형 세라피메와 케루비메를 사용한다. 다른 기회에도 두 복수 형태를 썼는데, 가령 《아카샤 연대기로부터 Aus der Akasha-Chronik》(1904-1908), GA 11, S. 167에서는 "세라피메 (세라핌)"로 쓰거나 히브리어로 정확한 복수 형태(같은 책 168 이하)인 "세라핌과 케루빔"으로 썼다.

지 않았다면 불의 정신존재들은 위에서 서술된 의식을 가질 수 없었을 것이다. 이들은 토성의 과정을 상의 형태로 불의 정신존재들에게 전달할 수 있게 해주는 의식으로 토성의 과정을 바라본다. 이들 자신은 토성의 과정을 응시함으로써 얻을 수 있는 모든 이익, 모든 향유, 모든 기쁨을 포기한다. 불의 정신존재들이 가질 수 있도록 그 모든 것을 포기한다.

24   이런 일들에 이어서 토성의 삶에 새로운 시기가 시작된다. 빛의 유희에 다른 것이 더해진다. 이때 초감각적 인식에 나타나는 것을 말하면, 많은 사람들에게는 터무니없는 것으로 보일 수 있다. 토성의 내부는 여러 미각 체험이 뒤섞인 채 일렁거리는 것처럼 보인다. 토성 내부의 곳곳에서 달고, 쓰고, 신 것이 관찰되며, 그 모든 것이 외부의 우주 공간을 향해서는 소리로, 일종의 음악으로 지각된다. 이런 과정들 안에서 어떤 존재들이 다시 토성에서 활동할 가능성을 찾는다. "여명의 아들들, 또는 생명의 아들들"로 불리는 존재들이다. [그리스도교에서 말하는 "앙겔로이Angeloi", 즉 "천사들"이다.] 이들은 토성 내부에 파도처럼 일렁거리는 미각 힘들과의 상호 작용 속에서 등장한다. 이를 통해서 이들의 에테르체나 생명체는 일종의 물질대사로 부를 수 있는 활동에 이른다. 이들은 *토성의* 내부로 생명을 가져간다 이로써 토성에 영양 섭취 과정과 배설 과정이 일어난다. 이들은 이 과정을 *직접적으로* 일으키는 것이 아니고, 이들이 불러일으키는 것에 의해서 *간접적으로* 그런 과정이 생긴다. 이 내적 활동은

"조화의 정신존재들Geister der Harmonien"[그리스도교에서는 "케루빔 Cherubim"으로 불리는 "지품천사들"]로 부를 수 있는 또 다른 존재들이 우주체로 들어가는 것을 가능하게 한다. 이들은 "생명의 아들들"에게 희미한 의식을 전달한다. 그것은 현재 인간의 꿈 의식보다도 희미하고 불명료하다. 꿈 없는 잠에서 인간에게 주어지는 것과 같은 의식이다. 이 의식은 인간에게 "전혀 의식되지 않을" 정도로 낮은 수준이다. 그러나 그것은 존재한다. 그리고 그 정도와 성질에서도 낮 의식과는 구별된다. 현재의 식물들도 이런 "꿈 없는 잠 의식"을 갖고 있다. 이 의식은 인간의 감각에 외부 세계의 지각을 매개하지는 못하지만, 생명 과정을 조절하고 그 과정을 외부의 우주 과정과 조화를 이루게 한다. 문제가 되고 있는 토성 단계에서 "생명의 아들들"은 이 조절 작용을 인지하지 못한다. 그러나 "조화의 정신존재들"은 그것을 인지하며, 따라서 이들이 본래의 조정자들이다. 이 모든 삶이 앞에서 설명된 인간 환영 속에서 진행된다. 그 때문에 정신적 시선에는 이 환영들이 살아 있는 것처럼 보인다. 그러나 이들의 삶은 외견상의 삶일 뿐이다. 그것은 말하자면 자신들을 마음껏 펼치기 위해서 인간 환영을 이용하는 "생명의 아들들"의 삶이다.

25   이제 가상의 삶을 가진 인간 환영들에 주목해 보라. 이들은 앞에서 서술한 토성 시기 동안 끊임없이 형태가 바뀐다. 때로는 이런 형상을 보이고 때로는 저런 형상과 비슷해 보인다. 그러다가 계속되는 발달 과정에서 그 형상은 더 분명해지기도 하고 때때로 변함없

이 지속되기도 한다. 그 이유는 이들이 토성 발달의 초기부터 고려된 "의지의 정신존재"(좌품천사)들의 작용에 사로잡혀 있기 때문이다. 그 결과는 인간 환영 자체가 가장 단순하고 희미한 의식 형태로 나타나는 것이다. 이 의식 형태는 꿈 없는 잠의 그것보다 더 희미한 것으로 생각해야 할 것이다. 현재의 상태에서는 광물들이 그런 의식을 갖고 있다. 그것은 내적 존재를 물질적 외부 세계와 조화를 이루게 한다. 토성에서는 의지의 정신존재들이 이 조화의 조정자다. 이를 통해서 인간은 토성 생명 자체의 복사판처럼 보인다. 크게 보았을 때 토성의 생명인 것이 이 단계에서는 작게 보았을 때 인간이다. 이로써 오늘날의 인간에서도 아직 초기 상태인 "정신인간"(아트마)을 위한 첫 번째 맹아가 주어졌다. 이 희미한 인간 의지는 토성 내부로는 "냄새"와 비교할 수 있는 작용에 의해 초감각적 지각 능력에 알려진다. 외부의 우주 공간을 향해서는 인격의 선언과도 같은 것이 알려지는데, 이는 내면의 "자아"에 의해 유도되는 것이 아니라 기계처럼 외부에 의해서 조정된다. 그 조정자는 의지의 정신존재들이다.

26   지금까지 일어난 일을 대략 살펴보면, 처음에 서술한 토성 발달의 중간 상태에서 시작된 토성 발달의 단계들이 보인 작용의 특징은 현재의 감각적 지각과 비교할 때 설명될 수 있다는 점이 분명해진다. 그래서 다음과 같이 말할 수 있을 것이다. 토성의 발달은 열로 나타나고, 다음에는 빛의 유희가 더해지며, 그 다음에는 미각과 소리의 유희가 이어진다. 그리고 마침내 토성의 내부로는 후각과 함께 나

타나고, 외부로는 기계적으로 작용하는 인간 자아처럼 알려지는 무엇인가 나타난다. 토성의 발달이 드러내는 것들은 열 상태 이전에 있던 것과는 어떤 관계에 있을까? 열 상태 이전의 것은 외부의 감각적 지각으로 다가갈 수 있는 것과는 전혀 비교될 수가 없다. 열 상태 이전에는 인간이 현재 그의 내적 존재에서만 체험하는 상태가 있다. 인간이 만일 외적 인상에 의한 강요 없이 자신의 영혼 자체에서 형성한 관념들에 몰두한다면, 그는 물질적 감각으로는 지각하지 못하고 더 차원 높은 관찰로만 지각할 수 있는 무엇인가를 얻을 것이다. 토성의 열 상태에 선행하는 것은 오직 초감각적으로 지각하는 사람들만 알 수 있는 상태들이다. 그런 상태로는 세 가지를 언급할 수 있을 것이다. 그 세 가지는 외적으로는 지각할 수 없는 순수하게 영혼적인 열, 외적으로는 암흑인 순수하게 정신적인 빛, 마지막으로는 그 자체로 완전하고 자신이 의식되기 위해서 어떤 외부 존재도 필요하지 않는 정신적이며 본질적인 것이다. 순수한 내적 열은 "운동의 정신존재들"의 출현을 동반한다. 순수한 정신적 빛은 "지혜의 정신존재들"에서 나오는 빛이며, 순수한 내적 존재는 "의지의 정신존재들"의 첫 발현과 연결되어 있다.

27   이렇게 토성 열의 출현과 함께 우리의 발달은 내적 생명에서, 순수한 정신성에서 나와 외적으로 드러나는 생명으로 들어간다. 토성의 열 상태와 함께 우리가 "시간"이라고 부르는 것이 처음으로 나타났다는 점도 언급한다면, 현재의 의식이 그것을 받아들이기는

대단히 어려울 것이다. 선행하는 상태들이 전혀 시간적이지 않기 때문이다. 그 상태들은 정신과학에서 "지속"이라고 부를 수 있는 영역에 속한다. 따라서 이 저술의 "지속의 영역"에서 그런 상태에 대해 언급한 모든 것도 시간적 상황에 연관된 표현들은 오직 비교와 이해를 돕기 위해 사용한 것으로 이해해야 한다. "시간"에 선행하는 것은 인간의 언어에서는 시간 관념을 포함하는 표현들로만 특징지어질 수 있기 때문이다. 토성의 첫 번째, 두 번째, 세 번째 상태는 비록 현재의 의미에서 "차례로" 일어나지는 않았지만 차례로 서술할 수밖에 없다는 점을 알아야 한다. 그 상태들은 "지속"이나 동시성에도 불구하고 시간적 순서와 비교할 수 있을 정도로 서로에게 깊이 의존해 있다.

28   토성의 초기 발달 상태들에 대한 이런 언급은 이 상태들이 "어디서" 왔는지에 대한 모든 질문에도 주목하게 한다. 순전히 지성적으로 생각할 때는 당연히 모든 기원에 대해 다시금 "이 기원의 기원"에 대해 묻는 것이 전적으로 가능하다. 그러나 사실들에 대해서만은 그렇지 않다. 한 가지 비교를 떠올려 보면 된다. 길 어딘가에서 움푹 들어간 흔적을 발견한다면, 우리는 그 흔적이 어떻게 해서 생겼을지 물을 수 있다. 그리고 마차가 지나가서 생겼다는 대답을 얻을 수 있다. 그러면 계속해서 더 물을 수 있다. 그 마차는 어디에서 와서 어디로 갔을까? 이번에도 사실에 근거한 대답이 가능하다. 그러면 또다시 물을 수 있다. 누가 마차에 타고 있었을까? 마차를 이용한 사람의 의도는 무엇이었고, 그 사람은 무엇을 했을까? 그러다가 마지막

에는 사실을 통한 질문이 자연스럽게 끝나는 지점에 이르게 된다. 그 다음에도 계속 묻는다면 그것은 원래 질문의 의도에서는 벗어난다. 말하자면 판에 박힌 질문을 이어갈 뿐인 것이다. 이렇게 비교를 위해 제시한 문제에서는 사실들이 어디서 질문을 끝내게 하는지를 쉽게 알 수 있다. 그러나 우주와 관련된 거대한 물음에서는 그렇게 쉽게 알지 못한다. 하지만 정말로 정확하게 관찰한다면 "어디서" 왔는지에 대한 모든 물음이 앞에서 기술한 토성의 상태들에서 끝나야 한다는 점을 알게 될 것이다. 이제는 존재와 과정이 더는 어디서 유래했는지에 따라서가 아니라 자기 자신을 통해서 정당화되는 영역에 이르렀기 때문이다.

29   토성 발달의 결과로 나타나는 것은 인간 맹아가 일정한 단계까지 발달하는 것이다. 인간은 앞에서 거론한 낮은 단계의 희미한 의식에 도달했다. 인간의 발달이 토성의 마지막 단계에서 비로소 시작된다고 생각해서는 안 된다. "의지의 정신존재들"은 모든 상태를 거치는 내내 작용한다. 그러나 초감각적 지각에는 마지막 시기의 성과가 가장 두드러진다. 각 존재 집단의 활동 사이에는 명확한 경계가 없다. 처음에는 "의지의 정신존재들"이, 그 다음에는 "지혜의 정신존재들"이 활동한다고 말한다면, 이는 그들이 그때만 작용한다는 의미는 아니다. 그들은 토성 발달의 전체 기간 내내 작용하지만, 그들의 활동이 그 언급된 기간 동안에 가장 잘 관찰될 수 있다는 뜻이다. 개별 존재들이 그때 주도권을 갖기 때문이다.

30   이와 같이 토성의 전체 발달은 "의지의 정신존재들"에서 흘러나온 것이 "지혜, 운동, 형태의 정신존재들"에 의해서 가공된 것으로 보인다. 그 과정에서는 이 정신존재들 스스로도 계속 발달한다. 가령 토성에 의해 자신의 생명을 반사 받은 "지혜의 정신존재들"은 이전과는 다른 단계에 있다. 이 활동의 열매는 그들 자신의 존재가 지닌 능력들을 향상시킨다. 그 결과 그들이 그런 활동을 수행하고 난 뒤에는 잠을 자는 동안 인간에게 일어나는 것과 비슷한 일이 그들에게도 일어난다. 토성과 관련된 그들의 활동 시기가 지나면, 그들이 일종의 다른 세계에서 살아가는 시기가 이어진다. 그러면 그들의 활동은 토성에서 멀어진다. 그 때문에 천리안적 지각은 앞에 서술한 토성의 발달에서 상승과 하강을 본다. 상승은 열 상태가 형성될 때까지 지속된다. 그런 다음에는 빛의 유희와 함께 벌써 썰물이 시작된다. 그러다가 인간 환영이 "의지의 정신존재들"에 의해 형태를 얻고 나면 정신존재들도 서서히 물러난다. 토성의 발달이 서서히 잦아들면서 사라지는 것이다. 일종의 휴지기가 나타난다. 이때 인간 맹아는 용해된 상태로 들어가는데, 완전히 사라지는 것이 아니라 땅속에 머물며 새로운 식물로 성장할 준비를 하는 식물의 씨앗과 비슷한 상태로 들어가는 것이다. 그렇게 인간 맹아는 새로이 깨어나기 위해 우주의 품에 잠들어 있다. 그러다가 인간 맹아이 깨어날 순간이 되면, 앞에서 서술한 정신존재들도 다른 조건에서 인간 맹아를 계속해서 가공할 수 있는 능력을 획득한 상태가 된다. "지혜의 정신존재들"은 토성에서 그랬듯이 에테르체에서 생명의 반사를 향유하는 능력에 도달했

을 뿐만 아니고, 이제는 자신에게서 생명이 흘러나오게 하고 다른 존재에게 생명을 부여할 수도 있다. "운동의 정신존재들"은 이제 토성에서 "지혜의 정신존재들"이 도달한 단계만큼 발달했다. 거기서는 그들의 가장 낮은 구성 요소가 아스트랄체였다. 이제 그들에게는 에테르체 또는 생명체가 있다. 이에 상응해서 다른 정신존재들도 더 나아간 발달 단계에 도달했다. 따라서 이 모든 정신존재들은 토성에서 작용했던 것과는 다르게 인간 맹아의 계속되는 발달에 작용할 수 있다. 그런데 인간 맹아는 토성 발달의 끝에 용해되었다. 더 발달한 정신적 존재가 이전에 중단한 곳에서 활동을 이어갈 수 있으려면, 인간 맹아는 토성에서 거친 단계들을 다시 한 번 짧게 반복해야 한다. 초감각적 지각 능력에는 그 사실이 보인다. 인간 맹아는 잠복 상태에서 나와 토성에서 주입된 힘을 통해서 자기 능력으로 스스로 발달하기 시작한다. 그는 의지의 존재로서 어둠에서 나와 생명과 영혼을 가진 것과 비슷한 모습으로, 그가 토성 발달의 마지막에 가졌던 기계적인 인격의 현현 단계로까지 자신을 발달시킨다.

31   앞에서 언급한 위대한 발달 시기의 두 번째인 "태양 단계"는 인간 존재를 토성에서 도달한 것보다 고차적 의식 상태로 고양시키는 작용을 한다. 그러나 인간의 현재 의식과 비교했을 때 이 태양 상태는 "무의식"으로 지칭할 수 있다. 인간이 완전히 꿈이 없는 잠에 빠져 있을 때와 거의 같은 상태이기 때문이다. 또는 현재 우리의 식물 세계가 선잠을 자고 있는 낮은 의식 수준과도 비교할 수 있다. 초감각적으로

관찰하면 "무의식"이란 전혀 없고, 의식의 서로 다른 정도가 있을 뿐이다. 세상에 있는 모든 것은 의식이 있다. 인간 존재는 태양의 발달 과정에서 에테르체나 생명체가 편입되면서 고차적 의식 수준에 도달한다. 이 일이 일어나기 전에는 앞에서 설명했던 것처럼 토성 상태들을 반복해야 한다. 이 반복은 아주 확실한 의미를 갖고 있다. 앞선 설명에서 언급한 휴지기가 끝나면, "우주의 잠"으로부터 이전에 토성이었던 것이 새로운 우주 존재로, 태양으로 나타난다. 그러나 이와 함께 발달을 위한 상황들도 달라졌다. 앞에서 토성을 위해 활동했던 정신존재들이 다른 상태로 나아간 것이다. 그런데 인간 맹아는 새로 형성된 태양에서 처음에는 토성에서 도달한 것과 같은 상태로 나타난다. 그는 먼저 토성에서 받아들인 서로 다른 발달 단계들을 태양의 상황에 맞도록 바꿔야만 한다. 따라서 태양 시기는 태양에서의 달라진 상황들에 적응하는 가운데 토성의 사실들을 반복하는 것으로 시작된다. 인간 존재가 토성에서 도달한 자신의 발달 단계를 태양의 상황에 적응시킬 정도까지 도달하면, 이미 언급된 "지혜의 정신 존재들"이 에테르체나 생명체를 물질체로 흘러 들어가게 하는 일을 시작한다. 이로써 인간이 태양에서 도달하는 고차적 단계의 특징은 이미 토성에서 맹아 상태로 형성된 물질체가 에테르체나 생명체를 소유하게 되면서 완전함의 두 번째 단계로 향상되는 것이다. 이 에테르체나 생명체 자체는 태양이 발달 기간 중에 완전함의 첫 번째 단계에 도달힌다. 그러나 물질체는 완전함의 두 번째 단계에 이르고 생명체가 첫 번째 단계에 도달하기 위해서는 태양의 삶이 계속되는 동안 토성 단계에서 서술한 바와 비슷한 방식으로 또 다른 정신존재들이 개입해야 한다.

32   "지혜의 정신존재들"이 생명체를 흘려 들여보내기 시작하면, 이전에는 어두웠던 태양 존재가 빛을 발하기 시작한다. 동시에 인간 맹아에서 내적인 활동성의 첫 현상들이 나타난다. 생명이 시작되는 것이다. 토성에서는 외견상의 생명으로 특징지어질 수밖에 없었던 것이 이제 실제 생명이 된다. 생명체의 유입은 한동안 지속된다. 이 일이 끝나고 나면 인간 맹아에 중요한 변화가 나타난다. 인간 맹아가 두 부분으로 나뉘는 것이다. 이전에는 물질체와 생명체가 밀접한 결합 속에서 하나의 전체를 이루었다면, 이제 물질체가 특별한 부분으로 분리되기 시작한다. 그러나 분리된 이 물질체도 생명체가 스며든 상태로 남아 있다. 그러니까 우리는 이제 두 개의 구성 요소로 된 인간 존재를 보게 되는 것이다. 한 부분은 생명체에 의해 완성된 물질체이고, 다른 부분은 순전한 생명체다. 그러나 이 분리는 태양의 삶이 휴지기에 있는 동안에 일어난다. 그 기간 동안 이미 나타난 태양의 빛은 다시 꺼진다. 다시 말해서 분리는 "우주의 밤"(프랄라야. 힌두 세계관에서 한 겁(칼파)가 끝나고 오는 우주의 소멸기 - 역자) 동안에 일어나는 것이다. 그러나 이 휴지기는 앞에서 언급한 토성 발달과 태양 발달 사이의 휴지기보다는 훨씬 짧다. 휴지기가 끝나면 "지혜의 정신존재들"은 이전에 하나의 구성 요소로 된 인간 존재에 작업했던 것처럼, 두 개의 구성 요소로 된 인간 존재에 대해서도 한동안은 계속해서 작업한다. 그러다가 "운동의 정신존재들"이 활동

을 시작한다. 그들은 그들 자신의 아스트랄체로 인간 존재의 생명체를 가득 채운다. 이를 통해서 생명체는 물질체 내에서 어떤 내적 움직임을 수행하는 능력을 획득한다. 그것은 현재의 식물에서 이루어지는 수액의 움직임과 비교할 수 있는 움직임이다.

33   토성체는 순전히 열 물질로만 구성되어 있었다. 태양이 발달하는 동안 이 열 물질은 현재의 기체 상태나 증기 상태와 비교할 수 있는 상태로까지 응축된다. 우리가 "공기"라고 부를 수 있는 상태이다. 그런 상태의 첫 시작은 "운동의 정신존재들"이 활동을 시작한 이후에 나타난다. 초감각적 의식에는 다음과 같은 모습이 드러난다. 열 물질 내에서 생명체의 힘에 의해 규칙적인 움직임으로 바뀌는 미세한 형성물 같은 무엇인가 등장한다. 이 형성물은 인간 존재의 물질체가 당시의 발달 단계에서 어떤지를 분명하게 보여준다. 그것은 완전히 열이 스며든 상태이고 열의 외피에 둘러싸여 있는 것 같다. 물리적 관점에서 볼 때는 이 인간 존재를 규칙적인 움직임 속에 편입된 공기 형태로 된 열 형성물로 부를 수 있다. 따라서 앞에서 언급한 현재 식물과의 비교를 이어가고자 한다면, 우리가 지금 관찰하는 것은 빈틈없이 짜인 하나의 식물 형성물이 아니고, 오늘날 식물의 수액 움직임과 비슷하게 움직이는 공기 형태나 기체 형태[30]라는 사실도 알

---

30) 기체는 기체를 자신으로부터 나오게 하는 빛의 작용에 의해 초감각적 의식에 나타난다. 그러므로 정신적 관찰에 자신을 드러내는 빛의 형체들이라고도 말할 수 있다.

고 있어야 한다. 이런 식의 특징을 가진 발달은 계속 이어진다. 그러다가 일정 시간이 지나면 다시 휴지기가 나타나고, 그 뒤에는 운동의 정신존재들의 활동이 계속되다가 거기에 형태의 정신존재들의 활동이 더해진다. 형태의 정신존재들의 활동은 이전에는 끊임없이 변화하는 기체 형성물에 지속적인 형태를 취하게 한다. 이 일도 형태의 정신존재들이 그들의 힘을 인간 존재의 생명체로 흘러 들어가고 나오게 하여 일어난다. 이전에 운동의 정신존재들만 작용하던 때의 기체 형성물들은 끊임없는 움직임 속에 있다가 잠시 동안만 그들의 형태를 얻었다. 그러나 이제 그들은 일시적으로 구별되는 형태를 취한다. 여기서 일정 시간이 지나면 다시 휴지기가 나타나고, 휴지기가 지나면 형태의 정신존재들은 활동을 계속 이어간다. 그 다음에는 태양 발달 내에 완전히 새로운 상황들이 나타난다.

34   이렇게 하여 태양의 발달이 중심에 도달한 지점에 이르렀다. 이제 토성에서 인류 단계에 도달한 인격의 정신존재들이 고차적 완전함의 단계로 올라갈 시간이다. 그들은 이 단계를 넘어 나아간다. 그리고 우리 지구의 현재 인간이 본격적인 발달 과정에서 아직 갖고 있지 않은 어떤 의식에 도달한다. 인간은 지구, 즉 행성 발달의 네 번째 단계가 자기 목표에 도달해 다음 행성 시기로 들어가게 된다면 그 의식을 얻게 될 것이다. 그러면 그를 둘러싼 주변에서 현재의 물질적 감각이 그에게 전달하는 것만을 인지하는 것에 그치지 않고, 그를 둘러싼 존재들의 내적, 영혼적 상태들을 상들 속에서 관찰할 수 있게

될 것이다. 그는 상 의식을 갖게 될 것이지만 동시에 완전한 자기의
식을 유지한 상태일 것이다. 그가 상들 속에서 보는 것은 결코 꿈같
고 어렴풋한 것이 아니다. 그는 영혼적인 것을 상들 속에서 인지하게
되지만, 그 상들은 물리적 색채와 소리처럼 현실의 표현일 것이다.
오늘날의 인간은 정신과학적 수련을 통해서만 그런 인식으로 올라설
수 있다. 그 수련에 대해서는 이 저술의 뒷부분에서 언급할 것이다.
인격의 정신존재들은 태양 단계의 중간에서 정상적인 발달의 선물로
서 그런 인식을 얻는다. 또한 바로 그렇게 해서 태양이 발달하는 동
안 그 존재들은 토성에서 물질체에 작용했던 것과 비슷한 방식으로
새로이 형성된 인간 생명체에 작용할 수 있게 된다. 토성에서는 열이
그들에게 그들 자신의 인격을 반사한 것처럼 이제는 기체 형성물들
이 환한 빛 속에서 그들의 관조적 의식의 상들을 그들에게 반사한다.
인격의 정신존재들은 태양에서 일어나는 일을 초감각적으로 바라본
다. 이 응시는 결코 단순한 관찰이 아니다. 마치 태양에서 흘러나오
는 상들 속에서 지구 인간이 사랑이라고 부르는 힘을 발휘하는 무엇
인가를 얻은 것 같다. 그리고 영혼적으로 더 정확하게 관찰하면 이
현상의 원인을 발견할 수 있다. 고귀한 존재들이 그들의 활동과 함께
태양에서 발산하는 빛 속으로 섞여 들어간 것이다. 이 존재들이 앞
에서 이미 언급된 "사랑의 정신존재들"(그리스도교에서는 세라핌)이
다. 이들은 이제부터 인격의 정신존재들과 함께 인간의 에테르체나
생명체에 작용한다. 이 활동을 통해서 생명체 자체가 그 발달 과정에
서 한 단계 더 나아간다. 인간의 생명체는 자기 안에 있는 기체 형성

물들을 변형시킬 뿐만 아니고, 그것들을 가공하여 살아있는 인간 존재의 생식을 암시하는 첫 징후를 드러내도록 하는 능력도 얻는다. 형태를 갖춘 기체 형성물들로부터는 그들의 모체와 비슷하게 생긴 분비물이 (땀을 흘리는 것처럼) 배출된다.

35   계속되는 태양의 발달을 특징짓기 위해서는 우주 생성에서 가장 중요한 의미가 있는 한 가지 사실을 언급해야 한다. 그것은 한 시기가 진행되는 동안 결코 모든 존재가 자신들의 발달 목표에 도달하지는 못한다는 사실이다. 다시 말해서 목표에 뒤처지는 존재들이 있다. 따라서 토성이 발달하는 동안 모든 인격의 정신존재들이 앞에서 설명한 방식에서 그들에게 정해진 인류 단계에 실제로 도달하는 것은 아니다. 마찬가지로 토성에서 형성된 인간의 모든 물질체도 태양에서 독자적인 생명체의 보유자가 될 수 있을 정도로 성숙해지는 것은 아니다. 그 결과 태양에는 그들의 상황에 맞지 않는 존재와 형성물들이 존재한다. 그들은 이제 태양이 발달하는 동안 그들이 토성에서 소홀히 한 것을 만회해야 한다. 그 때문에 태양 단계에 있는 동안 다음과 같은 것을 정신적으로 관찰할 수 있다. 지혜의 정신존재들이 생명체로 흘러 들어가기 시작하면 태양체가 어느 정도 흐려진다는 것이다. 원래는 토성에 속해야 할 형성물들이 태양체로 섞여 들어갔기 때문이다. 그것은 적절한 방식에서 공기로 응축되지 못한 열 형성물들이다. 이들은 토성 단계에 남겨진 인간 존재들이다. 따라서 정식으로 형성된 생명체의 보유자가 되지 못한다. 토성의 열 물질 가

운데 이런 식으로 뒤처진 것은 태양에서 두 부분으로 나뉜다. 한 부분은 말하자면 인간의 몸에 의해 흡수되고, 그 부분은 그때부터 인간 안에서 일종의 낮은 본성을 형성한다. 이와 같이 인간 존재는 태양에서 원래는 토성 단계에 해당하는 뭔가를 자신의 몸 안으로 받아들인다. 인간의 토성체가 인격의 정신존재들을 인류 단계로 올라갈 수 있도록 한 것처럼, 이제 인간의 이 토성 부분은 태양에서 불의 정신존재들을 위해 똑같은 일을 수행한다. 토성에서 인격의 정신존재들이 행했던 것처럼 불의 정신존들은 자신들의 힘을 인간 존재의 이 토성 부분으로 흘러 들어가고 나오게 하면서 인류 단계로 올라선다. 이 일도 태양 발달의 중간에서 일어난다. 이때 인간 존재의 토성 부분은 불의 정신존재들(대천사들)을 도와 그들이 인류 단계를 통과할 수 있게 할 정도로 성숙해진다. 토성의 열 물질 가운데 또 다른 부분은 분리되어 태양의 인간 존재들과 나란히, 그리고 그들 사이에서 독립적인 삶을 얻는다. 그 부분은 이제 인간계와 나란히 두 번째 세계를 형성한다. 완전히 독립적인, 그러나 물질체만을 열체로 형성하는 세계다. 그 결과 완전히 발달한 인격의 정신존재들이 독립적인 생명체에는 앞에서 서술한 방식으로 그들의 활동을 수행하지 못한다. 그러나 어떤 인격의 정신존재들도 토성 단계에 남겨져 있었다. 그들은 거기서 인류 단계에 도달하지 못했다. 그들 그리고 독립적으로 된 두 번째 태양계 사이에는 인력의 끈이 존재한다. 그들은 앞서간 동료들이 이미 토성에서 인간 존재에 대해 행했던 것처럼, 이제 태양에서도 뒤처진 세계에 대해 똑같은 태도를 취해야 한다. 앞서간 인격의 정신

존재들은 토성에서 물질체를 키워 냈다. 그러나 태양 자체에서는 뒤처진 인격의 정신존재들에게 그런 작업의 가능성은 전혀 없다. 따라서 그들은 태양체에서 분리해 나와 태양체 밖에서 하나의 독립적인 우주체를 형성한다. 이 우주체는 태양에서 벗어난다. 뒤처진 인격의 정신존재들은 그 우주체로부터 두 번째 태양계의 존재들에게 작용한다. 그렇게 이전에 토성이었던 하나의 우주 형성물이 두 개가 된다. 태양은 이제부터 자기 주변에 일종의 토성의 재육화, 즉 새로운 토성을 나타내는 두 번째 우주체를 갖는다. 이 새로운 토성으로부터 두 번째 태양계에 인격의 특징이 부여된다. 따라서 우리가 이 세계 내에서 다루어야 할 존재들은 태양 자체에서는 인격을 갖고 있지 않은 존재들이다. 그러나 이 존재들은 새로운 토성에 있는 인격의 정신존재들에게 그들 고유의 인격을 반사한다. 초감각적 의식은 태양의 인간 존재들 사이에서 열의 힘들을 관찰할 수 있으며, 이 열의 힘들은 태양의 규칙적인 발달에 영향을 주고, 우리는 앞에서 언급한 새로운 토성의 정신들이 활동하는 것을 그 힘들 안에서 보게 된다.

36　　태양의 발달이 중간 단계에 있는 동안 인간 존재에서 주목해야 할 것은 인간 존재가 물질체와 생명체로 나뉜다는 것이다. 거기서는 앞서간 인격의 정신존재들이 하는 활동이 사랑의 정신존재들이 하는 활동과 결합한다. 뒤에 남겨진 토성 본성의 일부는 물질체와 혼합된다. 그 안에서는 불의 정신존재들이 활동한다. 이제 불의 정신존재들이 뒤에 남겨진 토성의 본성에 작용하는 모든 것에서 지구 인간

의 현재 감각 기관들의 전신이 나타난다. 토성에서도 이 불의 정신존재들이 열 물질에서 감각의 맹아를 만들어내는 일을 했다는 점은 이미 설명한 바 있다. 사랑의 정신존재들(세라핌)과 협력하는 인격의 정신존재들에 의해서 완성된 것에서는 현재 인간에게 있는 선腺(분비샘) 기관들의 첫 번째 맹아가 지각될 수 있다. 그러나 새로운 토성에 거주하는 인격의 정신존재들이 하는 일은 위에서 말한 것으로 다 끝나지 않는다. 이 정신존재들은 자기들의 활동을 단순히 앞에서 언급한 두 번째 태양계로 확장하는데 그치지 않고, 이 태양계와 인간의 감각들 사이에 일종의 연결을 만들어낸다. 이 세계의 열 물질들이 인간의 감각 맹아로 흘러 들어가고 나오는 것이다. 이를 통해서 인간 존재는 태양에서 자기 외부에 있는 낮은 세계에 대한 지각 같은 것에 도달한다. 물론 이 지각은 앞에서 말했던 희미한 토성 의식과 전적으로 부합하게 어렴풋한 지각일 뿐이다. 그것은 본질적으로 서로 다른 열 작용들로 이루어진다.

37   여기서 태양 발달의 중간 단계에 대해 기술한 모든 것은 일정 시간 동안 지속된다. 그 다음에는 다시 휴지기가 온다. 이 휴지기 이후에는 *인간의* 에테르체가 *충분히* 성숙해 생명의 아들들(앙겔로이)과 조화의 정신존재들(케루빔)이 통합 작업을 시작할 수 있는 지점에 이를 때까지 한동안 같은 방식으로 발달이 이어진다. 이제 인간 존재 내부에서 초감각적 의식에 대한 징후가 나타나는데, 이는 미각과 비교할 수 있고 외부로는 소리로 알려진다. 토성 발달에 대해서

도 이미 비슷한 내용이 언급되었다. 다만 여기 태양에서는 인간 존재에 있는 모든 것이 더 내적이고 독립적인 삶으로 가득 차 있다. 그렇게 해서 생명의 아들들은 토성에서 불의 정신존재들이 도달한 희미한 상 의식에 도달한다. 이 과정에서는 조화의 정신존재들(케루빔)이 그들의 조력자들이다. 조화의 정신존재들은 원래 태양의 발달 과정에서 일어나는 일을 정신적으로 바라본다. 다만 그들은 이 응시의 모든 열매, 거기서 생기는 지혜로 가득한 상들에 대한 지각을 포기하고, 그것들을 현란한 마법의 현상처럼 생명의 아들들의 몽롱한 의식으로 흘러 들어가게 한다. 그러면 생명의 아들들은 다시 자신들이 응시한 그런 형성물을 인간의 에테르체로 들어가게 해서 에테르체가 점점 고차적 단계로 발달하도록 한다. 이제 다시 휴지기가 온다. 그리고 한동안 시간이 지나 인간 존재가 자신의 힘들을 사용할 수 있을 만큼 충분히 성숙하면, 전체가 다시 우주의 잠에서 깨어난다. 그힘들은 토성기의 마지막 시기에 의지의 정신존재들(트로노이)이 인간 존재로 흘려보낸 것이다. 이제 내적 후각에 비교될 수 있는 것으로 의식되는 이 인간 존재는 내적 삶 속에서 발달한다. 그러나 외부 우주 공간을 향해서는 하나의 인격으로, 다만 내면의 "자아"에 휘둘리지 않는 인격으로 나타난다. 아니, 그보다는 인격으로 작용하는 식물처럼 보인다. 토성 발달의 마지막 단계에서 인격이 기계처럼 보인다는 것은 앞에서 제시한 바 있다. 거기서 첫 번째 맹아가 현재 인간에서도 맹아적으로 있는 것으로, 즉 정신인간(아트마)으로 발달한 것처럼, 여기서도 그런 첫 번째 맹아가 "생명정신"(부디)으로 형성된

190

다. 이 모든 일이 한동안 일어나고 나면 다시 휴지기가 온다. 이전의 비슷한 경우들과 마찬가지로 이 휴지기 이후에는 인간 존재의 활동이 한동안 계속된다. 그런 다음에는 다시금 지혜의 정신존재들이 개입한 것으로 보이는 상황들이 등장한다. 그 개입을 통해서 인간 존재는 자기 주변에 대한 공감과 반감의 첫 흔적을 느낄 수 있게 된다. 그것은 아직 실제 감각은 아니지만 감각의 전신이다. 후각의 특징을 가진 것으로 보이는 내적 생명 활동이 외부로는 일종의 원시 언어처럼 나타나기 때문이다. 내적으로 호감이 가는 냄새 또는 맛, 빛의 반짝거림 등이 지각되면, 인간 존재는 그것을 하나의 소리를 통해 외부로 알린다. 내적으로 호감이 가지 않는 지각에서도 마찬가지로 그런 일이 일어난다. 근본적인 의미에서 태양의 발달이 인간 존재에 미친 영향은 서술된 모든 과정에 의해서 이루어진 것이다. 이로써 인간 존재는 토성 의식에 비해 고차적 의식 단계에 이르렀으니, 이것이 바로 잠 의식이다.

38　　　어느 정도 시간이 지나면 이제 태양 단계와 결합된 고차적 존재들은 다른 천체로 넘어가야 할 발달 지점에 도달하는데, 그들이 인간 존재에 대한 작용을 통해서 스스로 만들어낸 것들을 가공하기 위해서다. 이때 토성과 태양 발달 사이에 있었던 것과 같은 대차 휴지기가 시작된다. 태양에서 형성된 모든 것은 씨앗에 성장력이 깃들어 있을 때의 식물 상태와 비교할 수 있는 상태로 넘어간다. 이 성장력이 새로운 식물에서 다시 나타나는 것처럼 휴지기 이후에도 태양에

서 생명이었던 모든 것은 우주의 품으로부터 다시 생겨나고, 새로운 행성의 삶이 시작된다. "우주의 잠"인 그런 휴지기의 의미를 이해하는 것은 앞에서 언급된 지혜의 정신 존재들 같은 존재들을 정신의 시선으로 바라볼 때만 가능할 것이다. 그 존재들은 토성에서는 아직 자신들에게서 에테르체가 흘러나올 수 있게 할 정도로는 발달하지 못했다. 그들은 토성에서 겪은 체험들을 통해서야 비로소 그렇게 할 준비가 된 상태였다. 휴지기 동안 그들은 그들 안에 준비된 것을 이제 실제 능력으로 변형시킨다. 따라서 태양에서는 그들 자신들로부터 생명이 흘러나오게 하고 인간 존재에 고유한 생명체를 부여할 수 있는 단계가 된다.

**

39   휴지기가 지나면 이전에 태양이었던 것이 "우주의 잠"에서 다시 깨어난다. 이는 정신적으로 바라보는 힘들에 다시 감지될 수 있게 된다는 뜻으로, 이전에는 정신적 힘으로 관찰될 수 있었지만 휴지기 동안에 관찰에서 사라졌던 것이다. 그러나 이제 "달"로 지칭되어야 할 (현재 지구의 달과 혼동되어서는 안 될) 새로 등장하는 행성 존재에서는 이중적인 것이 드러난다. 첫째, 태양 시기 동안 새로운 토성으로 분리되었던 것은 이 새로운 행성 존재 안에 다시 들어 있다. 이로써 이 토성은 휴지기 동안 다시 태양과 결합되었다. 첫 번째 토성 안에 있던 모든 것은 일단 *하나의* 우주 형성물로 다시 나타난다.

둘째, 태양에서 형성된 인간 존재의 생명체들은 휴지기 동안 일종의 행성의 정신적 외피를 형성하는 것에 의해 흡수되었다. 그러니까 이 시기에 인간 존재의 생명체들은 상응하는 물질체들과 결합된 상태로 나타나지 않고, 물질체들이 처음에는 단독으로 나타난다. 물론 이 물질체들은 토성과 태양에서 획득된 모든 것 자체를 자기 안에 간직하고는 있지만, 이들 안에는 에테르체나 생명체가 없다. 이들은 에테르체를 즉시 자기 안으로 받아들일 수도 없는데, 에테르체 자체가 휴지기 동안 물질체들이 아직 적응하지 못한 발달을 거쳐 왔기 때문이다. 이제 달의 발달 초기에 나타나는 것은 일단 토성에서 있었던 사실들의 거듭된 반복으로, 그래야 그런 적응이 이루어질 수 있다. 이 과정에서 물질적 인간 존재는 토성 발달의 단계들을 반복하며 거치는데, 다만 이는 완전히 달라진 상황들 아래서 이루어진다. 토성에서는 열체의 힘들만 물질적 인간 존재 안에서 활동했다면, 이제는 획득된 기체의 힘들도 그 안에 있다. 그러나 그 기체의 힘들은 달의 발달 초기에는 바로 나타나지 않는다. 그때는 인간 존재가 열 물질로만 구성되어 있고 그 물질들 안에 기체의 힘이 잠들어 있는 것처럼 보인다. 그러다가 기체의 힘들이 처음으로 자신의 존재를 암시되는 때가 온다. 특히 토성의 발달을 반복하는 마지막 기간에는 인간 존재가 태양에서 생동감 있는 상태에 있을 때처럼 보인다. 그러나 이때 모든 생명은 여전히 가상의 생명으로 드러난다. 그러다가 태양의 발달 중에 있었던 짧은 휴지기와 비슷한 휴지기가 일단 나타난다. 그 다음에는 생명체의 유입이 다시 시작되며, 이제는 물질체도 생명체를 받아들일 만큼 발달했다. 이 유입은 토성 발달의 반복처럼 서로 구분되는 세 시기에 일어난다. 그중 두 번째 시기 동안 인간 존재는 새로운 달의 상황에 적응하고, 운동의 정신존재들은 거기서 획득한 능력을 행동으로 옮길 수 있게 된다. 그 능력은 운동의 정신존재들이 자신의 본성으로부터 아스트랄체를 인간 존재로 흘러들어 가게 하는 것이다. 그들은 태양의 발달 동안 이 작업을 준비했고, 태양의 발달과 달의 발달 사이의 휴지기에 그렇게 준비된 것을 앞에서 언급한 능력으로 바꾸었다. 이 유입은 다시 한동안 지속되다가 더 짧은 휴지기가 나타난다. 그리고 이 휴지기가 끝난 뒤에는 형태의 정신존재들이 활동을 시작할 때까지 아스트랄체의 유입이 계속 이어진다. 운동의 정신존재들이 아스트랄체를 인간 존재 안으로 흘러 들어가게 함으로써 인간 존재는 처음으로 영혼적인 특성들을 얻는다. 그는 이제 생명체를 소유함으로써 자기 안에서 일어나는 과정들, 태양의 발달 기간에는 아직 식물과도 같았던 과정들을 감각을 통해 관찰하고, 이를 통해서 쾌감과 불쾌함을 느끼기 시작한다. 그러나 형태의 정신존재들이 개입할 때까지는 그런 쾌감과 불쾌함의 변화무쌍한 내적 기복 상태에 머물러 있다. 그러다가 이 변화하는 감정이 바뀌면서 인간 존재 안에 소망이나 욕구의 첫 흔적으로 파악될 수 있는 것이 나타난다. 인간 존재는 한번 쾌감을 준 것은 반복하려고 노력하고, 싫게 느껴진 것은 피하려고 한다. 그러나 형태의 정신존재들이 인간 존재에 그들 자신의 본성을 내주는 것이 아니라 그들의 힘만 흘러 들어가고 나오게 하기 때문에 그 욕구에는 내면성과 독립성이 없다. 이 욕구는 형태의 정신존재들에 의해 조종되며, 본능의 특징을 지닌 것으로 나타난다.

40   토성에서 인간 존재의 물질체는 열체였다. 그러나 태양에서는 기체 상태나 공기로 응축되어 나타났다. 그러다가 달의 발달 시기에 아스트랄적인 것이 흘러들어가 특정 시점에 물질적인 것이 더 많이 응축되기 때문에, 이제는 현재의 액체와 비교할 수 있는 상태에 도달한다. 이 상태를 "물"로 지칭할 수 있다. 그러나 현재의 물을 의미하는 것이 아니라 모든 유동적 존재 형태를 의미한다. 인간의 물질체는 이제 서서히 세 개의 물질적 구성물로 이루어진 형태를 취한다. 가장 밀도가 높은 것이 "수체Wasserkörper"다. 수체에는 기류가 침투하고, 열의 작용이 다시 이 모든 것 안에 스며든다.

41   태양 단계에서도 모든 형성물이 완전하고 적합한 성숙 상태에 이르지는 못한다. 그 때문에 달에는 아직 토성 단계에 있는 형성물들과 태양 단계에만 도달한 형성물들이 나타난다. 이로 인해 제대로 발달한 인간계 이외에 다른 두 세계도 생겨난다. 그중 하나는 토성 단계에 머물러 있는 존재들로 구성되어 있는데, 그 때문에 이들은 달에서도 독립적인 생명체의 보유자가 될 수 없는 물질체만 가진 존재들이다. 이것이 달의 가장 낮은 세계다. 두 번째는 태양 단계에 남겨져 있는 세계로, 그 때문에 달에서 독립적인 아스트랄체로 편입될 만큼 성숙하지 못한 존재들로 구성된다. 이들은 앞에서 언급한 첫 번째 세계와 제대로 발전한 인간계 사이에 있는 세계를 형성한다. 그러

나 또 다른 일도 일어난다. 단순한 열의 힘만 가진 물질들과 단순한 공기의 힘만 가진 물질들도 인간 존재를 파고드는 것이다. 그래서 달에서의 인간 존재는 자기 안에 토성과 태양의 본성을 가지고 있다. 이로 인해 인간의 본성에 일종의 분열이 생긴다. 이 분열에 의해서 형태의 정신존재들의 활동이 시작된 이후 달의 발달 과정에는 매우 중요한 어떤 일이 일어나게 된다. 달의 우주체에서 분리가 준비되기 시작하는 것이다. 달의 물질들과 존재들 중 일부가 다른 것들에서 분리된다. 하나의 우주체가 두 개가 되는 것이다. 얼마 전까지 통일적인 우주체와 밀접하게 결합되어 있던 모종의 고차적 존재들이 그중 한 우주체를 자신들의 거주지로 삼는다. 반면에 다른 우주체는 인간 존재, 이전에 그 특징을 언급했던 두 개의 낮은 세계, 그리고 첫 번째 우주체로 넘어가지 못한 일부 고차적 존재들이 차지한다. 두 우주체 중에서 고차적 존재들이 거주하고 있는 우주체는 다시 태어난, 그러나 개량된 태양처럼 보인다. 다른 하나는 본래적인 새 형성인 "옛 달"로, 토성과 태양의 형체화 이후 우리 지구의 세 번째 행성적 형체화다. 다시 태어난 태양은 분리되어 나올 때 달에서 생겨난 물질들 중에서 "열"과 "공기"만 취한다. 달로 남아 있는 것에서는 그 두 물질 이외에도 물 같은 상태가 발견된다. 이 분리의 결과, 부활한 태양과 함께 밖으로 나간 존재들은 처음에는 더 밀도 높은 달의 존재들로부터 방해받지 않고 계속 발달한다. 그들은 그렇게 방해받지 않은 채 그들 자신의 발달을 이어갈 수 있다. 이를 통해 그만큼 더 큰 힘을 얻어 이제 외부로부터, 그들의 태양으로부터 달의 존재들에 영향을 미치게 된다. 달의 존재들도 이를 통해서 새로운 발달 가능성을 얻는다. 특히 형태의 정신존재들이 그들과 결합되어 있다. 형태의 정신존재들은 욕구과 소망이라는 본성을 확고히 했으며, 이것은 인간 존재의 물질체가 계속 응축되는 과정에서도 서서히 드러난다. 이전에는 순전히 물 같았던 이 물질체는 이제 걸쭉한 형태를 취하며, 그에 따라 공기 형태와 열 성질을 지닌 형성물들이 응축된다. 두 개의 낮은 세계에서도 비슷한 과정이 일어난다.

42   태양체에서 분리됨으로써 달체는 태양체에 대해서 토성체가 한때 자기를 둘러싼 전체 우주의 발달에 대해서 취했던 것과 같은 태도를 취하게 된다. 토성체는 의지의 정신존재들(좌품천사들)의 몸에서 형성되었다. 앞에서 언급한 토성체 주변에 있는 정신존재들이 경험한 모든 것은 토성체로부터 우주 공간으로 반사되었다. 그리고 이 반사는 이어지는 과정들을 통해서 서서히 독립적인 생명으로 깨어났다. 모든 발달은 주변의 생명으로부터 일단 독립적인 존재가 분리되는 것에서 비롯된다. 그 다음에는 분리된 존재 안에는 그 주변이 거울에 비춰지듯 새겨지고, 이어서 분리된 존재는 독립적으로 계속 발달한다. 달체도 이와 같이 태양체로부터 분리되었고, 처음에는 태양체의 생명을 반사했다. 이제 다른 일이 일어나지 않는다면 다음과 같은 우주 과정이 있을 것이다. 하나의 태양체가 존재했을 것이고, 거기에 적응한 그 안의 정신존재들은 열과 공기 요소에서 자신들의 체험을 겪었으리라는 것이다. 이 태양체의 맞은편에는 열과 공

기와 물의 생명을 가진 다른 존재들이 발달한 달체가 있었을 것이다. 태양의 형체화에서 달의 형체화로 가는 발전은 태양 존재들에게 달의 과정들로부터 거울에 비친 상처럼 그들 자신의 삶을 보게 했을 것이고, 이로써 태양의 형체화 동안에는 그들에게 아직 불가능했던 것을 향유할 수 있도록 했을 것이다. 그러나 이 발달 과정이 그대로 이어지지는 않았다. 이후의 모든 발달에 가장 중요했던 어떤 일이 일어났다. 달체에 적응한 모종의 존재들은 자신들이 마음대로 사용할 수 있는 의지의 요소(좌품천사들의 유산)를 차지했고, 이를 통해서 태양의 생명과는 무관하게 형성되는 고유한 생명을 발전시킨 것이다. 이로써 태양의 영향만 받는 달의 체험들 이외에도 독립적인 달의 체험들이 생겨났다. 말하자면 태양 존재들에 대한 반항이나 반발 상태가 생기는 것이다. 태양과 달에 생성된 서로 다른 세계들, 특히 인간 조상의 세계는 이런 상태로 끌려 들어갔다. 그렇게 해서 달체는 자기 안에 정신적인 것과 물질적인 것이라는 두 가지 생명을 포함한다. 하나는 태양의 생명과 밀접하게 결합된 생명이고, 다른 하나는 태양의 생명으로부터 "떨어져" 나와 독립적인 길을 가는 것이다. 이중의 생명으로의 이런 분리는 이제 달 형체화의 이어지는 모든 과정에서 표현된다.

43   이 발달 기간 동안 초감각적 의식에 나타나는 것은 다음과 같은 상들로 특징지어질 수 있다. 달의 전체 기본덩어리는 때로는 느리게, 때로는 활발하게 움직이는 반쯤 살아 있는 물질로 형성되었다.

그것은 현재의 인간이 발 딛고 서 있는 암석과 토양 성분 같은 의미의 광물 덩어리는 아직 아니다. 식물-광물의 세계라고 말할 수 있을 것이다. 오늘날의 지구가 암석과 경작지 등으로 구성된 것처럼 달 전체의 기본덩어리가 그런 식물-광물 물질로 이루어졌다고 생각하면 된다. 현재 바위덩어리들이 겹겹이 쌓여 있는 것처럼 달덩어리에도 단단한 목질 구성물이나 뿔의 형태와 비슷한 더 단단한 부분들이 축적되었다. 그리고 현재 광물 토양에서 식물이 자라나는 것처럼 달의 바닥도 일종의 식물-동물들로 구성된 두 번째 세계로 뒤덮이고 가득 찼다. 이들의 물질은 달의 기본덩어리보다 부드럽고 본질적으로 더 유연했다. 이 세계는 걸쭉한 바다처럼 다른 세계 위로 펼쳐져 있었다. 그리고 인간 자체는 동물-인간으로 불릴 수 있다. 그는 자신의 본성 안에 다른 두 세계의 요소들을 갖고 있었다. 그러나 그의 실체는 분리된 태양으로부터 나오는 고차적 존재들의 힘이 영향을 미친 에테르체와 아스트랄체로 가득 차 있었다. 그렇게 해서 그의 형상은 향상되었다. 형태의 정신존재들이 그에게 달의 삶에 적응할 수 있는 형상을 주었다면, 태양의 정신들은 그를 이 생명을 넘어서는 실체로 만들었다. 그는 태양의 정신들이 선사한 능력으로 자신의 본성을 고귀하게 만드는, 다시 말해서 낮은 세계들과 비슷했던 것을 고차적 단계로 끌어 올리는 힘을 갖게 되었다.

44   정신적으로 볼 때 여기서 문제가 되는 과정들은 다음과 같이 서술할 수 있다. 인간 조상은 태양계에서 떨어져 나온 존재들에 의

해 고양되었다. 이 고양은 특히 물 요소에서 체험될 수 있는 모든 것으로 확장되었다. 열과 공기 요소의 지배자였던 태양 존재들은 이 물 요소에 별다른 영향을 미치지 못했다. 그것은 인간 조상의 유기체 안에서 두 가지 존재가 대두하는 결과를 불러왔다. 이 유기체의 한 부분은 태양 존재들의 작용에 완전히 스며들었다. 다른 부분에서는 떨어져 나간 달 존재들이 작용했다. 이를 통해 두 번째 부분이 첫 번째 부분보다 더 독립적인 상태가 되었다. 첫 번째 부분에서는 태양 존재들이 가졌던 의식 상태만 생겨날 수 있었다. 두 번째 부분에는 일종의 우주 의식이 있었는데, 그것은 토성 상태에 있었던 것과 같지만 이때는 고차적 단계에 있었다. 그렇게 해서 인간 조상은 스스로를 "우주의 모상"으로 여겼던 반면, 그의 태양 부분은 스스로를 "태양의 모상"으로만 느꼈다. 이제 인간 본성에서는 이 두 존재가 일종의 투쟁을 벌이기 시작했다. 그리고 태양 존재들의 영향으로 이 투쟁에 조정이 이루어졌는데, 독립적인 우주 의식을 가능하게 한 물질적 유기체가 트쟁으로 인해 부서지기 쉽고 덧없게 되었기 때문이다. 이로써 유기체의 이 부분은 때때로 떨어져 나갈 수밖에 없었다. 분리가 이루어지는 동안과 그 후 얼마 동안 인간 조상은 순전히 태양의 영향에 예속된 존재였다. 그의 의식은 더 의존적으로 되었고, 그는 태양의 생명에 완전히 빠져 살았다. 그러다가 독립된 달 부분이 다시 새로워졌다. 어느 정도 시간이 지나자 이 과정은 부단히 반복되었다. 그래서 달에 있는 인간 조상은 더욱 명료한 의식과 더욱 희미한 의식이 끊임없이 교차하는 상태에서 살았고, 이 교차는 물질적 측면에서 그의 본질을 변하게 했다. 그는 때때로 자신의 달체를 내려놓았다가 나중에 다시 취하기를 반복했다.

45   물질적으로 보았을 때 앞에 언급한 달의 세계들에서는 상당한 다양성이 나타난다. 광물-식물, 식물-동물, 동물-인간은 집단마다 서로 다르다. 발달이 진행되는 동안 매번 이전 단계에 형성물들이 남겨지는 바람에 갖가지 특성을 가진 형태들이 만들어졌다는 점을 고려하면 이해할 수 있을 것이다. 그래서 여전히 토성의 초기 특성을 드러내는 형성물들이 있고, 토성의 중간 시기와 마지막 시기의 특성을 드러내는 형성물들도 있다. 이는 태양의 모든 발달 단계에도 똑같이 해당된다.

46   계속 발달하는 우주체와 결합된 형성물들이 뒤에 남는 것처럼 이 발달과 관련된 어떤 존재들도 마찬가지다. 달에 이르기까지 계속된 발달 과정에 의해서 이미 그런 존재들에게 여러 단계가 생겨났다. 거기에는 태양에서 여전히 인류 단계에 도달하지 못한 인격의 정신존재들이 있고, 인류 단계로 올라가는 것을 만회한 인격의 정신존재들도 있다. 태양에서 인간이 되었어야 할 불의 정신존재들 중에서도 일부는 뒤에 남았다. 태양 발달 시기에 뒤에 남겨진 어떤 인격의 정신존재들이 태양체에서 벗어나 토성을 특별한 우주체로서 다시 생겨나게 한 것처럼, 달이 발달하는 동안에도 앞에서 그 특징을 언급한 존재들이 특별한 우주체들에서 분리되는 일이 일어난다. 지금까지

는 태양과 달에서의 분리에 대해서만 언급했지만, 또 다른 우주 형성물들도 앞에 제시한 이유에서 태양과 달 사이의 오랜 휴지기 이후 나타난 달체로부터 분리된다. 잠시 뒤에는 우주체들의 체계를 다루게 될 텐데, 그 중 가장 발달한 우주체는 쉽게 알 수 있듯이 새로운 태양이라고 불러야 할 것이다. 앞에서 태양의 발달 동안 뒤에 남겨진 토성계와 새로운 토성의 인격의 정신존재들 사이에 형성된 인력의 끈에 대해 설명했던 것처럼, 각각의 우주체와 상응하는 달의 존재들 사이에도 바로 그런 인력의 끈이 형성된다. 새로 생겨나는 모든 우주체를 하나하나 뒤따른다면 이 책에서 다룰 내용의 범위를 넘어서는 일일 것이다. 여기서는 인류 발달의 초기에 토성으로 등장한 단순한 우주 형성물에서 무슨 이유로 일련의 우주체들이 서서히 떨어져 나오는지 언급하는 것으로 충분할 것이다.

47   달에 형태의 정신존재들이 투입된 후로 발달은 한동안 앞에서 서술된 방식으로 계속 이어진다. 그 시간이 지나면 다시 휴지기가 시작된다. 휴지기 동안 달의 세 영역에서 더 거친 부분들은 일종의 휴식 상태에 머문다. 그러나 더 섬세한 부분들, 특히 인간 존재의 아스트랄체들은 그 거친 형성물들에서 분리된다. 그들은 고귀한 태양존재들의 고차적 힘들이 그들에게 매우 강력한 영향을 미칠 수 있는 상태로 들어간다. 휴지기 이후 그들은 다시 인간 존재의 거친 물질들로 구성된 부분으로 뚫고 들어간다. 휴지기 동안 자유로운 상태에서 강력한 힘을 흡수했기 때문에 이제는 그 거친 물질들을 충분히 발달

시킬 수 있고, 일정 시간 이후에는 제대로 발달해 나간 인격의 정신존재들과 불의 정신존재들이 주는 영향을 받아들일 수 있는 상태에 이른다.

48　　그 사이에 이 인격의 정신존재들은 "영감靈感의 의식"을 소유하는 단계로 올라섰다. 그들은 이전의 상 의식에서와 마찬가지로 다른 존재들의 내면 상태를 상들 속에서 인지할 수 있을 뿐만 아니라 정신적 선율에서처럼 그런 존재들 자체의 내적인 것도 인식할 수 있다. 그런데 불의 정신존재들은 태양에서 인격의 정신존재들이 소유한 의식의 정도까지 올라갔다. 그 결과 두 종류의 정신이 인간 존재의 성숙해진 삶에 개입할 수 있다. 인격의 정신존재들은 인간 존재의 아스트랄체에 작용하고, 불의 정신존재들은 그의 에테르체에 영향을 주는 것이다. 그렇게 해서 아스트랄체가 인격이라는 특성을 얻는다. 아스트랄체는 이제 자기 안에서 쾌락과 고통을 경험할 뿐만 아니라 그것들을 자신과도 연관시킨다. 그는 아직 "나는 여기 있다"라고 말하는 완전한 자아 의식에는 이르지 못한다. 그러나 자신이 자기 주변의 다른 존재들에 의해 지탱되고 보호받고 있다고 느낀다. 말하자면 그들을 올려다보며 "내 주변이 나를 존재하게 한다"라고 스스로에게 말할 수 있는 것이다. 불의 정신존재들은 이제 에테르체에 작용한다. 그들의 영향 아래 에테르체 안에서 이루어지는 힘의 운동은 점점 더 내적인 생명 활동으로 변한다. 거기서 생겨나는 것은 물리적으로 체액 활동과 성장 현상에서 드러난다. 기체 물질들은 액체 물질들

로 응축된다. 외부에서 흡수된 것이 내부에서 변화되고 소화된다는 의미에서는 일종의 영양 섭취라고 말할 수 있을 것이다. 오늘날 이해하고 있는 영양 섭취와 호흡 사이의 중간물 같은 어떤 것을 생각한다면 이 방향에서 당시 일어났던 일에 대한 표상을 얻을 수 있다. 영양소들은 인간 존재가 동물-식물계에서 취한 것이다. 이 동물-식물은 인간 존재를 둘러싼 한 가지 기본 요소 안을 떠다니며 헤엄치는 것으로, 또는 거기에 살짝 붙어 있는 것으로 생각해야 한다. 오늘날의 하등 동물이 물속에 살거나 육지 동물이 공기 중에 사는 것처럼 말이다. 그러나 이 기본 요소는 현재의 의미에서 물이나 공기가 아니고 그 둘의 중간쯤인 것으로, 각양각색의 물질들이 용해된 것처럼 갖가지 흐름 속에서 이리저리 움직이는 일종의 짙은 증기다. 동물-식물은 이 기본 요소가 응축되어 규칙적인 형태를 이룬 처럼만 나타나며, 물질적으로는 종종 그 주변과 아주 조금만 다르다. 호흡 과정은 영양 섭취 과정과 나란히 존재한다. 그것은 지상에서의 호흡 과정과는 달리 열을 빨아들이고 내보내는 것과 같다. 초감각적으로 관찰하면 그 과정들에서 기관들이 열렸다가 다시 닫히고, 이를 통해 따뜻하게 하는 흐름이 드나들고 공기와 물 같은 물질들도 드나드는 것처럼 보인다. 인간 존재는 이 발달 단계에 이미 아스트랄체를 소유하고 있기 때문에 이런 호흡과 영양 섭취 과정을 감각한다. 따라서 인간 존재의 구성에 유익한 물질들이 외부에서 흡수될 때는 일종의 쾌감이 생긴다. 그리고 유해한 물질이 유입되거나 근처에 오기만 해도 불쾌감이 야기된다. 앞에서 설명한 대로 달의 발달 시기에는 호흡 과정이 영양 섭취 과정 비슷했던 것처럼 표상 과정은 생식과 비슷했다. 달 인간의 주변에 있는 사물과 존재들은 그 어떤 감각에도 직접적인 영향을 미치지 않았다. 표상 과정은 오히려 그런 사물과 존재들이 있음으로 인해 희미하고 어렴풋한 의식 속에 상들이 불러일으켜지는 방식이었다. 이 상들은 색깔, 소리, 냄새 등에서 존재의 외면만을 보여주는 오늘날의 감각적 지각에 비해 주변의 본래적 자연과 훨씬 더 긴밀한 관계에 있었다. 달 인간의 의식에 대해 한층 분명한 관념을 갖기 위해서는, 이 달 인간이 앞에서 서술한 증기와 같은 환경에 들어가 있다고 상상해 보면 될 것이다. 이 증기 요소 안에서는 온갖 다채로운 과정들이 일어난다. 물질들이 결합되고 물질들이 서로 분리된다. 어떤 부분들은 농축되고 다른 부분들은 묽어진다. 이 모든 일은 인간 존재들이 직접 보거나 듣지 못하는 방식으로 일어나지만, 인간의 의식 속에 상들을 불러일으킨다. 이 상들은 현재의 꿈 의식에서 보이는 상들과 비교할 수 있다. 어떤 물체가 바닥에 떨어졌는데 잠자는 사람은 그 실제 과정을 인지하는 것이 아니라 예를 들어 총알이 발사되었다고 착각하는 식으로 엉뚱한 상을 떠올리는 것처럼 말이다. 다만 달의식의 상들은 그런 꿈의 상들처럼 임의적이지 않다. 그 상들은 물론 모상이 아닌 상징이지만, 그럼에도 외적인 과정에 상응한다. 또한 하나의 특정한 외부 과정에 대해 아주 특정한 하나의 상만 나타난다. 따라서 현재의 인간이 자신의 지각에 따라 행동하듯이 달 인간도 자신의 행동을 그 상들에 따라 맞출 수 있다. 다만 지각을 기반으로 하는 행동은 자의에 내맡겨져 있는 반면, 방금 언급한 특징을 지닌 상들의 영향을 받는 행동은 불분명한 충동에 의한 것처럼 이루어진다는 점을 유념해야 한다. 이 상 의식은 결코 외부의 물리적 과정들만 지각할 수 있게 하는 것이 아니며, 물리적 사실들 뒤에서 활동하는 정신존재들과 그들의 활동 역시 이 상들에 의해서 드러난다. 따라서 동물-식물계의 사물들에서는 마치 인격의 정신존재들이 가시화되는 것처럼 보인다. 광물-식물 존재들의 뒤와 그 내부에서는 불의 정신존재들이 보인다. 그리고 인간이 어떤 물질적인 것과 상관없이 떠올릴 수 있고 마치 에테르적-영혼적 형성물처럼 인지하는 존재인 생명의 아들들이 나타난다. 달 의식의 이런 표상들은 모상이 아닌 외적인 것의 상징일 뿐이었지만, 대신에 지각을 통해 전달된 현재 인간의 표상들보다 훨씬 더 중요한 영향을 인간 존재의 내면에 미쳤다. 그것들이 내면 전체를 움직임과 활동으로 바꿀 수 있었던 것이다. 내적 과정은 그것들을 본받아 형성되었다. 그것들은 진정한 형성력이었다. 인간 존재는 이 형성력이 형성하는 대로 되었다. 그것들이 인간의 의식 과정의 모상이 된 것이다.

49   이런 방식으로 발달이 계속 진행된 결과로 인간 존재에도 그 영향이 지대한 변화가 생긴다. 의식의 상들에서 나오는 힘은 차츰 인간의 신체성 전체로는 더 뻗어나가지 못한다. 인간의 신체성은 두 부분, 두 본성으로 나뉜다. 상 의식의 형성 작용에 지배를 받고, 방금 서술한 의미의 표상 활동을 상당히 모사하는 구성 요소들이 만들어진다. 그러나 다른 기관들은 그런 영향에서 벗어난다. 인간은 자기

본성의 한 부분에서는 말하자면 너무 촘촘하고 다른 법칙들에 의해 심하게 결정되기 때문에 의식의 상들에 따라 행동하지 못한다. 이 상들은 인간 존재의 영향에서는 벗어나지만, 다른 영향 속으로, 즉 고귀한 태양 존재 자체의 영향 속으로 들어간다. 그러나 이 발달 단계에 앞서 일단 휴지기가 시작된다. 태양의 정신존재들은 이 기간에 완전히 새로운 상황 아래 달의 존재들에게 작용할 힘을 모은다. 이 휴지기 이후 인간 존재는 뚜렷하게 두 가지 본성으로 갈라진다. 그중한 본성은 상 의식의 독립적인 작용에서 벗어나 있다. 이 본성은 한층 뚜렷한 형태를 취하며, 비록 달체에서 나오지만 태양 존재들의 영향에 의해서만 생성되는 힘들의 영향을 받는다. 인간 존재의 이 부분은 점점 더 태양에 의해 활기를 얻는 삶을 살아간다. 다른 부분은 첫부분에서 일종의 머리처럼 솟아오른다. 그것은 그 자체로 움직이기쉽고 유연하며, 인간의 희미한 의식 활동의 표현이자 전달자로 형성된다. 그러나 두 부분은 서로 밀접하게 결합되어 있다. 그것들은 서로에게 자신의 체액을 보내고, 그 구성 요소들은 한 쪽에서 다른 쪽으로 뻗어간다.

50   이 모든 일이 일어나는 동안 태양과 달 사이에도 이런 발달 방향과 일치하는 관계가 형성됨으로써 의미심장한 조화에 이르게 된다. 여러 발달 단계를 거치며 진화하는 존재들이 공통된 우주덩어리로부터 그들 각자의 천체를 분리시켜 나오는 과정에 대해서는 앞에서 이미 언급한 바 있다. 그들은 말하자면 물질들을 분류하게 만드

는 힘을 발산한다. 태양과 달도 각각의 존재들에게 알맞은 거처를 만들어줄 필요에 따라서 서로 분리되었다. 그러나 물질 및 물질적 힘에 대한 정신의 규정은 훨씬 더 나아간다. 존재들 자체도 우주체들의 특정한 움직임과 상호간의 특정한 회전을 규정한다. 그렇게 해서 이 우주체들은 서로에 대해 가변적인 위치에 놓인다. 한 우주체가 다른 우주체에 대해 갖는 위치나 상태가 달라지면, 각 우주체의 존재들이 서로에게 미치는 영향도 달라진다. 태양과 달에 그런 일이 일어났다. 달이 태양 주위를 도는 움직임에 의해서 인간 존재들은 한번은 태양 활동의 영역으로 더 빠져들고, 다른 때는 이 활동에서 벗어나 자기 자신에 더 의존해 있을 수 있다. 이 움직임은 앞에서 서술한 바 있는 특정한 달 존재들의 "탈락"과 그로 인해 야기된 투쟁의 조정 결과다. 그것은 탈락으로 만들어진 정신적인 힘의 관계에 대한 물리적 표현일 뿐이다. 한 우주체가 다른 우주체 주위를 도는 움직임은 그 우주체들에 기거하는 존재들에게 앞에서 서술한 것처럼 변화하는 의식 상태가 나타나게 한다. 달은 자신의 삶을 번갈아가며 태양으로 향했다가 태양에서 벗어나게 한다고 말할 수 있다. 태양 시간과 행성 시간이 존재하며, 행성 시간에는 달의 존재들이 태양에서 벗어난 달의 한 측면에서 발달한다. 다만 달 자체에는 천체의 움직임에 또 다른 무엇이 추가된다. 초감각적 의식으로 되돌아보면 달의 존재들 자체가 매우 규칙적인 간격으로 자신들의 우주체 주위를 도는 것을 볼 수 있다. 그들은 그렇게 특정한 시기에 태양의 영향을 받을 수 있는 장소를 찾는다. 그리고 다른 시기에는 그 영향에 종속되지 않은 채 흡사 자기 자신을 생각할 수 있는 장소로 움직이는 듯 보인다.

51   이런 과정들에서 드러나는 상을 온전한 상태로 보려면 그 기간에 "생명의 아들들"이 인간 단계에 도달한다는 점도 주목해야 한다. 인간은 토성에서 이미 맹아가 생성된 자신의 감각들을 아직은 달에서도 외부 대상들을 지각하는 데 사용할 수가 없다. 그러나 이 감각들은 달 단계에서 "생명의 아들들"의 도구가 된다. 이 "생명의 아들들"은 지각하기 위해서 감각들을 사용한다. 따라서 인간의 물질체에 속하는 이 감각들은 "생명의 아들들"과 상호 관계에 있게 된다. "생명의 아들들"은 감각들을 사용할 뿐만 아니라 그것들을 완전하게 만들기도 한다.

52   이미 서술한 것처럼 태양에 대한 관계가 변화하면서 이제 인간 존재 자체에서도 삶의 상태가 변화한다. 사물들은 인간 존재가 태양의 영향 아래 놓일 때마다 자기 자신보다는 태양의 삶과 그 현상들에 더 빠져 있게 형성된다. 인간 존재는 그런 시기에 태양이라는 존재에서 표현되는 우주의 광대함과 웅장함을 느낀다. 그는 흡사 그것을 빨아들이는 듯하다. 거기서는 태양에 거처를 둔 고귀한 존재들이 달에 영향을 준다. 그리고 달은 다시 인간 존재에게 작용한다. 그러나 이 작용은 전체 인간이 아니라 주로 고유한 의식의 상들의 영향에서 벗어난 부분들에 다다른다. 특히 물질체와 생명체가 일정한 크기와 형태에 도달한다. 그러나 대신에 의식 현상들은 물러난다. 인간

존재가 자신의 삶에서 태양의 영향에서 벗어나면, 그는 이제 자신의 본성에 몰두하게 된다. 특히 아스트랄체에서 내적인 활기가 일기 시작한다. 그에 반해 외적 형태는 더 볼품없어지고 덜 완벽해진다. 따라서 달의 발달 기간에는 뚜렷하게 구별할 수 있고 서로 번갈아 나타나는 두 가지 특징적인 의식 상태가 존재한다. 태양 시기의 더 희미한 의식 상태가 그 하나이고, 생명이 자기 자신에 더 의존해 있는 시기의 더 선명한 의식 상태가 다른 하나이다. 첫 번째 상태는 더 희미하지만 대신에 더 이타적이다. 이때 인간은 외부 세계에, 태양에 반사된 우주에 더 몰입해서 살아간다. 이는 의식 상태에서의 변화다. 이 변화는 한편으로는 오늘날 인간의 잠과 깨어남의 교대와 탄생과 죽음 사이의 삶에 비할 수 있고, 다른 한편으로는 죽음과 새로운 탄생 사이의 더 정신적인 삶에 비할 수 있다. 태양 시간이 서서히 끝났을 때 달에서 깨어나는 것은 현재의 인간이 매일 아침 깨어나는 것과 태어나는 것 사이의 중간 상태로 특징지을 수 있을 것이다. 태양 시간이 다가올 때 의식이 서서히 희미해지는 것도 잠드는 것과 죽음 사이의 중간 상태와 비슷하다. 현재의 인간에게 있는 것 같은 탄생과 죽음에 대한 의식은 옛 달에는 아직 없었기 때문이다. 인간은 일종의 태양의 삶 속에서 그 삶을 향유하는 데 빠져 있었다. 이 시간 동안에는 독립적 삶에서는 벗어나 있었다. 그는 정신적으로 사는 것에 가까웠다. 인간이 그 시간 동안 체험한 것은 대략적이고 비교적으로만 서술해볼 수 있다. 그는 우주의 작용력이 자기 안으로 흘러 들어와 활력을 불어넣는 것처럼 느꼈다. 그때는 그가 함께 체험한 우주의 조화에 취해 있는 것처럼 느꼈다. 그런 시간에는 그의 아스트랄체가 물질체에서 해방된 것 같았다. 생명체의 한 부분도 물질체에서 빠져나왔다. 그리고 아스트랄체와 생명체로 된 이 형성물은 우주의 신비를 울려 퍼지게 하는 섬세하고 불가사의한 악기 같았다. 인간 존재에서 의식이 거의 영향을 미치지 않는 부분의 구성 요소들은 우주의 조화에 따라서 형성되었다. 그 조화 속에는 태양의 존재들이 작용했기 때문이다. 이로써 인간의 이 부분은 정신적인 우주의 소리들을 통해서 그 형태를 갖게 되었다. 태양 기간에 의식의 밝은 상태와 희미한 상태 사이의 변화는 현재 인간의 깨어있는 상태와 꿈이 전혀 없는 잠 사이의 변화만큼 급격하지는 않았다. 다만 상 의식은 현재의 깨어있는 의식만큼 선명하지는 않았다. 대신에 다른 의식도 현재의 꿈 없는 잠만큼 희미하지도 않았다. 따라서 인간 존재는 그의 물질체와 물질체와 결합된 채 남아 있는 에테르체의 부분들에서 어렴풋하게나마 우주 조화의 작용에 대한 관념을 갖고 있었다. 태양이 인간 존재를 비추지 않는 시간에는 조화 대신에 상 관념들이 의식에 떠올랐다. 이때는 특히 의식의 직접적인 영향 아래 있던 물질체와 에테르체의 구성 요소들이 되살아났다. 그에 반해 태양의 형성력이 영향을 주지 못하는 인간의 다른 부분들은 일종의 경화 과정과 건조 과정을 거쳤다. 그러다가 다시 태양 시간이 가까워지면 옛 몸들은 분해되었다. 그 몸들은 인간 존재로부터 분리되었고, 마치 그이 옛 신체성이라는 무덤에서 나오는 것처럼 내부에서 새롭게 형성된 인간이 생겨났는데, 그 형태는 아직 보잘것없었다. 이로써 생명 과정의 갱신이 일어났다. 새로 태어난 몸은 태양 존재들과 그들의 조화의 작용으로 다시 완전함을 얻었고, 앞에서 서술한 과정이 반복되었다. 그리고 인간은 이 갱신을 새 옷을 입는 것처럼 느꼈다. 인간 존재의 핵은 본래의 탄생이나 죽음을 거치지 않았고, 외부 세계에 빠져 있던 정신적인 소리 의식에서 더 내부로 향해 있던 소리 의식으로 넘어갔을 뿐이다. 허물을 벗은 것이다. 옛 몸은 사용할 수 없게 되어 벗어 던져졌고 갱신되었다. 이로써 앞에서 일종의 생식으로 특징지어지고 표상 생활과 비슷하다고 언급되었던 것의 특징도 더 정확하게 드러났다. 인간 존재는 물질체와 에테르체의 특정 부분들에서 자신과 비슷한 것을 만들어냈다. 그러나 부모 존재와는 완전히 구별되는 자식 존재가 생겨나는 것이 아니고, 부모에게 있는 존재의 핵이 자식에게로 넘어간다. 이 핵은 새로운 존재를 낳는 것이 아니라 자기 자신을 새로운 형상으로 만들어낸다. 그렇게 달 인간은 의식의 변화를 경험한다. 태양 시간이 다가오면 그의 상 관념들은 점점 흐려지고 기쁨에 찬 탐닉이 그를 사로잡는다. 그의 고요한 내면에서는 우주의 조화가 울려 퍼진다. 이 시간이 끝날 무렵 아스트랄체에서 상들이 활기를 띠고, 아스트랄체는 스스로를 더 많이 느끼고 자각하기 시작한다. 인간은 태양 시간 동안 빠져 있었던 행복과 고요함에서 깨어나는 것 같은 뭔가를 체험한다. 그러나 이때 또 다른 중요한 체험이 나타난다. 의식의 상들이 새롭게 밝아지는 것과 함께 인간 존재는 마치 우주에서 온 존재처럼 자기 위로 내려앉은 구름에 둘러싸인 듯한 자신을 본다. 그는 이 존재를 자기에게 속한 어떤 것으로, 그 자신의 본성에 대한 보완으로 느낀다.

그에게 생존을 선사하는 것처럼, 그의 "자아"처럼 느낀다. 이 존재는 "생명의 아들들" 중 하나이다. 인간은 그 존재에 대해 다음과 같이 느낀다. "내가 태양 시간 동안 우주의 장엄함에 빠져 있었을 때도 나는 이 존재 안에서 살았다. 그때는 단지 보이지 않았을 뿐이다. 그런데 이제 그가 내게 보인다." 태양이 없는 시기에 인간이 자신의 신체성에 작용하게 하는 힘도 이 생명의 아들에게서 나온다. 그러다가 다시 태양의 시간이 다가오면 인간은 자신이 "생명의 아들"과 하나가 된 것처럼 느낀다. 비록 이때도 그를 보지는 못하지만 그와 밀접하게 결합되어 있다고 느낀다.

53   "생명의 아들들"에 대한 관계는 모든 인간 존재가 생명의 아들 하나씩을 갖고 있는 관계가 아니었고, 인간 집단 전체가 그런 존재를 자신에게 속하는 것이라고 느끼는 것이었다. 이와 같이 달에서는 인간이 그런 집단들로 나뉘어 살았고, 각 집단이 하나의 "생명의 아들" 안에서 공통의 "집단 자아"를 느꼈다. 집단들의 차이는 각 집단에서 무엇보다 에테르체가 다른 형태를 취한 것을 통해서 드러났다. 그런데 물질체는 에테르체에 따라 형성되었기 때문에 물질체에도 에테르체의 차이가 새겨졌고, 개별 인간 집단도 수많은 인간 종으로 나타났다. "생명의 아들들"이 자신들에게 속한 인간 집단을 내려다보았을 때, 그들은 개별 인간 존재들에서 몇 배로 늘어난 것같은 사신들을 보았다. 그리고 그 안에서 그들 자신의 자아성을 느꼈다. 그들은 흡사 인간 안에 자신들을 투영한 것 같았다. 당시에는 이것 역시

인간 감각들의 과제였다. 이 감각들은 아직 대상에 대한 지각을 전달하지는 못했다. 그러나 그 감각들은 "생명의 아들들"의 본성을 반사해 주었다. 이 반사를 통해서 생명의 아들들이 지각한 것이 이들에게 "자아 의식"을 부여했다. 그리고 이 반사의 자극으로 인간의 아스트랄체에 일어난 것이 바로 희미하고 어렴풋한 달 의식의 상들이다. "생명의 아들들"과의 상호 관계에서 이루어진 인간의 활동은 물질체에서 신경계의 맹아에 영향을 미쳤다. 신경은 감각들이 인체 내부로 계속 이어지는 것처럼 나타난다.

54   지금까지 서술한 내용에서는 세 종류의 정신, 즉 "인격의 정신존재들", "불의 정신존재들", "생명의 아들들"이 달 인간에 영향을 준다는 점을 알 수 있다. 달 발달의 주요 시기인 중간 발달기를 눈여겨보면, '인격의 정신존재들'이 인간의 아스트랄체에 독립성을, 인격의 특징을 심어준다고 할 수 있다. 이 사실 덕분에 인간은 태양이 자신을 비추지 않는 시간 동안 자신 안에 잠겨 스스로를 형성하는 일을 할 수 있다. "불의 정신존재들"은 에테르체가 인간 존재를 독립적으로 형성하는 한에서만 에테르체에 작용한다. 그들로 인해서 인간 존재는 몸이 갱신될 때마다 자신을 다시금 같은 존재로 느낀다. 그러니까 "불의 정신존재"들에 의해서 에테르체에 일종의 기억이 주어지는 것이다. "생명의 아들들"은 물질체가 독립적으로 된 아스트랄체의 표현이 될 수 있도록 물질체에 작용한다. 그들은 이 물질체가 아스트랄체의 외양적 모사가 되는 것을 가능하게 한다. 반면에 고차적 정신존

214

재들, 특히 "형태의 정신존재들"과 운동의 정신존재들은 물질체와 에테르체가 태양 기간 동안 독립적인 아스트랄체와 무관하게 스스로를 형성하는 한에서만 그들에게 개입한다. 이 존재들의 개입은 앞에서 서술한 방식으로 태양으로부터 일어난다.

55   인간 존재는 이런 사실들의 영향 아래 성장하여 토성 발달의 후반기에는 "자아정신"의 맹아를, 태양에서는 생명정신의 맹아를 형성한 것과 비슷한 방식으로 정신인간의 맹아를 자기 안에 서서히 형성해 나간다. 이를 통해서 달에서의 모든 상태가 바뀐다. 인간 존재들은 잇따르는 변형과 갱신을 통해서 더 균형 있고 섬세해졌다. 그러나 힘도 얻었다. 그로 인해 상 의식은 태양 기간에도 계속 유지된 상태로 남았다. 그래서 이전에는 전적으로 태양 존재들의 작용으로만 일어났던 물질체와 에테르체의 형성에 영향을 미칠 수 있게 되었다. 달에서 인간 존재, 그리고 그들과 결합된 정신들에 의해서 일어난 것은 이전에 태양과 태양의 고차적 존재들에 의해 야기된 것과 점점 비슷해졌다. 그 결과 태양의 존재들은 자신들의 발달에 더 많은 힘을 사용할 수 있었다. 이를 통해서 달은 얼마 뒤 다시 태양과 하나가 될 수 있을 만큼 성숙해졌다. 정신적으로 볼 때 이 과정들은 다음과 같은 방식으로 나타난다. 즉, "떨어져 나간 달 존재들"은 서서히 태양 존재들에 의해 극복되고, 그린 다음 태양 존재들에 순응하면서 그들의 기능에 자신들의 기능을 편입시키는 방식으로 그들을 따라야 한다. 그러나 이 일은 달의 시기가 점점 더 짧아지고 태양의 시기는 점

점 더 길어진, 오랜 세월이 지난 뒤에야 비로소 일어났다. 그러다가 이제 태양과 달이 다시 하나의 우주 형성물이 되는 발달이 시작된다. 이때 인간의 물질체는 완전히 에테르적으로 되었다. 그러나 물질체가 에테르적으로 되었다고 해서, 그런 상태를 물질체라고 할 수 없다고 생각해서는 안 된다. 토성 시기, 태양 시기, 달 시기 동안 물질체로 형성된 것은 계속 존재한다. 이때 중요한 것은 물질적인 것이라고 해서 외부로 물질적으로 드러나는 곳에서만 인식되는 것은 아니라는 사실이다. 물질적인 것은 외적으로 에테르적인 것과 아스트랄적인 것의 형태를 드러내는 방식으로도 존재할 수 있다. 따라서 외적 현상과 내적 법칙성 사이를 구별해야 한다. 물질적인 것은 스스로 에테르화거나 아스트랄화할 수 있지만, 동시에 자기 안에 물질적 법칙성도 유지할 수 있다. 달에서 인간의 물질체가 어느 정도 완전하게 되었을 때가 그런 경우다. 물질체는 에테르적 형태가 된다. 그러나 그런 것을 관찰할 수 있는 초감각적 의식이 그런 에테르적 형태의 몸으로 주의를 돌리면, 그 몸은 에테르적인 것의 법칙이 아니라 물질적인 것의 법칙에 스며든 상태로 보인다. 그러면 마치 모태에 머물며 그 안에서 보살핌을 받듯이 물질적인 것이 에테르적인 것에 수용된다. 그러다가 나중에 다시 물질적 형태로, 그러나 고차적 단계의 물질적 형태로 나타난다. 달의 인간 존재들이 자신들의 물질체를 물질적 형태로만 유지한다면, 달은 결코 태양과 결합할 수 없을 것이다. 물질체는 에테르적 형태를 받아들임으로써 에테르체와 더 비슷해지고, 이를 통해서 달 발달의 태양 시기 동안 그에게서 빠져나와야 했던 에테르체

216

와 아스트랄체의 부분들과도 다시 더 긴밀하게 결합될 수 있다. 태양과 달이 분리되는 동안 이중 존재처럼 나타난 인간은 다시 통일적인 존재가 된다. 물질적인 것은 더 영혼적이 되고, 영혼적인 것도 물질적인 것과 더 많이 결합된다. 이제 태양의 정신들은 자신들의 직접적인 영역으로 들어온 인간 존재에 이전에 외부에서 달 쪽으로 영향을 미칠 때와는 전혀 다르게 작용할 수 있다. 인간은 이제 더 영혼적-정신적 주변에 놓인다. 이를 통해서 "지혜의 정신존재"들이 중요한 작용을 할 수 있게 된다. 그들은 인간에게 지혜를 각인시킨다. 인간에게 지혜를 불어넣는다. 이로써 인간은 어떤 의미에서 독립적인 영혼이 된다. 그리고 이 존재들의 영향에 "운동의 정신존재들"의 영향도 더해진다. 운동의 정신존재들은 특히 아스트랄체에 작용해 아스트랄체로 하여금 앞에서 언급된 존재들의 영향 아래 영혼적인 활발함과 지혜로 가득한 생명체를 만들어내도록 한다. 지혜로 가득한 에테르체는 앞부분에서 현재 인간에게서 지성영혼으로 서술한 것의 맹아이며, "운동의 정신존재들"에 영향을 받은 아스트랄체는 감정영혼의 맹아이다. 그리고 인간 존재에서 일어나는 이 모든 일이 독립성이 높아진 상태에서 야기되기 때문에 지성영혼과 감정영혼의 맹아들은 자아정신의 표출로 나타난다. 그렇다고 해서 자아정신이 이 발달 시기에 지성영혼과 감정영혼 이외에 더 특별한 무엇이라고 생각하는 오류에 빠져서는 안 된다. 지성영혼과 감정영혼은 자아정신의 표출일 뿐이며, 자아정신은 그들의 고차적 일치와 조화를 의미한다.

56   "지혜의 정신존재들"이 앞에서 서술한 방식으로 이 시기에 개입하는 것은 특별한 의미가 있다. 이들은 인간 존재와 관련해서만 이 아니라 달에서 발달한 다른 세계들에 대해서도 그렇게 한다. 태양과 달이 다시 하나가 될 때, 이 낮은 세계들도 태양의 영역으로 편입된다. 그들에게서 물질적이었던 모든 것은 에테르화된다. 그러니까 인간 존재가 태양에 있는 것처럼 이제는 광물-식물과 식물-동물이 태양에서 발견된다. 그러나 이 다른 존재들은 자신들의 법칙성을 갖춘 상태로 남아 있다. 그로 인해서 자신들이 있는 곳에서 스스로를 이방인처럼 느낀다. 그들은 그들의 주변과는 잘 맞지 않는 본성을 갖고 나타난다. 그러나 에테르화 되었기 때문에 그들에게도 "지혜의 정신존재들"의 작용이 다다를 수 있다. 이제 달에서 태양으로 들어온 모든 것은 지혜의 정신존재들의 힘으로 가득 찬다. 따라서 이 발달 시기에 태양-달 형성물로 된 것은 "지혜의 우주"로 불릴 수 있다. 그러다가 휴지기가 지나고 이 "지혜의 우주"의 후손으로서 우리의 지구 체계가 나타나면, 지구상에 새롭게 소생하고 달의 맹아로부터 솟아나는 모든 존재들은 지혜로 가득한 모습으로 나타난다. 지구 인간이 자기 주변의 사물들을 관찰하면서 바라볼 때 자기 존재의 본성에서 지혜를 발견할 수 있는 이유가 거기서 드러난다. 우리는 모든 식물의 잎에, 모든 동물과 인간의 뼈에, 뇌와 심장의 놀라운 구조에 담긴 지혜에 감탄할 수 있다. 인간이 사물을 이해하기 위해서 지혜가 필요하다면, 그러니까 사물로부터 지혜를 이끌어낸다면, 이는 사물에 지혜가 내재한다는 것을 보여준다. 인간이 아무리 지혜로운 생각으로 사

물을 이해하려고 애를 쓴다고 해도 사물 자체에 지혜가 놓여 있지 않다면 거기서 지혜를 이끌어낼 수는 없을 것이기 때문이다. 사물이 지혜를 받아들이지 않았다고 생각하면서 지혜를 통해 사물을 이해하고자 하는 사람은 물이 담겨 있지 않은 유리잔에서 물을 따를 수 있다고 믿어야 할 것이다. 이 책에서 나중에 드러나겠지만, 지구는 되살아난 "옛 달"이다. 또한 지혜로 가득한 형성물로 나타나는데, 앞에서 서술한 그 시기에 지혜의 정신존재들이 자신들의 힘을 지구로 스며들게 했기 때문이다.

57   달의 상황에 대한 서술에서 발달의 일시적 형태만 포착할 수 있었다는 점은 납득할 만하게 보일 것이다. 사실들의 진행 과정에서 특정한 것들을 포착하여 설명을 위해 끄집어내야 했기 때문이다. 그러나 이런 종류의 서술은 개별적인 상들만 제공한다. 그 때문에 앞에 서술한 내용에서는 발달 과정을 확고하게 규정된 개념들의 그물망에 넣지 않았다는 점을 아쉬워할 수 있다. 그러나 이런 반박에 대해서는 명확하지 않은 개념들로 서술한 것이 완전히 의도적이었다는 점을 언급할 수 있을 것이다. 여기서는 사변적 개념들과 관념의 구축이 중요해서는 안 되고, 초감각적 관찰이 그런 사실들을 바라볼 때 정신의 눈앞에 실제로 나타날 수 있는 것에 대한 표상이 중요하기 때문이다. 그리고 달의 발달 과정은 그것이 지구에 대한 지각을 보여주는 것처럼 그렇게 분명하고 확실한 윤곽 속에서 나타나는 어떤 것이 아니다. 게다가 달 시기에는 끊임없이 변화하고 바뀌는 인상들, 불확실

하고 가변적인 상들과 그것들의 변천을 상대해야 한다. 그 밖에도 하나의 발달은 아주 오랜 시간에 걸쳐 관찰되며 그런 긴 발달 과정에서 순간의 상들만 포착해서 서술할 수밖에 없다는 점도 고려해야 한다.

58   인간 존재에 이식된 아스트랄체가 인간의 발달을 진척시켜 그의 물질체가 "생명의 아들들"에게 인류 단계에 도달할 가능성을 주는 시점에서 달 시기는 가장 중요한 정점에 도달했다. 이때는 인간 존재도 자신과 자신의 내면성을 위해 앞으로 나아가는 길에서 이 시기가 그에게 줄 수 있는 모든 것에 도달했다. 따라서 그 뒤에 따라오는 것, 즉 달 발달의 후반부는 썰물 시기로 지칭할 수 있다. 그러나 인간의 주변과 인간 자신과 관련된 매우 중요한 한 가지 일이 바로 이 시기에 일어나는 것을 알 수 있다. 이때 태양체와 달체에 지혜가 심어지는 것이다. 이 썰물 시기에 지성영혼과 감정영혼의 맹아가 생성된다는 것은 이미 언급된 바 있다. 그러나 이들 맹아와 의식영혼의 발현, 그와 함께 이루어지는 자유로운 자기의식과 "자아"의 탄생은 지구 시기에 와서야 이루어진다. 달 단계에서 지성영혼과 감정영혼은 아직 인간 존재가 지성영혼과 감정영혼을 통해서 자신을 표현하는 것처럼 나타나는 것이 아니고, 그것들이 마치 인간 존재에 속한 생명의 아들들을 위한 도구인 것처럼 나타난다. 이 방향에서 인간이 달에서 가진 감정을 특징지으려 한다면, 그는 다음과 같이 느낀다고 말해야 할 것이다. "내 안에, 그리고 나를 통해 '생명의 아들'이 살아간다. 그는 나를 통해 달의 주변을 보고, 내 안에서 이 주변의 사물과

존재들에 대해 생각한다." 달 인간은 자신이 "생명의 아들"에 가려져 있다고 느끼고, 자신이 이 고차적 존재의 도구처럼 생각된다. 태양과 달이 분리되어 있는 동안 그는 태양에서 멀어졌을 때 더 큰 독립성을 느꼈다. 그러나 동시에 태양 시간에는 상 의식에서 사라졌던 그의 자아가 다시 보일 것처럼 느꼈다. 의식 상태의 변화라고 여길 수 있는 것에 대해 달 인간은 그때 다음과 같은 감정을 느꼈다. "내 자아는 태양 시간에는 나와 함께 고차적 영역의 고귀한 존재들에게로 떠나갔다가 태양이 사라지면 나와 함께 더 낮은 세계로 내려온다."

59   본격적인 달 발달이 진행되기 전에 먼저 하나의 준비 과정이 있었다. 토성 발달과 태양 발달이 모종의 방식으로 반복된 것이다. 그리고 태양과 달이 재결합되고 난 뒤의 썰물 시기에도 두 시기는 서로 구분된다. 그 기간에는 심지어 어느 정도까지의 물질적 응축도 나타난다. 그래서 태양과 달 형성물의 정신적-영혼적 상태가 물질적 상태로 바뀐다. 이 물질적 시기에는 인간 존재뿐 아니라 더 낮은 세계의 존재들은 자신들이 훗날 지구 시기에 이루어야 할 한층 독립적인 형상을 일단 뻣뻣하고 의존적인 형상으로 만들어놓은 것처럼 보인다. 따라서 달의 발달을 준비하는 두 번의 시기와 썰물 동안의 다른 두 시기가 있었다고 할 것이다. 그리고 그런 시기들은 "주기"로 명명될 수 있다. 두 번이 준비 시기와 두 번의 썰물 시기 중간의 시기, 즉 달이 분리되는 시기 등 셋으로 구분할 수도 있다. 중간 시기는 생명의 아들들이 인간이 되는 시기다. 이 시기 앞에는 모든 상황이 이 주

된 사건을 향해 첨예화되는 시기가 있다. 그리고 새로 창조된 것들이 정착하고 발전하는 또 하나의 시기가 이어진다. 이렇게 달 발달의 중간 시기는 다시 세 시기로 나뉘며, 결국 두 번의 준비 시기와 두 번의 썰물 시기와 함께 일곱 번의 달 주기가 있게 된다. 따라서 전체 달의 발달은 일곱 번의 주기 속에서 진행된다고 할 수 있다. 이들 주기 사이에는 앞부분의 서술에서도 반복적으로 언급한 휴지기가 있다. 그러나 활동기와 휴지기 사이의 급격한 이행을 생각하지 않을 때만 진실에 다가갈 수 있다. 예를 들어 태양의 존재들은 달에 대한 영향력에서 서서히 물러난다. 그들에게는 겉으로 휴지기처럼 보이는 시간이 시작되는 반면, 달 자체에서는 활기차고 독립적인 활동이 지배한다. 따라서 한 종류의 존재들이 활동하는 시기는 다른 종류의 존재들이 조용히 있는 시기로 여러 번에 걸쳐 이어진다. 이런 점을 고려한다면 각 주기들에 작용하는 힘들이 리드미컬하게 상승과 하강을 반복한다고 말할 수 있다. 언급된 일곱 번의 달 주기 내에서도 비슷한 분기들이 관찰된다. 그러면 전체 달의 발달을 대주기, 행성 운행으로 부를 수 있다. 그리고 달의 "작은" 주기들 내에는 일곱 번의 분기와 다시 "더 작은" 주기들의 구성 요소들이 있다. 7 곱하기 7 분기로 이루어진 이 구성은 태양 발달에서도 인지할 수 있으며 토성 시기 동안에도 그 조짐이 있었다. 그러나 각 분기들 사이의 경계는 태양에서 이미 희미해졌고, 토성에서는 거의 지워졌다는 것을 고려해야 한다. 이 경계는 지구 시기를 향해 발달해 나갈수록 점점 더 뚜렷해진다.

***

60   앞에서 개략적으로 기술한 달의 발달 과정이 끝나고 나면, 거기서 거론된 모든 존재와 힘은 더욱 정신적인 존재 형태로 들어간다. 이는 달 시기 동안, 그리고 뒤따르는 지구 발달 단계와도 전혀 다른 단계에 있는 형태다. 따라서 달과 지구 발달의 모든 세부 내용을 인지할 수 있을 만큼 발달된 인식력을 소유한 존재는 아직 두 발달 사이에 일어나는 일까지 인식할 수 있을 필요는 없다. 그런 존재들과 힘들은 달 시기의 마지막에 무無로 되듯이 사라졌다가 중간 시기가 지난 뒤, 우주의 어슴푸레한 어둠으로부터 다시 모습을 드러낼 것이다. 훨씬 고차적 능력을 가진 존재만이 중간 시기에 일어나는 정신적 사실들을 뒤따를 수 있을 것이다.

61   중간 시기의 끝에는 토성과 태양과 달에서 일어나는 발달 과정에 참여했던 존재들이 새로운 능력과 함께 나타난다. 인간 위에 있는 존재들은 자신의 이전 행위를 통해서 인간을 더 발달시키는 능력을 얻었고, 이에 따라 인간은 달의 시기에 이어지는 지구 시기 동안 자신이 달 시기에 가지고 있었던 상 의식보다 한 단계 높은 종류의 의식을 자기 안에서 펼칠 수 있게 된다. 그러나 이제 인간은 먼저 자신에게 주어질 것을 받아들일 준비가 되어 있어야 한다. 그는 토성과 태양과 달이 발달하는 동안 물질체, 생명체, 아스트랄체를 자신의 본질로 편입시켰다. 그러나 그의 본질을 이루는 이 구성 요소들은 상

223

의식을 위해 살아갈 수 있게 하는 능력과 힘만 얻었다. 그들에게는 아직 지구 단계에 해당하는 것 같은 감각적-외적 대상들의 세계를 지각할 수 있는 기관과 형태가 없다. 새로운 식물이 옛 식물에서 유래한 씨앗에 내재된 것만을 펼쳐내는 것처럼, 새로운 발달 단계의 시작에서도 인간 본성의 세 구성 요소는 상 의식만을 발현할 수 있는 형태와 기관들을 갖고 나타난다. 따라서 그들은 먼저 고차적 의식 단계로 나아가기 위한 준비가 되어 있어야 한다. 그 일은 세 번의 예비 단계에서 진행된다. 첫 번째 단계에서 물질체는 대상 의식의 기반이 될 수 있는 필연적인 변형을 받아들이는 상태에 이르는 단계로 올라선다. 이는 지구 발달의 한 예비 단계로, 고차적 단계에서 이루어지는 토성 시기의 반복이라고 할 수 있다. 이 시기에는 고차적 존재들이 토성 시기와 마찬가지로 물질체에만 작용하기 때문이다. 물질체의 발달이 충분히 이루어졌으면, 모든 존재의 생명체도 계속 발달하기 전에 고차적 삶의 형태로 다시 넘어간다. 말하자면 물질체는 그가 다시 발현될 때 더 높이 형성된 생명체를 받아들일 수 있기 위해서 다시 만들어져야 하는 것이다. 고차적 삶의 형태에 집중된 이 중간기가 지나면, 생명체의 형성을 위해 고차적 단계에서 태양의 발달이 반복되는 것 같은 일이 일어난다. 중간기 이후에는 다시 달의 발달이 반복되는 가운데 아스트랄체에도 비슷한 일이 일어난다.

62   방금 서술한 세 번의 반복이 끝난 뒤에는 이제 발달에서 일어난 사실들로 시선을 돌려야 한다. 모든 존재와 세력은 다시 정신화

되었다. 그들은 이 정신화가 이루어지는 동안 높은 세계들로 올라갔다. 이 정신화 기간에 그들에 의해 뭔가 감지될 수 있는 세계들 가운데 가장 낮은 세계는 현재의 인간이 죽음과 새로운 탄생 사이에 머무는 세계다. 정신존재들의 땅에 속하는 영역들이다. 그러다가 모든 존재와 세력은 다시 낮은 세계들로 서서히 내려온다. 그들은 지구의 물질적 발달이 시작되기 전까지 계속 내려오며, 가장 낮은 곳으로 내려온 그들의 현현은 아스트랄 세계나 영혼 세계에서 보일 수 있는 정도가 된다.

63   이 기간에 인간에게 있는 모든 것은 아직 아스트랄적 형태를 가지고 있다. 이 인류의 상태를 이해하기 위해서는 다음과 같은 사실에 각별한 주의를 기울여야 한다. 즉, 인간은 물질체와 생명체와 아스트랄체를 가지고 있지만, 물질체뿐 아니라 생명체도 아직은 물질적이고 에테르적 형태가 아닌 아스트랄적 형태 속에 있다는 것이다. 물질체를 물질체로 만드는 것은 물질적 형태가 아니고, 물질체가 아스트랄적 형태를 가지고는 있지만 그 안에 물질적 법칙이 있다는 사실이다. 물질체는 영혼적인 형태 속에 물질적 법칙성을 가진 존재이다. 생명체에도 비슷한 것이 적용된다.

64   정신의 눈으로 볼 때 이 발달 단계의 지구는 처음에는 전적으로 영혼이며 정신인 우주 존재이다. 그래서 그 안에서는 물질적인 힘과 생명력이 아직은 영혼적으로 나타난다. 이 우주 형성물 안에는

나중에 물질적 지구의 피조물들로 변형될 모든 것이 근본적으로 포함되어 있다. 이 존재는 빛이 난다. 그러나 그 빛은 설령 물질적 눈이 존재한다고 해도 지각할 수 있는 빛이 아니다. 그것은 통찰력 있는 사람의 열린 눈에 영혼적인 빛으로만 반짝이기 때문이다.

65   이 우주 존재에서는 이제 응축으로 지칭할 수 있는 무엇인가 일어난다. 이 응축의 결과로 얼마 뒤에는 영혼 형성물의 한가운데에 가장 조밀한 상태에 있었던 토성과 비슷한 불의 형태 하나가 나타난다. 이 불의 형태는 발달에 관여된 다양한 존재의 작용들이 뒤섞여 있다. 이 존재들과 천체 사이의 상호 작용은 지구 불덩이에서 떠올랐다가 그 안으로 가라앉는 모습으로 관찰된다. 따라서 지구 불덩이는 동일한 형태를 가진 물질이 아니라 영혼과 정신이 스며든 유기체와 같은 무엇이다. 지구에서 인간을 현재의 형상이 될 운명인 존재들은 아직은 불덩이로 가라앉는 일에 거의 참여하지 않는 상태이다. 그들은 여전히 응축되지 않은 주변에 거의 전적으로 머문다. 여전히 더 높은 정신 존재의 품안에 있는 것이다. 그들은 이 단계에서 그들 영혼 형태의 한 지점으로만 불덩이 지구와 접촉한다. 그리고 그것은 열이 그들의 아스트랄 형태 일부를 응축시키는 결과를 불러온다. 이를 통해서 그들 안에서 지구의 생명이 불붙기 시작한다. 그러니까 그 존재의 상당 부분은 여전히 영혼적-정신적 세계에 속해 있고, 불덩이 지구와의 접촉을 통해서만 생명의 열기가 그들 주변을 감싸며 움직이는 것이다. 물질적 지구 시기의 시초에 이 인간 존재들에

대한 감각적-초감각적 상을 그려보고 싶다면 영혼적인 달걀 형태를 떠올려야 한다. 지구 주변에 들어 있고 아래쪽 면은 도토리처럼 깍정이에 둘러싸인 형태이다. 다만 그 깍정이의 실체가 열이나 불로 이루어졌을 뿐이다. 열에 둘러싸이게 되는 것은 인간 내부에 생명이 불붙는 결과를 불러올 뿐만 아니고, 그와 동시에 아스트랄체에도 변화를 일으킨다. 나중에 감정영혼으로 발달하게 될 것의 첫 맹아가 아스트랄체에 편입되는 것이다. 따라서 이 단계에 있는 인간 존재는 감정영혼, 아스트랄체, 생명체, 불로 짜인 물질체로 구성된다고 할 수 있다. 아스트랄체에서는 인간의 삶에 참여하는 정신존재들이 위아래로 요동친다. 인간은 감정영혼을 통해서 자신이 지구체에 묶여 있다는 것을 느낀다. 그러니까 이 시기에 인간은 주로 상 의식을 가지고 있으며, 그 안에서는 그를 품고 있는 정신존재들이 드러난다. 이 의식 안에서는 자기 몸의 감각이 하나의 점처럼만 나타난다. 말하자면 정신세계로부터 지상의 한 소유물을 내려다보면서 "저것은 네 것이다"라고 느끼는 것과 같다. 이제 지구의 응축은 계속 진행되고, 그와 함께 앞에서 언급한 인간 내부의 구성은 점점 뚜렷해진다. 그러다가 어느 발달 시점부터는 지구가 어느 한 부분만 불과 같은 상태를 유지하고 있을 정도로 응축된다. 지구의 다른 부분은 기체나 공기로 부를 수 있는 실질적인 형태를 취한 것이다. 이제 인간에게도 변화가 일어난다. 인간은 지구의 열과 접촉할 뿐만 아니라 그의 불의 덩어리에 공기 물질이 편입된다. 열이 그의 내부에 생명을 불붙인 것처럼, 그를 둘러싸고 움직이는 공기는 (정신적인) 소리라고 말할 수 있는 작용을 불러일으킨다. 이로써 그의 생명체가 울린다. 동시에 아스트랄체에서는 한 부분이 분리되는데, 이는 나중에 나타나는 지성영혼의 첫 번째 맹아이다. 이 시기에 인간의 영혼 안에서 일어나는 일을 분명하게 떠올리기 위해서는 공기-불로 이루어진 지구체 안에 인간보다 차원 높은 존재들이 위아래로 요동치고 있다는 사실에 주목해야 한다. 불 지구에는 먼저 인간에게 중요한 인격의 정신존재들이 있다. 인간이 지구의 열에 의해서 생명이 일깨워지는 순간에 그의 감정영혼은 "이것이 인격의 정신존재들이다"라고 스스로에게 말한다.. 지구의 공기체에서도 이 책의 앞에서 "대천사"(그리스도교 신비주의의 의미에서)로 명명한 존재들이 그 등장을 알린다. 공기가 인간 주변에서 움직일 때 인간이 자기 안에서 소리로 느끼는 것이 그들의 작용이다. 이때 지성영혼은 스스로에게 말한다. "이것은 대천사들이다." 이처럼 인간이 이 단계에서 지구와의 결합을 통해 지각하는 것은 아직은 물질적 대상들의 총합이 아니며, 인간은 자신에게로 올라오는 열의 감각과 소리 속에서 살아간다. 그러나 그는 이런 열의 흐름과 소리의 파동 속에서 인격의 정신존재들과 대천사들을 느낀다. 다만 이 존재들을 직접적으로 지각하지는 못하고 열과 소리의 베일을 통해서만 인지한다. 지구로부터 오는 이 지각들이 그의 영혼으로 파고드는 동안, 이 영혼에서는 그가 자신을 품고 있다고 느끼는 고차적 존재들의 상들이 여전히 오르락내리락한다.

66   지구의 발달은 계속 이어진다. 지구 발달의 지속은 다시 한

번 응축으로 나타난다. 물 형태의 물질이 지구체에 편입되어 지구체는 이제 불, 공기, 물 형태를 가진 세 구성 요소로 이루어진다. 그러나 이 일이 일어나기 전에 중요한 과정이 일어난다. 불-공기-지구로부터 독립적인 우주체 하나가 분리되는데, 이 우주체는 계속 발달해서 현재의 태양이 된다. 이전에 지구와 태양은 하나의 몸이었다. 태양이 분리된 후 지구는 처음에는 현재의 달에 있는 모든 것을 여전히 가지고 있다. 태양의 분리가 일어난 이유는 고차적 존재들이 그들 자신의 발달과 지구를 위해서 해야 할 일을 함에 있어 물로 응축된 물질을 더 이상 감당할 수 없기 때문이다. 그들은 공통의 지구덩어리에서 자신들에게만 필요한 물질들을 분리해서 지구에서 빠져나간다. 태양에 새로운 거처를 만들기 위해서이다. 그들은 이제 외부의 태양으로부터 지구에 작용한다. 그러나 인간은 자신의 발달을 이어가기 위해서 물질이 계속해서 응축되는 현장이 필요하다.

67   지구체에 물 형태의 물질이 편입되면서 인간에게도 변화가 일어난다. 이제 그의 내부로 불이 흘러 들어가고 그의 주변에 공기가 움직일 뿐만 아니고, 물 형태의 물질이 그의 물질체로 편입된다. 동시에 그의 에테르 부분이 변화한다. 인간은 이제 그 부분을 미세한 광체라고 지각한다. 그는 전에는 지구로부터 열의 흐름이 그에게 올라온다고 느꼈고 공기가 소리를 통해 그에게 밀려온다고 느꼈다. 이제는 물의 요소도 그의 불-공기체 안으로 스며들고, 그는 그것이 흘러 들어오고 나가는 것을 빛의 반짝거림과 사라짐으로 본다. 또한 그

의 영혼에도 변화가 나타난다. 감정영혼과 지성영혼의 맹아들에 의식영혼의 맹아들이 더해지는 것이다. 물이라는 요소에서는 "천사들"이 작용한다. 그들은 본래 빛을 일으키는 주체이기도 하다. 인간에게는 그들이 마치 빛 속에서 나타나는 것처럼 보인다. 이전에는 지구체 자체 안에 있었던 어떤 고차적 존재들은 이제 태양으로부터 지구에 작용한다. 그로 인해서 지구에서의 모든 작용은 달라진다. 지구에 묶인 인간은 태양 존재들의 작용을 더는 자기 안에서 느낄 수 없을 텐데, 그의 영혼이 그에게 물질체를 부여한 지구로 끊임없이 향해 있다면 말이다. 따라서 이제 인간의 의식 상태에도 변화가 나타난다. 태양 존재들은 특정한 시기에 인간의 영혼을 물질체에서 벗어나게 한다. 그래서 인간은 태양 존재들의 품에서는 순전히 영혼적이었다가 다른 시기에는 몸과 결합해 지구의 영향을 받는 상태에 있게 된다. 인간이 물질체에 있을 때는 열의 흐름이 그에게로 올라간다. 대기가 그의 주변에 울려 퍼지고, 물이 그에게서 나왔다가 그에게로 흘러 들어간다. 인간이 그의 몸 밖에 있으면, 그의 영혼에서는 그를 품고 있는 고차적 존재들의 상들이 요동친다. 지구는 이 발달 단계에서 두 시기를 경험한다. 첫 번째 시기에 지구는 자신의 물질들로 인간의 영혼을 다양하게 변주하고 몸들로 영혼을 덮을 수 있다. 다른 시기에는 영혼들이 지구에서 멀어지고 몸들만 남는다. 지구는 인간 존재들과 함께 잠자는 상태에 놓인다. 머나먼 과거의 이 시기에는 지구가 낮 시간과 밤 시간을 경험한다고 말하는 것이 전적으로 합당할 수 있다. (물리적-공간적으로 보았을 때 이는 태양 존재들과 지구 존재들의 상호 작용에 의해 지구가 태양과 연결되어 움직이는 것으로 표현된다. 그로써 앞에서 말한 밤 시간과 낮 시간의 교대가 야기된다. 인간이 발달하고 있는 지구 표면이 태양으로 향하면 낮 시간이 흘러가고, 지구 표면이 태양에서 멀어지면 인간이 순전히 영혼적인 삶을 사는 밤 시간이 된다. 다만 태고 적에 태양 주위를 돌던 지구의 움직임이 현재의 움직임과 비슷했다고 생각해서는 안 된다. 그때는 상황이 완전히 달랐다. 그러나 천체들의 움직임은 거기에 거주하는 정신존재들이 서로에 대해 갖는 관계의 결과로 생긴다는 점을 여기서부터 어렴풋이 아는 것도 유익하다. 정신적 상태들이 물질적인 것에서 발현될 수 있도록 천체들을 위치시키고 움직이는 것은 정신적-영혼적 원인들이다.)

68   지구가 밤일 때 지구로 시선을 돌리면 그 지구체는 시체와 비슷하게 보일 것이다. 지구의 상당 부분은 영혼의 존재 형태가 달라진 인간들의 소멸하는 몸으로 이루어져 있기 때문이다. 인간의 몸을 형성했던 물과 공기 형태의 구조물들은 파괴되어 나머지 지구체 속으로 용해된다. 인간의 몸에서는 지구 발달 초기에 불과 인간 영혼의 공동 작용으로 만들어진 뒤 점점 더 조밀해진 부분만이 외적으로 보잘것없이 보이는 맹아처럼 남아 있다. 따라서 여기서 낮 시간과 밤 시간에 대해 말하는 것을 현재의 지구에서 그런 명칭이 의미하는 것과 너무 비슷하게 생각해서는 안 된다. 이제 낮 시간이 시작되면서 지구가 다시 태양의 직접적인 작용에 참여하게 되면, 인간의 영혼

들은 물질적 삶의 영역으로 밀고 들어간다. 그들은 앞에서 말한 싹들과 접촉하여 그 맹아들을 자라게 한다. 그래서 그것들이 인간 영혼의 본질을 모방한 것 같은 외적 형태를 취하게 만든다. 인간 영혼과 몸의 맹아 사이에서 일어나는 일은 섬세한 수정受精과 같다. 이렇게 몸이 된 이 영혼들도 이제 공기와 물을 끌어당겨 자신들의 몸으로 편입시키기 시작한다. 그렇게 구성된 몸은 공기를 방출하고 흡수하는데, 이는 나중에 일어나는 호흡 과정의 첫 번째 맹아이다. 물도 흡수되었다가 배출된다. 영양 섭취 과정의 원천적인 방식이 시작되는 것이다. 그러나 이 과정들은 아직 외적인 과정으로 지각되지 않는다. 영혼에 의한 일종의 외적인 지각은 앞에서 그 특징을 서술한 방식의 수정이 일어날 때만 이루어진다. 이때 영혼은 지구에 의해서 자신에게 건네진 맹아와 접촉하면서 자신이 물질적 삶으로 깨어난다는 것을 어렴풋하게 느낀다. 영혼은 "이것이 내 모습이다"라는 말로 표현할 수 있는 뭔가를 느낀다. 또한 물질체와 결합해 있는 내내 영혼에는 어렴풋이 깨어나는 자아 감정이라고도 부를 수 있는 감정이 남아 있다. 그러나 영혼은 공기를 흡수하는 과정을 아직은 전적으로 영혼적-정신적으로, 아직은 상처럼 보이는 과정으로 느낀다. 그 과정은 자신을 구성하는 싹에 형태를 부여하는, 위아래로 요동치는 소리의 상들과 같은 형태로 나타난다. 영혼은 사방에서 소리들의 물결에 둘러싸여 있다고 느끼고, 자신이 이 소리의 힘들에 따라 자신의 몸을 발달시켜 나간다고 느낀다. 그렇게 현재의 의식으로는 어떤 외부 세계에서도 관찰할 수 없는 그 당시 단계의 인간 형상들이 만들어졌다. 그들은 미세 물질로 된 식물과 꽃처럼 생겼지만, 내적으로는 움직일 수 있어서 날아다니는 꽃처럼 보이는 형태로 만들어진다. 지구 시대에 인간은 자신이 그런 형태로 만들어지는 행복한 감정을 경험한다. 영혼은 물로 된 부분의 흡수를 에너지 공급으로, 내적 강화로 느낀다. 외적으로 그것은 물질적 인간 구조물의 성장으로 나타난다. 태양의 직접적인 영향이 약해지면서 인간의 영혼도 그 과정들을 지배하는 힘을 잃는다. 그 과정들은 서서히 내던져지고, 위에서 서술한 싹을 자라게 하는 부분들만 남는다. 그러면서 인간은 자신의 몸을 떠나 정신적 삶의 형태로 돌아간다. (지구체의 모든 부분이 인간의 몸을 구성하는 데 사용되지는 않으므로, 지구가 밤 시간에는 무너지는 시체들과 소생을 기다리는 싹들로만 이루어진다고 생각해서는 안 된다. 그 모든 것은 지구의 물질들로 만들어진 다른 구조물 안으로 옮겨진다. 이들이 어떤 상태에 있는지는 나중에 제시될 것이다.)

69   그러나 지구 물질의 응축 과정은 계속 진행된다. 이제 물과 같은 요소에 "흙"이라고 부를 수 있는 단단한 요소가 추가된다. 이로써 인간도 지구 시기 동안 그의 몸에 흙의 요소를 편입시키기 시작한다. 이 편입 과정이 시작되면, 곧 영혼이 몸에서 벗어나 있는 시기으로부터 가져오는 힘은 더 이상 이전과 같은 힘이 아니다. 이전에 영혼은 주변에서 울리는 소리들과 유희하듯 가볍게 움직이는 빛의 상들에 따라서 불과 공기와 물의 요소로 몸을 만들었다. 그러나 단단해진 형태에 대해서는 그렇게 할 수가 없다. 따라서 이제는 다른 힘들

이 형성 과정에 개입한다. 영혼이 몸에서 벗어날 때 인간에게 남아 있는 부분에서는 이제 다시 돌아오는 영혼에 의해서 생명의 불이 붙을 싹이 드러날 뿐만 아니라 이렇게 생기를 불어넣는 힘 자체를 품은 어떤 구조물도 보인다. 영혼은 분리될 때 단순히 자신의 모상을 지구에 남기는 것에 그치지 않고 생명을 불어넣는 힘의 일부도 그 모상 안에 가라앉도록 한다. 그래서 영혼이 지구에 다시 나타날 때는 더 이상 그 모상만 소생시키는 것이 아니며, 모상 자체에서 소생이 일어나야 한다. 태양으로부터 지구에 작용하는 정신 존재들은 이제 인간의 몸에서 생명력을 얻는데, 이는 설령 인간 자신이 지구에 있지 않은 경우라도 마찬가지이다. 그렇게 해서 이제 영혼은 체화될 때 자신보다 위에 있는 존재들을 감지하게 해주는 소리들과 빛의 상들이 자기 주변에서 물결치듯 흐르는 것을 느낄 수 있다. 뿐만 아니라 흙의 요소를 받아들인 다음에는 활동 무대를 태양에 펼친 고차적 존재들의 영향까지도 체험한다. 이전에 인간은 자신이 몸에서 벗어났을 때 하나로 결합해 있었던 정신적-영혼적 존재들에 속한다고 느꼈다. 그의 자아는 아직 그들의 품에 있었다. 그 시기에 그의 주변에 있던 다른 것과 마찬가지로 이 자아도 물질적 체화가 이루어진 동안 그에게 다가왔다. 그때부터는 영혼적-정신적 인간 존재의 독립적인 모상들이 지구에 존재했다. 그것은 현재 인간의 몸과 비교할 때 미세한 물질로 된 구조물이었다. 흙으로 된 부분들이 지극히 미세한 상태로만 그들과 혼합되었기 때문이다. 현재의 인간이 어떤 대상을 구성하고 있는 미세한 물질들을 후각기관으로 받아들이는 것처럼 말이다. 인간의 몸은 그림자와 같았다. 그러나 그것은 지구 전체에 퍼져 있었기 때문에 지구 표면의 각 부분에서 서로 다른 성질로 작용하는 지구의 영향을 받았다. 이전에는 신체적 모상들이 자신에게 생명을 불어넣는 영혼인간들에 상응하여 지구 전체에 걸쳐 근본적으로 동일했지만, 이제는 인간 형태들 사이에 서로 다른 점이 나타났다. 이로써 나중에 나타날 인종 간의 상이성이 마련되었다. 그러나 신체적 인간이 독립적으로 되면서 지구인과 정신적-영혼적 세계 사이에 있었던 이전의 긴밀한 결합은 어느 정도까지 느슨해졌다. 이제부터는 영혼이 몸을 떠났을 때도 몸은 생명이 이어지듯 계속 살아갔다. 이런 식으로 발달이 계속되었다면 지구는 단단한 요소의 영향 아래 굳어졌을 것이다. 이 상황을 초감각적 인식으로 돌이켜보면 영혼이 떠나간 인간의 몸이 점점 더 단단해진다는 사실이 드러난다. 그러니 얼만큼 시간이 지난 뒤 인간 영혼들이 지구로 돌아온다면 자신들과 하나로 결합할 수 있는 쓸 만한 재료를 찾지 못했을 것이다. 인간이 쓸 수 있는 물질은 모두 체화의 단단한 잔존물들로 지구를 채우는 데 사용되었을 것이기 때문이다.

70   이때 전체 발달 과정을 다른 방향으로 돌리는 어떤 사건이 일어났다. 단단한 지구 물질에서 지속적인 경화에 기여할 수 있는 모든 것이 떨어져나간 것이다. 오늘날 우리가 보는 달이 그때 지구를 떠났다. 또한 이전에 지구에서 형태의 지속적인 형성에 직접적으로 기여했던 것이 이제는 달에서부터 약해진 채 간접적으로 작용했다.

이 형태의 형성을 좌우하는 차원 높은 존재들은 더 이상 지구 내부가 아닌 외부로부터 지구에 영향을 주기로 결정했다. 그렇게 해서 인간의 신체 구조에 남성과 여성이라는 성의 분리가 시작되었다고 볼 차이점이 나타났다. 이전에 지구에 거주한 미세 물질로 된 인간 형태는 자신 안에 있는 두 가지 힘, 즉 싹의 힘과 생명력의 공동 작용으로 새로운 인간 형태인 후손이 태어나게 했다. 그러자 이 후손들은 스스로를 변형시켰다. 그런 후손들 가운데 한 집단에는 정신적-영혼적인 것의 발아력이 더 많이 작용했고, 다른 집단에는 생명를 불어넣는 발아력이 더 영향을 미쳤다. 이는 달이 지구에서 멀어지면서 지구 요소가 그 위력을 약화시켰기 때문에 발생한 일이다. 이제 두 힘의 상호 작용은 하나의 몸에서 일어났기 때문에 이전보다 더 부드러워졌다. 이에 따라 후손도 더 부드럽고 섬세했다. 그는 섬세한 상태에서 지구에 발을 디뎠고, 시간이 지나면서 비로소 더 단단한 부분들에 편입되었다. 이로써 지구로 돌아오는 인간 영혼에게는 다시 몸과 결합할 가능성이 주어졌다. 인간 영혼은 이제 더 이상은 외부에서부터 몸을 소생시키지 못했다. 그 소생이 바로 지구에서 일어났기 때문이다. 그러나 영혼은 몸과 결합했고 몸을 성장시켰다. 다만 이 성장에는 일정한 한계가 있었다. 인간의 몸은 달의 분리에 의해서 한동안 유연해졌지만, 지구에서 계속 성장할수록 단단하게 하는 힘이 점점 더 우위를 점했다. 결국 영혼은 점점 더 약한 상태로 몸의 구성에 참여할 수 있었다. 영혼이 정신적-영혼적인 존재로 높아지면서 몸은 쇠락했다.

71　　　우리는 토성과 태양과 달이 발달하는 동안 차츰차츰 획득한 힘이 방금 기술한 지구의 형성 과정에서 어떻게 인간의 발달에 서서히 참여하는지 추적할 수 있다. 먼저 생명체와 물질체를 용해된 상태로 아직 자기 안에 포함하고 있는 아스트랄체가 지구의 불에 의해 점화된다. 그런 다음 이 아스트랄체는 더 섬세하고 아스트랄적 부분인 감정영혼, 그리고 이제부터 지구의 요소와 접촉하는 더 거칠고 에테르적인 부분으로 나뉜다. 이로써 이전에 먼저 형성된 에테르체, 즉 생명체가 출현한다. 아스트랄적인 인간 안에서 지성영혼과 의식영혼이 형성되는 동안, 에테르체에서는 소리와 빛에 민감한 *더 거친 부분들이* 분리된다. 에테르체가 더 응축되어 빛 덩어리에서 불 덩어리나 열 덩어리로 변하는 시점에는 조금 전 서술된 바와 같이 단단한 지구 요소들이 인간에게 편입되는 발달 단계도 시작된다. 에테르체는 불이 될 정도로 응축되었기 때문에 이전에 심어진 물질체의 힘을 통해서도 불의 상태로 엷어진 지구의 물질들과 결합할 수 있다. 그러나 에테르체만으로는 그 사이 더 단단해진 몸 안으로 공기 물질들까지 들여보낼 수는 없을 것이다. 이때 앞에서 언급한 태양에 거주하는 고차적 존재들이 나타나 에테르체에 공기를 불어넣는다. 이와 같이 인간이 자신의 과거 자체로 인해 스스로에게 지구의 불을 스며들게 하는 힘을 가지고 있는 동안, 고차적 존재들은 공기의 흐름이 그의 몸 속에 이르도록 유도한다. 단단해지기 전 인간의 생명체는 소리 수신자로서 공기의 흐름을 조종했다. 생명체는 인간의 물질체를 생명으로 가득 채웠다. 이제 물질체는 외부 생명을 받아들인다. 그 결과

이 생명은 인간의 영혼 부분에는 영향을 받지 않는다. 영혼은 지구를 떠날 때 자신의 형태의 싹만이 아니라 그 자신의 생동적인 모상도 남겨둔다. "형태의 정신 존재들"은 이 모상과 결합한 상태로 있고, 인간의 영혼이 몸을 떠나면 자신들에 의해서 부여된 생명도 후손들에게 건네준다. 그렇게 해서 유전이라고 부를 수 있는 것이 생겨난다. 그래서 인간의 영혼이 다시 지구에 나타나면, 영혼은 선조들로부터 물려받은 생명이 깃든 몸 안에 자신이 있다고 느낀다. 영혼은 바로 그런 몸에 특별히 이끌린다고 느낀다. 이를 통해서 영혼이 자신과 하나라고 느끼는 선조들에 대한 기억 같은 것이 형성된다. 이 기억은 공통의 의식처럼 후손들로 계속 전해진다. "자아"는 여러 세대를 관통하며 전해진다.

72   지구 시기에 이루어진 이 발달 단계에서 인간은 스스로를 독립적인 존재로 느꼈다. 그는 자기 생명체 내부의 불이 지구 외부의 불과 결합되어 있다고 느꼈다. 그는 자기 안에서 흐르는 열을 자기의 자아라고 느낄 수 있었다. 생명으로 짜인 이 열의 흐름에서는 혈액 순환의 맹아가 발견된다. 그러나 인간은 공기로서 그에게 흘러 들어온 것에서는 자신의 존재를 완전히 느끼지 못했다. 그 공기 속에는 앞에서 서술한 고차적 존재들의 힘이 작용하고 있었다. 그러나 그를 관통해 흐르는 공기 내부에는 작용력의 일부가 남아 있었는데, 이는 그가 이전에 형성된 그의 에테르적 힘에 의해서 가지고 있었던 것이다. 그는 이 공기 흐름의 한 부분에서는 지배자였다. 그리고 그런 점

에서 그의 형성 과정에는 고차적 존재들만이 아니라 그 자신도 작용했다. 그는 아스트랄체의 상들에 따라서 자기 안에 공기 부분들을 형성했다. 이렇게 외부로부터 인간의 몸으로 흘러 들어온 공기는 호흡의 기초가 되었고, 내부 공기의 일부는 인간에게 새겨진 유기체로 구성되어 나중에 형성되는 신경계의 기초가 되었다. 결국 당시 인간은 열과 공기를 통해서 지구의 외부 세계와 결합되어 있던 것이다. 그에 반해 지구의 단단한 요소가 들어오는 것에서는 아무것도 느끼지 못했다. 이 단단한 요소는 인간이 지구에서 몸으로 만들어지는 데 함께 작용했지만, 인간은 그런 것이 들어오는 것을 직접적으로 알아차리지는 못했고, 그 안에서 작용하고 있던 고차적 존재들의 상만 어렴풋하게 의식할 수 있었다. 자신보다 높은 존재들의 현현인 그런 상의 형태에서 인간은 흐르는 상태의 지구 요소가 공급되는 것을 이전에도 인지했다. 지구 인간의 형태가 응축하면서 이제 그의 의식 속에 있는 이 상들은 변화를 경험한다. 유동하는 요소에 단단한 요소가 혼합된다. 따라서 단단한 요소의 공급도 외부에서 작용하는 고차적 존재들에 의한 것으로 느껴질 수밖에 없다. 인간의 영혼은 이 요소를 스스로에게 공급할 힘이 더 이상 없는데, 이제는 그 힘을 외부에서 구축된 몸을 위해 사용해야 하기 때문이다. 인간이 그 공급을 직접 조종하려 했다면 몸의 형체를 망쳤을 것이다. 그래서 그가 외부에서 자신에게 공급하는 것은 그의 몸을 구성하는 고차적 존재들의 명령에 의해 유도된 것으로 보인다. 인간은 자신을 자아로 느낀다. 그는 자기 아스트랄체의 일부로서 지성영혼을 가지고 있는데, 이 지성영혼을 통해서 외부에서 일어나는 일을 내면에서 상들로 체험하고, 섬세한 신경계로 밀고 들어간다. 그는 여러 세대를 거쳐 흐르는 생명의 힘으로 자신을 선조들의 후손으로 느낀다. 그는 호흡하고, 그것을 형태의 정신 존재라는 고차적 존재들의 작용으로 느낀다. 또한 그들의 자극에 의해서 외부에서 (양분으로) 공급되는 것에서도 그들과 결합된다. 그에게 가장 불확실한 것은 개체로서의 자신의 유래이다. 거기에 대해서는 그가 지구의 힘들 속에서 자신을 드러내는 형태의 정신 존재들로부터 영향을 받았다는 것만 느낄 뿐이다. 인간은 외부 세계에 대한 관계 속에서 유도되고 이끌렸다. 이런 점은 그가 물질적 세계 뒤에서 작용하는 정신적-영혼적 활동에 대한 의식을 갖고 있다는 것으로 표현된다. 그는 정신 존재들을 그 본래의 형태로 인지하지는 못하지만, 그의 영혼에서 소리와 색깔 등을 체험한다. 또한 그는 정신 존재들의 활동이 이런 표상의 세계에서 살아간다는 것을 안다. 이 존재들이 그에게 전하는 것이 그를 향해 소리로 울린다. 그에게는 빛의 상들 속에서 그들이 모습을 나타내는 것으로 보인다. 지구 인간은 그가 불이나 열의 요소를 통해 받아들이는 표상들을 통해서 가장 내적으로 자신을 느낀다. 그는 벌써 자기 내면의 열과 지상의 주변에서 비롯되는 열의 흐름을 구분한다. 후자에서는 인격의 정신 존재들이 드러난다. 그러나 인간은 외부에서 오는 열의 흐름 뒤에 있는 것에 대해 어렴풋한 의식만 갖고 있다. 그는 바로 이 흐름 속에서 형태의 정신 존재들이 미치는 영향을 느낀다. 인간의 주변에서 강력한 열의 작용이 나타나면 영혼은 "이제 정신 존재들이 지구 주위를 열로 가득 채우고, 그들로부터 불꽃이 떨어져 나와 내 내면을 따뜻하게 한다"고 느낀다. 인간은 빛의 작용들 속에서 아직은 외적인 것과 내적인 것을 똑같이 구분하지 못한다. 주변에서 등장하는 빛의 상들은 지구 인간의 영혼에 항상 똑같은 감정을 불러일으키지는 않는다. 인간이 이 빛의 상들을 외적인 것으로 느꼈던 시기가 있었다. 몸에 구속되지 않는 상태에 있다가 몸이 되어 지구로 내려오고 난 이후의 시기였다. 그가 지구에서 성장하는 시기였다. 그러다가 새로운 지구 인간을 위한 싹이 형성될 시간이 다가왔을 때 그 상들은 희미해졌다. 인간은 그 상들에 대해 내적인 기억의 표상 같은 무엇인가만 간직했다. 이 빛의 상들에는 불의 정신 존재들(대천사들)의 행위가 포함되어 있었다. 인간에게 그들은 인간의 내부로 불꽃을 떨어뜨린 열 존재들의 봉사자처럼 나타났다. 그들의 외적 현현이 사라졌을 때 인간은 그들을 자신의 내면의 표상(기억)으로 체험했다. 그는 자신이 그들의 힘과 결합되어 있다고 느꼈다. 그리고 실제로도 그러했다. 그들에게서 받은 것을 통해서 자신을 에워싼 대기에 영향을 미칠 수 있었기 때문이다. 대기는 그의 영향 아래 빛을 발하기 시작했다. 그때는 자연의 힘과 인간의 힘이 아직은 훗날처럼 서로 분리되지 않은 시기였다. 지구에서 일어난 일은 상당 부분이 인간들의 힘에 의해서 생겨났다. 당시에 지구 밖에서 지구의 자연 과정을 관찰한 사람이라면, 그 과정들 속에서 인간에 좌우되지 않는 뭔가를 보았을 뿐만 아니라 인간의 작용들까지 감지했을 것이다. 지구 인간에게는 소리에 대한 지각이 여전히 다른 방식으로 이루어졌다. 그것은 지구 생활의 처음부터 외부적인 소리로 지각되었다. 외부에서 오는 빛의 상들이 인간의 지구 생활 중반기까지 감지되었던 것과는 달리, 외부 소리들은 이 중반기 이후에도 여전히 들렸다. 지구 인간은 삶의 끝에 이르렀을 때 비로소 그 소리들에 무뎌졌다. 그리고 그 소리들에 대한 기억의 표상들이 그에게 남았다. 그 안에는 "생명의 아들들"(천사)의 현현이 포함되어 있었다. 삶의 마지막에 이 힘들과 내적으로 결합되었다고 느꼈을 때 인간은 이런 힘을 모방함으로써 지구의 물 요소에 강력한 작용을 일으킬 수 있었다. 그의 영향 아래 지구 내부와 위쪽에서는 물이 넘실댔다. 인간은 지구 생활의 첫 4분의 1에 해당하는 시기에만 맛에 대한 표상들을 가지고 있었다. 그때에도 그 표상들은 몸에 구속되지 않는 상태에서 겪은 체험에 대한 기억처럼 영혼에 나타났다. 인간이 그런 것들을 갖고 있는 동안에는 그 몸이 외부 물질들을 수용함으로써 단단해지는 과정이 지속되었다. 지구 생활의 두 번째 4분의 1에 해당하는 시기에도 성장은 계속되었지만, 그 형체는 이미 완전히 만들어진 상태였다. 이 시기에 인간은 자기 옆에 있는 다른 생명체들을 자신의 열과 빛과 소리의 작용을 통해서만 감지할 수 있었다. 아직은 단단한 요소를 떠올릴 능력이 없었기 때문이다. 그는 삶의 첫 4분의 1 동안에는 물의 요소에 의해서만 앞에서 서술한 맛의 영향을 받았다.

73   인간의 이 내적 영혼 상태를 그대로 모사한 것이 그의 외적 몸이 가진 형태였다. 나중에 머리 형태가 될 것의 맹아를 포함한 부분이 가장 완전하게 발달했다. 다른 기관들은 부속물처럼 보였다. 그

것들은 희미하고 불분명했다. 그럼에도 지구 인간들의 형체는 다양했다. 그들이 살았던 지구의 상황에 따라서 어떤 인간들에서는 부속물들이 더 발달하거나 덜 발달했다. 그것은 인간이 어디에 거주하는지에 따라서 달랐다. 인간이 지구 세계로 더 많이 얽혀 들어간 곳에서는 부속물들이 더 두드러졌다. 지구의 물질적 발달 초기에 선행하는 발달로 인해서 가장 많이 성숙했던 인간들, 그래서 지구가 아직 공기로 응축되지 않았던 초기에 바로 불의 요소와 접촉할 수 있었던 인간들은 이제 머리의 기초를 가장 완전하게 형성할 수 있었다. 이들은 그 자체로 가장 조화로운 인간들이었다. 다른 인간들은 지구가 이미 공기를 형성했을 때가 되어서야 비로소 불의 요소와 접촉할 준비가 된 상태였다. 이들은 첫 번째 인간들보다 외부 상황에 더 많이 의존해 있던 인간들이었다. 첫 번째 인간들은 열에 의해서 형태의 정신존재들을 분명하게 감지했고, 지상에서 사는 동안 그들은 이전에는 몸에 구속되지 않는 상태에서 이 정신존재들에 속했고 정신존재들과 결합해 있었다는 것을 기억으로 간직하고 있는 것처럼 느꼈다. 두 번째 유형의 인간들은 몸에 구속되지 않았던 상태에 대한 기억을 조금만 느꼈다. 이들은 주로 불의 정신존재들(대천사)의 빛의 작용에서 정신세계와의 연관성을 느꼈다. 세 번째 유형의 인간들은 지구의 삶에 더 많이 연루되어 있었다. 이들은 지구가 태양으로부터 분리되고 물의 요소를 받아들인 뒤에야 비로소 불의 요소와 접촉할 수 있었던 인간들이었다. 정신세계에 대한 이들의 소속감은 지구 생활의 초기에는 특히 약했다. 이들은 대천사의 작용, 특히 천사들의 작용이 내적 표상 생활에서 효력을 나타냈을 때에야 비로소 그런 연관성을 느꼈다. 반면에 지구 시기의 초기에 이들은 지상의 상황들 자체에서 할 수 있는 활동에 대한 활발한 충동으로 가득 차 있었다. 이들에게는 부속 기관들이 특히 강하게 발달했다.

74 달이 지구에서 분리되기 전에 지구 안에 있던 달의 힘으로 인해 모든 것이 점점 더 단단해지게 되었을 때, 인간들에 의해 지구에 남겨진 맹아들의 후손 중에는 몸에서 자유로운 상태에 있다가 다시 돌아오는 인간 영혼이 달의 그 힘 때문에 더 이상 체화되지 못하는 일이 발생했다. 그런 후손들의 형체는 너무 단단해졌고 달의 힘으로 인해서 인간 형체와는 너무 달라졌기 때문에 인간의 형체를 받아들일 수 없는 상태가 된 것이다. 그 때문에 어떤 인간 영혼들은 그런 상황들로 인해 더 이상 지구로 돌아갈 가능성을 찾지 못했다. 가장 성숙하고 강한 영혼들만 지구체가 성장하는 동안 이 지구체를 변형시켜 인간 형체로 활짝 피어나게 할 수 있다고 느꼈다. 인간의 신체적 후손들 중 일부만이 지상의 인간을 가진 몸이 되었다. 다른 부분은 굳어진 형체 때문에 인간의 영혼보다 낮은 상태에 있는 영혼들만 받아들일 수 있었다. 그러나 인간의 영혼들 중 일부는 부득이하게 당시의 지구 발달을 함께할 수가 없었다. 그로 인해 그들은 다른 종류의 삶의 과정으로 보내졌다. 이미 태양이 지구로부터 분리될 때 지구에서 자리를 찾지 못한 영혼들이 있었다. 이들은 계속적인 발달을 위해서 다른 행성으로 옮겨졌다. 이 행성은 우주 존재들의 인도

아래 보편적 우주 실체로부터 분리되었는데, 이 실체는 지구의 물질적 발달 초기에 지구와 결합되어 있었고, 태양도 그 실체에서 분리되어 나왔다. 이 행성이 외적 학문에서 그 물질적 표현을 "목성"으로 알고 있는 행성이다. (여기서는 옛 학문에서 했던 것과 정확히 같은 의미에서 천체들과 행성들, 그리고 그 이름을 언급한다. 그것이 의미하는 바는 문맥에서 밝혀진다. 물질적 지구가 정신적-영혼적 유기체의 물질적 표현일 뿐인 것처럼 다른 모든 천체도 마찬가지이다. 초감각적인 것을 관찰하는 사람은 "지구"라는 이름으로 단순히 물질적 행성을 일컫거나 "태양"으로 단순히 물질적 항성을 일컫지 않는 것처럼 "목성", "화성" 등에 대해 말할 때에도 폭넓은 정신적 연관성을 의미한다. 천체들은 여기서 언급된 시기 이후 당연히 그 형체와 과제를 근본적으로 변화시켰고, 어떤 관점에서는 우주 공간에서 그것들의 위치까지도 달라졌다. 초감각적 인식의 시선으로 이 천체들의 발달을 아득한 과거까지 거슬러 올라가는 사람만이 현재의 행성들과 그에 선행하는 행성들의 관계를 인식할 수 있다.) "목성"에서는 위에서 서술한 영혼들이 일단 계속 발달했다. 그러다가 나중에 지구가 점점 더 단단해지는 경향을 가지게 되자 영혼들을 위한 또 다른 거처가 만들어져야 했다. 한동안은 영혼들이 단단해진 몸에 거주할 수 있었지만, 응고 과정이 너무 많이 진척되었을 때는 더 이상 그렇게 할 수가 없었기 때문이다. "화성"에 그들이 계속 발달하는 데 적합한 장소가 생겨났다. 지구가 아직 태양과 결합되어 있고 공기 요소를 편입시킬 때 이미 영혼들이 지구의 발달을 함께하는 데 부적합하다는 것이 드러났다. 영혼들은 지상의 몸 형체에서 너무 강한 영향을 받았다. 그 때문에 당시에도 벌써 태양의 힘들이 주는 직접적인 영향에서 벗어나 있어야만 했다. 태양의 힘들은 외부에서 그들에 작용해야 했다. 이 영혼들에게는 "토성"에 계속 발달할 수 있는 자리가 생겼다. 그렇게 해서 지구가 발달하는 동안 인간 형체의 수는 줄어들었다. 그리고 인간의 영혼으로 체화되지 않은 형체들이 등장했다. 그들은 인간의 물질체와 생명체가 옛 달에서 그랬던 것처럼 아스트랄체만 수용할 수 있었다. 지구에서 인간 거주자들의 수가 드물어지는 동안 그 존재들은 지구에 자리 잡았다. 만일 달의 분리를 통해서 당시에는 아직 인간 영혼이 깃들 수 있었던 인간 형체들이 지구에 사는 동안 인간 맹아로 하여금 지구로부터 직접적으로 나오는 달의 힘에서 벗어나게 하지 않았다면, 그래서 그 힘들을 견딜 수 있을 때까지 자체적으로 성장하게 할 가능성이 만들어지지 않았다면, 모든 인간 영혼은 결국 지구를 떠나야만 했을 것이다. 인간 내면에서 그 맹아가 발달하는 동안 인간은 가장 강력한 동지들의 인도 아래 달을 지구로부터 분리시킨 존재들의 작용 아래 있었는데, 이는 지구의 발달을 임계점 위로 이끌어가기 위해서였다.

75   지구가 자기 안에서 공기 요소를 만들어냈을 때, 앞에서 서술한 것과 같은 의미에서 옛 달의 잔존물인 아스트랄 존재들이 있었다. 이들은 가장 낮은 단계의 인간 영혼들보다도 발달이 훨씬 뒤처진 존재들이었다. 이들은 태양이 지구에서 분리되기도 전에 인간에게

서 떠나야 했던 형체들의 영혼이 되었다. 이 존재들은 동물계의 선조들이다. 오랜 시간이 지나는 동안 이들은 인간에게는 부속물로만 존재했던 기관들을 가지도록 발달했다. 이들의 아스트랄체는 옛 달에 있던 인간과 같은 방식으로 물질체와 생명체에 작용해야 했다. 이렇게 생겨난 동물들은 개별 동물에서는 살 수 없는 영혼을 가지고 있었다. 영혼들은 자신들의 본성을 선조들과 동일한 형체를 가진 후손에게로 확장했다. 근본적으로 한 형체에서 유래한 동물들은 공통적으로 하나의 영혼을 가지고 있다. 후손이 특별한 영향으로 선조들의 형체에서 멀어질 때만 새로운 동물 영혼이 체화된다. 이런 의미에서 정신과학에서는 동물들의 경우에 종(또는 속) 영혼 또는 집단 영혼이라는 말을 할 수 있다.

76   태양과 지구가 분리될 때도 비슷한 일이 일어났다. 인간이 옛 달에서 발달하기 전보다 더 나아가지 못한 형체들이 물 같은 요소에서 나타난 것이다. 이들은 아스트랄적 요소가 외부에서 영향을 주었을 때만 그 작용을 받아들일 수 있었다. 이는 태양이 지구에서 멀어진 뒤에야 일어날 수 있었다. 지구에 태양이 뜰 때마다 태양의 아스트랄적 요소가 이 형체들을 자극해 지구의 에테르적 요소에서 그들의 생명체를 형성하게 했다. 태양이 다시 지구에서 멀어지면 이 생명체는 모든 지구체 안에서 다시 용해되었다. 태양의 아스트랄적 요소와 지구의 에테르적 요소가 함께 작용한 결과로 물 같은 요소로부터 오늘날 식물계의 선조를 이루는 물질적 형체들이 등장했다.

77   인간은 지구상에서 제각기 개별자인 영혼 존재가 되었다. 달에서 "운동의 정신존재들"에 의해서 흘러 들어온 인간의 아스트랄체는 지구에서 감정영혼, 지성영혼, 의식영혼으로 나뉘었다. 의식영혼이 지구에서 사는 동안 그에 적합한 몸을 형성할 수 있을 만큼 발전했을 때, 형태의 정신존재들은 인간에게 자신들의 불에서 나온 불꽃을 부여했다. 이로써 인간 안에서 "자아"의 불이 점화되었다. 이제 인간은 물질체를 떠날 때마다 정신세계에 있게 되었고, 거기서 그는 토성과 태양과 달이 발달하는 동안 그에게 물질체와 생명체와 아스트랄체를 주고 지구 단계까지 발달시킨 존재들을 만났다. 지구 생활에서 자아의 불꽃이 점화된 이후로는 몸에 구속되지 않는 삶에도 변화가 생겼다. 인간의 본질이 이 지점까지 발달하기 전에는 간은 정신세계에 대해 독립적이지 않았다. 그는 정신세계에서 자신을 개별적인 존재가 아니라 자신보다 차원 높은 존재들로 이루어진 고귀한 유기체의 한 구성 요소로 느꼈다. 지상에서의 "자아 체험"은 이제 정신세계까지 영향을 미쳤다. 그때부터는 인간도 어느 정도는 그 세계에서 하나의 단일체로 느꼈다. 그러나 동시에 자신이 그 세계와 끊임없이 결합되어 있다는 것도 느꼈다. 그는 몸에 구속되지 않는 상태에서 고차적 형체 속에 있는 형태의 정신존재들을 다시 발견하는데, 자신이 지닌 "자아"의 불꽃을 통해 그들이 지상에서 모습을 드러내는 것을 인지한 것이다.

78   달이 지구에서 분리되면서 정신세계에서도 그 분리와 관련

된 체험들이 몸에 구속되지 않는 영혼들에게 생겨났다. 영혼의 개별성을 받아들일 수 있었던 인간 형체들을 지구에서 계속 키워내는 일은 형성력들의 일부가 지구에서 달로 옮겨짐으로써 가능해졌다. 이렇게 해서 인간의 개별성은 달 존재들의 영역으로 들어갔다. 몸에 구속되지 않는 상태에서 지구의 개별성에 대한 여운이 작용할 수 있었던 것은 그 상태에서도 영혼이 달의 분리를 초래한 강력한 정신존재들의 영역에 머물러 있었기 때문이다. 그 과정은 영혼이 지구체를 떠난 직후 달의 존재들에 의해 반사된 빛 속에서만 높은 태양의 존재들을 볼 수 있는 방식으로 발전했다. 영혼은 이 반사된 빛을 보면서 충분히 준비가 되었을 때 비로소 높은 태양의 존재들 자체를 볼 수 있었다.

79   지구의 광물계도 전반적인 인류의 발달에서 배제됨으로써 생성되었다. 광물계의 형성물들은 달이 지구에서 분리되었을 때 굳어진 채로 남아 있던 것들이다. 영혼적인 것들 중에서는 토성 단계에 머물러 있던 것, 그러니까 물질적 형태를 만들어내는 데 적합했던 것만이 그런 형성물들에 이끌리는 느낌을 받았다. 여기와 이어지는 부분에서 언급하는 모든 일들은 굉장히 오랜 기간에 걸쳐 일어났다. 그러나 여기서 그 기간을 규정하기 위해 더 자세하게 논의할 수는 없다.

80   지금까지 서술한 과정은 외적인 측면에서 본 지구의 발달을 나타낸다. 그리고 정신의 측면에서 관찰하면 다음과 같은 일이 생긴

다. 달을 지구로부터 분리시키고 자신들의 삶을 달과 결합시켜 지구-달 존재가 된 정신존재들은 달에서 지구로 보낸 힘들로 인간 유기체가 어느 정도 형성되도록 했다. 그들의 작용은 인간에 의해 획득된 "자아"에 미쳤다. 이 작용은 자아와 아스트랄체, 에테르체, 물질체 사이의 상호 작용에서 그 효력이 나타났다. 이를 통해서 인간에게는 우주의 지혜로운 조형을 자기 안에서 의식적으로 비춰보고 그것을 인식의 반사처럼 모사할 수 있게 되었다. 인간은 예전의 달 시기 동안 발생한 태양으로부터의 분리에 의해서 자신의 유기체에 어느 정도의 독립성을 얻었고 태양의 존재들에서 직접 나오는 것보다는 더 자유로운 정도의 의식을 얻었다는 설명을 떠올려보라. 예전 달 발달의 유산인 이 자유롭고 독립적인 의식은 앞에서 서술한 지구 발달의 시기에 다시 나타났다. 그런데 바로 이 의식은 앞에서 언급한 지구-달 존재들의 영향으로 다시 우주와 조화를 이룬 상태에서 우주의 한 모상으로 만들어질 수 있었다. 다른 영향이 작용하지 않았다면 그런 일은 일어났을 것이다. 만일 그렇게 다른 영향이 없었다면, 인간은 자신의 자유로운 개입이 아닌 자연의 필연성에 의해서 우주를 인식 활동의 상들 속에 반영하는 의식을 가진 존재가 되었을 것이다. 하지만 그렇게 되지는 않았다. 달의 분리가 있던 바로 그 시기에 어떤 정신존재들이 인간의 발달에 개입했는데, 이들은 태양이 지구에서 떠나가는 일에 참여할 수 없을 정도로 *자신들의* 달의 본성을 너무 많이 간직하고 있던 존재들이다. 또한 지구-달에서부터 지구를 향해 활동했던 존재들의 작용에서도 배제된 존재들이다. 예전 달의 본성을 가진 이 존재들은 말하자면 불규칙한 발달과 함께 지구로 추방되었다. 이들의 달 본성에는 예전의 달이 발달하는 동안 태양의 정신존재들에 반발한 것이 놓여 있었는데, 이는 인간이 그 덕분에 독립적이고 자유로운 의식 상태로 나아갔다는 점에서는 당시 인간에게 다행한 일이었다. 지구 시기 동안 이루어진 이 존재들의 그런 독특한 발달은 이들을 그 시간 동안 달에서부터 인간의 의식을 필연적인 우주 인식의 거울로 만들고자 했던 존재들의 적수로 만드는 결과를 가져왔다. 옛 달에서 인간을 고차적 상태로 나아가도록 도왔던 것은 지구 발달에 의해 가능해진 환경에 저항하는 것으로 드러났다. 이 저항하는 세력들은 자신의 달 본성으로부터 앞에서 서술한 의미에서 아스트랄체에 작용하는 인간의 힘, 즉 아스트랄체를 독립적으로 만드는 힘을 가져왔다. 그들은 이 아스트랄체에 — 이제부터는 지구 시간에도 — 지구-달의 존재들에 의해 야기된 *필연적인*(자유롭지 못한) 의식 상태에 비해 어느 정도의 독립성을 부여하는 방식으로 그 힘을 행사했다. 앞에서 서술한 정신존재들이 여기서 언급된 태고 적에 어떤 식으로 인간에 작용했는지는 일반적인 언어로 표현하기 어렵다. 그 작용을 지금의 자연의 영향력처럼 생각해서는 안 되고, 한 사람이 말로써 다른 사람의 내적 의식의 힘을 일깨워 그 사람이 뭔가를 이해하게 하거나 그에게 선행이나 악행을 자극하는 영향력처럼 생각해서도 안 된다. 태고 적에 있었다고 한 그 작용은 자연의 작용이 아닌 정신적 영향, 고차적 존재들에 의해서 인간의 당시 의식 상태에 맞게 인간에게 옮겨져 정신적으로 작용하는 영향이었다. 이 문제를 어떤 자연 작용처럼 생각한다면 그 참된 본질을 결코 알지 못한다. 반면에 예전 달의 본성을 가진 존재들이 자신들의 목표를 이루기 위해서 "유혹하면서" 인간에게 접근했다고 말한다면 좋은 상징적 표현이 될 것이다. 그 상징성을 의식하는 동시에 그런 상징 뒤에 정신적 사실이 놓여 있다는 점을 분명히 알고 있는 한에서 말이다.

81　　달 상태로 남겨진 정신존재들로부터 인간에게 가해진 작용은 인간에게 이중적 결과를 불러왔다. 인간의 의식은 우주의 단순한 반영이라는 성격에서 벗어났는데, 그의 아스트랄체에서 의식의 상들을 조절하고 통제하는 가능성이 촉발되었기 때문이다. 이로써 인간은 자기 인식의 주인이 되었다. 그러나 다른 한편으로 이 지배의 출발점은 바로 아스트랄체였고, 그로 인해 아스트랄체보다 상위에 있는 "자아"는 끊임없이 아스트랄체에 의존하게 되었다. 그렇게 해서 미래의 인간은 그의 본성에 있는 더 낮은 요소에 지속적으로 영향을 받는 상태가 되었다. 그는 살면서 지구-달 존재들이 우주의 과정 속에서 그를 올려놓았던 단계 아래로 떨어질 수 있었다. 또한 앞에서 서술한 불규칙하게 발달된 달 존재들이 그의 본성에 미치는 지속적인 영향은 이후에도 계속 남았다. 지구-달에서부터 의식을 우주의 거울로 만들었지만 자유 의지는 주지 않았던 다른 존재들과는 달리, 이 달 존재들은 루시퍼적 정신존재들이라고 불릴 만하다. 이들은 인간에게 의식 속에서 자유로운 활동을 펼칠 가능성을 주었지만, 그와 함께 오류와 악의 가능성도 불러왔다.

82   이 과정들의 결과로 인간은 지구-달의 정신존재들에 의해 예정된 것과는 다른 관계를 태양의 정신존재들에 대해 갖게 되었다. 지구-달의 정신존재들은 태양의 정신존재들의 영향이 인간의 전체 영혼 생활을 지배하도록 의식의 거울을 발전시키고자 했다. 그런데 이 과정들이 방해를 받았고, 인간 존재에서는 태양의 정신존재의 영향과 불규칙한 달 발달을 가진 정신존재들이 미치는 영향 사이에 대립이 생겨났다. 이 대립으로 인해서 인간에서는 태양의 물리적인 작용을 있는 그대로 인식하지 못하는 무능력도 생겨났다. 태양의 물리적인 작용이 인간에게는 외부 세계의 일시적 인상들 뒤에 감춰진 채로 남은 것이다. 이런 인상들로 채워진 인간의 아스트랄 요소는 "자아"의 영역 안으로 끌려 들어갔다. 그렇지 않았다면 형태의 정신존재들이 부여한 불꽃만 느꼈을 뿐 아니라 외부의 불과 관련된 모든 것에서 이 정신존재들의 명령에 순응했을 "자아"는 이제 자신에게 주입된 아스트랄 요소를 통해서도 외부의 열 현상들에 영향을 미쳤다. 이를 통해 자아는 자신과 지구의 불 사이에 인력의 끈을 만들었다. 그렇게 해서 인간을 예정된 것보다 더 많이 지상의 물질성으로 얽혀 들어가게 했다. 이전에는 인간이 주로 불과 공기와 물로 구성되고 흙 물질의 그림자 같은 무엇인가만 덧붙여진 물질체를 가졌다면, 이제 흙으로 이루어진 그의 몸은 더 조밀해졌다. 이전에 인간은 섬세하게 조직된 존재로서 단단한 지표면 위에서 헤엄치고 떠다니는 편이었다면, 이제는 "지구 주위로부터" 어느 정도 단단해진 지구 부분들로 내려와야 했다.

83   앞에서 서술한 정신적 영향에서 그런 물리적 작용이 생길 수 있었던 것은 이 영향이 앞에서 언급한 종류의 영향이었다는 사실에서 설명된다. 그것은 자연의 영향도 아니었고 한 인간에서 다른 인간으로 영혼적으로 작용하는 영향도 아니었다. 후자의 작용은 여기서 거론하는 정신적 힘처럼 그렇게 멀리 육체적인 것으로까지 뻗어 나가지는 못한다.

84   인간이 오류를 피할 수 없는 표상들로 인해 외부 세계의 영향에 내맡겨졌기 때문에, 또 고차적 정신의 영향들에 따라 조절하지 못하는 욕망과 열정에 따라 살았기 때문에, 여러 질병의 가능성이 나타났다. 그러나 루시퍼적 영향의 한 가지 특별한 작용은 인간이 이제부터는 자신의 개별적인 지구 생활을 몸에서 벗어난 삶의 연속으로 느낄 수 없었다는 것이다. 그는 이제 자신에게 주입된 아스트랄 요소에 의해서 체험할 수 있는 인상들, 물질체를 파괴하는 힘과 결합된 지상의 인상들을 받아들였다. 인간은 그것을 자신의 지구 생활이 소멸하는 것으로 느꼈다. 그렇게 해서 인간의 본성 자체에 의하여 야기된 "죽음"이 나타났다. 이로써 인간 본성에 놓인 중요한 한 가지 비밀, 인간의 아스트랄체와 질병 및 죽음 사이의 연관성이 그 조짐을 나타냈다.

85   인간의 생명체에도 특별한 관계들이 나타났다. 인간의 생명체는 물질체와 아스트랄체 사이에서 어떤 점에서는 인간이 루시퍼

의 영향으로 획득했던 능력들을 빼앗기는 관계로 들어갔다. 이 생명체의 일부는 물질체 밖에 남아 인간의 자아가 아닌 고차적 존재들에 의해서만 통제될 수 있었다. 이 고차적 존재들은 태양이 분리될 때 자기들 중 한 고귀한 동료의 인도 아래 다른 거처를 차지하기 위해서 지구를 떠난 존재들이었다. 생명체에서 바로 그 부분이 아스트랄체와 결합된 상태로 남아 있었다면, 인간은 이전에 가지고 있던 초감각적 힘을 자기 자신을 위해 사용할 수 있었을 것이다. 루시퍼의 영향이 그런 힘으로 이어지도록 했을 것이다. 그랬다면 서서히 태양의 존재들로부터 완전히 분리되었을 것이다. 또한 인간의 자아는 완전한 지구-자아가 되었을 것이다. 그랬다면 이 지구-자아는 물질체의 죽음(내지는 물질체의 쇠퇴) 이후 몸에서 자유로운 상태에서 고차적 정신존재들과 결합하지 않은 채 다른 물질체인 후손-몸에서 살았을 것이다. 인간은 그렇게 자신의 자아를 의식하게 되었을 테지만, 단지 "지상의 자아"로만 의식했을 것이다. 그러나 생명체에서 지구-달 존재들에 의해 야기된 과정으로 인해서 그런 일은 일어나지 않았다. 그렇게 해서 원래의 개별 자아는 순전한 지구-자아에서 분리되었고, 인간은 지구의 삶에서 그것을 부분적으로만 자신의 자아로 느꼈다. 동시에 그는 자신의 지구-자아가 수많은 선조들의 세대를 거쳐 이어지는 지구-자아의 연속이라고 느꼈다. 영혼은 지구 생활에서 아득히 먼 신조들에까지 이르는 일종의 "집단-자아"를 느꼈고, 인간은 자신을 그 집단의 구성원으로 느꼈다. 개별 자아는 몸에서 벗어난 상태에서 스스로를 단독-존재로 느낄 수 있었다. 그러나 이 개별화 상태는 자

255

아가 지구 의식(지구-자아)에 대한 기억에 붙들려 있는 것 때문에 제약을 받았다. 그것은 지상에서 베일로 덮어 물리적 시선을 가리 듯 죽음과 탄생 사이에서 자신을 가리기 시작한 정신세계에 대한 시선을 어둡게 했다.

86　　인간의 발달이 앞에서 묘사한 관계들을 거치는 동안 정신세계에서 일어난 모든 변화가 물질적으로 표현된 것은 태양과 달과 지구(더 넓은 의미에서는 다른 천체들도 포함하여)의 상호 관계에서 나타난 점진적 조정이었다. 이 관계들 중에서는 낮과 밤의 교대를 두드러지게 나타나는 하나의 결과로 꼽을 수 있을 것이다. (천체들의 움직임은 거기에 거주하는 존재들에 의해 조절된다. 낮과 밤을 탄생시킨 지구의 움직임은 인간 위에 있는 서로 다른 정신존재들의 상호 관계에 의해 야기되었다. 마찬가지로 달의 움직임도 모양을 갖추었는데, 이는 달이 지구에서 분리된 후 지구 주위를 선회함으로써 형태의 정신존재들이 올바른 방식과 올바른 리듬으로 인간의 물질체에 작용할 수 있도록 하려는 것이었다.) 이제 인간의 자아와 아스트랄체는 낮에 물질체와 생명체에서 활동했다. 밤에는 이 활동이 중단되었다. 그러면 자아와 아스트랄체가 물질체와 생명체에서 벗어났다. 이 시간에는 이들이 완전히 생명의 아들들(천사), 불의 정신존재들(대천사), 인격의 정신존재들, 형태의 정신존재들의 영역으로 들어갔다. 이때는 형태의 정신존재들 외에도 운동의 정신존재들, 지혜의 정신존재들, 트로노이(좌품천사들) 등이 물질체와 생명체를 자기

들의 작용 영역에 붙잡아 두었다. 그렇게 해서 낮 동안 아스트랄체의 오류들로 인해서 인간에게 가해진 해로운 작용들이 다시 개선될 수 있었다.

87   이제 인간이 지구에서 다시 번성하면서 후손들은 인간 영혼이 자신들 안에서 체화되지 말아야 할 이유가 더 이상 없었다. 이제 지구-달의 힘들이 작용할 뿐 아니라 인간의 몸은 그 힘들의 영향 아래 인간 영혼의 체화에 적합하도록 형성되었다. 그리고 이전에 화성과 목성을 비롯해서 다른 행성으로 사라진 영혼들은 지구 오도록 유도되었다. 그렇게 해서 세대가 연속되면서 태어난 모든 인간 후손에게 영혼이 생기게 되었다. 영혼의 지구 유입은 인간의 증가와 일치할 때까지 오랫동안 계속되었다. 지상에서의 죽음으로 몸을 떠난 영혼들은 몸이 없는 상태로 있는 동안 지상에서 가졌던 개별성의 반향을 기억처럼 간직했다. 이 기억은 영혼들에 적합한 몸이 지상에 다시 태어났을 때 영혼들이 그런 몸에서 체화되도록 작용했다. 나중에 인간의 후손들 중에는 지구에서 첫 시간을 보낸 이후 외부로 나갔다가 처음으로 다시 지상에 돌아온 영혼을 가진 사람들이 있었고, 지상에 있다가 다시 체화된 영혼을 가진 사람들도 있었다. 지구 발달의 후속 시기에는 처음으로 나타난 젊은 영혼들이 점점 적어졌고 재육화한 영혼들은 점점 많아졌다. 인류는 오랫동안 이 사실들로 인해서 두 종의 인간으로 구성되었다. 지상의 인간은 공통의 집단-자아를 통해서 그들의 선조들과 더 결합되어 있다고 느꼈다. 대신에 죽음과 새로운

탄생 사이에 몸이 없는 상태에서는 개별적인 자아의 체험이 그만큼 더 강했다. 우주 공간에서 와서 인간의 몸으로 들어간 영혼들은 이미 한 번이나 여러 번 지구 생활을 거친 영혼들과는 다른 상황에 있었 다. 전자는 영혼으로서 그들이 고차적 정신세계에 의해서, 그리고 지 상 영역 밖에서 행해진 그들의 체험들로 인해서 예속되어 있었던 조 건들만 물질적 지구 생활을 위해 가져왔다. 다른 영혼들은 이전 생에 서 스스로 조건들을 추가했다. 처음 나타난 영혼들의 운명은 새로운 지구 상황들 밖에 놓인 사실들에 의해서만 결정되었다. 재육화한 영 혼들의 운명도 이전 삶에서 지상의 상황들 아래 그들 스스로 행한 것 에 의해서 결정되었다. 재육화와 함께 인간의 개별적인 카르마도 나 타났다. 인간의 생명체가 앞에서 언급한 방식으로 아스트랄체의 영 향에서 벗어남으로써 번식 상황도 인간 의식의 주변으로 들어가지 않고 정신세계의 지배를 받게 되었다. 하나의 영혼이 지구로 가라앉 아야 할 때면 지구 인간에게서 번식 충동이 나타났다. 지상의 의식에 게는 그 전체 과정이 어느 정도까지 비밀스러운 어둠에 싸여 있었다. 그러나 생명체가 물질체로부터 부분적으로 분리된 일의 결과들이 지 구 생활 동안에도 나타났다. 이 생명체의 능력은 정신적 영향으로 상 당히 고조될 수 있었다. 이는 영혼 생활에서 기억력이 특별히 단련되 는 것으로 드러났다. 이 시기의 인간에게 독립적이고 논리적인 사고 는 이제 막 시작되는 단계에 있었을 뿐이다. 대신에 기억의 능력은 거의 무제한이었다. 인간이 모든 살아 있는 것의 작용력을 직접 감각 적으로 인식할 수 있다는 것이 공공연해졌다. 인간은 생명의 힘과 동물적 자연, 특히 식물적 자연의 번식의 힘을 사용할 수 있었다. 예를 들어 인간은 식물을 성장시키는 것을 식물에서 뽑아내 사용할 수 있었다. 오늘날 석탄 속에 잠들어 있는 것 같은 무생물 자연의 힘을 끌어내 기계를 움직이는 데 사용하는 것처럼 말이다. (이 문제에 대한 더 자세한 내용은 나의 짧은 글《우리의 아틀란티스 선조들》[31]에 나온다.) 인간의 내적인 영혼 생활도 루시퍼의 영향으로 각양각색으로 달라졌다. 그로 인해 생겨난 수많은 종류의 감정과 감각을 인용할 수 있겠지만, 그중 몇 가지만 언급할 것이다. 루시퍼의 영향이 미치기 전까지 인간의 영혼은 고차적 정신존재들의 의도에 따라 형성할 것을 형성하고 해야 할 일을 했다. 실행되어야 할 모든 것에 대해 처음부터 계획이 정해져 있었다. 인간의 의식이 발달한 정도에 따라서는 미래에 사물들이 예정된 계획에 따라 어떻게 발달할 것인지도 예견할 수 있었다. 이 예견하는 의식은 지상적 지각이라는 베일에 의해 고차적 정신존재들의 현현이 가려지고 태양 존재들의 본래적 힘이 그런 지각들 속으로 감춰졌을 때 사라졌다. 그때부터 미래는 불확실해졌다. 그와 함께 영혼에는 두려움이라는 감정의 가능성이 심어졌다. 두려움은 오류의 직접적인 결과이다. 그러나 루시퍼의 영향과 더불어 인간이 전에는 자기 의지 없이 빠져 있었던 특정한 힘들에서 벗

31) 《우리의 아틀란티스 선조들 Unsere atlantischen Vorfahren》: 처음에는 《아카샤 연대 기로부터》에 나오는 장으로 루돌프 슈타이너가 창간하고 발행한 잡지 〈루시퍼-그노시스〉 Nr. 14-16 (Juli-September 1904)에 실렸다. 독립된 판본으로는 1908년에 처음 출간되었고, 지금은 《아카샤 연대기로부터》(1904-1908), GA 11, S. 21-56에 포함되어 있다.

어났다는 것도 알 수 있다. 인간은 이제부터 스스로 결정을 내릴 수 있게 되었다. 자유는 이 영향의 결과이다. 두려움과 그 비슷한 감정들은 인간이 자유를 향해 발달해 가는 데 동반되는 현상일 뿐이다.

88   정신적으로 통찰하면 두려움의 출현은 지구의 힘들 내부에 다른 세력이 작용한 것으로 드러나는데, 발달 과정에서 인간을 지구의 영향권으로 들어가도록 한 루시퍼의 세력보다 훨씬 이전에 불규칙성을 받아들인 세력이었다. 인간은 이 세력의 영향을 지구의 힘과 함께 자신 안으로 받아들였다. 이들의 영향은 그것이 없었다면 완전히 다르게 작용했을 감정들에 두려움의 특성을 부여했다. 이 존재들은 아리만Ahriman적 존재들이라고 부를 수 있다. 이들은 괴테의 의미에서는 메피스토펠레스적 존재들이라고 부를 수 있다.

89   루시퍼의 영향은 처음에는 가장 앞서간 인간들에서만 나타났지만 곧 다른 사람들로도 퍼져 나갔다. 진보한 인간들의 후손은 앞에서 서술한 덜 진보한 인간들의 후손과 섞였다. 이를 통해 루시퍼의 힘은 후자에게도 파고들었다. 그러나 다른 행성들에서 돌아오는 영혼들의 생명체는 지구에 남았던 영혼들의 후손이 가진 에테르체와 같은 정도로 보호될 수는 없었다. 지구에 남았던 생명체의 보호는 태양이 지구에서 분리될 당시 우주를 이끌었던 고차적 존재에서 비롯되었다. 이 존재는 여기서 언급하는 영역에서는 태양계의 지배자로 나타난다. 우주적 발달을 통해 태양에 이를 만큼 성숙해진 고귀한

정신존재들은 그 지배자와 함께 태양의 거처로 이동했다. 그러나 태양이 분리될 때 그런 수준까지 오르지 못한 존재들도 있었다. 그들은 다른 거처를 찾아야만 했다. 처음에 물질적 지구 유기체 안에 있던 공통의 우주 실체로부터 목성과 다른 행성들을 분리시킨 것이 바로 이 존재들이었다. 목성은 태양의 수준에 오를 정도로 발달하지 못한 존재들의 거처가 되었다. 이들 중 가장 앞선 존재가 목성의 지도자가 되었다. 태양 발달의 지도자가 지구에 남아 있던 인간 후손들의 생명체에서 작용한 "고차적 자아"가 된 것처럼, 이 목성의 지도자도 지구에 남아있던 인간 후손들과 위에서 설명한 공기 요소의 시기에 비로소 지구에 나타났다가 목성으로 넘어간 인간들의 혼합에서 탄생한 인간들 사이를 집단 의식처럼 관통한 "고차적 자아"가 되었다. 정신과학의 의미에서 그런 인간들을 "목성 인간"이라고 부를 수 있다. 이들은 그렇게 오래전에 인간의 영혼을 받아들였지만, 지구 발달의 초기에 이루어진 불과의 첫 번째 접촉을 함께할 수 있을 만큼은 성숙하지 못한 후손들이었다. 이들은 인간계와 동물계 사이에 있는 영혼들이었다. 공통의 우주 실체 가운데 가장 고차적인 존재의 인솔 아래 화성을 거처로 선택한 존재들도 있다. 이들의 영향 아래 세 번째 종류의 혼종 인간인 화성 인간들이 나타났다. (이런 인식들로부터 우리 태양계에 속한 행성들이 탄생한 기원이 밝혀진다. 태양계의 모든 천체는 거기에 거주하는 존재들이 서로 다른 성숙 상태에 의해서 생성되었기 때문이다. 그러나 당연히 여기서는 우주 구성의 모든 세부 사항에 대해 논할 수는 없다.) 자신들의 생명체 안에 높은 태양의 존재들 자체가 있다고 감지한 인간들은 "태양 인간"으로 불릴 수 있다. 이들 안에 "더고차적 자아"로 살았던 존재는 — 물론 개별적으로가 아닌 세대들 내에서만 — 나중에 인간이 그에 대한 분명한 인식에 도달했을 때 서로 다른 이름을 붙인 존재였고, 현재 인간에게는 그리스도가 우주에 대해 갖는 관계를 드러내는 존재였다. 다음으로는 "토성 인간"도 구분할 수 있다. 이들에서는 태양이 분리되기 전 동료들과 함께 공통의 우주 실체를 떠나야만 했던 존재가 "고차적 자아"로 나타났다. 이는 생명체만이 아니라 물질체 안에도 루시퍼의 영향에서 벗어난 부분을 가지고 있었던 인간 종이었다.

90   낮은 단계에 있는 인간 종들에서는 루시퍼적 본성의 작용에 충분히 저항할 수 있을 만큼 생명체가 보호되지는 않았다. 이들은 이들 안에 있는 자아라는 불꽃의 자의恣意를 자기들 주변에 파괴적인 성질을 지닌 강력한 불의 작용을 불러일으킬 정도로 펼칠 수 있었다. 그 결과는 지구의 엄청난 재앙이었다. 폭풍처럼 번지는 불로 인해 당시 사람이 살았던 땅의 상당 부분이 파괴되었고, 그와 함께 오류에 빠진 인간들이 몰락했다. 부분적으로 오류의 손길이 닿지 않았던 극히 적은 부분만이 그때까지 타락한 인간의 영향으로부터 보호되었던 지구의 한 영역으로 피할 수 있었다. 현재 대서양으로 덮여 있는 곳이 새로운 인류에게 특히 적합한 거처인 것으로 드러났다. 오류에 물들지 않고 가장 순수하게 남은 인간들이 그 곳으로 이동했다. 뿔뿔이 흩어진 인간들은 다른 여러 지역에 살았다. 정신과학의 의미

에서는 현재의 유럽, 아프리카, 아메리카 사이에 과거에 존재했던 지역을 "아틀란티스"[32]라고 부를 수 있다. (관련 문헌에서는 아틀란티스에 선행된 것으로 그 특징을 설명한 인류 발달의 시기를 모종의 방식으로 언급한다. 그때는 지구의 레무리아Lemuria 시기로, 아틀란티스 시기는 그 뒤에 이어졌다. 그에 반해 달의 힘이 아직 주된 작용들을 펼치지 않은 시기를 휘페르보레아Hyperborea 시기라고 할 수 있다. 이 시기 앞에는 물질적 지구 발달의 맨 처음 시기에 해당하는 또 다른 시기가 있다. 그리스도교 성서의 전승에서는 루시퍼적 존재들의 작용이 미치기 이전 시대를 낙원의 시대로 묘사하며, 인간이 지구로 내려와 감각세계로 얽혀 들어가게 된 것을 낙원에서의 추방으로 묘사한다.)

91   아틀란티스 지역에서의 발달은 인류가 실질적으로 토성 인간, 태양 인간, 목성 인간, 화성 인간으로 분리되는 시기였다. 이전에는 그렇게 될 소질만 발달해 있었다. 이제 깨어있는 상태와 잠자는 상태의 분리는 인간 존재에 특별한 결과도 가져왔으며, 이는 특히 아틀란티스 인류에서 두드러졌다. 인간의 아스트랄체와 자아는 밤 사이에는 "인격의 정신존재들"에까지 이르는 인간 위에 있는 존재들의 영역에 있었다. 생명체에서 물질체와 결합되지 않은 부분을 통해서

---

32) 플라톤의 대화편 《티마이오스 Timaios》 24 e-25 e와 《크리티아스 Kritias》 112 e-21 c. 참조.

인간은 "생명의 아들들"(천사)과 "불의 정신존재들"(대천사)을 인지할 수 있었다. 잠자는 동안에는 물질체에 스며들지 않은 생명체의 부분과 결합된 상태로 남을 수 있었기 때문이다. 다만 인격의 정신존재들에 대한 지각은 루시퍼적 영향 때문에 불분명한 상태였다. 그러나 위에 서술된 상태에 있는 인간에게는 이런 식으로 천사와 대천사들과 함께 태양이나 달에 남겨져 지구의 삶으로 들어갈 수 없었던 존재들까지 보였다. 이들은 그 때문에 영혼적-정신적 세계에 남아 있어야 했다. 그러나 인간은 루시퍼적 존재를 통해 그들을 물질체에서 분리된 자신의 영혼 영역으로 끌어당겼다. 이로 인해 그에게 상당히 유혹적으로 작용하는 존재들과 접촉하게 되었다. 이 존재들은 영혼에서 오류에의 충동, 특히 물질체와 생명체에서 분리되면서 자신의 영향아래 놓인 성장과 번식의 힘을 악용하려는 충동을 증가시켰다.

92   이제 아틀란티스 시기의 개별 인간들에게는 가능한 한 감각세계로 얽혀 들어가지 않을 가능성이 주어졌다. 이를 통해 루시퍼적 영향은 인류 발달의 장애물에서 한층 높은 단계로 나아가는 수단이 되었다. 루시퍼적 영향으로 개별 인간들은 일반적으로 가능했을 시기보다 더 일찍 지상의 사물들에 대한 인식을 발전시킬 수 있었다. 이 시기의 인간들은 이 과정에서 자신의 표상 생활에서 오류를 멀리하고, 세계의 현상들에서 정신존재들의 근본적인 의도를 규명하려고 시도했다. 이들은 아스트랄체체에 의해 감각세계로 향해진 단순한 충동과 욕망에서 벗어나 있었다. 그렇게 해서 아스트랄체의 오류에

서도 점점 더 자유로워졌다. 이것이 이들에게 앞에서 언급한 방식으로 물질체로부터 분리된 생명체의 부분에서만 지각하는 상태를 불러왔다. 이런 상태에서는 물질체의 지각력이 소멸된 것이나 마찬가지였고 물질체 자체가 죽은 것 같았다. 그들은 생명체를 통해 "형태의 정신존재들"의 세계와 완전히 결합되어 있었고, 그 정신존재들을 통해서 자신들이 어떤 고차적 존재에 의해 인도되고 조종된다는 것을 알 수 있었다. 그 고차적 존재는 바로 태양과 지구가 분리될 때 앞장서 인도한 존재였고, 나중에 인간들에게 "그리스도"를 이해할 수 있도록 한 존재였다. 그런 이해를 가진 사람들이 입문자(전수자)들이었다. 그러나 앞에서 서술한 것처럼 인간의 개별성이 달 존재들의 영역으로 들어갔기 때문에 이 입문자들도 보통은 태양 존재의 손길에 직접적으로 닿을 수는 없었고, 달의 존재들을 통해 반사된 것처럼만 태양 존재를 볼 수 있었다. 이 입문자들은 태양 존재를 직접 보지 못하고 그의 반사만을 보았다. 이들은 다른 인류의 지도자가 되어 자기들이 인지한 비밀을 그 인류에게 전달할 수 있었다. 그들은 제자들을 양성하여 입문 상태에 도달하기 위한 길을 제시했다. 이전에 "그리스도"를 통해 드러난 것은 앞에서 언급한 의미에서 태양 인간에 속한 사람들만 인식할 수 있었다. 이들 태양 인간들은 자신의 비밀스러운 앎과 의식들을 여기서는 그리스도의 신탁이나 태양의 신탁으로 불려야 할 특별한 장소에서 가꾸어 나갔다. (정신존재들의 의도가 알려지는 장소라는 의미에서 오라쿨룸). 여기서 그리스도와 관련하여 언급한 것은 다음과 같은 점을 고려할 때만 오인되지 않을 것이다. 즉 초감각적 인식은 그리스도의 지상 출현을 지구 발달의 의미를 잘 알았던 사람들이 그 일이 있기 전부터 미래에 일어날 거라고 알려준 하나의 사건으로 보아야 한다는 것이다. 이런 "입문자"들에게는 그리스도와의 관계가 전제되어 있다고 여기는 잘못된 생각으로, 그 관계가 그 사건을 통해서야 비로소 가능해진 것이었기 때문이다. 그러나 그들은 그 *관계*를 예언적으로 이해하고 그들의 제자들에게 다음과 같은 사실을 납득시킬 수 있었다. "태양 존재의 권능에 스친 사람은 지상으로 다가오는 그리스도를 본다."

93   다른 신탁이 토성, 화성, 목성 인류에 속한 사람들에 의해서 생겨났다. 그 신탁의 입문자들은 자신의 생명체에서 상응하는 "고차적 자아"로 드러날 수 있는 존재들까지만 볼 수 있었다. 그렇게 토성, 화성, 목성의 지혜를 신봉하는 사람들이 생겨났다. 이와 같은 입문 방법 외에도 루시퍼적 본성을 너무 많이 받아들이는 바람에 생명체의 상당 부분을 태양 인간들만큼은 물질체에서 분리시키지 못한 사람들을 위한 방법들도 있었다. 이 사람들의 경우 태양 인간들에서보다 아스트랄체가 생명체에 의해 더 많이 물질체에 붙잡혀 있었다. 이들은 언급된 상태로 인해서 예언적인 그리스도의 현현까지는 이를 수 없었다. 또 루시퍼적 원리에 더 영향 받은 아스트랄체 때문에 더 어려운 준비 과정을 거쳐야 했고, 그 다음에는 다른 인간들보다는 몸에서 덜 자유로운 상태에서 그리스도 자체의 현현은 아니지만 다른 높은 존재들의 현현을 볼 수 있었다. 태양이 분리될 때 지구를 떠

나기는 했지만 태양의 발달에 계속 동참할 수 있는 차원에는 오르지 못한 존재들이 있었다. 이들은 태양과 지구의 분리 이후 태양으로부터 한 거처를 떼어냈는데, 그것이 금성이다. 방금 서술한 입문자들과 그 추종자들에게 "고차적 자아"가 된 존재가 금성의 지도자가 되었다. 다른 종류의 인간들을 위한 수성의 지도적 정신에도 비슷한 일이 일어났다. 이렇게 해서 금성의 신탁과 수성의 신탁이 생겨났다. 루시퍼적 영향을 가장 많이 받아들인 특정 인간들은 태양의 발달에서 동료들과 함께 가장 먼저 추방된 한 존재에만 도달할 수 있었다. 이 존재는 우주에서 특별한 행성을 갖고 있지 않고 태양에서 돌아온 이후 다시 지구와 결합해 아직 지구 자체의 주변에서 살아간다. 이 존재가 고차적 자아로서 자신의 모습을 드러내는 것을 본 인간들을 화산 신탁의 신봉자라고 할 수 있다. 이들의 시선은 다른 입문자들의 시선보다 더 지상의 현상들을 향해 있었다. 이들은 나중에 인간들 사이에 학문과 예술로 탄생한 것의 첫 토대를 놓았다. 반면에 수성 입문자들은 그보다는 더 초감각적인 사물들에 대한 지식의 기초를 세웠으며, 금성 입문자들은 그보다 고차적 수준에서 그 일을 수행했다. 화산, 수성, 금성 입문자들은 토성, 목성, 화성 입문자들과는 구분되었다. 즉 후자는 자신들의 비밀을 위에서 오는 계시로, 더 많이 완성된 상태로 받았다면, 전자는 이미 자신들의 생각과 이념의 형태에 드러난 상태로 앎을 얻었다. 그 중간에 있는 것이 그리스도 입문자들이었다. 이들은 직접적인 상태에서 계시를 받은 동시에 그들의 비밀에 인간의 개념 형태를 입히는 능력까지 얻었다. 토성, 목성, 화성 입문자들은 상징들을 통해서 자신의 뜻을 드러내야 했고, 그리스도, 금성, 수성, 화산 입문자들은 표상들로 자신을 전달할 수 있었다.

94   이런 방식으로 아틀란티스 인류에 도달한 것은 입문자들을 통해서 간접적으로 왔다. 그러나 다른 인류도 루시퍼적 원리에 의해서 특별한 능력을 얻었는데, 파멸에 이를 수 있었던 것이 우주의 고차적 존재들로 인해서 행운으로 변했기 때문이다. 그런 능력 중 하나가 언어 능력이다. 언어는 인간이 물질적 실체성으로 응축되고 생명체의 일부가 물질체에서 분리됨으로써 인간에게 부여되었다. 달이 분리되고 난 이후 인간은 처음에 자신이 집단-자아를 통해 물질적 선조들과 결합되어 있다고 느꼈다. 그러나 후손과 선조를 결합한 이 공통 의식은 세대를 거치는 동안 서서히 사라져갔다. 그러다가 더 나중의 후손들은 멀리 떨어지지 않은 선조에 대해서만 내적 기억을 갖고 있었고, 더 앞선 선조에 대한 기억으로는 더 이상 거슬러 올라가지 못했다. 인간이 정신세계와 접촉하는 잠과 비슷한 상태에서만 이런저런 선조들에 대한 기억이 다시 떠올랐다. 그러면 사람들은 자기들 안에 다시 나타났다고 믿는 이 선조와도 하나라고 여겼다. 이는 재육화에 대한 잘못된 관념으로, 특히 마지막 아틀란티스 시대에 나타났다. 재육화에 대한 참된 가르침은 입문자들의 학교에서만 경험할 수 있었다. 입문자들은 몸에서 자유로운 상태에 있는 인간의 영혼이 어떻게 육화 과정을 반복하는지를 통찰했다. 그리고 그들만이 제자들에게 영혼의 재육화에 대한 진리를 전할 수 있었다.

95   여기서 언급하고 있는 아득한 과거에 인간의 물질적 형체는 지금의 그것과는 아직 한참 달랐다. 그 형체는 아직 상당한 정도로 영혼적 본성의 표현이었다. 인간은 나중에 얻게 될 것보다 더 섬세하고 부드러운 물질로 구성되어 있었다. 오늘날 단단해진 사지가 그때는 부드럽고, 구부러지기 쉽고, 모습이 바뀌기 쉬운 상태였다. 더 영혼적이고 정신적인 인간은 부드럽고, 유연하고, 표현이 풍부한 신체 구조를 가지고 있었다. 정신적으로 덜 발달한 신체 형태는 거칠고, 경직되고, 모양이 바뀌기 어려운 상태였다. 영혼적으로 발달한 상태는 사지를 오므라들게 했고, 형체는 작아졌다. 영혼적으로 지체된 상태와 감각계에 사로잡혀 있는 상태는 거대한 크기로 표현되었다. 인간이 성장기에 있는 동안 육체는 영혼에서 형성된 것에 따라서 형체가 만들어졌는데, 이는 현재의 생각으로는 도저히 믿기 어렵고 그야말로 공상적으로 보일 수밖에 없는 방식이었다. 열정, 충동, 본능의 타락은 인간에게서 물질적인 것의 엄청난 증가를 초래했다. 오늘날 인간의 물질적 형체는 아틀란티스 인간이 수축, 응축, 응고하면서 생겨났다. 아틀란티스 시대 이전에는 인간이 자신의 영혼적 본질의 충실한 모상이었다면, 아틀란티스 시대의 발달 과정은 물질적 형체는 단단하고 영혼적 특성들에 비교적 덜 종속된 포스트 아틀란티스 인간을 탄생시킬 원인들을 품고 있었다. (동물계는 아주 오래전 시기에 지구 상에서 그 형태가 인간보다 조밀해졌다.) 현재 자연계에서 형태들을 만들어내는 데 기초가 된 법칙들은 결코 더 먼 과거로 연장해서 적용해서는 안 된다.

96　　　아틀란티스 발달기의 중반 무렵에 인류에게 서서히 불행한 일이 일어나기 시작했다. 입문자들의 비밀은 아스트랄체를 오류로부터 정화하는 준비 과정을 거치지 않은 인간들이 접근하지 못하도록 신중하게 보호되어야 할 일이었다. 이들이 그런 감춰진 지식, 고차적 존재들이 자연의 힘을 조종하는 법칙에 대한 통찰을 얻는다면, 그것을 자기들의 잘못된 욕망과 열정을 위해 사용하기 때문이다. 앞에서 이미 서술한 것처럼 인간들이 낮은 정신존재들의 영역으로 들어갔을 때 그 위험은 그만큼 더 컸는데, 이들은 규칙적인 지구의 발달에 동참할 수 없었고, 따라서 거기에 반하는 작용을 했기 때문이다. 이 정신존재들은 실제로 끊임없이 인류의 행복에 반하는 관심사를 불어넣는 방식으로 인간들에게 영향을 주었다. 그러나 인간들은 동물적이고 인간적인 본성의 성장력과 번식력을 자신들을 위해 사용할 수 있는 능력도 갖고 있었다. 보통 사람들만이 아니라 일부 입문자들도 낮은 정신 존재들 쪽에서 오는 유혹에 굴복했다. 그들은 앞에서 언급한 초감각적 힘을 인류의 발달에 역행하는 일에 사용했다. 그리고 그 일을 위해서 그들은 완전히 입문하지는 않았지만 초감각적 자연 작용의 비밀을 저차원적인 의미에서 사용하는 동료들을 찾았다. 그 결과는 인류의 엄청난 타락이었다. 악은 점점 더 퍼져나갔다. 성장력과 번식력이 본래의 역할에서 벗어나 독립적으로 사용될 때는 공기와 물에서 작용하는 특정한 힘들과 불가사의한 관계에 있기 때문에, 인간의 행위들로 인해서 강력하고 파괴적인 자연의 힘이 속박에서 풀려났다. 이는 지구에 공기 재앙과 물 재앙을 일으켜 아틀란티

스 지역을 서서히 파괴하는 결과를 초래했다. 아틀란티스 인류는 폭풍우 속에서 몰락하지 않으려면 다른 곳으로 떠나야만 했다. 당시 지구는 이 폭풍우를 통해 새로운 모습을 얻었다. 한편에서는 유럽, 아시아, 아프리카가 서서히 오늘날과 같은 형태를 갖추었다. 다른 한편에서는 아메리카 대륙이 형성되었다. 이들 땅으로 대규모 이동이 이루어졌다. 이런 이동에서 우리의 현재에 특히 중요한 것은 아틀란티스에서 동쪽을 향해 이루어진 이동이었다. 유럽, 아시아, 아프리카는 점점 아틀란티스 인들의 후손이 사는 곳이 되었다. 다양한 민족이 거기에 거주지를 마련했다. 그들은 서로 다른 발달 단계에 있었으며 타락의 정도도 서로 달랐다. 그리고 그들이 있는 곳 한가운데로 신탁비밀의 수호자들인 입문자들이 이동해 왔다. 이 입문자들은 여러 지역에 장소를 마련하여 목성과 금성 등의 비밀 의식을 좋은 의미에서나 나쁜 의미에서나 보호하고 장려했다. 화산-비밀의 누설은 특히 좋지 않은 영향을 미쳤다. 그 신봉자들의 시선은 세속적인 문제들에 가장 집중되어 있었기 때문이다. 인류는 이 누설로 인해서 정신존재들에 예속된 상태가 되었는데, 이들은 자신들의 선행된 발달로 인해서 지구가 태양에서 분리됨으로써 발달하게 된 정신세계의 모든 것에 거부적인 태도를 취한 존재들이었다. 이 존재들은 그렇게 발달된 자신들의 소질에 따라서 어떤 요소 안에서 작용했다. 인간이 감각세계에서 정신적인 것을 감추고 있는 것들을 시각함으로써 인간 안에 형성된 바로 그 요소였다. 이들은 그때부터 수많은 지구 인간들에게 막대한 영향을 미쳤다. 그 영향이 처음 드러난 것은 인간에게서 정신

271

적인 것에 대한 감각이 점점 더 사라지는 것이었다. 이 시기에는 인간 물질체의 크기와 형태와 유연성이 아직 영혼적인 특성에 상당히 좌우되었기 때문에, 그 누설의 결과는 인류가 그 방향으로 변화하게 했다. 초감각적 힘들이 낮은 충동과 욕망과 열정에 사용되는 것으로 인해 인간의 *타락*이 특히 두드러진 곳에서는 크기와 형태가 볼품없고 기괴한 인간 형체들이 만들어졌다. 그러나 그런 형체가 아틀란티스 시대를 넘어서까지 이어지지는 않았다. 그들은 멸종했다. 포스트 아틀란티스 인류는 아틀란티스 선조들 중에서 그때 이미 신체적 형태가 단단해져 본성을 거스르게 된 영혼의 힘들에 굴복하지 않을 상태에 있었던 선조들로부터 형성되었다. 아틀란티스의 발달에는 특정한 시기가 있었고, 그때는 *지구* 내부와 주변을 지배하는 법칙에 의해서 인간의 형체가 단단해질 수밖에 없도록 하는 조건들이 지배적이었다. 이 시기 이전에 단단해진 인종 형태들은 오랫동안 번식할 수는 있었지만, 그것들 안에서 육화하는 영혼들이 점점 제약을 받으면서 결국에는 멸종할 수밖에 없었다. 다만 이 인종 형태들 중 다수는 포스트 아틀란티스 시기까지도 유지되었고, 충분한 유연성이 있었던 형태들은 변화된 형태 속에서 매우 오랫동안 유지되었다. 특징된 시기를 넘어 유연하게 남은 인간 형태들은 주로 앞에서 언급한 누설의 해로운 영향을 심하게 경험한 영혼들의 몸이 되었다. 이들에게는 빠른 멸종이 예정되어 있었다.

97   그에 따라 아틀란티스 발달기 중반부터는 인간이 비정신적

인 성질의 감각적-물질적 세계에 익숙해지도록 작용한 존재들이 인류 발달의 영역에서 두각을 나타냈다. 그 영향은 인간에게 그 세계의 참된 모습 대신 온갖 환상과 망상, 환영이 보이게 할 정도로까지 나아갈 수 있었다. 인간은 단지 루시퍼적 영향만이 아니라 이 다른 존재들의 영향에도 내맡겨졌다. 이 존재들에 대해서는 앞에서 이미 언급했는데, 이들의 지도자는 나중에 페르시아 문명에서 생긴 명칭에 따라 아리만이라고 부를 수 있다. (메피스토펠레스도 같은 존재이다.) 인간은 이 영향으로 사후에도 자신을 세속적-감각적 상황들에 관심을 갖는 존재로만 보이게 하는 위력에 지배되었다. 정신세계의 과정들을 내다보는 자유로운 시선은 그에게서 점점 사라졌다. 그는 아리만의 지배 속에서 자신을 느낄 수밖에 없었고, 어느 정도까지는 정신세계와의 공존에서 배제되어 있었다.

98   전반적인 몰락의 과정에서 옛 의식을 가장 순수한 형태로 보존한 한 신탁소가 특히 중요했는데, 바로 그리스도 신탁에 속한 곳이 그것이었다. 그 때문에 그리스도 자체의 비밀뿐만 아니라 다른 신탁의 비밀들도 보존될 수 있었다. 가장 고귀한 태양 정신의 현현에서는 토성과 목성 등의 지도자들도 드러났기 때문이다. 사람들은 태양 신탁에서 목성과 수성 등의 최고 입문자들이 가졌던 인간 생명체들을 이런저런 인간에게서 불러내는 비밀을 알고 있었다. 그 일에 사용되었지만 여기서는 더 이상 언급될 수 없는 수단들을 통해서 옛 입문자들이 가진 가장 좋은 에테르체들의 사본을 보존했다가 나중에 거기

273

에 적합한 사람들에게 새겨 넣게 했다. 금성, 수성, 화산 입문자들을 통해서 아스트랄체에도 그런 과정이 일어났다.

99　　어느 때인가 그리스도 입문자들의 지도자는 자신이 우주의 비밀을 매우 제한적으로만 전달할 수 있었던 소수의 동료들과 함께 고립되어 있다는 사실을 깨달았다. 이 동료들은 타고난 소질로 물질체와 생명체의 분리로부터 가장 영향을 적게 받은 사람들이었기 때문이다. 이 시기에는 그런 사람들이 인류의 계속적인 발달에 가장 적합한 사람들이었다. 이들에서는 수면 상태의 영역에서 체험하는 일이 점점 줄어들었다. 그들에게서 정신세계는 점점 더 닫히게 되었다. 대신에 아주 오래전 인간이 물질체가 아닌 생명체로만 있을 때 자신이 알게 되었던 모든 것에 대한 이해도 없어졌다. 그리스도 신탁의 지도자와 가장 가까이 있는 *주변 사람*들은 이전에 물질체에서 분리된 *생명체* 부분과 물질체의 결합에 있어서는 가장 발달한 상태에 있었다. 이 결합은 아틀란티스 거주지와 지구 전체에 일어난 변동의 결과로 인류에게서 점진적으로 나타났다. 인간의 물질체와 생명체는 점점 더 일치했다. 그로 인해 이전의 무제한적인 기억력은 사라졌고, 인간의 사고 활동이 시작되었다. 생명체에서 물질체와 결합된 부분은 물질적 뇌를 사고를 담당하는 도구로 변형시켰고, 인간은 이때부터 비로소 물질체 안에 있는 자신의 "자아"를 느꼈다. 그때 비로소 자기의식이 깨어났다. 이는 처음에는 인류의 극히 작은 부분, 특히 그리스도 신탁 지도자의 동료들에게만 해당했다. 유럽과 아시아와 아프

리카로 흩어진 다른 인류는 제각기 매우 다양하게 옛 의식 상태의 흔적을 유지했다. 따라서 그들은 초감각적 세계에 대한 직접적인 경험이 있었다. 그리스도 입문자의 동료들은 지성이 고도로 발달한 사람들이었지만, 그 시기의 모든 사람들 중에서 초감각적 영역에 대한 경험들은 가장 적었다. 그리스도 입문자는 그들과 함께 서쪽에서 동쪽으로 이동하여 중앙아시아의 한 지역으로 갔다. 그는 그들이 의식이 덜 발달된 사람들과 접촉하지 않도록 최대한 보호하고자 했다. 그는 자신에게 계시된 비밀들의 의미에 따라 그들을 가르쳤고, 특히 그들의 후손에게 그런 식으로 영향을 주었다. 그렇게 해서 그의 주변에는 그리스도 입문의 비밀들에 대한 충동을 마음에 받아들인 사람들 무리가 모였다. 그는 이 무리 중에서 가장 뛰어난 일곱 명을 선택했는데, 이들로 하여금 아틀란티스 최고 입문자 일곱 명의 생명체 각인과 일치하는 생명체 및 아스트랄체를 가질 수 있도록 하려는 것이었다. 그는 그렇게 그리스도 입문자, 토성, 목성 등의 각 입문자를 위한 후계자를 양성했다. 이 일곱 입문자는 포스트 아틀란티스 시기에 아시아 남부, 특히 고대 인도에 정착한 사람들의 스승이자 지도자가 되었다. 이 위대한 스승들은 원래 자기들의 정신적 선조들이 가졌던 생명체의 각인을 부여받았다. 그 때문에 이들의 아스트랄체에 있었던 것, 즉 이들이 스스로 습득한 지식과 인식은 이들의 생명체를 통해 드러난 것에까지는 미치지 못했다. 따라서 그렇게 드러난 내용이 자신들 안에서 표현될 수 있게 하려면 자신들의 지식과 인식은 침묵하도록 해야만 했다. 그러자 이들의 정신적 선조들을 위해서도 말을 했던 고차적 존재들이 이들로부터, 그리고 이들을 통해서 말을 했다. 그 존재들이 이들을 통해 말할 때를 제외하면, 이들은 자기 스스로 갈고 닦아서 얻은 지성과 마음의 교양을 갖춘 소박한 사람들이었다.

100   인도에는 당시 정신세계에서의 경험을 가능하게 한 아틀란티스인의 옛 영혼 상태에 대한 생생한 기억을 훌륭하게 보존한 인류가 살았다. 이 사람들 중 상당수에서는 그런 초감각적 세계의 경험들로 향하는 마음과 정서의 강한 특징도 존재했다. 아틀란티스 주민들의 가장 좋은 부분에서 유래한 이 사람들의 주축은 운명의 지혜로운 인도에 따라 남아시아로 왔다. 이 주축을 제외한 다른 무리들은 다른 시기에 그곳으로 이주해 왔다. 앞에서 언급한 그리스도-입문자는 자신의 위대한 일곱 제자를 이 사람들을 위한 스승으로 정했다. 그들은 이 민족에게 그들의 지혜와 계율을 전했다. 이 고대 인도인들 중 많은 사람이 약간의 준비만으로 초감각적 세계의 관찰로 이끄는, 거의 사라지지 않은 능력을 되살릴 수 있었다. 초감각적 세계에 대한 갈망은 원래 인도 영혼의 기본 분위기였기 때문이다. 사람들은 그 세계가 인간의 본원적 고향이라고 느꼈다. 그 세계로부터 그들은 외부의 감각적 관찰과 그 관찰에 연계된 지성이 제공할 수 있는 바깥 세계로 옮겨졌다. 그래서 초감각적 세계를 참된 세계로 느꼈고, 감각세계를 인간 지각의 미혹으로, 환영(마야maya)으로 느꼈다. 그들은 모든 수단을 동원해 참된 세계에 대한 통찰을 얻으려고 노력했다. 미혹하는 감각세계에는 관심을 가질 수 없었거나 그것이 초감각적 세계를 가

리는 베일로 드러나는 한에서만 관심을 가졌다. 일곱 명의 위대한 스승이 그런 사람들에게 미친 힘은 막강했다. 그들을 통해서 드러나게 된 것은 인도인들의 영혼 속으로 깊이 들어갔다. 또한 선조로부터 물려받은 생명체와 아스트랄체가 이 스승들에게 높은 능력을 부여했기 때문에, 이들은 제자들에게 마법적으로도 작용할 수 있었다. 이들은 원래 가르치지 않았다. 마법의 힘에 의한 것처럼 인격에서 인격으로 작용한 것이다. 그렇게 해서 완전히 초감각적 지혜로 물든 문명이 탄생했다. 인도인들의 지혜서(베다)에 담긴 내용은 까마득한 옛날에 위대한 스승들에 의해 가꾸어진 높은 지혜의 원래 형태가 아니라 그 약한 반향만을 제공한다. 뒤로 거슬러 올라가는 초감각적 시선만이 글로 쓰인 지혜 뒤에 감춰진 쓰이지 않은 근본 지혜를 발견할 수 있다. 이 근본 지혜에서 특히 두드러진 특징은 아틀란티스 시기의 서로 다른 신탁 지혜들이 조화롭게 일치한다는 것이다. 위대한 스승들 각각이 그 신탁 지혜들 중 하나를 밝힐 수 있었기 때문이다. 그리고 그 지혜의 서로 다른 측면들은 완전한 조화를 이루었는데, 그 뒤에 예언적 그리스도 입문의 기본 지혜가 있었기 때문이다. 물론 그리스도 입문자의 정신적 후계자였던 스승은 그리스도 입문자 스스로 밝힐 수 있었던 것을 드러내지는 못했다. 그리스도 입문자는 발달의 배후에 머물러 있었다. 그는 처음에 자신의 높은 사명을 포스트 아틀란티스 시대 인간 누구에게도 넘길 수 없었다. 인도의 위대한 일곱 스승 중 그리스도 입문자는 다음과 같은 점에서 그와는 달랐다. 즉 그는 자신이 본 그리스도 비밀을 완전하게 인간의 관념들 속으로 들어갈 수 있게 만들었던 반면, 인도의 그리스도 입문자는 그 비밀의 반사만을 상징과 기호로 나타낼 수 있었던 것이다. 인간적으로 갈고 닦아서 얻은 그의 생각은 그 비밀에까지는 미치지 못했기 때문이다. 그러나 일곱 스승들의 합일로부터 하나의 큰 지혜의 상에 담긴 초감각적 세계에 대한 인식이 나왔는데, 옛날 아틀란티스 신탁에서는 그 세계의 개별적 부분들만 알려질 수 있었다. 일곱 스승들에 의해 우주의 위대한 지도층이 밝혀졌고, 그들 위에 군림하는 감춰진 존재, 하나의 위대한 태양의 정신존재가 희미하게 암시되었다.

101   여기서 "고대 인도인"이 의미하는 바는 그 말이 일반적으로 가리키는 것과는 일치하지 않는다. 여기서 언급한 시기에 나온 실제 자료들은 존재하지 않는다. 일반적으로 "인도인"으로 불리는 민족은 여기서 언급한 시간보다 한참 뒤에야 형성된 역사적 발달 단계에 해당한다. 그것은 포스트 아틀란티스 시대에서 이 책에서 서술하는 "인도 문명"이 지배적이었던 첫 번째 지구 시기이다. 그 다음에는 포스트 아틀란티스 시대의 두 번째 시기가 형성되었는데, 이때는 이 책에서 나중에 "원시 페르시아 문명"으로 불리게 되는 문명이 지배적이었다. 더 이후에는 마찬가지로 언급하게 될 이집트-칼데아 문명이 발달했다. 포스트 아틀란티스 시대의 두 번째와 세 번째 문명기가 형성되는 동안 고대 인도도 두 번째와 세 번째 시기를 경험했다. 그리고 그 세 번째 시기가 일반적으로 말하는 고대 인도인들에 의해 제시된 것에 해당된다. 따라서 여기서 서술한 것을 일반적으로 말하는 고대 인

도와 연관시켜서는 안 된다.

102   고대 인도 문명의 또 다른 특징은 나중에 사람들을 카스트로 나눈 것이다. 인도에 살던 사람들은 토성 인간, 목성 인간 등 다양한 인간 종에 속했던 아틀란티스인들의 후손이었다. 영혼이 우연히 이런저런 카스트에 들어가게 된 것이 아니라 영혼 스스로가 그런 소속을 결정한다는 사실은 초감각적 가르침을 통해서 이해되었다. 그런 초감각적 가르침에 대한 이해가 고대 인도에서 쉬웠던 것은 무엇보다 많은 사람들이 앞에서 서술한 선조들에 대한 내적 기억을 되살릴 수 있었기 때문이다. 다만 그 기억은 쉽게 재육화에 대한 잘못된 관념으로 이어지기도 했다. 아틀란티스 시대에 입문자들을 통해서만 재육화의 참된 관념에 도달할 수 있었던 것처럼, 아주 오래전 인도에서도 위대한 스승들과의 직접적인 접촉을 통해서만 그렇게 할 수 있었다. 다만 앞에서 언급한 재육화에 대한 잘못된 관념은 아틀란티스의 침몰로 인해 유럽, 아시아, 아프리카로 흩어진 민족들에서 가장 광범하게 퍼져 있었다. 아틀란티스 발달 과정에서 잘못된 길로 빠져든 입문자들도 재육화의 비밀을 미숙한 사람들에게 알려주었기 때문에, 사람들은 점점 더 참된 관념과 잘못된 관념을 혼동하게 되었다. 이 사람들에게는 아틀란티스 시대의 유산처럼 일종의 희미한 투시력이 많이 남아 있었다. 아틀란티스인들이 잠자는 동안 정신세계로 들어간 것처럼 그들의 후손들은 깨어있는 것과 잠자는 것 사이의 비정상적인 중간 상태에서 정신세계를 경험했다. 이때 그들 안에는 선조

279

들이 속했던 옛 시대의 상들이 떠올랐다. 그들은 스스로를 그런 시대에 살았던 사람들의 재육화로 여겼다. 그로 인해 입문자들의 참된 관념과 모순되는 재육화에 대한 교리들이 지구 전역으로 퍼졌다.

103   아틀란티스가 파괴되기 시작하면서 서쪽에서 동쪽으로 향한 장기적인 이동의 결과로 서아시아 지역에 한 민족 집단이 정착했다. 역사에서 이들의 후손은 페르시아 민족, 그리고 그들과 혈연관계인 종족들로 알려졌다. 그러나 초감각적 인식은 이 민족들의 역사 시대보다 훨씬 이전 시대로 거슬러 올라가야 한다. 먼저 훗날의 페르시아인들의 아주 오래전 선조들이 있었는데, 포스트 아틀란티스 시대의 발달 과정에서 인도 문명에 이은 두 번째 위대한 문명 시기가 이들에게서 탄생했다. 이 두 번째 시기의 민족들은 인도 민족과는 다른 과제를 갖고 있었다. 이들의 갈망과 성향은 단순히 초감각적 세계로만 향해 있지 않고 물질적-감각적 세계로도 향해 있었다. 이들은 점점 지상을 좋아하게 되었다. 인간이 지상에서 정복하는 것과 인간의 힘으로 얻을 수 있는 것도 소중하게 여겼다. 이들이 호전적인 민족으로서 실행하고 땅의 보물을 얻기 위한 수단으로 고안한 것들은 이들 본성의 그런 특징과 연관되어 있었다. 이들에게는 초감각적 세계에 대한 갈망 때문에 물질적-감각적인 것의 "환영"에서 완전히 멀어질 위험은 없었고, 오히려 물질적-감각적 세계에 대한 의식 때문에 초감각적 세계와의 영혼적인 관계를 완전히 잃을 위험이 존재했다. 또한 옛 아틀란티스 지역에서 이곳으로 옮겨진 신탁소들도 이 민

족의 일반적인 특징을 지녔다. 거기서는 이전에 초감각적 세계에 대한 경험을 통해 얻을 수 있었고 저차원적 형태에서는 여전히 통제할 수 있었던 힘들 가운데 자연 현상을 인간의 개인적 관심사에 도움이 되도록 조종하는 힘이 육성되었다. 이 고대 민족은 아직 그런 자연의 힘을 통제하는 막강한 힘을 갖고 있었는데, 그 자연의 힘은 나중에 인간의 의지 앞에서 물러났다. 신탁의 수호자들은 불과 다른 요소들에 연결된 내적인 힘들을 지배했다. 이들을 신관이라고 부를 수 있다. 다만 이들이 예전 시대의 초감각적 인식과 초감각적 힘의 유산으로 보존한 것은 아득히 먼 과거의 인간이 가졌던 것과 비교할 때는 약했다. 하지만 그것은 인류의 행복만을 염두에 둔 고귀한 예술에서부터 굉장히 비난받아 마땅한 일들에 이르기까지 모든 형태를 취하고 있었다. 이 사람들에서는 루시퍼적 본성이 특이한 방식으로 지배했다. 루시퍼적 본성은 이들로 하여금 사람들을 고차적 존재들의 의도에서 벗어나게 하는 모든 일에 연관되도록 했는데, 그 존재들은 루시퍼적 영향이 없었다면 인류를 앞으로 나아가도록 유도했을 것이었다. 옛 시대의 투시 능력, 그리고 앞에서 서술한 깨어있는 것과 잠자는 것의 중간 상태를 아직 조금은 가지고 있었던 이 민족의 구성원들도 정신세계의 차원 낮은 존재들에게 강하게 끌린다고 느꼈다. 이 민족에게는 그런 성격적 특성에 대응할 정신적 자극이 주어져야만 했다. 고대 인도의 정신 생활을 반생시킨 것과 동일한 근원으로부디 이들에게도 태양 신탁 비밀의 수호자에 의해서 지도층이 주어졌다.

104   태양 신탁의 수호자에 의해서 *지금 언급하고 있는* 민족에 주어진 원시 페르시아 정신 문화의 지도자는 역사에서 자라투스트라 Zarathustra나 조로아스터Zoroaster라고 알려진 것과 같은 이름으로 불릴 수 있다. 다만 방금 언급한 인물은 역사가 이 이름의 당사자라고 규정한 인물보다 훨씬 이전 시대에 속한다는 점이 강조되어야 한다. 그러나 여기서 중요한 것은 외적인 역사 연구가 아닌 정신과학이다. 누군가 자라투스트라라는 이름을 가진 사람에게 관해서 그보다 늦은 시기를 생각하게 된다면, 그는 자신이 떠올린 사람이 위대한 첫 번째 자라투스트라의 후계자, 자라투스트라의 이름을 받아들여 그 가르침에 따라 활동했던 한 인물이라고 여겨야 정신과학과의 일치를 찾을 수 있을 것이다. 자라투스트라가 자기 민족에게 주어야 했던 자극은 다음과 같은 점을 제시하는 데 있었다. 즉 감각적-물질적 세계는 인간이 전적으로 루시퍼적 본성의 영향에만 자신을 내맡길 때 만나게 되는 단순히 활기 없는 세계가 아니라는 것이다. 인간은 루시퍼적 본성 덕분에 자신의 개인적 독립성과 자유의 감정을 느낀다. 그러나 그 본성은 인간 안에서 그것과 대립하는 정신존재와 조화를 이루며 작용해야 한다. 원시 페르시아 민족에게는 그 정신존재에 대한 감각을 활기 있게 보존하는 것이 중요한 문제였다. 그런데 감각적-물질적 세계에 대한 편향성 때문에 그들은 루시퍼적 본성에 완전히 녹아 들어갈 위험이 있었다. 이제 자라투스트라는 태양 신탁의 수호자에 의해서 높은 태양 존재들의 현현을 경험할 수 있는 비밀을 전수받았다. 그는 수련을 통해 도달한 특정한 의식 상태에서 앞에서 서술한 방식

으로 인간의 생명체를 자신의 보호 아래 두었던 통솔자를 태양 존재들 가운데서 볼 수 있었다. 그리고 이 존재는 인류 발달의 섭리를 조종하지만 특정 시간에 이르러서야 우주 공간에서 지구로 내려올 수 있다는 것을 알았다. 이를 위해서는 이 존재가 루시퍼적 본성이 가미된 이후 생명체에서 작용했던 것처럼 한 인간의 아스트랄체에서도 살 수 있어야 했다. 따라서 루시퍼가 없었다면 어떤 다른 시기(아틀란티스 발달의 중간기)에 달성했을 단계로 아스트랄체를 다시 변형시킬 한 인간이 나타나야만 했다. 루시퍼가 오지 않았다면 인간은 분명 더 빨리 그 단계에 도달했을 테지만, 개인적인 독립성이나 자유의 가능성은 없었을 것이다. 그러나 이런 특성에도 불구하고 인간은 다시 그 단계로 올라가야 했다. 자라투스트라는 예언자의 상태에서 앞으로 이루어질 인류의 발달에서는 그런 적합한 아스트랄체를 가진 인물이 출현할 수 있다는 것을 예견했다. 그 때가 오기 전에는 정신적인 태양의 힘이 지상에서 발견될 수 없지만 태양의 정신적 영역에서는 초감각적 관조에 의해서 인식될 수 있다는 것도 알았다. 자라투스트라는 예언자적 시선을 태양으로 향했을 때 그 힘들을 볼 수 있었다. 그리고 처음에는 정신세계에서만 발견될 수 있지만 나중에는 지상으로 내려가야 할 그 힘들의 실재를 자기 민족에게 알렸다. 이것이 위대한 태양의 정신이나 빛의 정신(태양의 기운, 아후라 마즈다 Ahura-mazda, 또는 오르무즈드Ormuzd)의 예고였다. 이 빛의 정신은 자라투스트라와 그 추종자들에게 정신세계로부터 인간에게 얼굴을 돌려 인류의 미래를 준비하는 정신으로 자신을 드러냈다. 자라투스트라가 빛의 정신으로 예고한 이 존재가 바로 그리스도가 지상에 나타나기 전에 그리스도의 출현을 암시한 정신이다. 반면에 아리만(앙그라 마이뉴Angra mainyu) 안에서 그는 자신에게 일방적으로 빠져드는 경우우 인간의 영혼 생활을 파괴하는 힘으로 나타난다. 이 힘이 앞에서 서술한 것처럼 화산 비밀의 누설 이후 지상에 대한 특별한 지배권에 도달한 바로 그 힘이다. 자라투스트라의 가르침에서는 빛의 신에 대한 소식과 함께 어떤 정신존재들에 대해서도 알려주는데, 그들은 예언자의 정화된 의식에 빛의 신의 동료로 드러나게 될 존재들로, 아틀란티스 시대로부터 보존되어 정화되지 않은 채 남은 투시적 시선에 나타난 유혹자들이 이들과 대립을 이루었다. 원시 페르시아 민족은 인간의 영혼이 감각적-물질적 세계에서 활동하고 추구하는 한 그 안에서는 빛의 신과 그 적대자의 힘 사이에 싸움이 일어난다는 사실을 분명히 알아야 했다. 또한 그 적대자가 인간을 몰락으로 이끌어가지 않고 빛의 신의 힘으로 그의 영향을 선한 쪽으로 인도하게 하려면 인간이 어떻게 행동해야 하는지도 분명히 알아야 했다.

105   포스트 아틀란티스 시대의 세 번째 문명기는 서아시아와 북아프리카에 마지막으로 합류한 민족들에서 탄생했다. 이 문명기는 한편으로는 칼데아인, 바빌로니아인, 아시리아인에서, 다른 한편으로는 이집트인들에서 발달했다. 이 민족들에서는 물질적-감각적 세계에 대한 감각이 원시 페르시아인들과는 다른 방식으로 형성되었다. 그들은 마지막 아틀란티스 시대부터 생겨난 사고력, 지적 재능

284

에 토대가 된 정신적 소질을 다른 민족들보다 훨씬 많이 받아들였다. 포스트 아틀란티스 시대 인류의 과제는 깨어난 사고력과 감정의 힘으로 얻을 수 있었던 영혼의 능력을 자기 안에서 펼쳐내는 것이었는데, 사고력과 감정의 힘은 정신세계에 의해서 직접적으로 촉발되는 것이 아니라 인간이 감각세계를 관찰하고 거기에 익숙해지고 그 세계를 가공함으로써 생겨난다. 그런 능력으로 인간의 감각적-물질적 세계를 정복하는 일은 포스트 아틀란티스 시대 인류의 사명으로 간주되어야 한다. 그 정복은 단계적으로 진행되었다. 고대 인도에서도 인간은 영혼 상태로 인해서 이미 그 세계를 주시했다. 그러나 그때는 아직 그 세계를 환영으로 간주했고, 그의 정신은 초감각적 세계로 향해 있었다. 그와는 달리 원시 페르시아 민족에게서는 물질적-감각적 세계를 정복하려는 노력이 나타났다. 그러나 그 일의 상당 부분은 여전히 인간이 직접적으로 초감각적 세계에 도달할 수 있었던 시대의 유산으로 남겨진 영혼의 힘으로 시도되었다. 세 번째 문명기의 민족들의 영혼은 초감각적 능력의 상당 부분을 상실했다. 영혼은 감각적 주변 세계에서 정신적인 것이 드러내는 것들을 탐구하고, 그 세계에서 비롯된 문명 수단의 발견과 발명을 통해 계속 발전해야 했다. 물질적-감각적 세계를 통해 그 세계의 배후에 있는 정신적인 것의 법칙을 탐구함으로써 인간의 학문이 탄생했다. 또한 그 세계의 힘을 인식하고 가공함으로써 인간의 기술과 예술적 작업, 그런 일들의 도구와 수단이 탄생했다. 칼데아-바빌로니아 민족에게 감각세계는 더 이상 환영이 아니었고, 그들의 왕국과 산과 바다와 공기와 물에서는 그들이 인식하려고 애쓴 법칙에 따라 움직이는 감춰진 힘들의 정신적 활동이 드러났다. 이집트인에게 지구는 자신의 활동 영역으로, 그가 자신의 지력을 이용해 인간의 힘이 새겨진 모습으로 보이도록 변형시켜야 할 상태로 그에게 넘겨진 곳이었다. 주로 수성 신탁에서 유래한 신탁소들이 아틀란티스에서 이집트로 옮겨졌다. 그러나 금성 신탁 같은 다른 것들도 존재했다. 이 신탁소들을 통해서 이집트 민족에게서 육성될 수 있던 것에 새로운 문화의 맹아가 심어졌다. 이 맹아는 페르시아의 자라투스트라 비밀의 범주 안에서 수련한 위대한 지도자에게서 유래했다. (그는 위대한 자라투스트라 자신이 한 제자로 재육화한 인물이었다.) 그가 바로 역사적 이름을 빌려 "헤르메스 Hermes"로 불리는 인물이다. 그는 자라투스트라 비밀을 받아들임으로써 이집트 민족을 인도할 올바른 길을 찾을 수 있었다. 이 민족은 탄생과 죽음 사이의 지상의 삶에서 물질적-감각적 세계가 가진 의미를 찾아냈고, 비록 그 세계 뒤에 있는 정신세계는 제한적으로만 직접 볼 수 있었지만, 거기서 정신세계의 법칙들을 인식할 수 있었다. 따라서 이 민족은 정신세계를 지상에서 친숙해질 수 있는 세계로 배우지는 못했다. 대신에 인간이 죽은 뒤 몸에서 자유로워진 상태에서는 지상에 사는 동안 감각적-물질적 세계에 모상을 통해서만 나타난 정신존재들의 세계와 함께 살게 되리라는 것은 알 수 있었다. 헤르메스는 인간은 지상에 있는 동안 자신의 힘을 정신적인 세력의 의도에 따라 작용하도록 사용하는 한에서 죽음 이후에 그 세력과 결합할 능력을 갖게 된다고 가르쳤다. 특히 탄생과 죽음 사이에서 이 방향에서 가장 열성적으로 활동한 사람들은 높은 태양 존재, 즉 오시리스Osiris 와 결합하게 된다고 했다. 이 문명 조류의 칼데아-바빌로니아 쪽에서는 인간의 의식을 물질적-감각적 세계로 돌리는 것이 이집트보다 더 두드러졌다. 그들은 그 세계의 법칙들을 탐구했고, 감각적 모상들에서 정신적 원형을 관찰했다. 그러나 이 민족은 많은 점에서 물질적인 것에 사로잡혀 있었다. 별의 정신존재들 대신 별이, 다른 정신존재들 대신 자신들의 현세적 모상들이 중요시되었다. 지도자들만이 초감각적 세계의 법칙, 그리고 그 법칙과 감각적 세계의 상호 작용에 관해 참되고 깊은 인식에 도달했다. 여기서는 입문자들의 인식과 일반 사람들의 갈팡질팡하는 믿음 사이의 대립이 다른 어느 곳보다 강하게 나타났다.

106   포스트 아틀란티스 시대의 네 번째 문명기가 번성한 남부 유럽과 서아시아 지역의 상황은 완전히 달랐다. 이 문명기를 그리스-로마 문명기라고 할 수 있다. 이들 나라에는 더 오래된 세계의 온갖 지역에서 태어난 사람들의 후손이 모여 있었다. 또한 다양한 아틀란티스 신탁을 본받아 살아간 신탁소들도 있었다. 예전의 투시적 능력을 타고난 재능으로 간직하고 있는 사람들이 있었고, 수련을 통해 비교적 쉽게 그것을 얻을 수 있었던 사람들도 있었다. 특별한 곳들에서는 옛 입문자들의 전승들이 보존되었을 뿐만 아니라, 정신적 인식의 높은 단계에 도달할 수 있는 제자들을 끌어 모은 입문자들의 합당한 후계자들이 거기서 탄생했다. 동시에 이 민족들은 물질적인 것에서 정

신적인 것을 더 완전한 형태로 표현하는 영역을 감각적 세계 내에 창조하려는 충동을 갖고 있었다. 다른 많은 것도 그렇지만 그리스 예술은 이런 충동의 결과이다. 그리스 신전들을 정신의 눈으로 둘러보기만 하면 된다. 그러면 그런 경이로운 예술 작품에서는 감각적-물질적인 것이 인간에 의해 모든 요소 하나하나에서 정신적인 것의 표현으로 나타나도록 가공되었다는 사실을 알게 될 것이다. 그런 그리스 신전은 "정신의 집"이다. 보통은 초감각적으로 보는 사람의 정신적 눈만이 인식하는 것을 우리는 그 신전의 형태에서 본다. 감각적 눈으로 볼 때 제우스(또는 주피터) 신전의 형태는 제우스나 주피터 입문의 수호자가 정신의 눈으로 본 것이 그에 상응하는 외피를 입은 것으로 드러나도록 만들어졌다. 모든 그리스 예술이 그와 마찬가지다. 입문자들의 지혜는 불가사의한 방법으로 시인, 예술가, 사상가들에게로 흘러 들어갔다. 고대 그리스 철학자들의 세계관 체계에서는 개념과 이념의 형태로 입문자들의 비밀을 다시 발견할 수 있다. 또한 정신적 삶의 영향, 아시아와 아프리카 입문소들의 비밀 등도 이곳 사람들과 이들의 지도자들에게 흘러 들어갔다. 위대한 인도의 스승들, 자라투스트라의 동료들, 헤르메스의 추종자들은 제자들을 끌어 모았다. 그들, 그리고 그들의 후계자들은 옛 지혜가 새로운 형태로 되살아나는 입문소들을 세웠다. 그것이 고대의 신비들이다. 그들은 여기서 제자들을 준비시켜 정신세계를 볼 수 있는 의식 상태에 도달하도록 했다. (고대의 이 신비들에 관한 몇 가지 세부 내용은 나의 저서《신비적 사실인 그리스도교 Das Christentum als mystische Tatsache》에서 볼 수 있다. 이와 관련된 다른 내용은 이 책의 마지막 장들에서 언급된다.)
옛 지혜는 이 입문소들로부터 소아시아, 그리스, 이탈리아에서 정신
적 비밀을 가꾸었던 사람들에게 흘러 들어갔다. (그리스 세계에서는
오르페우스와 엘레우시우스 신비 의식에서 중요한 입문소들이 탄생
했다. 피타고라스 지혜 학파에서는 태고의 위대한 지혜 이론과 방법
들이 오래 영향을 끼쳤다. 피타고라스는 오랜 여행 중에 온갖 신비의
비밀을 전수받았다.)

***

107   그러나 포스트 아틀란티스 시대에 인간의 탄생과 죽음 사이
의 삶은 죽음 이후 몸에서 자유로운 상태에도 영향을 미쳤다. 인간
이 물질적-감각적 세계로 관심을 기울일수록 지상에서 사는 동안 아
리만이 영혼과 친숙해져 그의 위력이 죽음을 넘어서까지 유지될 가
능성이 더 컸다. 이 위험은 고대 인도인들에게서 가장 적었다. 그들
은 지상에서 사는 동안 물질적-감각적 세계를 환영이라고 느꼈고, 그
렇게 해서 죽음 이후에는 아리만의 위력에서 벗어났기 때문이다. 반
면에 원시 페르시아 사람들에게 그 위험이 더 컸던 것은 그들이 탄생
과 죽음 사이의 시간 동안 감각적-물질적 세계로 관심 어린 시선을
향했기 때문이다. 자라투스트라가 빛의 신의 가르침으로 물질적-감
각적 세계 뒤에 빛의 정신존재들의 세계가 있다는 것을 인상 깊게 알
려주지 않았다면, 그들은 아리만의 교묘한 현혹에 깊이 빠졌을 것이

다. 이 문명권의 사람들은 그렇게 자극적인 표상 세계를 영혼 안으로 받아들인 정도 만큼 지상에서의 삶 동안, 그리고 새로운 지상의 삶을 준비해야 할 죽음 이후의 삶에서도 아리만의 촉수에서 벗어났다. 지상의 삶에서 아리만의 위력은 감각적-물질적 삶을 유일한 삶으로 보이게 하며, 그로써 정신세계에 대한 모든 전망을 차단하게 만든다. 정신세계에서는 이런 위력이 인간을 완전히 고립시키고 그의 모든 관심을 오로지 자기 자신에게 향하도록 한다. 죽을 때 아리만의 세력권에 있는 사람은 이기주의자로 다시 태어난다.

108   오늘날 우리는 정신과학의 범주 내에서 죽음과 새로운 탄생 사이의 삶을 아리만의 영향이 어느 정도까지 극복되었는지에 따라 기술할 수 있다. 이 책의 저자도 다른 저술과 이 책의 첫 번째 장들에서 그렇게 서술했다. 인간이 실제로 존재하는 것에 대한 순수한 정신적 통찰을 얻었을 때, 이런 삶의 형태에서 인간에 의해 체험될 수 있는 것을 생생하게 드러나게 하려면 그렇게 서술할 수밖에 없다. 각 개인이 그것을 어느 정도 체험할 수 있는지는 그가 아리만의 영향을 얼마나 극복했느냐에 달려 있다. 인간은 자신이 정신세계에서 될 수 있는 어떤 상태에 점점 다가간다. 인류의 발달 과정에 대한 고찰에서는 인간이 정신세계에서 될 수 있는 어떤 상태가 다른 영향들에 의해 얼마나 많은 제약을 받는지를 예리하게 주시해야 한다.

109   헤르메스는 이집트 사람들에게 지상에서 사는 동안 빛의 정

신존재와 공동체를 이루기 위해 준비하라고 가르쳤다. 그러나 지상에서 사는 동안 탄생과 죽음 사이에 있는 사람들의 관심사는 물질적-감각적인 것의 베일을 통해 아주 조금만 보일 수 있는 상태였기 때문에 죽음 이후 영혼의 정신적 시선도 혼탁했다. 빛의 세계에 대한 지각은 희미했다. 죽음 이후 정신세계가 숨겨지는 것은 그리스-로마 문화에 속한 사람의 몸에 있다가 몸에서 자유로운 상태로 넘어간 영혼들에게서 절정에 달했다. 그들은 지상에서 사는 동안 감각적-물질적 현존을 돌보는 일에 전념했다. 그로써 죽음 이후에 스스로를 그림자와 같은 존재가 될 처지에 놓이게 했다. 그 때문에 그리스인은 죽음 이후의 삶을 그림자와 같은 현존으로 느꼈다. 그 시대에 감각적 삶에 뛰어든 한 영웅이 "그림자 세계의 왕이 되느니 차라리 지상의 거지가 낫다"[33]라고 했을 때, 그것은 단순한 말이 아니라 진실을 나타내는 감정이었다. 이 모든 일은 정신적 원상보다는 감각적인 모상을 숭배하고 신격화하는 쪽으로만 관심을 쏟았던 아시아 민족들에게서 더욱 두드러졌다. 그리스-로마 문화기 당시의 인류 대부분은 그런 상태에 있었다. 물질적-감각적 세계의 정복을 목표로 한 포스트 아틀란티스 시대 인간의 사명은 필연적으로 정신세계로부터의 소외를 초래할 수

---

33) 죽음의 제물을 통해 지하 세계(하데스)로부터 불러 내어진 아킬레우스의 영혼은 오디세우스에게 말한다.
"빛나는 오디세우스여, 내 죽음을 위로하려 하시 마오.
나는 여기 아래 죽은 자들의 세계에서 왕이 되기보다는
먹고 살 것도 별로 없는 가난한 사람의 노예가 되어
들판에서 고역에 시달리는 것을 견뎌 내겠소."
(호메로스,《오디세이아》, 11번째 노래, R. A. 슈뢰더 번역)

밖에 없었다는 점을 알 수 있다. 이와 같이 어느 한쪽의 위대함은 필연적으로 다른 한쪽의 몰락과 연관되어 있다. 신비들에서는 정신세계와 인간의 연관성이 가꾸어졌다. 신비의 입문자들은 특별한 영혼 상태에서는 정신세계에서 오는 계시를 받을 수 있었다. 그들은 대체로 아틀란티스 신탁 수호자들의 후계자들이었다. 루시퍼와 아리만의 작용으로 감춰졌던 것이 그들에게는 드러났다. 루시퍼는 아틀란티스 시대 중반까지 정신세계로부터 인간의 아스트랄체로 흘러 들어왔던 것을 보이지 않게 했다. 생명체가 물질체에서 부분적으로 분리되지 않았다면, 인간은 정신세계의 그 영역을 영혼의 내적 현현처럼 자기 안에서 경험할 수 있었을 것이다. 그러나 그는 루시퍼의 작용 때문에 특별한 영혼 상태에서만 그렇게 할 수 있었다. 그럴 때는 정신세계가 아스트랄적인 모습으로 그에게 나타났다. 해당 존재들은 고차적 인간 본성의 구성 요소들만이 가지고 있는 형상으로 드러났고, 이 구성 요소들에서는 자신들의 특별한 정신적 힘들에 대한 아스트랄적-가시적 상징들이 나타났다. 초인적 형상들은 이런 방식으로 모습을 드러냈다. 아리만의 개입 이후에는 또 다른 종류의 비밀 전수가 더해졌다. 아리만은 정신세계의 모든 것을 가렸는데, 그것은 아틀란티스 시대 중반부터 있었던 그의 개입이 성공하지 못했다면 감각적-물질적 지각 뒤에서 나타났을 것들이었다. 그것은 입문자들이 그 시대 이후로 인간이 도달한 모든 능력을 감각적-물질적 삶의 인상을 얻는 정도를 넘어서까지 단련한 상황 덕분에 그들에게 밝혀졌다. 이를 통해서 자연력 뒤에 있는 정신의 힘들이 드러났다. 입문자들은 자연 뒤에 놓인 정신존재들에 대해 말할 수 있었다. 그들에게는 인간의 지배하에 놓인 자연적인 것에서 작용하는 힘의 창조력이 드러났다. 토성과 태양과 옛 달에서부터 작용하고 인간의 물질체와 생명체와 아스트랄체를 비롯해 광물계와 동식물계를 형성한 것은 한 종류의 신비 및 비밀들의 내용을 이루었다. 그것은 아리만이 비호하고 있던 비밀들이었다. 무엇이 감정영혼, 지성영혼, 의식영혼을 있게 했는지는 두 번째 종류의 신비 의식 및 비밀에서 드러났다. 그러나 그런 신비들 중에서 예견될 수 있었던 것은 한 가지뿐이었다. 즉 시간이 지나면서 특정한 아스트랄체를 가진 한 인간이 등장하는데, 그 아스트랄체에서는 루시퍼의 영향에도 불구하고 태양의 정신존재의 빛의 세계가 특별한 영혼 상태가 아니어도 생명체를 통해 인식될 수 있으리라는 것이었다. 그리고 이 인간 존재의 물질체에는 육체적 죽음에 이를 때까지 아리만에 의해 가려질 수 있는 정신세계의 모든 것이 드러날 것이라고 했다. 이 인간 존재에게 육체적 죽음은 사는 동안 아무것도 바꿀 수 없다. 인간 존재에 대해서는 아무 힘도 가질 수가 없는 것이다. 그런 인간 존재에서 "자아"는 육체적 삶 속에 완선한 정신적 삶이 동시에 포함되어 있는 것으로 나타난다. 그런 존재는 빛의 정신의 소유자로, 입문자는 초인적인 것의 정신으로 인도되거나 자연력의 실체로 인도된다는 두 측면을 통해 그 존재에 이른다. 신비 의식의 입문자들은 시간이 지나는 동안 그런 인간 존재가 등장하리라고 예언하면서 그리스도의 예언자가 되었다.

110　　　이런 의미에서 한 민족 안에 어떤 인물이 특별한 예언자로서 나타났다. 그 민족은 자연적인 유산으로는 서아시아 민족들의 특징을 지녔고 교육을 통해서는 이집트 사람들의 학문을 배운 이스라엘 민족이었고, 예언자는 바로 모세였다. 그의 영혼으로 유입된 비전祕傳의 수많은 영향들 덕분에 특별한 의식 상태에서는 그의 영혼에 한 존재가 모습을 드러냈다. 과거에 지구가 규칙적으로 발달할 때 달에서부터 인간의 의식을 형성하는 역할을 떠맡은 존재였다. 모세는 천둥과 번개 속에서 물리적 현상뿐만 아니라 방금 언급한 정신의 현현도 인식했다. 그러나 다른 종류의 신비 의식과 비밀들도 동시에 그의 영혼에 영향을 주었다. 그래서 어떻게 초인적인 것이 자아를 통해서 인간적인 것으로 되는지를 아스트랄적 직관을 통해 인지했다. 이렇게 두 측면에서 "자아"의 최고 형태로서 나타날 이가 모세에게 계시되었다.

111　　　그리고 고차적 태양 존재가 지상 인간의 위대한 본보기로 준비했던 것이 "그리스도"와 함께 인간의 모습으로 나타났다. 그의 출현으로 모든 신비 의식의 지혜는 어떤 점에서는 새로운 형태를 취해야 했다. 이전에 그런 지혜는 오직 인간을 지상의 발달 외부에 놓인 태양 정신의 세계를 볼 수 있는 영혼 상태로 만들려는 목적으로만 존재했다. 그러나 이제부터 모든 신비의 지혜는 인간으로 하여금 인간이 된 그리스도를 인식하고 모든 지혜의 중심인 그리스도로부터 자연세계와 정신세계를 이해할 수 있도록 하는 과제를 받았다.

112   루시퍼의 개입으로 감춰질 수 있었던 모든 것을 예수 그리스
도의 아스트랄체가 자기 안에 가진 순간, 인류의 스승으로서의 그의
출현이 시작되었다. 이 순간부터 지상에서의 인간 발달에는 지구의
물질적 목표에 서서히 도달할 수 있게 해주는 지혜를 받아들이는 소
질이 심어졌다. 골고다 사건이 일어난 순간 인류에게는 아리만의 영
향을 선으로 바꿀 수 있는 또 다른 소질이 주입되었다. 이제 삶에서
벗어난 인간은 정신세계에서 겪는 고립으로부터 자신을 자유롭게 할
어떤 것을 죽음의 문을 지나도록 가져갈 수 있다. 팔레스타인에서 일
어난 그 사건은 인류의 물질적 발달뿐만 아니라 인간이 속한 나머지
세계들에 대해서도 그 중심에 서 있다. 또한 "골고다의 신비"가 일어
나고 "십자가의 죽음"을 겪고 났을 때, 그리스도는 영혼들이 죽음 이
후에 머무는 세계에 나타나 아리만의 권력을 약화시켰다. 그 순간부
터 그리스인들에 의해 "그림자 세계"라고 불렸던 영역에는 자신의 피
조물들에게 그 세계에 다시 빛이 오리라는 것을 알려준 정신의 섬광
이 번쩍거렸다. "골고다의 신비"에 의해 물질세계에 도달한 것은 정
신세계까지 그 빛을 비추었다. 이와 같이 포스트 아틀란티스 인류의
발달은 이 사건에 이를 때까지 물질적-감각적 세계의 상승이었다. 그
리고 그것은 정신세계의 몰락이기도 했다. 감각세계로 흘러 들어온
모든 것은 먼 옛날부터 정신세계에 있었던 것에서 흘러나왔다. 그리
스도 사건 이후 그리스도 비밀에까지 도달한 사람들은 감각세계에서
얻은 것을 정신세계로 가지고 갈 수 있다. 그러면 그것은 그 세계로
부터 다시 지상의 감각세계로 흘러 들어가는데, 재육화한 사람들이

죽음과 새로운 탄생 사이의 정신세계에서 자신들에게 그리스도-충동Christus-Impuls이 된 것을 재육화할 때 다시 가져오기 때문이다.

113　　그리스도의 출현으로 인류의 발달에 흘러 들어온 것은 그 안에서 하나의 씨앗처럼 작용했다. 이 씨앗은 점진적으로만 익어갈 수 있었다. 새로운 지혜의 깊은 곳에서 극히 작은 부분만이 현재에 이르기까지 물질적 현존 안으로 흘러 들어왔다. 이 현존은 먼저 그리스도교 발달의 시작점에 있다. 그리스도의 출현 이후 연속적으로 흘러간 기간 동안 그리스도교의 발달은 항상 사람들이 그들의 표상 능력으로 받아들일 수 있었던 만큼만 그 내적 본질을 드러낼 수 있었다. 이 인식이 만들어낼 수 있었던 첫 번째 형태는 포괄적인 삶의 이상이라고 표현할 수 있다. 그것은 포스트 아틀란티스 인류에서 삶의 형태들로 생성된 것과는 대립했다. 레무리아 시기에 인류가 다시 지구상에 거주한 이후로 인류의 발달에 영향을 준 상황들에 대해서는 앞에서 서술한 바 있다. 그에 따라 인간의 영혼은 다른 세계들에서 와 고대 레무리아인들의 후손에서 재육화한 서로 다른 존재들에서 유래한다. 인간 종이 다양한 것은 그런 사실의 결과이다. 또한 재육화한 영혼들에서는 그들의 카르마로 인해 갖가지 삶의 이해관계가 나타났다. 이 모든 것이 영향을 끼치는 동안에는 "보편적 인간성"이라는 이상은 존재할 수 없었다. 인류는 통일성에서 출발했지만, 지금까지의 지구 발달은 분리를 초래했다. 그리스도라는 표상에는 먼저 모든 분리에 반대 작용을 하는 하나의 이상이 주어졌는데, 그리스도라는 이

름을 지닌 사람 안에는 모든 인간 자아의 근원인 고차적 태양 존재의 힘도 살아 있기 때문이다. 이스라엘 민족도 스스로를 민족이라고 느꼈고, 그 사람은 이 민족의 일원이라고 느꼈다. 그리스도교는 처음에 예수 그리스도 안에 분리의 조건들이 밀고 들어가지 못하는 이상적 인간이 산다는 단순한 생각에서 이해되었고, 그 때문에 포괄적인 박애의 이상이 되었다. 모든 특수 이해관계와 친족 관계를 넘어 모든 인간의 가장 깊은 자아는 동일한 기원을 갖는다는 감정이 나타났다. (지상의 모든 선조들과 함께 모든 인류에게 공통되는 아버지가 나타났다. "나와 아버지는 하나이다."[34])

114   기원후 4세기, 5세기, 6세기에는 유럽에서 하나의 문화기가 준비되었는데, 그 문화기는 15세기에 시작되어 현재도 여전히 이어지고 있다. 그것은 네 번째 문화기인 그리스-로마 문명을 서서히 대체해야 했다. 그것이 포스트 아틀란티스 시대의 제5문화기이다. 수많은 이주와 온갖 우여곡절을 겪은 뒤 이 시기를 떠받친 민족들은 선행한 네 번의 문화기 동안 일어난 일에서 가장 영향을 적게 받은 아틀란티스인들의 후손이었다. 그들은 해당 문명들이 뿌리를 내린 지역까지 진출하지 않았고, 그들의 방식으로 아틀란티스 문화를 계속 가꾸어 나갔다. 그들 중에는 앞에서 깨어있는 것과 잠자는 것 사이의 중간 상태라고 언급한 희미한 투시 능력의 유산을 상당 부분 간직

---

34) 요한복음 10장 30절.

하고 있던 사람들이 많았다. 그런 사람들은 자신들의 체험으로 정신 세계를 인지했고, 이 세계에서 일어나는 일을 주변 사람들에게 전달할 수 있었다. 그렇게 해서 정신존재들과 그 과정들에 관한 이야기들의 세계가 탄생했다. 여러 민족에게 있는 동화와 전설의 보고寶庫는 원래 그런 정신적 체험들에서 생겨났다. 많은 사람들의 희미한 투시 능력은 우리의 현재에서 결코 멀지 않은 시대까지 지속되었기 때문이다. 다른 한편으로 투시 능력은 상실했지만, 감각적-물질적 세계에 대한 능력을 그런 투시 능력의 체험들에 상응하는 감정과 감각들에 따라서 발전시킨 사람들도 있었다. 아틀란티스의 신탁들도 이 문화기에 후계자들을 갖고 있었다. 곳곳에 신비 의식들이 존재했다. 다만 이 신비 의식들에서는 주로 아리만이 감추고 있던 정신세계를 드러내는 입문의 비밀이 교육되었다. 거기서는 자연의 힘 뒤에 존재하는 정신의 힘이 규명되었다. 유럽 민족들의 신화에는 그런 신비 의식의 입문자들이 사람들에게 전할 수 있었던 것의 잔재가 포함되어 있다. 이 신화들은 다른 비밀도 포함하고는 있지만 남방과 동방의 신비 의식들이 가졌던 것보다는 불완전한 형태이다. 초인적 존재들은 유럽에서도 알려져 있었다. 그러나 그 존재들은 루시퍼의 동료들과 끊임없는 싸움을 벌이는 것으로 보였다. 빛의 신에 대해서도 알려졌지만, 루시퍼를 물리치는 존재라고 말할 수 있는 형태는 아니었다. 대신에 그리스도의 미래의 모습도 이런 신비 의식들 속으로 빛을 비추었다. 그의 왕국이 다른 빛의 신의 왕국을 대체할 거라고 전해졌다. (신들의 황혼에 관한 모든 전설과 그 비슷한 이야기들은 유럽 신비 의식들의 이런 인식에서 유래한다.) 지금도 지속되고 있고 삶의 천태만상을 보여주는 다섯 번째 문화기 사람들에서는 그런 영향들로 인해 영혼의 분열이 생겨났다. 옛 시대로부터 영혼은 정신세계와 감각세계의 관계를 고수할 수 있을 만큼 강하게 정신적인 것으로 향하는 특징을 간직하지는 못했다. 영혼은 그것을 감정과 감각의 특징으로서 간직했을 뿐, 초감각적 세계의 직접적인 관찰로서는 아니었다. 그에 반해 인간의 시선은 점점 더 감각세계와 그 세계의 지배로 향해졌다. 그리고 이전의 아틀란티스 시대에 깨어난 지적 능력, 물질적 뇌를 수단으로 한 인간의 모든 능력은 감각세계와 그 세계를 인식하고 지배하는 것을 목표로 양성되었다. 말하자면 인간의 가슴 속에 두 세계가 발달한 것이다. 한 세계는 감각적-물질적 삶을 향해 있고, 다른 세계는 직관 없이 감정과 감각을 통해 정신적인 것을 간파할 수 있도록 정신적인 것의 현현에 민감하다. 이런 영혼 분열의 싹은 그리스도의 가르침이 유럽 지역으로 흘러 들어왔을 때부터 이미 존재했다. 사람들은 정신에서 오는 이 소식을 마음속으로 받아들였고 감각과 감정을 그것으로 가득 채웠지만, 감각으로 향해진 지성이 물질적-감각적 삶에서 탐색한 것으로 연결되는 다리는 놓을 수 없었다. 오늘날 외적 학문과 정신적 인식의 대립으로 알고 있는 것은 이런 사실의 한 결과일 뿐이다. 에크하르트Eckhart와 타울러Tauler 등의 그리스도교 신비주의[35]는 감정과 감각에 그리스도교가 스며든 결과이다. 단순히 감각 세계로 향해진 학문과 그 학문이 삶에서 얻은 성과들은 영혼적 소질의 다른 측면의 결과들이다. 그리고 외적 물질문명의 영역에서 이룬 모든 성취는 영혼적 소질들의 이런 분리에 기인한다. 뇌를 수단으로 이용하는 인간의 능력은 물질적 삶에만 집중함으로써 현재의 과학과 기술 등을 가능하게 한 수준으로 올라설 수 있었다. 이런 물질문명의 기원은 유럽 민족들에만 놓일 수 있었다. 그들은 물질적-감각적 세계에 대한 성향이 어느 정도까지 성숙해졌을 때야 비로소 그것을 능력으로 키워낸 아틀란티스 선조들의 후손들이기 때문이다. 그전까지는 그것을 잠들어 있는 상태로 둔 채 아틀란티스 선조들의 투시 능력의 유산과 그 입문자들이 전해 주는 내용으로 살아갔다. 정신문명이 외적으로 이런 영향들에만 빠져 있던 동안 세계의 물질적 지배에 대한 의식이 서서히 무르익었다.

115   그러나 지금 벌써 포스트 아틀란티스 시대에서 여섯 번째 문화기의 여명이 예고되고 있다. 인류의 발달에서 어느 시기에 생겨나야 할 것은 그에 선행하는 시기에 서서히 무르익기 때문이다. 지금과

---

35) 그리스도교 신비주의와 관련해서는 루돌프 슈타이너의 다음 저서 참조: 《근대 정신 활동의 출현에 나타나는 신비주의와 현대적 세계관과의 관계 Die Mystik im Aufgange des neuzeitlichen Geisteslebens und ihr Verhältnis zur modernen Weltanschauung》 (1901), GA 7.
마이스터 에크하르트(Meister Eckhart, 1260-1327), 신비주의자, 도미니코회 수사.
요한네스 타울러(Johannes Tauler, 1300-1361), 신비주의자, 도미니코회 수사.

같은 초기에 발달할 수 있는 것은 인간 내면의 두 측면, 즉 물질문명과 정신세계에서의 삶을 연결하는 실을 발견하는 것이다. 이를 위해서는 한편으로 정신적 관찰의 결과들을 이해하는 것이 필요하고, 다른 한편으로 감각세계의 관찰과 체험들 속에서 정신이 드러내는 것들이 인식되어야 한다. 여섯 번째 문화기는 둘 사이의 조화를 완전한 발달로 이끌 것이다. 이로써 이 책의 고찰은 과거를 돌아보는 일에서 미래에 대한 전망으로 넘어갈 수 있는 지점에 이르렀다. 그러나 미래에 대한 전망보다는 고차적 세계의 인식과 입문에 대한 관찰이 선행하는 편이 더 낫다. 그러면 그 관찰이 책의 테두리 내에서 가능한 만큼의 미래에 대한 전망을 간략하게 줄 수 있을 것이다.

V.

고차적 세계의 인식

(전수 또는 입문에 관하여)

1   현재의 발달 단계에서 탄생과 죽음 사이에 있는 인간은 일상적인 삶에서 세 가지 영혼 상태를 경험한다. 깨어있는 상태와 잠자는 상태, 그리고 둘 사이에 있는 꿈의 상태가 그것이다. 꿈의 상태에 대해서는 뒷부분에서 다시 간략하게 언급할 것이다. 여기서는 먼저 교대로 나타나는 두 가지 주요 상태, 즉 깨어있는 상태와 잠자는 상태에서의 삶을 관찰할 것이다. 인간은 잠자는 상태와 깨어있는 상태 이외에 세 번째 영혼 상태를 획득할 때 고차적 세계의 인식에 도달한다. 깨어있는 동안 영혼은 감각적 인상과 이 감각적 인상들에 의해 자극되는 표상들에 빠져 있다. 잠자는 동안에는 감각적 인상들이 잠잠해진다. 하지만 영혼도 의식을 잃는다. 하루 동안 겪은 일들이 무의식의 바다로 가라앉는다. 이제 잠자는 동안 영혼이 의식 상태에 이를 수 있을 것이라고 생각해 보라. 평상시 깊은 잠에 빠졌을 때처럼 감각의 인상들이 완전히 차단되어 있는데도 말이다. 물론 하루의 경

303

험들에 대한 *기억*도 존재하지 않을 것이다. 그러면 영혼은 아무것도 없는 무의 상태에 놓인 것일까? 어떤 체험도 할 수 없는 것일까? 이 물음에 대한 대답은 그 상태와 동일하거나 비슷한 상태가 정말로 만들어질 수 있을 때만 가능하다. 영혼이 감각적 작용과 그에 대한 기억이 전혀 없는데도 뭔가를 체험할 수 있다면, 그런 영혼은 일반적인 외부 세계와 관련해서는 잠잘 때와 같은 상태에 놓여 있을 것이다. 하지만 잠을 자는 것이 아니고, 깨어있는 상태에서 실제 세계를 대하는 것과 같을 것이다. 그런 의식 상태는 인간이 정신과학을 통해 가능해진 영혼의 체험들을 불러올 때 조성될 수 있다. 또한 정신과학이 감각세계를 초월하는 세계에 대해 알려주는 모든 것은 그런 의식 상태를 통해서 탐구된다. 앞에서 서술한 부분에서는 고차적 세계에 대한 몇몇 내용이 다루어졌다. 그리고 앞으로 이어지는 부분에서는 이 책에서 가능한 한에서 그런 연구에 필요한 의식 상태를 만들 수 있는 수단들에 대해 언급할 것이다.

2   이 의식 상태는 한 측면에서만 잠과 비슷하다. 즉 잠에 의해서 모든 외적인 감각 작용이 중단되고 그 감각 작용으로 불러일으켜진 모든 생각도 지워진다는 점에서다. 그러나 영혼은 잠에서는 뭔가를 의식적으로 체험할 힘이 없는 없는 동시에 그 힘을 그런 의식 상태를 통해서 얻어야 한다. 그러니까 일상적인 삶에서는 감각의 작용에 의해서만 불러일으켜지는 체험 능력이 그 의식 상태를 통해서 영혼 안에서 깨어나는 것이다. 그런 고차적 의식 상태로 들어가는 영혼

의 각성을 *전수* 또는 *입문*으로 할 수 있다.

3   전수의 수단들은 인간을 일상적인 낮 동안의 의식 상태로부
터 정신적 관찰 도구를 사용할 수 있는 영혼 활동으로 인도한다. 이
도구들은 맹아처럼 영혼 안에 이미 존재하므로 그 맹아들이 자라나
오게 해야 한다. 그런데 어느 사람이 삶의 어느 시점에 특별한 준비
없이 자기 안에서 그런 고차적 수단들이 발달했다는 것을 깨닫는 경
우가 나타날 수 있다. 그러면 일종의 무의식적 자기 각성이 나타난
다. 이를 통해서 그 사람은 자신의 전 존재에 변화가 생겼다는 사실
을 깨닫게 된다. 그의 영혼적 체험은 끝없이 풍부해진다. 그는 감각
세계의 그 어떤 인식을 통해서도 육안으로 다가하지 못하는 인식에
도달했을 때와 같은 더없는 행복, 만족스러운 마음 상태, 내적 따뜻
함은 느끼지 못한다는 사실을 알게 될 것이다. 힘과 삶에 대한 확신
이 정신세계로부터 그의 의지 안으로 흘러 들어올 것이다. 이처럼 스
스로 입문하는 경우들은 있다. 그러나 그런 자기 입문을 기다리면서
본격적인 수련을 통한 입문으로 나아가려는 시도를 전혀 하지 않는
것이 유일하게 올바른 길이라고 생각해서는 안 된다. 자기 입문에 대
해서는 여기서 더 이상 언급할 필요가 없을 텐데, 그것은 어떤 규칙
의 관찰 없이 일어날 수 있는 일이기 때문이다. 그러나 영혼에 맹아
적으로 깃들어 있는 지각 기관들을 이렇게 히면 수련을 통해 발달시
킬 수 있는지에 대해서는 설명해야 한다. 그 기관들을 발달시키기 위
해서 스스로 뭔가 하려는 특별한 충동을 자기 안에서 느끼지 않는 사

람들은 쉽게 이렇게 말한다. 즉, 인간의 삶은 정신적 힘들의 지배 아래 있으므로 그 힘들의 인도에 인간이 개입해서는 안 된다고, 그 힘들이 영혼에 다른 세계를 보여주기에 적합하다고 여기는 순간까지 차분히 기다려야 한다고 말이다. 그런 사람들은 아마 정신적 인도의 지혜에 개입하는 일을 일종의 오만이나 부당한 욕구라고 느낄 것이다. 그렇게 생각하는 사람들은 어떤 한 생각이 그들에게 충분히 강한 인상을 줄 때만 그와는 다른 의견으로 이끌리게 된다. 그러면 그들은 속으로 이렇게 말할 것이다. "그 지혜로운 인도가 내게 어떤 능력을 준 것은 내가 그것을 그대로 내버려두지 않고 사용하게 하려는 것이다. 나를 인도하는 지혜는 내가 고차적 의식 상태로 나아가는 데 필요한 맹아를 내 안에 심었다. 인간의 정신적인 힘을 통해 드러날 수 있는 모든 것을 드러나게 하는 일을 나의 의무로 느낄 때만 내가 그 인도를 이해하는 것이다." 이런 생각이 영혼에 충분히 강한 인상을 주었다면, 앞에서 고차적 의식 상태와 관련하여 언급한 수련에 대한 의구심은 사라질 것이다.

4   그러나 그런 수련을 부정적으로 여기는 또 다른 의구심도 생길 수 있다. 그래서 이렇게 말할 수 있을 것이다. "영혼의 내적 능력의 발달은 인간의 가장 내밀한 성소聖所에 영향을 미친다. 그것은 전체 인간 존재의 어떤 변화를 내포한다. 그런 변화를 위한 방법들은 당연히 우리 스스로 생각해 낼 수 없다. 고차적 세계로 들어가는 길은 자기 자신의 체험으로 그 길을 알게 되는 사람만이 알 수 있기 때

문이다. 따라서 그런 인물에게 도움을 구한다면, 이는 그에게 영혼의 가장 내밀한 성소에 영향을 끼치도록 허락하는 것이다." 이렇게 생각하는 사람은 어떤 책에서 고차적 의식 상태를 불러오는 방법이 제시된다고 해도 특별한 안도감을 얻지는 못할 것이다. 무엇인가를 구두로 전달받는지, 아니면 그 방법을 아는 인물이 책에 서술한 것을 다른 사람이 책을 통해서 알게 되는지는 중요한 일이 아니기 때문이다. 그런데 정신적 지각 기관들의 발달에 필요한 규칙을 알고 있지만 그 규칙들을 책에서 밝혀서는 안 된다고 주장하는 사람들도 있다. 이런 사람들은 대부분 정신세계와 관련된 특정 진리를 전달하는 것도 부적절하다고 여긴다. 그러나 인류 발달의 현재 시기에 비추어 볼 때, 이 견해는 어떤 점에서는 시대에 뒤처졌다고 말해야 할 것이다. 앞에서 언급한 규칙들의 전달을 통해서는 일정 지점까지만 나아갈 수 있다는 것은 사실이다. 하지만 그렇게 전달된 내용은 그것을 자기 영혼에 적용하는 사람으로 하여금 인식의 발달 과정에서 계속되는 길을 찾을 수 있도록 해준다. 그러면 그 길은 이전에 경험한 것을 통해서라도 올바른 생각을 얻을 수 있는 방식으로 계속 진행된다. 이 모든 사실에서 정신적 인식의 길에 대한 의구심이 생길 수 있다. 이 의구심은 우리 시대에 적합한 수련을 보여주는 발달 과정의 본질이 무엇인지 숙고할 때 사라진다. 여기서는 그런 길에 대해 언급할 것이고, 다른 수련 방법들에 대해서는 간략히 다루고 넘어갈 것이다.

5   여기서 논의할 수련은 고차적 발달을 향한 의지를 가진 사람

에게 그 영혼을 변화시키기 위한 수단을 제공한다. 수련자의 본성에 대한 위험한 개입이 나타나는 경우는 지도자가 영혼의 변화를 수련자의 의식에서 벗어나는 수단들을 통해 시도할 때뿐이다. 그러나 우리 시대에 정신 발달의 그 어떤 *올바른* 지침도 그런 수단을 사용하지는 않는다. 올바른 지침은 수련자를 결코 맹목적인 도구로 만들지 않는다. 그 지침은 수련자에게 행동 규칙을 제시하고 수련자는 그것을 수행한다. 이때 중요한 것은 이런저런 행동 규칙을 주는 이유에 대해 침묵하지 않는 것이다. 정신적 발달을 추구하는 인물이 규칙을 받아들이고 적용하는 일은 맹목적인 믿음에 따라 일어날 필요가 없다. 그런 믿음은 이 영역에서는 완전히 배제되어야 한다. 정신 수련 없이 일반적인 자기 관찰만으로도 드러나는 인간 영혼의 본성을 관찰하는 사람은 정신 수련에서 권장되는 규칙을 받아들이고 나서 이렇게 물을 수 있다. 이런 규칙들이 영혼 활동에서는 어떻게 작용할 수 있을까? 그리고 이 질문은 모든 수련 이전에 편견 없는 지적 능력을 적용할 때 충분히 대답할 수 있다. 이 규칙들에 몰두하기 전에도 그것의 작용 방식에 대해 올바른 생각을 가질 수는 있다. 다만 그 작용 방식은 수련 중에야 비로소 *체험*할 수 있다. 이때도 나아가야 할 매 단계를 건전한 판단과 함께 동행한다면, 수련자는 항상 그 체험을 이해할 것이다. 그리고 지금의 진정한 정신과학은 그런 건전한 판단이 가능한 수련 규칙들만 제시할 것이다. *그런* 수련에 몰입할 의지가 있고 그 어떤 선입견으로 스스로를 *맹목적인* 믿음으로 몰아넣지 않는 사람에게는 모든 의구심이 사라질 것이다. 그러면 고차적 의식 상태에 이르기 위한 본격적인 수련에 대한 반박들이 그를 방해하지는 못할 것이다.

6   시기적으로 이르든 늦든 정신적 지각 기관들의 자기 각성에 이를 수 있을 만큼 내적으로 성숙한 사람들에게도 수련은 결코 불필요한 것이 아니며, 오히려 그들에게 특히 적합하다. 그런 인물이 자기 입문에 이르기까지 온갖 굴곡지고 쓸데없는 샛길을 거치지 않는 경우는 매우 드물기 때문이다. 수련은 그들에게 그런 샛길을 피하게 해준다. 곧은 방향으로 앞으로 나아가게 해준다. 이 영혼이 그런 자기 입문에 도달한다면, 이는 이 영혼이 앞선 삶의 과정에서 그에 상응하는 성숙 단계에 이르렀기 때문이다. 그런데 바로 이런 영혼은 자신의 성숙에 대해 어렴풋한 감정을 갖고 있고, 이런 감정 때문에 수련에 대해 거부적인 태도를 취하는 일이 아주 쉽게 일어날 수 있다. 다시 말해서 그런 감정은 진정한 정신 수련에 대한 신뢰를 방해하는 교만을 초래할 수 있다. 영혼 발달의 어떤 단계는 어느 연령대에 이르기까지는 감춰져 있다가 나중에야 드러날 수 있다. 그러나 수련은 그 단계가 드러나게 하기에 적합한 바로 그 수단일 수 있다. 그런데 어떤 사람이 수련에 관심이 없다면, 이는 그의 능력이 그 시기의 삶의 과정에서는 감춰져 있다가 그 다음 과정에서야 다시 나타나는 것일 수 있다.

7   여기서 의미하는 초감각적 인식을 위한 수련과 관련해서는

쉽게 생각할 수 있는 특정한 오해가 일지 않도록 하는 것이 중요하다. 그중 한 오해는 수련이 한 사람의 전체 생활 방식과 관련하여 그를 다른 존재로 만들려 한다고 생각하는 것에서 비롯된다. 그러나 중요한 것은 인간에게 일반적인 삶의 규정들을 제시하는 것이 아니라 영혼의 활동에 대해 말하는 것으로, 이 영혼의 활동은 인간이 그것을 수행했을 때 그에게 초감각적인 것을 관찰할 가능성을 제공한다. 영혼의 활동은 인간의 삶의 활동 중에서 초감각적 관찰 바깥에 놓인 부분에 대해서는 *직접적인* 영향을 미치지 않는다. 인간은 이런 감각적인 삶의 활동에 *추가로* 초감각적 관찰의 재능을 획득한다. 이 관찰 활동은 깨어있는 상태와 잠자는 상태가 분리되는 것처럼 일상적인 삶의 활동과는 분리되어 있다. 어느 한 상태가 다른 상태를 조금도 방해할 수 없다. 가령 삶의 일상적인 과정을 초감각적 관찰의 인상들로 관철하려는 사람은 해로운 깨어남으로 끊임없이 잠이 중단되는 건강하지 못한 사람이나 마찬가지이다. 수련을 거친 사람의 자유의지는 초감각적 현실을 관찰하는 상태를 불러오는 것이 가능해야 한다. 다만 수련은 윤리적으로 조율된 어떤 생활 방식 없이는 초감각적인 것에 대한 통찰이 불가능하거나 해롭다는 한에서만 삶의 규정들과 *간접적으로* 연관되어 있다. 그 때문에 초감각적인 것의 직관으로 이끄는 많은 것은 동시에 생활 방식을 정제시키는 수단이기도 하다. 다른 한편으로 초감각적 세계에 대한 통찰은 감각적-물질적 세계에도 통용되는 고차적인 도덕적 충동의 인식으로 이어진다. 어떤 도덕적 필연성은 초감각적 세계로부터 비로소 인식된다. 두 번째 오해는 초감각적 인식으로 나아가는 어떤 영혼의 활동이 물질적 유기체의 변화와 뭔가 관계가 있으리라고 믿는 것이다. 그러나 그런 활동은 생리학이나 자연 인식의 다른 분야가 끼어들어야 할 무엇과는 전혀 관계가 없다. 그 활동은 건강한 사고와 지각 자체와 마찬가지로 모든 물질적인 것과는 전혀 관계가 없는 순전히 정신적-영혼적 과정들이다. *근본적으로* 그런 활동으로 영혼에서 일어나는 일은 영혼이 건강하게 생각하거나 판단할 때 일어나는 일과 전혀 다르지 않다. 건강한 사고가 어느 정도는 몸과 관계가 있는 것처럼 초감각적 인식을 위한 진정한 수련 과정도 그 정도로 몸과 관계가 있다. 이와는 다른 방식으로 인간과 연관된 모든 것은 진정한 정신 수련이 아니라 수련의 왜곡된 모습일 뿐이다. 앞으로 이어지는 상술은 여기서 언급한 의미에 따라 진행될 것이다. 다만 초감각적 인식은 인간의 영혼 전체에서 비롯되는 무엇이기 때문에, 수련을 위해서 인간을 뭔가 다른 것으로 만드는 일이 요구되는 것처럼 보일 수 있다. 그러나 실제로 중요한 문제는 영혼이 사는 동안 초감각적인 것을 관찰할 수 있는 순간을 이끌어낼 수 있게 해주는 활동에 대한 진술들이다.

***

8   초감각적 의식 상태로의 고양은 오직 일상적인 깨어있는 낮 의식에서만 시작될 수 있다. 고양되기 전의 영혼은 그런 의식 속에서 살아간다. 영혼은 수련을 통해서 그런 의식에서 벗어나는 수단을 얻

게 될 것이다. 여기서 가장 먼저 고려되는 수련은 첫 번째 수단들 가운데 아직 일상적인 낮 의식의 활동으로 특징지을 수 있는 *그런 수단*을 준다. 가장 중요한 수단은 영혼의 고요한 활동 속에 있는 수단이다. 중요한 것은 영혼이 아주 특정한 표상들에 몰입하는 것이다. 이 표상들은 그 본성에 따라 인간 영혼에 감춰진 어떤 능력을 일깨우는 작용을 한다. 이들은 외부 사물을 모사하는 것이 과제인 깨어있는 낮 동안의 표상들과는 다르다. 낮 동안의 표상들은 그 과제를 충실히 수행할수록 진실하다. 그리고 이런 의미에서 진실한 것이 그런 표상의 본질에 속한다. 그러나 영혼이 정신 수련을 추구하기 위해서 몰입해야 할 표상들은 그런 과제를 갖고 있지 않다. 그 표상들은 외부 사물을 모사하는 것이 아니고, 자체 안에 영혼을 일깨우게 작용하는 특징을 갖도록 형성되어 있다. 이를 위해 가장 좋은 표상은 *비유적인*, 즉 상징적인 표상들이다. 그러나 다른 표상들도 사용될 수 있다. 중요한 것은 그 표상들이 무엇을 포함하고 있느냐가 아니고, 영혼이 해당 표상 이외에는 다른 아무것도 의식하지 않도록 자신의 온힘을 거기에만 집중하는 것이기 때문이다. 일상적인 영혼 활동에서는 그 힘이 여러 곳으로 분산되어 있고 표상들이 빠르게 바뀌는 반면, 정신 수련에서는 온 영혼 활동을 단 하나의 표상에 집중하는 것이 중요하다. 그리고 이 표상은 자유 의지에 의해서 의식의 중심으로 들어와 있어야 한다. 상징적 표상들이 외부 대상이나 과정을 모사하는 표상보다는 더 낫다. 후자는 외부 세계에 근거를 두고 있고, 따라서 영혼 자체의 에너지로부터 형성된 상징적 표상보다는 영혼이 자기 자신에만 의존하는 정도가 낮기 때문이다. *무엇을 표상하느냐*는 본질적인 문제가 아니다. 그보다는 표상된 것이 그 표상 방식을 통해서 영혼적인 것을 물질적인 것에 대한 의존에서 벗어나게 하는 것이 중요하다.

9   이렇게 하나의 표상에 침잠하는 것이 무엇인지 이해하려면 먼저 *기억의 개념*을 영혼 앞으로 불러와야 한다. 예를 들어 한 그루의 나무를 바라보다가 나무에서 시선을 돌려 더 이상 보지 않게 되었을 때, 우리는 그 나무에 대한 표상을 영혼 안에 있는 기억으로부터 다시 일깨울 수 있다. 더 이상 눈앞에 있지 않을 때 우리가 가지고 있는 나무의 표상은 나무에 대한 *기억*이다. 이제 이 기억을 영혼에 간직하고 있다고 생각해 보자. 영혼으로 하여금 기억의 표상에 머물러 있으면서 다른 모든 표상을 배제하도록 해보는 것이다. 이때 영혼은 나무에 대한 기억의 표상에 *침잠한다.* 이는 영혼이 *하나의 표상*에 침잠하는 것과 관계된 일이지만, 그 *표상*은 감각을 통해 지각되는 사물의 모사이다. 그러나 똑같은 것을 자유 의지를 통해 의식으로 옮겨진 표상으로 해본다면, 우리는 서서히 여기서 이야기하는 효과에 도달하게 될 것이다.

10   상징적 표상을 통한 내적 침잠의 한 가지 예만 설명하고자 한다. 우선 그린 표상은 일단 영혼 *안에서 구축되어야* 한다. 이는 다음과 같은 방식으로 일어날 수 있다. 하나의 식물이 땅에 뿌리를 내리고, 잎이 하나씩 나오고, 꽃이 피어나는 모습을 떠올려 보라. 이제

이 식물 옆에 한 사람이 서 있다고 생각해 보라. 그리고 식물의 특징과 능력과 비교할 때 더 완전하다고 할 수 있는, 그 사람이 가진 특징과 능력에 대한 생각을 영혼 속에서 생생하게 떠올려 보라. 식물은 땅에 묶여 있는 반면, 그 사람은 자신의 감정과 의지에 따라서 여기저기로 움직일 수 있다는 것을 생각하라. 그러나 이제 누군가는 스스로에게 이렇게 말할 수 있다. 그래, 인간은 분명 식물보다 더 완전하다. 하지만 내게는 그 대신 인간에게 있는 또 다른 특징들이 보인다. 그 특징들은 식물에서는 볼 수 없는 것인데, 그것이 없음으로써 어떤 점에서는 식물이 인간보다 더 완전하게 보일 수 있다고 여겨진다. 인간은 욕구와 열정으로 가득 차 있고, 그의 행동은 그 욕망과 열정을 따른다. 나는 인간이 자신의 충동과 열정 때문에 저지르는 과오를 안다. 나는 식물에게서 순수한 성장 법칙들에 따라 잎이 하나씩 자라나고, 꽃이 순결한 햇살 아래 욕망 없이 피어나는 모습을 본다. 인간은 식물에 비하면 어떤 완전함을 갖고 있지만, 그 완전함은 순수하게 보이는 식물의 힘들에다 충동과 욕망과 열정을 그의 본성에 들어오게 함으로써 얻어낸 것이라는 생각이 든다고 말하고 싶다. 나는 이제 녹색 수액이 식물을 관통해 흐르는 모습을 떠올리고, 그 수액이 순수하고 냉정한 성장 법칙의 표현이라고 생각한다. 그런 다음 인간의 혈관으로 붉은 피가 흐르는 모습과 그 피가 충동과 욕망과 열정의 표현이라는 것을 떠올린다. 나는 이 모든 것을 내 영혼에서 생생한 생각으로 일어나게 한다. 그런 다음 인간이 어떤 발달 능력을 가졌는지, 어떻게 그가 고차적 영혼의 능력을 통해서 자신의 충동과 열정을 정화하고 순화하여 충동과 열정 속에 있는 저차원적인 요소가 파괴되고 고차적인 단계에서 다시 태어나는지 생각한다. 그러면 피는 정화되고 순화된 충동과 열정의 표현이라는 생각이 들 것이다. 나는 이제 마음속으로 가령 장미를 보며 이렇게 말한다. 나는 장미의 붉은 수액에서 식물의 녹색 수액이 붉은색으로 변한 것을 본다. 붉은 장미는 초록 잎과 마찬가지로 순수하고 냉정한 성장의 법칙을 따른다. 이제 장미의 붉은색은 저차원적 요소가 제거되어 붉은 장미에서 작용하는 힘과 비슷하게 순수한, 정화된 충동과 열정의 표현인 피의 상징으로 보일 수 있다. 나는 이제 그런 생각들을 나의 지성에서만 다루는 것이 아니라 감정에서도 생생해지게 하려고 노력한다. 즉 나는 성장하는 식물의 순수함과 냉정함을 떠올릴 때 더없는 행복감을 느낄 수 있다. 어떤 고차적 완전함은 충동과 욕망을 통해서만 얻을 수 있다는 감정도 내 안에서 일깨울 수 있다. 그러면 내가 그전에 느낀 더없는 행복감이 진지한 감정으로 바뀔 수 있다. 그러다가 장미의 붉은 수액처럼 내적으로 수순한 체험의 운반자가 될 수 있는 붉은 피에 대한 생각에 몰입하면, 내 안에서는 해방감이 일어날 수 있다. 중요한 것은 비유적 표상의 구축에 도움이 되는 생각들을 무심하게 바라보지 않는 일이다. 그런 생각과 감정에 몰입하고 난 다음에는 그 생각과 감정을 다음의 상징적 표상으로 바꿔 본다. 검은 십자가를 떠올린다. 그것은 저차원적 요소인 욕망과 정열의 말살을 *상징한다*. 그리고 십자가의 막대가 교차하는 곳에는 붉은색으로 빛나는 일곱 개의 장미가 원 안에 놓여 있다. 이 장미들은 정화되고 순화된 정열과 욕망의 표현인 피의 *상징*이라고 생각한다.[36] 이런 상징적 표상은 앞에서 기억의 표상에서 명시된 바와 같은 방식으로 영혼 앞에 소환되어야 한다. 그런 표상은 내적으로 침잠한 상태에서 그에 몰입할 때 영혼을 일깨우는 힘을 발휘한다. 내적으로 침잠한 상태에서는 다른 모든 표상을 차단하려고 노력해야 한다. 정신 안에서는 앞에서 언급한 상징만 가능한 한 생생한 모습으로 영혼 앞에 떠 있어야 한다. 이 상징이 단순히 일깨우는 표상으로서 여기 제시된 것이 아니라 식물과 인간에 대한 생각들을 통해서 구축되었다는 사실이 중요하다. 그런 상징의 효과는 내적인 침잠을 위해서 상징을 사용하기 전에 앞에서 서술한 방식으로 구축하는 것에 좌우되기 때문이다. 그런 방식의 구축 없이 영혼에서 바로 그 과정을 거친다고 생각한다면, 그 상징은 어떤 움직임도 보이지 않고 준비를 통해서 영혼을 밝히는 힘을 얻었을 때보다 훨씬 덜 효과적이다. 그러나 몰입하는 동안에는 준비하는 모든 생각을 영혼 안으로 불러와서는 안 되며, 머릿속에 오직 그 상만 떠 있어야 함과 동시에 준비하는 생각의 결과로서 나타난 *감정*이 함께 진동하도록 해야 한다. 그렇게 해야 그 상징은 감정의 체험이자 표시가 된다. 영혼이 이 체험에 머무는 것이 그런 상징의 효과이다.

---

36) 여기서 중요한 것은 자연과학의 이런저런 견해가 위에서 언급된 생각을 어느 정도나 타당하다고 여기는지가 아니다. 관건은 모든 이론 없이 식물과 인간에 대해 간단하고 직접적인 관조를 통해 얻어질 수 있는 생각을 발전시키는 것이기 때문이다. 그런 생각들은 다른 관점에서 외부 세계의 사물에 대한 상당히 중요한 이론적 견해들과 비교해도 여전히 중요하다. 또한 여기서의 생각은 하나의 사실을 학문적으로 서술하기 위한 것이 아니고 영혼적으로 작용한다고 입증된 하나의 *상징*을 구축하기 위한 것이다. 이 상징을 구축할 때 이런저런 사람에게 어떤 반론이 떠오르든 상관없이 말이다.

방해가 되는 다른 생각이 끼어들지 않고 오래 머물러 있을수록 전체 과정은 더 효과적이다. 그러나 본래의 침잠에 전념하는 시간 이외에는 언급한 방식으로 생각과 감정을 통해 상을 구축하는 일을 자주 반복할수록 좋은데, 그래야 감각이 희미해지지 않기 때문이다. 그런 일을 반복하는 인내심이 강할수록 그 상은 영혼에 그만큼 더 중요해진다. (나의 저서《어떻게 고차적 세계의 인식에 도달할 것인가?》에서 다룬 내용에서는 내적 침잠을 위한 수단의 다른 예들이 제시되었다. 특히 효과적인 것은 식물의 생성과 소멸, 식물의 씨앗에 잠들어 있는 생성력, 그리고 결정체들과 그 비슷한 것들의 형태에 대한 같은 방식의 명상이다. 그러나 여기 이 책에서는 하나의 예에서 명상의 본질을 보여주어야 했다.)

11   여기서 서술한 상징은 자연에 의해서 생성된 외부 대상이나 존재를 모사하지 않는다. 그러나 바로 그 때문에 순수하게 영혼적인 어떤 능력을 일깨우는 힘을 가지고 있다. 물론 누군가 반론을 제기하면서 다음과 같이 말할 수 있다. "물론 상징으로서의 '전체'는 자연에 의해서 생기지 않았다. 하지만 검은 색, 장미 등과 같은 모든 세부 사항은 자연에서 차용되었다. 그 모든 것은 감각을 통해 지각된 것이다." 그런 반론에 방해를 받는 사람이 생각해야 할 것은, 영혼의 고차적 능력을 일깨우는 것은 감각적 지각의 모사가 아니며, 그 작용은 오직 세부 사항들의 *결합 방식*에 의해서만 야기된다는 사실이다. 그리고 그 결합은 감각세계에 존재하는 뭔가를 모사하지 않는다.

12   상징에서는 영혼의 효과적인 침잠 과정이 사례를 통해 구체적으로 설명되어야 한다. 정신 수련에서는 이런 종류의 다채로운 상들이 사용될 수 있고, 이 상들이 다양한 방식으로 구축될 수 있다. 특정 문장이나 문구들, 개별 단어들을 제시하여 그 안으로 침잠해 들어갈 수도 있다. 어떤 경우라도 이 내적 침잠의 수단들의 목표는 영혼을 감각적 지각으로부터 분리시키고, 영혼으로 하여금 물질적 감각에 대한 인상은 무의미해지고 잠들어 있는 내적 능력의 발휘가 본질적인 것이 되는 활동으로 나아가도록 자극하는 것이다. 단순히 감정이나 감각 등으로 침잠하는 문제가 중요할 수도 있다. 그런 것은 특히 효과적으로 드러난다. 예를 들어 기쁨의 감정을 생각해 보자. 일반적인 삶의 과정에서 영혼이 기쁨을 체험하는 것은 기쁨을 느끼게 하는 외부 자극이 존재할 때이다. 건강하게 느낄 줄 아는 영혼은 어떤 사람이 자신의 선의가 고취한 행위를 수행하는 것을 인지했을 때 그런 행위에 대한 만족과 기쁨을 느낄 것이다. 그러나 이 영혼은 이제 그런 종류의 행위에 대해 숙고할 수 있다. 그리고 이렇게 말할 수 있다. 선의에서 이루어진 행위는 행위자가 자신의 이익이 아니라 주변 사람들의 이익에 따르는 행위이다. 그리고 그런 행위는 윤리적으로 선한 행위라고 말이다. 그러면 이제 관찰하는 영혼은 자신에게 기쁨이나 만족을 준 외부 세계의 개별적인 경우에 대한 생각에서 완전히 벗어날 수 있고, 선의에 대한 포괄적인 관념을 형성할 수 있다. 가령 관찰하는 영혼은 어떻게 하나의 영혼이 이를테면 다른 영혼의 관심을 흡수하여 자기 것으로 만드는 방식에서 선의가 생겨나는지 생

각할 수 있다. 그러고는 이제 선의라는 이 윤리적 관념에 대해 기쁨을 느낄 수 있다. 그것은 감각세계의 이런저런 과정에 대한 기쁨이 아니라 하나의 *관념* 자체에 대한 기쁨이다. 그런 기쁨이 오랫동안 영혼 속에 생생하게 남아 있게 하려고 노력한다면, 그것이 하나의 감정이나 감각으로의 침잠이다. 그러면 영혼의 내적 능력을 일깨우는 데 작용하는 것은 관념이 아니고, 단순한 개별적 외부 자극에 의해서 야기되지 않은 감정이 영혼 내에 장시간에 걸쳐 지속적으로 주재하는 상태이다. 초감각적 인식은 일반적인 생각보다 사물의 본질로 더 깊이 파고들 수 있다. 그 때문에 그런 인식의 경험들에서는 내적 침잠을 위해 사용될 때 훨씬 고차적으로 영혼 능력의 발휘에 영향을 미치는 감정들이 제시될 수 있다. 그러나 내적 침잠이 고차적 수준의 수련을 위해 필요하다고는 해도, 가령 앞에서 선의에 대한 관찰에서 언급한 것과 같은 감정과 감각으로의 활발한 침잠만 해도 이미 충분할 수 있다는 점을 생각해야 한다. 인간의 본성은 서로 다르기 때문에 개별 인간에 대해서도 서로 다른 수련 수단이 효과적이다. 침잠하는 시간과 관련해서는 이 침잠이 침착하고 차분할수록 그 효과는 더 강하다는 것을 생각할 수 있다. 그러나 이 방면에서의 모든 지나침은 피해야 한다. 수련 자체에서 생겨나는 어떤 내적 박자가 이와 관련해서 지켜야 할 정도를 수련자에게 가르쳐 줄 수 있다.

13   내적으로 침잠하는 수련은 오랫동안 행해야만 그 결과를 수련자가 스스로 인지할 수 있는 것이 보통이다. 정신 수련에 꼭 필요

한 것은 인내와 끈기이다. 이 두 가지 특성을 자기 안에서 일깨우지 못하고, 인내와 끈기가 항상 영혼의 지배적인 분위기가 되도록 차분하게 수련을 지속하지 못하는 사람은 많은 것을 이룰 수 없다.

14   이상의 설명으로 내적 침잠(명상)이 고차적 세계의 인식에 도달하기 위한 수단이라는 사실, 나아가서는 모든 임의의 표상 내용이 아니라 앞에서 언급한 방식으로 준비된 표상 내용만이 그런 결과로 이어진다는 사실을 알 수 있을 것이다.

15   여기서 언급한 길은 처음에는 *상상적* 인식die imaginative Erkenntnis이라고 부를 수 있는 것으로 나아간다. 이것이 첫 번째 고차적 인식 단계이다. 감각적 지각에 의거하고 감각에 묶인 지성에 의한 감각적 지각의 처리에 기초한 인식은 정신과학의 의미에서 "대상적으로 인식하기das gegenstädliche Erkennen"라고 부를 수 있다. 그 너머에 고차적 인식 단계들이 놓여 있으며, 그 첫 번째 단계가 조금 전에 말한 상상적 인식이다. 여기서 "상상적"이라는 표현은 "상상"이라는 말에서 현실적인 것과는 전혀 맞지 않는 "공상적" 상념만 생각하는 사람에게 의구심을 불러일으킬 수 있다. 그러나 정신과학에서 말하는 상상적 인식은 영혼의 초감각적 의식 상태에서 이루어지는 인식으로 이해되어야 한다. 이 의식 상태에서 인지되는 것은 감각이 접근할 수 없는 정신적 사실과 존재들이다. 이 상태는 상징이나 상상 안으로 침잠함으로써 영혼에 일깨워지기 때문에 이 고차적 의식 상태의 세

계를 상상적 세계로, 그리고 이 세계와 관련된 인식을 상상적 인식이라고도 부를 수 있다. 따라서 상상은 물질적인 감각적 지각의 사실과 존재들과는 다른 의미에서 "현실적"인 어떤 것을 의미한다. 상징적 체험을 채우는 생각들의 *내용*은 전혀 중요하지 않다. 그에 반해 그 체험에서 양성되는 영혼의 능력은 무엇보다 중요하다.

16   여기서 서술한 상징적 표상들의 사용에 대해 매우 쉽게 떠올릴 수 있는 반박은 그런 표상들이 공상적 생각과 자의적 상상력에서 나왔으며, 따라서 그 성과가 의심스러울 수 있다는 것이다. 그러나 본격적인 정신 수련의 기반이 되는 표상들에 대해서는 그런 의구심이 부당하다. 정신 수련에서는 외적인 감각적 현실과의 관계에서 완전히 벗어날 수 있는 표상, 오로지 영혼에 작용하는 힘에서만 그 가치를 찾을 수 있는 표상들만 선택되기 때문이다. 영혼이 외부 세계로부터 모든 주의를 돌리고, 모든 감각적 인상을 억제하고, 외부 자극에 대해 품을 수 있는 모든 생각을 차단한다면 말이다. 명상 과정은 잠자는 상태와 비교할 때 가장 분명해진다. 명상은 한편으로는 잠자는 상태와 비슷하고 다른 한편으로는 그것과 완전히 대립한다. 명상은 낮 의식에 비해 고차적으로 깨어있음을 나타내는 잠이다. 여기서 중요한 것은 적절한 표상이나 상에 집중함으로써 영혼으로 하여금 일상적인 삶이나 인식에서 사용하는 것보다 훨씬 더 강한 힘을 자신의 깊은 곳으로부터 끌어올리게 하는 것이다. 그렇게 하면 영혼의 내적 활기가 높아진다. 영혼은 잠을 잘 때처럼 신체성에서 분리된다.

그러나 잠을 잘 때처럼 *무의식*으로 넘어가는 것이 아니고, 전에는 경험하지 못한 어떤 세계를 경험한다. 이때 영혼의 상태는 몸에서 분리되었다는 측면에서는 잠자는 상태와 비교할 수 있지만, 일반적인 낮의식과 비교할 때는 *상승된 깨어있음*의 상태로 특징지을 수 있다. 이를 통해서 영혼은 자신의 진정하고 내적인 독립적 본성 안에서 스스로를 체험한다. 반면에 일상적으로 깨어있는 상태에서는 그 안에 존재하는 영혼의 힘이 한층 약하게 발휘되기 때문에 몸의 도움을 통해서만 스스로를 의식한다. 다시 말해서 영혼은 스스로를 체험하는 것이 아니고 일종의 거울에 비친 상처럼 몸이(원래는 몸의 과정들이) 보여주는 상에서만 자신을 인지하게 된다.

17   앞에서 서술한 방식으로 구축된 상징들은 아직은 정신세계의 어떤 실제적인 것과 관련되지 않는다. 그 상징들은 인간의 영혼을 감각적 지각에서, 그리고 지성이 우선 예속되어 있는 뇌라는 도구에서 분리시키는 역할을 한다. 이 분리는 인간이 "나는 이제 내 감각과 뇌가 도구로 사용되지 않는 힘을 통해서 뭔가를 떠올린다"라고 느끼기 전까지는 이루어지지 않는다. 인간이 이 과정에서 가장 먼저 체험하는 것은 물질적 기관들로부터의 해방이다. 그러면 그는 스스로에게 다음과 같이 말할 수 있다. "내가 감각적 지각과 일반적인 지성의 사고를 고려하지 않아도 내 의식은 꺼지지 않는다. 나는 그런 사고에서 나를 끄집어낼 수 있으며, 그러면 나를 이전의 나였던 존재 옆에 있는 하나의 존재로 느낀다." 이것이 순수하게 정신적인 첫 번째 체

험이다. 즉 영혼적-정신적인 자아-실체Ich-Wesenheit를 관찰하는 것이다. 이 자아는 물질적 감각과 물질적 지성에만 매인 자기Selbst로부터 새로운 자기로 생겨난다. 내적 침잠 없이 감각과 지성의 세계로부터 분리되었다면 무의식의 "무無"로 빠져들었을 것이다. 물론 우리는 이 영혼적-정신적 실체를 내적 침잠 이전에도 이미 가지고 있었다. 그러나 그 실체는 아직 정신세계의 관찰을 위한 도구를 갖고 있지 않았다. 그래서 마치 보는 눈과 들을 귀가 없는 물질체와 비슷했다. 내적 침잠에 사용된 힘은 전에는 체계화되지 않은 영혼적-정신적 실체로부터 비로소 영혼적-정신적 기관들을 만들어냈다. 인간은 그렇게 만들어낸 것을 가장 먼저 지각하기도 한다. 따라서 첫 번째 체험은 어떤 의미에서는 자기 지각이다. 정신 수련의 본질은 영혼이 자신에게 행한 자기 교육을 통해서 이 발달 지점에 도달했을 때, 앞에서 언급한 수련의 결과로 나타나는 상들의 세계(상상)에서 가장 먼저 자기 자신을 지각한다는 사실을 온전히 깨닫는 것이다. 이 상들은 새로운 세계에서 생생한 모습으로 나타나지만, 영혼은 그것들이 다름 아닌 수련으로 강화된 자기 자신의 반영일 뿐이라는 사실을 인식해야 한다. 영혼은 그 사실을 올바른 판단 속에서 인식해야 할 뿐만 아니라, 언제든 그 상들을 다시 의식에서 멀리하고 지울 수 있을 만큼 의지를 수련해야 한다. 영혼은 이 상들 내에서 완전히 자유롭게, 그리고 온전한 의식으로 활동할 수 있어야 한다. 그것이 이 단계에서의 올바른 정신 수련에 속한다. 그렇게 하지 못한다면, 정신적 체험의 영역에 있는 영혼은 어떤 영혼이 물질적 세계에서 하나의 대상을 바라보다가 그 대상에 사로잡혀 더 이상 시선을 돌리지 못하는 경우와 마찬가지 상태일 것이다. 이미 도달한 정신 수련의 단계에서 지워지지 않는 일련의 내적 상 체험만이 그런 삭제 가능성에서 제외된다. 이 상들은 자기 영혼의 본질적 핵심에 해당한다. 따라서 정신 수련자는 이 상들 속에서 자신 안에 그의 본질로서 반복되는 지구 생활을 관통하는 어떤 것을 인식한다. 이 지점에서는 반복되는 지구 생활에 대한 예감이 실제적 체험이 된다. 그 밖에 다른 모든 것과 관련해서는 앞에서 언급한 체험의 자유가 지배해야 한다. 이렇게 지우는 능력에 도달하고 나면 그제야 비로소 실제 정신적 외부 세계로 다가간다. 그러면 지워진 것의 자리에 정신적 현실을 인식하게 하는 다른 것이 나타난다. 모호한 것으로부터 분명한 것이 자라 나오는 것을 영혼적으로 느낀다. 그러면 이런 자기 지각으로부터 영혼적-정신적 외부 세계의 관찰로 계속 나아가야 한다. 그 세계는 이어지는 부분에서 계속 언급하는 바와 같은 의미에서 내적 체험을 준비할 때 나타난다.

18   정신 수련자의 영혼은 처음에는 영혼적-정신적 세계에서 지각되는 모든 것과 관련하여 나약하다. 그는 감각세계의 자극들에서 벗어나 구축한 다른 상징이나 표상들을 내적인 침잠 속에서 꼭 붙들고 있는 데만도 굉장한 내적 에너지를 들여야 할 것이다. 그러나 고차적 세계에서 실제적인 관찰에 도달하고자 한다면, 단지 그런 표상을 고수할 수 있어야 할 *뿐 아니라*, 그렇게 한 이후에도 감각적 외부 세계의 그 어떤 자극들이 영혼에 영향을 미치지 못하는 상태, 앞에서

특징지은 상상적 표상들 자체도 의식에서 지워지는 상태에 머물 수 있어야 한다. 그러면 이제 비로소 침잠을 통해 형성되었던 것이 의식에 나타날 수 있다. 이때 관건은 영혼의 내적인 힘이 충분히 있어야 한다는 것이다. 그래야 그렇게 형성된 것이 정말로 정신적으로 관찰되고 관심에서 벗어나지 않기 때문이다. 그러나 영혼의 내적인 에너지가 아직 약하게 발달한 경우에는 언제든 그런 일이 일어날 수 있다. 영혼적-정신적 유기체로서 처음 형성되어 자기 지각 속에서 파악되어야 하는 것은 여리고 일시적이다. 또한 감각적 외부 세계의 방해와 그 세계에 대한 기억의 영향은 아무리 저지하려고 애를 써도 강력하다. 우리가 주시하는 방해만이 아니고, *오히려* 일상적인 삶에서는 전혀 신경 쓰지 않는 방해들이 문제가 되기 때문이다. 그러나 이와 관련해서는 바로 인간의 본질에 의해서 과도적 상태가 가능하다. 영혼은 물질적 세계의 방해 때문에 깨어있는 상태에서는 행하지 못하는 것을 잠자는 상태에서는 할 수 있다. 내적 침잠에 빠진 사람은 상당한 주의를 기울였을 때 자신의 잠에서 뭔가를 지각하게 될 것이다. 그는 잠자는 동안 "완전히 잠자는 것이 아니고", 그의 영혼이 잠을 자면서도 어떤 방식으로 활동하는 시간이 있다는 것을 느낄 것이다. 그런 상태에서는 영혼이 깨어있으면서도 아직은 자신의 힘으로 막을 수 없는 외부 세계의 영향을 자연적인 과정이 차단한다. 그러나 침잠 수행이 이미 효력을 발휘하고 있으면, 영혼은 잠자는 동안 무의식 상태에서 빠져나와 정신적-영혼적 세계를 느낀다. 이는 다음과 같이 두 가지 방식으로 일어날 수 있다. 즉 인간의 영혼은 잠자는 동안

"나는 이제 다른 세계에 있다"는 것을 분명히 알 수 있다. 또는 잠에서 깨어난 뒤 "나는 다른 세계에 있었다"는 기억을 가질 수 있다. 다만 첫 번째 경우에 두 번째보다 더 큰 내적 에너지가 필요하다. 따라서 두 번째 경우는 정신 수련을 하는 초보자에게서 더 자주 나타나게 된다. 그러나 이 초보자도 잠에서 깨어난 뒤 "나는 잠자는 시간 내내 다른 세계에 있었고, 깨어남과 동시에 그 세계에서 다시 나왔다"는 것을 점차 느낄 수 있게 된다. 그리고 그 다른 세계의 존재들과 사실들에 대한 그의 기억은 점점 더 뚜렷해질 것이다. 그러면 정신 수련자에서는 이런저런 형태로 의식의 연속성이라고 부를 수 있는 것이 나타난다. (잠자는 동안의 의식의 지속) 그러나 이는 인간이 잠자는 동안 *항상* 의식을 갖고 있어야 한다는 뜻은 결코 아니다. 평소에는 다른 사람처럼 잠을 자다가 일정한 시간 동안 정신적-영혼적 세계를 의식적으로 바라볼 수 있다면, 또는 깨어있는 동안 짧게 지속되는 그런 의식 상태를 다시 바라볼 수 있다면, 의식의 연속성에서 이미 많은 것을 얻은 것이다. 그러나 여기 서술한 내용은 과도적 상태로만 이해되어야 한다는 점을 간과해서는 안 된다. 수련의 목적으로 이 과도적 상태를 통과하는 것은 좋다. 그러나 정신적-영혼적 세계와 관련한 최종적인 관조가 이 과도적 상태로부터 얻어진다고 생각해서는 결코 안 된다. 이 상태에서 영혼은 불안정하고, 아직은 자신이 인지하는 것을 신뢰하지 못한다. 그러나 영혼은 그런 체험들을 통해서 점점 힘을 모은다. 그래야 깨어있는 동안에도 물질적 내외부 세계의 방해하는 영향을 멀리하고, 정신적-영혼적 관찰에 도달할 수 있다. 감각을 통해 어떤 인상도 들어오지 않고, 물질적 뇌에 묶인 지성이 침묵하고, 정신적 관찰을 위해 준비했던 내적 침잠의 표상들이 의식에서 멀어진다고 해도 말이다. 정신과학을 통해서 갖가지 형태로 알려지는 것은 결코 완전히 깨어있는 상태에서 행해진 관찰이 아닌 다른 정신적-영혼적 관찰에서 비롯되어서는 안 된다.

19   정신 수련을 해 나갈 때는 영혼의 두 가지 체험이 중요하다. 첫 번째 체험에서 인간은 스스로에게 다음과 같이 말할 수 있다. "나는 이제 물질적 외부 세계의 인상이 내게 줄 수 있는 모든 것을 무시할 때도 내 내면에 있는 것을 모든 활동이 없어진 존재로 보지 않는다. 그보다는 내가 감각적이고 일상적인 지적 인상들에 의해서만 자극을 받는 동안에는 전혀 몰랐던 세계에서 자기 자신을 의식하는 존재를 바라본다." 이 순간 영혼은 앞에서 설명한 방식으로 영혼의 본질인 새로운 존재를 자기 안에서 태어나게 했다는 감정을 느낀다. 그리고 이 존재는 이전에 영혼에 있었던 것과는 완전히 다른 특성을 지닌 존재이다. 또 다른 체험은 영혼이 지금까지의 존재를 이제 두 번째 존재처럼 나란히 가질 수 있다는 것이다. 지금까지 자신을 가둬놓고 있다고 알았던 것이 어떤 관점에서는 마주서 있다고 여겨지는 무엇이 된다. 사람은 때때로 평소에 자신의 본질, *자신의* "자아"라고 불리는 깃의 바깥에 있다고 느낀다. 그것은 온전한 의식이 있는 상태에서 두 개의 "자아" 속에서 살았던 것과 같은 느낌이다. 하나는 지금까지 알았던 자아이다. 다른 하나는 새로 태어난 존재처럼 첫 번째 자

아 위에 서 있다. 그리고 첫 번째 자아는 두 번째 자아에 대해 어느 정도 독립해 있다고 느낀다. 인간의 몸이 첫 번째 자아에 대해 어느 정도 독립해 있는 것처럼 말이다. 이 체험은 매우 중요하다. 인간은 이 체험으로 자신이 수련을 통해 도달하고자 하는 세계에서 산다는 것이 무슨 의미인지를 깨닫기 때문이다.

20   이제 새로 태어난 두 번째 자아는 정신세계의 지각으로 인도될 수 있다. 두 번째 자아에서는 감각 기관들이 감각적-물질적 세계에 대해 갖는 의미처럼 이 정신세계에 중요한 의미가 있는 것이 발달할 수 있다. 이 발달이 필요한 정도까지 진척되었다면, 인간은 자기 자신을 새로 태어난 자아로 느낄 뿐만 아니라 자기 주변의 정신적 사실들과 존재들까지 인식하게 된다. 물질적 감각으로 물질적 세계를 지각하는 것처럼 말이다. 그리고 이는 *세 번째* 중요한 체험이다. 정신 수련의 이 단계를 완전히 제대로 헤쳐 나가기 위해서는 영혼의 힘이 강화되는 것과 함께 일상적인 영혼 활동이 전혀 모르는 정도의 자기애, 자기감각Selbstsinn이 나타난다는 점을 염두에 두어야 한다. 이 지점에서 일반적인 자기애에 대해서만 말해야 한다고 생각한다면 오해이다. 이 발달 단계에서 자기애는 자신의 영혼 안에서 자연력의 형태를 취할 정도로 강화되며, 이 강력한 자기감각을 극복하기 위해서는 강력한 의지 수련이 필요하다. 이 자기감각은 정신 수련에 의해 생성된 것은 아니고 항상 존재했다. 다만 정신 체험을 통해서 의식에 도달했을 뿐이다. 의지 수련은 다른 정신 수련을 지원해야 한다. 인

간에게는 자기 스스로 만들어 낸 세계에서 더없는 행복을 느끼고자 하는 강한 충동이 있다. 그러나 온힘을 다해서 얻은 것을 어느 정도는 앞에서 언급한 방식으로 지워버릴 수 있어야 한다. 어렵게 도달한 상상적 세계에서 *자기*를 지워야 한다. 그러나 자기감각을 향한 매우 강력한 충동이 거기에 대항한다. 정신 수련을 위한 수련이 영혼의 *도덕적 발달*을 도외시한 외적인 어떤 것이라는 생각이 쉽게 떠오를 수 있다. 거기에 대해서는 앞에서 언급한 자기감각을 극복하는 데 필요한 도덕적 힘은 영혼의 도덕적 상태가 상응하는 단계에 올라서지 않고는 얻을 수 없다고 말해야 할 것이다. 정신 수련에서의 진보는 동시에 도덕적 진보가 반드시 일어나지 않는 한 생각할 수 없다. 도덕적 힘 없이는 앞에서 언급한 자기감각의 극복은 불가능하다. 진정한 정신 수련이 동시에 도덕적 수련은 아니라고 하는 모든 주장은 적절하지 않다. 그런 체험을 모르는 사람에게만 다음과 같은 반박이 생길 수 있다. 즉 정신적으로 지각했다고 생각할 때 그것이 단순한 상상(환영, 환각 등)이 아닌 현실과 관계가 있다는 것을 어떻게 알 수 있는가? 그 문제는 이렇다. 올바른 수련을 통해서 앞에서 서술한 단계에 도달한 사람은 *자신의* 표상을 정신적 현실과 구분할 수 있다. 상식을 가진 사람이 뜨거운 쇳조각에 대한 표상을 자신이 손으로 만진 실제 쇳조각과 구분할 수 있는 것처럼 말이다. 다른 무엇이 아닌 바로 건강한 체험이 그것을 구별하게 하는 것이다. 정신세계에서도 삶 자체가 시금석을 제시한다. 상상 속 쇳조각이 아무리 뜨거워도 감각 세계의 손가락에 화상을 입히지 않는다는 사실을 아는 것처럼, 단련된 정신 수련자도 자신이 단지 자신의 상상 속에서 정신적 사실을 체험하는지, 아니면 *실제* 사실이나 존재들이 그의 각성된 정신적 감각 기관에 영향을 주는지 안다. 이와 관련해서 미혹에 빠지지 않도록 정신 수련 중에 관찰해야 할 방책들에 대해서는 이어지는 부분에서 더 언급할 것이다.

21   이제 가장 중요한 점은 새로 태어난 자아에 대한 의식이 나타났을 때 정신 수련자가 아주 분명한 영혼 상태에 도달해 있다는 것이다. 인간은 자신의 자아에 의해서 자신의 감각, 감정, 표상, 충동, 욕구, 열정의 통솔자이기 때문이다. 지각과 표상들은 영혼 안에서 스스로에게 맡겨진 채로 있을 수 없다. 그것들은 신중한 사고에 의해서 정리되어야 한다. 그리고 이 사고 법칙을 운용하고 표상 활동과 사고 활동에 질서를 부여하는 것이 자아이다. 욕구, 충동, 애착, 열정에 대해서도 비슷하다. 윤리적 원칙들이 이런 영혼적 힘들의 통솔자가 된다. 자아는 도덕적 판단으로 이 분야에서 영혼의 통솔자가 되는 것이다. 이제 인간이 자신의 일상적 자아에서 고차적 자아를 끄집어내면, 일상적 자아는 어떤 관점에서 독립적으로 된다. 일상적 자아에서는 고차적 자아에 필요한 만큼의 활력이 탈취된다. 그런데 인간이 사고 법칙과 판단력에서 아직 어떤 능력과 확고함을 키우지 못했음에도 불구하고 그런 단계에서 자신의 고차적 자아를 낳고 싶어 하는 경우를 생각해 보자. 그는 그가 이전에 형성한 만큼의 사고력을 그의 일상적 자아에 남겨둘 수 있을 것이다. 질서정연한 사고의 정도가 너

무 부족하면 독립적이 된 일상적 자아에는 질서정연하지 않고, 혼란스럽고, 공상적인 사고와 판단이 나타날 것이다. 그런 사람에서는 새로 태어난 자아도 약할 수밖에 없기 때문에 혼란스러운 지상의 자아가 초감각적 관찰에 대해 우위를 점하게 되어 초감각적 관찰에 대해 판단력의 균형을 보이지 못할 것이다. 논리적 사고 능력을 충분히 키웠다면, 그는 그의 일상적 자아를 가만히 독립된 상태로 내버려둘 수 있었을 것이다. 윤리적 영역에서도 마찬가지이다. 인간이 도덕적 판단에서 확고함을 얻지 못한다면, 자신의 애착, 충동, 열정을 충분히 통제하지 못한다면, 그는 자신의 일상적 자아를 방금 언급한 영혼의 힘들이 작용하는 상태에서 독립시킬 것이다. 그러면 그가 체험한 초감각적 인식을 확인하는 일에서 물질적 외부 세계를 통해 지각한 것을 확인할 때처럼 높은 진리 감각이 주재하지 못하게 하는 경우가 생길 수 있다. 그는 그렇게 느슨해진 진리 감각 때문에 자신의 몽상에 불과한 모든 것을 정신적 현실로 여길 수 있을 것이다. 따라서 고차적 자아가 초감각적 인식을 위해 활동하기에 앞서, 남겨진 자아에서 키워진 윤리적 판단의 확고함, 성격의 확실성, 양심의 철저함이 그 진리 감각으로 들어가야 한다. 이런 사실이 수련을 방해하는 억제 수단이 되어서는 안 되지만, 매우 진지하게 받아들여져야 하는 일이다.

22   자신의 일을 수행힐 때 내적 획신을 위해시 첫 빈째 자아가 전해주는 모든 것을 행하는 강한 의지를 지닌 사람은 정신 수련을 통해서 두 번째 자아가 초감각적 인식을 위해 분리된다는 사실에 결코

움츠려들 필요가 없다. 다만 인간이 스스로를 무엇인가에 "무르익었다"고 여기는 문제와 관련해서는 자기기만이 인간을 강력하게 지배한다는 점을 생각해야 한다. 인간은 여기서 기술한 정신 수련을 통해서 자신이 흔히 예상되는 잘못된 길로 들어갈 위험에 빠지지 않도록 자신의 사고 생활을 수련한다. 이런 사고 수련은 필요한 모든 내적 체험이 나타나게 하되, 그 체험들을 영혼이 온갖 공상으로 길을 잃는 해로운 작용 없이 겪을 수 있도록 전개시킨다. 적절한 사고 단련이 없으면 내적 체험들은 영혼에 강한 불안감을 야기할 수 있다. 그러나 여기서 강조한 방법은 그 체험들을 완전히 알 수 있게 나타나도록 한다. 건강한 영혼 상태에서 물질적 세계의 지각을 아는 것처럼 말이다. 인간은 사고 활동의 수련을 통해서는 자신에서 체험하는 것의 관찰자 그 이상이 된다. 반면에 사고 활동 없이는 아무 생각 없이 그 체험 속에 들어가 있게 된다.

23   올바른 수련에서는 고차적 세계로 나아가는 길을 찾고자 하는 사람이 수련을 통해 획득해야 할 몇 가지 특징이 언급된다. 그것은 무엇보다 생각하는 방식, 의지, 감정에 대한 영혼의 통제 등이다. 수련을 통해 이 통제력을 불러오는 방법은 두 가지 목표를 갖는다. 한편으로는 영혼에 확고함, 안정감, 균형을 분명하게 심어 주어 두 번째 자아가 태어난 후에도 영혼이 그런 특징을 유지할 수 있도록 해야 한다. 다른 한편으로는 이 두 번째 자아의 길에도 강인함과 내적 발판이 함께 주어져야 한다.

24　　　정신 수련을 할 때 인간의 사고에 무엇보다 필요한 것은 객관성이다. 물질적-감각적 세계에서는 삶이 인간 자아를 객관성으로 이끄는 위대한 스승이다. 영혼이 임의적으로 생각을 이리저리 떠돌게 하려 할 때에도 삶과의 갈등에 빠지기를 원하지 않으면 삶에 의해서 곧바로 교정될 수밖에 없다. 영혼은 삶의 사실들이 흘러가는 과정에 맞게 생각해야 한다. 그런데 인간이 물질적-감각적 세계로부터 주의를 돌리면, 그 세계에 의한 강제적인 교정은 이루어지지 않는다. 그러면 그의 사고는 자기 자신의 교정자가 되지 못해서 끊임없이 흔들릴 수밖에 없다. 따라서 정신 수련자의 사고는 스스로에게 방향과 목표를 제시할 수 있도록 단련되어야 한다. 내적 확고함과 하나의 대상에 단호하게 집중하는 능력, 이것이 바로 사고가 자기 자신 속에서 키워야 하는 것이다. 그러므로 적절한 "사고 수련"은 멀리 있거나 복잡한 대상이 아니라 단순하고 가까이 있는 대상을 상대로 시도되어야 한다. 수개월 동안 매일 적어도 5분씩 일상적인 대상(핀이나 연필 등)으로 생각을 돌리고, 그 시간 동안은 그 대상과 관계없는 모든 생각을 차단하는 수련을 시도한 사람은 이 방향에서 많은 것을 행한 것이다. (매일 새로운 대상을 생각하거나 며칠 동안 하나의 대상을 고수할 수도 있다.) 학문적 수련을 통해서 스스로를 "사상가"로 느끼는 사람도 그런 방식의 정신 수련을 통해 자신을 "성숙하게" 만드는 일을 소홀히 해서는 안 된다. 잘 아는 뭔가에 한동안 생각을 집중하면 자신이 올바르게 생각한다고 확신할 수 있기 때문이다. "연필을 구성하는 물질은 무엇일까? 그 물질들은 어떻게 연필의 재료로 만들어질

까? 그런 다음 그 재료들은 어떻게 연필로 조합될까? 연필은 언제 발명되었을까?" 하고 묻는 사람은 분명 자신의 생각을 인간이 어디서 유래했고 삶은 무엇인지에 대해 숙고하는 사람보다는 더 현실에 맞출 것이다. 우리는 복잡하고 현학적인 개념들보다는 *단순한 사고 수련*을 통해서 토성과 태양과 달 발달의 세계에 대해 사실에 맞게 생각하는 것을 더 많이 배운다. 처음에는 단순히 이런저런 것에 대해 생각하는 것이 아니라 *내적 힘을 통해서 사실에 맞게* 생각하는 것이 중요하기 때문이다. 쉽게 파악할 수 있는 감각적-물리적 과정을 통해서 객관성을 훈련했다면, 사고는 물질적-감각적 세계와 그 법칙에 지배된다고 느끼지 않을 때도 객관적이고자 하는 것에 익숙해진다. 그러면 사실에 입각하지 않은 채 이런저런 생각에 골몰하는 습관도 고치게 된다.

25   사고 세계를 지배하는 것처럼 영혼은 의지의 영역에서도 그런 지배자가 되어야 한다. 물질적-감각적 세계에서는 이 영역에서도 삶이 지배자로 등장한다. 삶은 인간에게 이런저런 욕구를 일으키고, 의지는 그 욕구를 충족시켜야 한다고 느낀다. 고차적 수련을 위해서 인간은 자기 자신의 명령을 엄격하게 따르는 데 익숙해져야 한다. 거기에 익숙해지면 무의미한 것을 갈망하는 일은 점점 사라질 것이다. 그러나 의지 활동에서 불만족스러운 것, 근거 없는 것은 실현 가능성을 전혀 모르는 일들에 대한 욕구에서 비롯된다. 그런 불만족은 고차적 자아가 영혼으로부터 나오고자 할 때 전체 정서 활동을 혼란스럽

게 할 수 있다. 따라서 몇 개월 동안 정해진 시간에 스스로에게 "너는 오늘 '정해진 이 시간에' '이 일을' 실행해야 한다." 하고 명령하는 것이 좋은 수련이 된다. 그러면 차츰 실행 "시간"과 실행해야 하는 일의 "종류"가 매우 정확하게 들어맞을 수 있도록 자신에게 명령하는 단계에 이르게 된다. 그렇게 해서 실현 가능성은 전혀 생각하지 않은 채 "나는 이것이 좋고 저것을 원해"라고 말하는 해로운 것에서 벗어난다. 어느 위대한 인물은 그리스 신화의 어느 여성 예언자에게 다음과 같이 말하게 한다. "나는 불가능한 것을 갈망하는 사람을 사랑한다." (괴테, 《파우스트》 2부 중에서)[37] 그리고 이 인물(괴테) 스스로도 이렇게 말한다. "이념 속에서 산다는 것은 불가능한 것을 마치 가능한 것처럼 다루는 것이다."(괴테, 《산문으로 쓴 잠언》 중에서)[38] 그러나 이런 말들이 여기 서술한 것에 대한 반론으로 사용되어서는 안 된다. 괴테와 그의 예언자(만토Manto)가 제기한 요구는 먼저 가능한 것에 대한 갈망에 관하여 자신을 수련한 다음에 그런 다음 강한 의지를 통해서 "불가능한 것"이 가능한 것으로 바뀌도록 그것을 다룰 수 있는 사람만이 충족시킬 수 있기 때문이다.

26   감정의 세계와 관련해서 영혼은 정신 수련을 위해 어느 정도

---

37) 《파우스트 Faust》 2부, 제 2막, 고전적 발푸르기스의 밤, 페네이오스 강가, 7488행

38) 〈산문으로 쓴 잠언 Sprüche in Prosa〉, in 《자연과학 저술들 Naturwissenschaftliche Schriften》, Bd. 5, GA 1d, S. 457. 괴테의 저서 《잠언과 성찰 Maximen und Reflexionen》에도 포함되어 있다.

의 초연함에 이르러야 한다. 그렇게 되기 위해서는 영혼이 즐거움과 괴로움, 기쁨과 슬픔의 표현을 제어할 수 있어야 한다. 그런데 바로 그런 특성을 얻는 것에 대해서는 많은 선입견이 생길 수 있다. 만일 "기쁜 일에 기뻐하지 않고 슬픈 일에 슬픔을 느끼지 않는다면" 주변 세계에 대해 무감각하고 무심해진다고 생각할 수 있을 것이다. 그러나 중요한 것은 그 문제가 아니다. 영혼은 기쁜 일은 *마땅히* 기뻐해야 하고 슬픈 일은 *마땅히* 슬퍼해야 한다. 다만 영혼은 기쁨과 슬픔, 즐거움과 괴로움의 표현을 제어할 수 있어야 한다. *그렇게* 하려고 노력한다면 무감각해지는 것이 아니라 *반대*로 주변의 모든 즐거운 일과 괴로운 일에 대해 이전보다 더 예민해진다는 것을 곧 알게 될 것이다. 다만 여기서 언급하는 특성을 얻고자 한다면, 오랜 시간에 걸쳐 자기 자신을 정확하게 관찰하는 일이 필요하다. 즐거움과 괴로움을 온전히 함께 느낄 수 있으면서도 자신이 느끼는 것을 무의식적으로 표현할 정도로 자신을 잃지는 않도록 주의해야 한다. 당연한 슬픔이 아니라 무의식적인 울음을 참아야 하고, 나쁜 행동에 대한 혐오가 아니라 분노의 맹목적인 폭발을 억눌러야 한다. 또한 위험에 대한 조심이 아니라 쓸데없는 "두려움"을 억제해야 한다. 정신 수련자는 그런 연습을 통해서만 마음의 평온에 도달하는데, 이는 고차적 자아가 태어날 때와 특히 활동할 때 영혼이 일종의 도펠갱어Doppelgänger(또 하나의 자신, 분신)처럼 고차적 자아 옆에서 건강하지 못한 두 번째 삶을 영위하지 않도록 하는 데 필요하다. 바로 이런 일들에 대해서는 자기기만에 빠져서는 안 된다. 많은 사람이 자신은 일상적인 삶에서 어느 정도의 침착함을 이미 갖추고 있기 때문에 이 수련이 필요하지 않다고 생각할 수 있다. 그러나 바로 그런 사람에게 이 수련이 이중으로 필요하다. 우리는 일상적인 삶의 문제들에 대면할 때는 굉장히 침착할 수 있다. 그러다가 고차적 세계로 올라갈 때는 그저 억눌려 있던 내면의 불안정이 그만큼 더 강하게 드러날 수 있기 때문이다. 정신 수련을 위해서는 이미 소유한 것처럼 *보이는 것*이 아니라 필요한 것을 정확하게 *수련하는* 일이 더 중요하다는 점을 알아야 한다. 이 말은 무척 모순되게 보일 수는 있지만 맞는 말이다. 삶이 어떤 사람에게 이런저런 것을 가르쳤다고 해도 정신 수련에 도움이 되는 것은 자기 스스로 *배워서 익힌* 특성들이다. 삶이 누군가에게 흥분을 가르쳤다면, 그는 스스로 배워서 이 특성을 없애야 한다. 그리고 삶이 만일 침착함을 가르쳤다면, 그는 자기 교육을 통해서 영혼의 표현이 받아들인 인상과 일치하도록 스스로를 일깨워야 한다. 아무 일에도 웃지 못하는 사람은 자기를 억제하지 못하고 끊임없이 웃는 사람만큼이나 자신의 삶을 통제하지 못하는 것이다.

27   사고와 감정을 위한 또 다른 교육 수단은 긍정성이라고 부를 수 있는 특성을 얻는 일이다. 예수 그리스도가 다른 사람들과 죽

은 개 옆을 지나갈 때의 상황을 언급한 아름다운 설화[39]가 있다. 다른 사람들은 그 추한 모습을 외면한다. 그러나 예수 그리스도는 그 개의 아름다운 이빨에 감탄을 표한다. 우리는 자기 수련을 통해서 세상에 대해 이 이야기의 의미가 말하는 영혼의 상태를 유지할 수 있다. 영혼은 잘못되고, 악하고, 추한 것을 멀리하지 말아야 하며, 어느 곳에든 존재하는 참되고, 선하고, 아름다운 것을 찾아야 한다. 이런 긍정성을 무비판성과 혼동해서는 안 되며, 악하고, 잘못되고, 열등한 것에 대해 자의적으로 눈을 감는 것으로 착각해서는 안 된다. 죽은 동물의 "아름다운 이빨"에 감탄하는 사람은 썩어가는 시신도 볼 수 있다. 그러나 이 시신이 그가 아름다운 이빨을 보는 것을 방해하지는 못한다. 악한 것을 선하게, 오류를 참되게 여길 수는 없다. 그러나 악한 것 때문에 선한 것이, 오류 때문에 참된 것이 가로막히지 않도록 하는 데까지는 이를 수 있다.

28   우리가 이미 체험했거나 알고 있는 것이 새로운 체험에 대한 선입견 없는 수용력을 앗아가지 못하게 노력한다면, 의지와 결합된 사고는 어느 정도 성숙해진다. 정신 수련자에게는 "나는 그런 말을 결코 들은 적이 없으며, 그래서 그 말을 믿지 않아"라는 생각은 아무

---

39) 페르시아 시인 니자미 간자비(Nizāmī Ganjavī, 1141-1209)의 시. 독일어로 번역된 〈세계를 유랑하는 주 예수 Herr Jesus, der die Welt durchwandert...〉로, 특히 괴테의 《서동 시들의 더 나은 이해를 위한 메모와 논문들 Noten und Abhandlungen zu besserem Verständnis des West-östlichen Divans》중 〈보편적인 것〉 부분에서 전해졌다.

런 의미가 없어야 한다. 그는 일정한 시간 동안은 어디서나 모든 사물과 존재에 대해 매번 새로운 것을 말하도록 노력해야 한다. 지금까지 사용하지 않은 관점을 새로 받아들일 준비가 되었다면, 불어오는 바람 한 줄기, 나뭇잎 하나, 아이의 옹알거리는 소리에서도 배울 수 있다. 다만 그런 능력과 관련해서는 쉽게 도를 지나칠 수가 있다. 우리는 특정한 나이에서는 이전에 사물에 대해 겪은 일들을 무시해서는 안 된다. 현재 체험하고 있는 일을 과거의 경험들에 따라 판단해야 한다. 이것이 한쪽 저울판에 놓인다. 그러나 정신 수련자의 다른쪽 저울판에는 항상 새로운 것을 경험하려는 마음이 놓여야 한다. 무엇보다 새로운 경험이 과거의 경험들과 모순될 수 있는 가능성에 대한 믿음이 그 다른 쪽 저울판에 놓여야 한다.

29   이로써 정신 수련자가 본격적인 수련에서 획득할 수 있는 영혼의 다섯 가지 특성이 언급되었다. 사고방식에 대한 통제, 의지의 충동에 대한 통제, 기쁨과 슬픔에 대한 평정심, 세상을 판단하는 일에서의 긍정성, 삶에 대한 이해에서의 선입견 없는 태도가 그것이다. 이와 같은 특성을 얻기 위해서 자기 수련에 일정한 시간을 연속적으로 사용한 사람은, 거기서 더 나아가 이 모든 특성이 영혼에서 조화를 이루도록 해야 한다. 그는 조화를 이루기 위해서 각 특성을 둘씩, 또는 셋과 하나 등으로 묶어 동시에 수련해야 힐 것이다.

30   앞에서 서술한 수련은 정신 수련 방법들로 제시되었다. 그

것을 *철저하게* 수행했을 때 정신 수련자는 앞에서 직접적인 결과로 언급한 것뿐만 아니라 정신세계로 나아가는 데 필요한 다른 더 많은 것들까지 간접적으로 얻을 수 있기 때문이다. 이 수련을 충분한 정도로 수행하는 사람은 그러는 동안 자신의 영혼 활동에서 많은 결함과 잘못에 맞닥뜨릴 것이다. 그러나 동시에 자신의 지적, 정서적, 성격적 활동을 강화하고 안정시키는 데 꼭 필요한 수단을 찾게 될 것이다. 물론 그의 능력과 기질과 성격에 따라 다른 여러 가지 수련이 더 필요할 수 있다. 그러나 그런 연습은 앞에서 언급한 수련을 충분히 실행했을 때 드러난다. 앞에 서술한 수련 방법들이 처음에는 그 안에 놓여 있지 않은 것처럼 보이는 것까지 *간접적으로* 서서히 제공한다는 점을 깨닫게 될 것이다. 예를 들어 자신감이 너무 부족한 사람은 적절한 시간이 지나고 난 뒤에 그 수련을 통해서 자신에게 꼭 필요한 자신감이 생겼다는 사실을 알 수 있을 것이다. 영혼의 다른 특성들과 관련해서도 마찬가지다. (더 상세하게 설명하는 특별한 수련 방법들은 나의 저서《어떻게 고차적 세계의 인식에 도달할 것인가?》에서 볼 수 있다.) 정신 수련자가 앞에서 제시한 능력을 점점 고차적 수준으로 끌어올릴 수 있다는 점은 중요하다. 그는 영혼이 완전한 내적 고요의 시간을 만들어 낼 힘을 가질 만큼 자신의 생각과 감정을 철저하게 통제할 수 있어야 한다. 그래서 그 시간 동안에는 인간의 정신과 마음에서 외부의 일상적 삶이 주는 모든 행복과 괴로움, 만족감과 근심, 과제와 요구를 멀리할 수 있도록 해야 한다. 그런 시간에는 영혼 자체가 침잠의 상태에서 입장을 허락하려는 것만 영혼으로 들어오도록 해야 한다. 여기에 대해서는 쉽게 한 가지 선입견이 나타날 수 있다. 하루 중 일정 시간 동안 마음과 정신이 삶과 삶의 과제들에서 물러나면, 우리가 삶과 삶의 과제에서 소외되리라는 생각이 생길 수 있을 것이다. 그러나 실제로는 전혀 그렇지 않다. 앞에서 서술한 방식으로 내적 고요와 평화의 시간에 몰입한 사람에게서는 그 시간을 통해 외적 삶의 과제들을 위해서도 필요한 힘이 강해지고, 그래서 삶의 의무를 단순히 더 나쁘지 않게 수행하는 것이 아니라 매우 확실하게 더 낫게 수행할 수 있다. 인간이 그 시간 동안 자신의 개인적인 문제에 대한 생각에서 완전히 벗어난다면, 그 *자신만이* 아니라 인간 일반과 관련된 문제로 자신을 고양시킬 수 있다면, 이는 매우 가치 있는 일이다. 그가 고차적 정신세계로부터 오는 전언들로 자신의 영혼을 채울 수 있고, 그 전언들이 개인적인 걱정이나 문제와 같은 수준으로 그의 관심을 사로잡을 수 있다면, 그의 영혼은 거기서 특별한 결실을 얻게 될 것이다. 이런 식으로 조절하면서 자신의 영혼 생활에 개입하려고 노력하는 사람은 자기 문제를 마치 타인의 문제처럼 차분하게 바라보는 자기 관찰도 가능하게 될 것이다. 자신의 체험들, 자신의 기쁨과 슬픔을 다른 사람의 그것처럼 바라볼 수 있다는 것은 정신 수련을 위해 바람직한 준비가 된다. 날마다 하루 일을 마친 뒤 그날 있었던 일들을 마음의 눈앞에 떠오르게 한다면, 서서히 그런 관점을 잇는 단계에 도달할 수 있다. 이때는 자신의 체험 내에서 자기 자신의 모습을 보아야 한다. 다시 말해서 하루의 삶 속에 있는 자신을 외부에서 보듯이 관찰해야 한다. 하루에 있었던 개별적인 자잘한 일들을 떠올리는 것으로 시작하면 자기 관찰에서 어느 정도 경험을 얻게 될 것이다. 그러면 이런 식의 회상에 점점 더 능숙해지고 단련이 되며, 더 오래 연습한 뒤에는 짧은 시간 동안 하루에 있었던 일들을 완전하게 구성할 수 있게 될 것이다. 이렇게 하루의 체험을 되돌아보는 일은 정신 수련에 특별한 의미를 갖는데, 마음속으로 떠올리는 일에서는 영혼이 단지 감각적으로 지각되는 일의 *과정만* 생각으로 뒤쫓는 평소 습관에서 벗어나기 때문이다. 우리는 이렇게 되돌아보는 사고에서 올바르게 표상하지만, 그것이 감각적으로 지각되는 과정에 의해서 뒷받침되는 것은 아니다. 초감각적 세계에 익숙해지기 위해서는 되돌아보는 사고가 필요하다. 건강한 방식의 표상은 거기서 힘이 강화된다. 따라서 하루에 있었던 일 이외에 다른 것, 이를테면 어떤 연극이나 소설, 선율 등의 흐름을 거슬러 올라가며 떠올리는 것도 좋다. 정신 수련자에게는 삶에서 자신에게 다가오는 일들을 내적 확신과 평온함으로 다가오게 하고, 그 일들을 자신의 영혼 상태가 *아니라* 그 내적 의미와 가치에 따라 판단하는 것이 점점 *이상*이 될 것이다. 그는 바로 그런 이상을 바라봄으로써 앞에서 서술한 상징적 사고를 비롯한 감정들 안으로 침잠할 수 있는 영혼의 토대를 만들어 낼 것이다.

31   초감각적 체험은 그 세계로 들어가기 전에 일반적인 영혼 생활의 토대 위에서 구축되기 때문에 여기 서술한 조건들이 충족되어야 한다. 모든 초감각적 체험이 그 세계로 들어가기 전 영혼의 출발

지점에 좌우되는 것은 이중의 방식으로 이루어진다. 처음부터 건강한 판단력이 정신 수련의 토대가 되도록 주의하지 않는 사람은 정신세계를 부정확하고 그릇되게 지각하는 초감각적 능력을 키우게 될 것이다. 그의 정신적 지각 기관들이 올바르지 않게 발달하리라는 것이다. 결함이 있거나 병든 눈으로는 감각세계에서 올바르게 볼 수 없듯이, 건강한 판단력의 토대에서 양성되지 못한 정신 기관들로는 올바르게 지각하지 못한다. 부도덕한 영혼 상태에서 출발한 사람은 정신의 눈이 마비되고 안개에 쌓인 듯 희미하게 보는 상태에서 정신세계로 올라간다. 그는 초감각적 세계에 대해 마비된 상태에서 감각적 세계를 관찰하는 사람이나 마찬가지다. 다만 감각적 세계의 사람은 어떤 중요한 진술도 하지 못하는 반면, 정신적 관찰자는 마비된 상태에서도 일상적인 의식을 가진 사람보다는 더 깨어있다. 그 때문에 그의 진술은 정신세계에 대한 오류가 된다.

***

32   상상적 인식 단계의 내적 확실성에 도달하는 것은 앞에서 서술한 영혼의 침잠(명상)이 "감각에서 자유로운 사고"에 익숙해짐으로써 이루어진다. 물질적-감각적 세계에서의 관찰을 토대로 생각한다면 이 사고는 감각에서 자유롭지 못하다. 그렇다고 해서 인간이 단지 그 생각만 할 수 있다는 뜻은 아니다. 감각적 관찰로 채워지지 않는다고 해서 인간의 사고가 공허하고 무의미해지는 것은 아니다. 정

신 수련자가 감각에서 자유로운 사고에 이르는 가장 확실하고 가장 먼저 떠오르는 방법은 정신과학이 전한 고차적 세계의 사실들을 자신의 고유한 사고로 만드는 것이다. 이런 사실들은 물질적 감각에 의해서는 관찰되지 않는다. 그럼에도 불구하고 충분한 인내와 끈기가 있다면 그 사실들을 *이해할* 수 있다는 것을 깨닫게 된다. 정신 수련 없이는 고차적 세계에서 탐구할 수 없고, 거기서 자신을 관찰할 수도 없다. 그러나 고차적 수련 없이도 그 세계의 연구자가 전하는 모든 것을 이해할 수는 있다. 누군가가 "나 자신은 아직 볼 수가 없는데 정신 연구자가 말하는 것을 어떻게 믿고 받아들일 수 있단 말인가?"라고 한다면, 그것은 완전히 근거가 없는 말이다. *단순한* 사색만으로도 그렇게 전달된 내용이 옳다는 분명한 확신을 얻을 수 있기 때문이다. 사색을 통해서 그런 확신을 얻을 수 없다면, 그 이유는 자기가 볼 수 없는 것을 "믿을" 수 없어서가 아니라 자신의 사색이 아직 선입견 없이, 포괄적으로, 충분히 철저하게 적용되지 않았기 때문일 것이다. 이 점에서 명료해지기 위해서는 인간의 사고는 내적으로 힘을 끌어모을 때 평상시에 생각할 때보다 더 많은 것을 이해할 수 있다는 사실을 염두에 두어야 한다. 사고 자체에 이미 초감각적 세계와 관련된 내적 본질이 있기 때문이다. 영혼은 일반적으로 이런 연관성을 의식하지 못하는데, 사고 능력을 감각세계에서만 끌어 오는 것에 *익숙해져* 있기 때문이다. 그 때문에 초감각적 세계에서 전달된 것도 이해할 수 없다고 여긴다. 그러나 정신 수련에 *단련된 사고만*이 아니라 사고의 완전한 힘을 자각하고 그 힘을 사용하려는 *모든 사고*가 그것을 이해할 수 있다. 우리는 정신 연구가 말하는 것을 끊임없이 자기 것으로 만듦으로써 감각적 관찰에서 얻어 내지 않은 사고에 익숙해진다. 영혼 깊은 곳에서 어떻게 사고와 사고가 서로 엮이는지, 감각적 관찰의 힘으로 사고의 결합이 이루어지지 않아도 어떻게 하나의 사고가 다른 사고를 불러일으키는지 인식하는 법을 배운다. 이때 중요한 점은 사고 세계는 내적인 삶을 가지고 있으며, 진정으로 사고하는 동안에는 우리 자신이 이미 생동적인 초감각적 세계의 영역에 있다는 사실을 아는 것이다. 우리는 스스로에게 말한다. "내 안에는 사고 유기체를 형성하는 무엇이 있으며, 그러나 나는 이 "무엇"과 하나이다." 우리는 감각에서 자유로운 사고에 몰입하는 동안 우리의 내면생활로 흘러 들어오는 뭔가 본질적인 것이 존재한다는 것을 체험한다. 우리가 감각적으로 관찰할 때 우리의 신체 기관들을 통해 우리 안으로 흘러 들어오는 감각적 사물의 특징들처럼 말이다. 감각세계의 관찰자는 스스로에게 말한다. "저기 밖에 장미 한 송이가 있다. 장미는 색깔과 향기로 내게 자신의 존재를 알리기 때문에 낯설지 않으며, 감각에서 자유로운 사고가 한 사람 안에서 활동할 때 그에 맞게 말하기 위해서는 선입견 없는 태도만 충분하면 된다. 내 안에서 사고와 사고를 연결하고 사고 유기체를 형성하는 본질적인 것이 내게 자신의 존재를 알린다." 그러나 외부 감각세계의 관찰자가 보는 것에서 오는 감각적 시각과 감각에서 자유로운 사고에 본질적으로 예고되는 것에서 오는 감각적 지각 사이에는 차이가 있다. 첫 번째 관찰자는 장미에 대해 자신이 외부에 있다고 느낀다. 반면에 감각에서 자유로운 사고에 몰입한 사람은 자기 안에서 예고되는 본질적인 것을 *자신* 안에 있는 것처럼 느끼고, 자신이 그것과 하나라고 느낀다. 그러나 자신에게 외부 대상으로 다가오는 것만을 어느 정도 자각하면서 본질적인 것으로 간주하려는 사람은 본질적인 것은 원래 내가 그것과 하나로 결합해 있다고 느끼는 것을 통해서도 예고될 수 있다는 감정을 얻을 수가 없다. 이와 관련해서 올바르게 알기 위해서는 이어지는 내적 체험을 얻을 수 있어야 한다. 우리는 우리 자신이 자의적으로 만든 사고의 결합, 그리고 그런 자의를 침묵하게 했을 때 자신 안에서 체험하는 사고의 결합을 구별할 줄 알아야 한다. 후자의 경우에는 다음과 같이 말할 수 있다. "나는 나 자신 안에 아주 고요하게 머물러 있다. 나는 어떤 사고의 결합도 이끌어 내려 하지 않는다. 나는 '내 안에서 생각하는 것'에 몰두한다." 이런 경우 "내 안에 그 자체로 본질적인 것이 작용한다"고 말하는 것은 전적으로 옳다. "내가 특정한 장미를 보고 특정한 향기를 감지할 때 장미가 내게 작용한다"고 말하는 것이 전적으로 옳은 것처럼 말이다. 이때 자신의 사고 내용을 정신 연구자들의 전언에서 가져오는 것은 결코 모순이 아니다. 사고는 우리가 그에 몰두할 때 이미 존재하지만, 우리의 영혼 안에서 매번 새롭게 만들지 않으면 사고할 수 없다. 중요한 것은 정신 연구자는 자신의 청중과 독자들에게 그들 자신으로부터 불러내야만 하는 사고를 일깨워야 한다는 것이다. 반면에 감각적-현실적인 것을 설명하는 사람은 청중과 독자가 감각세계에서 관찰할 수 있는 것을 제시한다.

33   (정신과학의 전언들을 통해서 감각에서 자유로운 사고로 나아가는 방법은 매우 확실하다. 그러나 더 확실하고 무엇보다 더 정확하면서도 많은 사람들에게는 그만큼 더 어려운 또 다른 방법이 있다. 나는 이 방법을 나의 저서《괴테 세계관의 인식론》과《자유의 철학》[40]에서 설명했다. 이 두 저술은 물질적-감각적 세계의 인상들이 아니라 오직 그 자체에만 몰두할 때 인간의 사고가 얻을 수 있는 것을 서술한다. 그런 경우 순수한 사고는 인간 안에서 단순히 감각적인 것에 대한 기억에 전념하는 것이 아니라 그 자체로 살아있는 존재처럼 움직인다. 앞에서 언급한 두 저술에는 정신과학 자체의 전언들에서 취한 것이 전혀 없다. 그럼에도 불구하고 자기 안에서만 작용하는 순수한 사고는 세계와 삶과 인간에 대해 규명할 수 있다는 것을 보여준다. 두 저술은 감각세계와 정신세계의 인식 사이에서 매우 중요한 중간 단계에 서 있다. 따라서 사고가 감각적 관찰은 뛰어넘었지만 아직은 정신 연구로 들어가는 것을 기피할 때 무엇을 얻을 수 있는지 제시한다. 이 저술들이 자신의 영혼 전체에 영향을 미치게 하는 사람은 이미 정신세계에 들어와 있다. 다만 그에게는 이 세계가 사고의 세계로 나타날 뿐이다. 그런 중간 단계가 자신에게 작용하는 것을 느낄 수 있는 사람은 더 확실한 길을 가게 된다. 또한 이를 통해서 그는 이후 내내 그에게 가장 아름다운 결실을 가져다줄 고차적 세계에 대

---

40) 여기서 말하는《괴테 세계관의 인식론》은 다음 저서를 말한다.《괴테 세계관의 인식론적 기초 Grundlinien einer Erkenntnistheorie der Goetheschen Weltanschauung》《자유의 철학 Die Philosophie der Freiheit》

한 감각을 얻을 수 있다.)

34   앞에서 서술한 상징적 표상과 감정들로 침잠(명상)할 때 그 목표는 정확하게 말하자면 인간의 아스트랄체 내부에 고차적 지각 기관들을 양성하는 것이다. 그 기관들은 처음에 이 아스트랄체의 물질로부터 만들어졌다. 이 새로운 관찰 기관들은 새로운 세계를 매개하고, 인간은 이 새로운 세계에서 자신을 새로운 자아로 알게 된다. 새로운 지각 기관은 *활동하는* 기관이라는 점에서 이미 감각적-물질적 세계의 관찰 기관들과는 구별된다. 눈과 귀는 수동적인 태도를 취하고 빛과 소리가 그들에 작용하도록 두는 반면, 정신적-영혼적 지각 기관들은 지각하는 동안 지속적인 활동 상태에 있고, 그것들이 지각하는 대상과 사실들을 이를테면 완전한 의식 속에서 *움켜잡는다고* 할 수 있다. 그렇게 해서 정신적-영혼적 인식은 상응하는 사실들과의 결합이며 "그들 안에서 사는 것"이라는 감정이 생겨난다. 비교하자면 점점 발달해가는 개별적인 정신적-영혼적 기관을 "연꽃"이라고 부를 수 있는데, 초감각적 의식이 그것들에 대해(상상적으로) 만들어야 하는 형태에 따라서 말이다. (물론 "연꽃"이라는 명칭은 이 문제와 별다른 상관이 없다는 점을 분명히 알아야 한다. "폐엽Lungenflügel"이라는 말에 포함된 "날개Flügel"라는 표현이 폐엽과는 별 상관이 없는 것처럼 말이다.) 매우 특정한 방식의 내적 침잠은 아스트랄체에 이런저런 "연꽃", 즉 이런저런 정신적-영혼적 기관을 형성되도록 작용한다. 이 책에서 상술한 모든 내용을 따른다면 이 관찰 기관들이

감각적 상을 떠올릴 때는 그 현실을 모형처럼 그대로 떠올리지 않는
다는 점을 강조할 필요는 없을 것이다. 이 "기관들"은 초감각적이며,
특정한 형태를 갖춘 영혼 활동 속에 있으며, 이 영혼 활동이 행해지
는 한에서, 그리고 행해지는 동안에만 존재한다. 감각에 의해 지각
될 수 있다고 여겨지는 것에 대해서는 이 기관들이 인간에게 별 소용
이 없다. 인간이 생각할 때 그의 주변을 희미하게 에워싸는 "환영幻
影"처럼 말이다. 그래서 초감각적인 것을 감각적으로 떠올리려는 사
람은 오해에 빠진다. 불필요하다고 생각하면서도 이런 말을 하는 이
유는 초감각적인 것을 인정하는 사람들 중에는 항상 감각적인 것만
을 떠올리고 싶어 하는 사람들이 있기 때문이다. 또한 초감각적 인식
에 반대하는 사람들 중에는 정신 연구자가 감각적으로 지각되는 더
섬세한 형상에 대해 말하듯 "연꽃"을 말한다고 생각하는 사람이 항상
있기 때문이다. 상상적 인식과 관련하여 행해지는 모든 올바른 명상
은 여러 기관에 영향을 준다. (나의 저서《어떻게 고차적 세계의 인
식에 도달할 것인가?》에서는 여러 기관에 영향을 주는 몇 가지 명상
법과 수련법이 언급되어 있다.) 올바른 수련은 각 기관이 하나씩 동
시에, 또는 차례로 적절하게 키워질 수 있도록 정신 수련자의 개별적
인 수련을 구성해서 계속 이어지게 한다. 정신 수련자의 이런 수련에
는 많은 인내와 끈기가 필요하다. 일상적인 삶의 상황들이 인간에게
요구하는 징도의 인내심만으로는 충분하지 않을 것이다. 징신 수련
자가 고차적 세계의 인식에 사용할 수 있을 만큼 기관들이 발달하기
까지는 오랜 시간이, 때로는 매우 오랜 시간이 걸리기 때문이다. 그

런 순간에는 기관들의 양성을 위한 수련으로 이루어진 *준비*나 정화와는 달리 *깨달음*이 나타난다. (여기서 "정화"라고 말하는 것은 수련자가 해당 수련을 통해서 내적 삶의 어떤 영역에서 감각적 관찰 세계에서만 비롯되는 모든 것으로부터 깨끗해지기 때문이다.) 그러나 본래적인 깨달음을 얻기 전에 고차적 세계에서 오는 "섬광"을 반복적으로 받는 일이 생길 수도 있다. 인간은 그런 섬광을 감사하며 받아들여야 한다. 그것부터가 그를 정신세계의 증인으로 만들 수 있다. 그러나 어쩌면 너무 길게 생각되는 준비 기간 동안 그런 일이 일어나지 않는다고 해도 흔들리지 말아야 한다. "여전히 아무것도 보지 못하기 때문에" 조급함에 빠질 수 있는 사람은 아직 고차적 세계에 대한 올바른 관계를 얻지 못한 것이다. 수련 과정에서 행하는 것 자체가 목적과 같은 무엇이 될 수 있는 사람만이 그 관계를 파악한다. 이 수련은 사실 정신적-영혼적인 것, 즉 자신의 아스트랄체에 대한 작업이다. 비록 "아무것도 보지 못한다"고 해도 "나는 정신적-영혼적으로 일하고 있다"는 것을 "느낄" 수 있다. 다만 원래 무엇을 "보려고" 하는지에 대해 처음부터 특정한 견해를 갖고 있다면 그런 감정을 경험하지는 못할 것이다. 그러면 실제로는 헤아릴 수 없을 만큼 중요한 뭔가를 아무것도 아닌 것으로 여기게 될 것이다. 그러므로 수련하는 동안 체험하는 모든 것과 감각세계에서의 경험들과는 근본적으로 다른 모든 것을 면밀하게 주시해야 한다. 그러면 자신의 아스트랄체를 아무 상관없는 물질처럼 다루지 않게 되고, 감각 생활을 통해서는 알지 못하는 완전히 다른 세계가 그 안에 살고 있다는 사실을 깨닫게 될 것이다. 고차적 존재들은 물질적-감각적 외부 세계가 물질체에 작용하는 것처럼 아스트랄체에 작용한다. 그리고 우리가 그 앞에서 우리 자신을 닫아 버리지만 않는다면, 우리는 우리의 아스트랄에 있는 고차적 삶과 "마주친다." 누군가 끊임없이 "나는 아무것도 지각하지 못한다." 하고 말한다면, 그것은 대부분 그 지각이 이런저런 모습일 거라고 잘못 생각하고 있기 때문이다. 그리고 자신이 분명 볼 거라고 착각한 것을 보지 못하기 때문에 "난 아무것도 안 보여." 하고 말하는 것이다.

35 　 그러나 수련에서 행하는 것에 대해 올바른 마음가짐을 가진 사람은 그 수련에서 점점 자기 자신을 위해서 사랑하는 무엇인가를 얻게 될 것이다. 그러면 그는 자신이 수련 자체를 통해서 정신적-영혼적 세계 속에 있다는 것을 알게 되고, 인내하고 순응하며 계속해서 일어나는 일을 기다린다. 정신 수련자의 이런 마음가짐은 다음과 같은 말에서 가장 잘 드러날 것이다. "나는 내 수련에 적합한 모든 것을 *행할 것*이고, 적절한 시기가 되면 내게 중요한 많은 것이 내 수중에 들어오리라는 것을 안다. 나는 그것을 조급하게 요구하지는 않지만 언제나 받아들일 수 있도록 준비한다." 이에 대해서는 반박이 제기될 수도 없다. "정신 수련자는 어쩌면 헤아릴 수 없이 오랜 시간을 어둠 속에서 헤매야 할 것이다. *그가 그런 수련으로 올바른 길을 가고 있는지는 성공했을 때야 비로소 드러날 수 있기 때문이다.*" 하는 반박 말이다. 그러나 성공만이 수련의 올바름을 인식할 수 있게 해주

351

는 것은 아니다. 수련자가 수련에 대해 올바른 태도를 취한다면, 나중에 얻는 결과가 아니라 수련 자체에서 얻는 만족이 그에게 자신이 뭔가 올바른 것을 행하고 있다는 확신을 준다. 정신 수련 영역의 올바른 수련은 만족과 결합되는데, 이는 단순한 만족이 아닌 인식이다. 구체적으로 말하자면 올바른 방향에서 나를 앞으로 데려가는 어떤 일을 행한다는 인식이다. 모든 정신 수련자가 자신의 체험에 세심하게 주의를 기울이기만 한다면 매 순간 그런 인식을 얻을 수 있다. 그러나 주의를 기울이지 않는다면 그 체험들은 그냥 스쳐 지나갈 것이다. 깊은 생각에 빠진 채 길을 지나는 사람이 시선만 돌리면 볼 수 있음에도 불구하고 양쪽 길가에 서 있는 나무들을 보지 못하는 것처럼 말이다. 수련에서 항상 생기는 것과는 다른 성과가 나타나기를 재촉하는 것은 결코 바람직하지 않다. 그것은 원래 나타나야 하는 성과의 극히 작은 부분에 불과할 수 있기 때문이다. 정신적 발달과 관련해서 부분적인 성과는 완전한 성공을 상당히 지연시키는 원인일 때가 많다. 정신적 삶의 부분적 성과에 해당하는 형태들 가운데서 일어나는 움직임은 수련자를 고차적 발달 지점으로 이끄는 힘들의 영향에 둔감하게 만든다. 또한 정신세계를 "들여다보는" 것에 의해서 얻는 이익도 표면적인 이익일 뿐이다. *이렇게* 들여다보는 것은 진실이 아닌 환영만 제공할 수 있기 때문이다.

36   수련 중에 있는 인간의 초감각적 의식에는 정신적-영혼적 기관인 연꽃들이 특정한 물질적 신체 기관 근처에 있는 것처럼 보이

는 방식으로 형성된다. 그런 일련의 영혼 기관들 중에서 여기서 언급해야 할 기관들로는 다음과 같은 것들이 있다. 먼저 눈썹 중간 근처에 있는 것처럼 느껴지는 기관(이른바 꽃잎이 둘인 연꽃)과 후두 근방에 있는 기관(꽃잎이 열 여섯인 연꽃)이 있으며, 세 번째는 심장 근처에 있는 기관(꽃잎이 열 둘인 연꽃)이고 네 번째는 명치 부근에 있는 기관이다. 다른 기관들은 다른 신체 부분들 근처에서 나타난다. (여기서 "꽃잎이 둘", "꽃잎이 열 여섯"인 연꽃이라는 이름을 사용된 한 이유는 해당 기관들이 그런 꽃잎 개수를 가진 꽃과 비교될 수 있기 때문이다.)

37   연꽃들은 아스트랄체에서 의식된다. 어느 하나나 다른 하나를 발달시킨 순간, 우리는 그 기관들을 가지고 있다는 것도 알게 된다. 우리는 그것들을 사용할 수 있고, 그렇게 사용함으로써 정말로 고차적 세계로 들어간다는 것을 느낀다. 이 세계에서 받은 인상들은 많은 점에서 아직은 물질적-감각적 세계에서 받은 인상들과 비슷하다. 상상적으로 인식하는 사람은 그가 감각세계에서 받은 인상들을 따뜻하거나 추운 느낌으로, 소리나 말의 지각으로, 빛이나 색의 작용으로 나타내는 것처럼 고차적 세계에 대해서도 말할 수 있을 것이다. 그 세계를 그런 것들처럼 체험하기 때문이다. 그러나 그는 상상적 세계에서는 이 지각들이 감각적-현실적 세계에서와는 뭔가 다른 것을 표현한다는 사실을 안다. 그 지각들 뒤에 물질적-실체적 원인들이 아닌 영혼적-정신적 원인들이 있다는 것을 인식한다. 만일 따뜻함

의 인상과도 같은 뭔가를 받는다면, 그는 그 인상의 원인을 가령 뜨거운 쇳조각으로 여기는 것이 아니라, 그가 지금까지 그의 영혼적인 내면생활에서만 알고 있던 것 같은 어떤 영혼적인 과정의 발로로 본다. 그는 상상적 지각 뒤에 영혼적이고 정신적인 사물과 과정들이 있다는 것을 안다. 물질적 지각 뒤에 실체적-물질적 존재들과 사실들이 있는 것처럼 말이다. 그러나 상상적 세계와 물질적 세계의 이런 유사성에는 중요한 차이가 더해진다. 물질적 세계에는 상상적 세계에서는 완전히 다르게 나타나는 무엇이 존재한다. 물질적 세계에서는 사물의 끊임없는 생성과 소멸, 탄생과 죽음의 변화가 관찰될 수 있다. 상상적 세계에서는 이런 현상 대신에 어느 하나에서 다른 것으로의 지속적인 *변화*가 나타난다. 예를 들어 물질적 세계에서는 식물이 시드는 것을 본다. 상상적 세계에서는 식물이 *시들어가는 것*과 동시에 다른 형성물이 생성되는 것이 나타나는데, 물질적으로는 지각되지 않지만 시들어가는 식물은 서서히 이 형성물로 변형된다. 이제 식물이 완전히 사라지면 그 자리에 이 형성물이 완전히 발달한 상태로 나타난다. 탄생과 죽음이라는 표상은 상상적 세계에서 그 의미가 사라진다. 그 대신 *하나에서 다른 것으로의 변형*이라는 개념이 나타난다. 그렇기 때문에 상상적 인식은 이 책의 〈인류의 본질〉 장에서 다루어진 인간의 실체에 대한 진실에 다가갈 수 있다. 물질적-감각적 지각은 물질체의 과정들만 인지할 수 있다. 그 과정들은 "탄생과 죽음의 영역"에서만 일어난다. 인간 본질의 다른 구성 요소들인 생명체와 감각체와 자아는 변화의 법칙 아래 놓여 있으며, 이들의 지각은 상상적 인식에서 규명된다. 여기까지 나아간 사람은 죽음 이후 다른 존재 방식으로 계속 살아갈 무엇인가가 물질체로부터 분리되는 것을 인지 한다.

38   그러나 발달은 상상적 세계 내에 머물러 있지 않는다. 그 안에 멈춰 있고 싶어 하는 사람은 변화 과정에 있는 존재들을 지각할 수는 있을 것이다. 그러나 그 변화 과정의 의미를 해석하지는 못하고, 새로 얻은 세계에서 올바른 방향을 찾을 수도 없을 것이다. 상상적 세계는 불안정한 영역이다. 그 안에는 온통 움직임과 변화뿐이어서 어디에도 쉬는 곳이 없다. 인간은 상상적 인식 단계를 넘어 "영감 Inspiration을 통한 인식"으로 불릴 수 있는 단계로 발달했을 때 비로소 그런 곳에 도달한다. 초감각적 세계의 인식을 추구하는 사람은 먼저 상상적 인식을 충분히 습득한 다음에야 "영감"으로 나아가는 방식으로 발달할 필요는 없다. 그가 행하는 수련은 상상으로 이어지는 것과 영감으로 이어지는 것이 동시에 이루어지도록 구성될 수 있다. 적절한 시간이 지나고 나면 그는 고차적 세계로 들어갈 것이고, 그 세계를 단순히 지각하는 것에 그치지 않고 그가 의미를 해석할 줄 아는 그 세계 안에서 올바른 방향도 찾을 수 있을 것이다. 다만 보통의 발달 과정은 먼저 상상적 세계의 몇 가지 현상이 정신 수련자에게 제공되고, 어느 정도 시간이 지나고 나면 그가 "나는 이제 올바른 방향을 찾기 시작했다"고 느끼는 방식으로 이어진다. 그럼에도 불구하고 영감의 세계는 순전한 상상의 세계에 비해 완전히 새로운 어떤 것이다.

상상적 세계를 통해서 하나의 과정이 다른 과정으로 변하는 것을 지각한다면, 영감의 세계를 통해서는 변화하는 존재들의 내적 특성들을 알게 된다. 상상을 통해서는 존재의 영혼적 표현을 인식하고, 영감을 통해서는 존재의 정신적 내부로 파고든다. 무엇보다 다양한 정신 존재들, 그리고 그들 사이의 다양한 관계를 인식하게 된다. 물질적-감각적 세계에서도 서로 다른 존재들의 다양성을 상대해야 하지만 영감의 세계에서는 이 다양성이 다른 성격을 띤다. 여기서는 각 존재가 다른 존재들에 대해 분명하게 정해진 관계 속에 있는데, 물질적 세계에서처럼 그 존재에 미치는 외부 영향이 아니라 그 존재 자체의 내적 속성에 의한 관계이다. 영감의 세계에 있는 존재를 지각할 때는 어떤 물질적 존재가 다른 존재에 미치는 작용과 비교할 수 있는 외부 영향이 드러나는 것이 아니고, 두 존재의 내적 속성에 의해 형성되는 어느 한 존재와 다른 존재의 관계가 나타난다. 이 관계는 물질적 세계에서 한 단어에서 개별 소리나 글자들이 서로에 대해 갖는 관계와 비교할 수 있다. "인간Mensch"이라는 단어를 생각한다면, 그 말은 M-e-n-sch라는 개별 소리의 결합으로 이루어진다. 어떤 자극이나 여타 외부 영향으로 가령 M에서 E로 넘어가는 것이 아니고, 두 소리가 하나의 전체 안에서 각각의 내적인 속성에 의해서 함께 작용하는 것이다. 그 때문에 영감의 세계에서 관찰하는 것은 *읽기*와 비교될 수 있고, 이 세계의 존재들은 관찰자에게 글자처럼 작용한다. 그는 그 글자들을 배워야 하고, 그것들의 관계는 그에게 초감각적 글처럼 드러나야 한다. 따라서 정신과학은 영감을 통한 인식을 비유적으로

"감춰진 글 읽기"라고 부를 수 있다.

39   이 "감춰진 글"을 통해 어떻게 읽을 수 있고, 읽은 내용을 어떻게 전달할 수 있는지는 이 책의 선행된 장들 자체에서 분명해졌을 것이다. 처음에는 인간의 본질이 서로 다른 구성 요소들로 이루어졌다는 점을 기술했다. 그 다음에는 인간의 발달이 이루어지는 우주가 서로 다른 상태, 즉 토성과 태양과 달과 지구 상태를 거치는 과정을 제시했다. 한편으로는 인간의 구성 요소들을, 다른 한편으로는 지구의 연속되는 상태와 그 이전의 변화를 인식하게 해 주는 지각이 상상적 인식에서 드러난다. 그러나 계속해서 토성 상태와 인간의 물질체 사이, 태양 상태와 에테르체 사이 등에 존재하는 관계를 인식할 필요가 있다. 그래서 인간 물질체의 맹아가 토성 상태에 있는 동안에 이미 생겨났고, 이후 태양과 달과 지구 상태에 있는 동안 현재의 형태에 이르기까지 발달해 왔다는 점을 제시해야 했다. 예를 들어 태양이 지구에서 분리되었을 때, 그리고 달과 관련해서도 비슷한 일이 일어났을 때 인간 존재에 어떤 변화가 일어났는지에 대해서도 언급해야 했다. 나아가 인간 존재에 그런 변화가 일어날 수 있도록 작용한 것은 무엇이며, 그 변화가 아틀란티스 시대와 그 뒤로 이어진 고대 인도, 원시 페르시아, 이집트 시기 등에서의 변화에 어떻게 표현되었는지 전달해야 했다. 이런 맥락에 대한 서술은 상상적 지각이 아니라 영감에 의한 인식에서, 감춰진 글을 읽는 것에서 나온다. 이런 "읽기"에서 상상적 지각은 글자나 소리와 같다. 그러나 이 읽기는 방금 언

급한 글자나 소리처럼 그 의미를 밝히는 데만 필요한 것이 아니다. 상상적 인식을 통해서만 관찰한다면 전全인간의 삶의 과정도 이해할 수 없을 것이다. 물론 죽음과 함께 영혼적-정신적 구성 요소들이 물질적 세계에 남아 있는 것에서 분리된다는 점은 지각할 수 있을 것이다. 그러나 상상적으로 지각된 것 내에서 올바른 방향을 찾지 못한다면, 죽음 이후 인간에게 일어나는 일이 그 이전과 다음 상태에 대해 어떤 관계에 있는지는 이해하지 못할 것이다. 영감을 통한 인식이 없으면 상상적 세계는 뚫어지게 보기만 할 뿐 읽지는 못하는 글처럼 남을 것이다.

40   정신 수련자가 상상에서 영감으로 나아간다면, 그는 곧 거대한 우주 현상들에 대한 이해를 포기하고 인간의 가장 가까운 관심사를 건드리는 사실들만 이해하려 한다는 것이 얼마나 부당한 일인지 알게 될 것이다. 이 문제를 잘 모르는 사람은 다음과 같이 말할 수 있을 것이다. "내게는 죽음 이후 인간 영혼의 운명을 경험하는 것만 중요하게 여겨진다. 누군가 거기에 대해 알려준다면 내게는 그것으로 충분하다. 그런데 정신과학은 무엇 때문에 토성과 태양의 상태, 태양과 달의 분리 등과 같이 동떨어진 문제까지 보여준단 말인가." 그러나 이 문제에 대해 제대로 배운 사람은 자신이 경험하고자 하는 것에 대한 진정한 앎은 그처럼 불필요하게 보이는 것에 대한 인식 없이는 결코 도달하지 못한다는 사실을 알게 된다. 죽음 이후 인간의 상태에 대한 서술은 그런 동떨어진 것들에서 얻은 개념들과 결합시킬 수

없다면 완전히 이해할 수 없고 무의미한 것으로 남는다. 초감각적으로 인식하는 사람의 가장 단순한 관찰조차도 그런 것들과의 조우가 필요하다. 가령 어떤 식물이 꽃 상태에서 열매 상태로 넘어갈 때, 초감각적으로 관찰하는 사람은 꽃을 피우는 동안 그 식물을 구름처럼 위에서 덮고 에워싸는 아스트랄적 존재에서 일어나는 변화를 본다. 수정이 이루어지지 않았다면, 이 아스트랄적 존재는 수정의 결과로 얻은 것과는 전혀 다른 형태로 넘어갔을 것이다. 태양이 분리될 당시 지구와 지구의 모든 거주자들에게 일어난 과정에서 자신의 본질을 이해하는 법을 배웠다면, 그는 초감각적 관찰을 통해 지각된 전체 과정을 이해할 수 있다. 수정되기 전의 식물은 태양이 분리되기 전의 전체 지구와 같은 상태에 있다. 반면에 수정이 이루어지고 난 이후 식물의 꽃은 태양이 분리된 이후에 아직 달의 힘이 작용하고 있던 지구와 같다. 태양의 분리에서 얻을 수 있는 표상을 자기 것으로 만든 사람은 식물 수정 과정의 해석을 정확하게 지각하게 되어, 식물은 수정되기 전에는 태양 상태에 있고, 그 이후에는 달의 상태에 있다고 말한다. 세상에서 일어나는 아주 작은 과정도 그 안에서 거대한 우주 과정의 모사를 인식할 때만 제대로 이해할 수 있는 것이다. 그렇지 않으면 그 과정은 본질적으로 이해할 수 없는 것으로 남는다. 라파엘로의 그림 〈마돈나〉에서 다른 부분은 모두 가려진 상태로 작은 파란 반짐만 볼 수 있다면 그 그림을 전혀 이해하지 못하는 것처럼 말이다. 인간에게서 일어나는 모든 일은 그의 현존에 연관된 거대한 우주적 과정들의 반영이다. 탄생과 죽음 사이, 그리고 다시 죽음에서 새로운 탄생 사이에 일어나는 현상에 대한 초감각적 의식의 관찰 결과들을 이해하고자 한다면, 거대한 우주적 과정의 관찰에 의해 획득한 표상들을 통해서 상상적 관찰의 내용을 해독하는 능력을 얻어야 한다. 거대한 우주적 과정의 관찰은 인간의 삶을 이해하는 *열쇠*를 제공하기 때문이다. 따라서 정신과학의 의미에서 토성과 태양과 달에 대한 관찰은 동시에 인간에 대한 관찰이다.

41   영감을 통해 우리는 고차적 세계에 있는 존재들 사이의 관계를 인식하는 단계에 도달한다. 또 다음 단계의 인식을 통해서는 이 존재들의 내적 본질 자체를 인식하는 것이 가능해진다. 이 인식 단계를 직관적 인식intuitive Erkenntnis이라고 부를 수 있다. (직관은 일상적 삶에서 어떤 문제에 대한 불분명하고 모호한 통찰을 나타내는 말로, 가끔은 진실과 일치하지만 처음에는 그 정당성을 증명할 수 없는, 일종의 착상을 이르는 말로 남용되었다. 그러나 여기서 의미하는 직관은 그런 종류의 직관과는 전혀 관련이 없다. 여기서 직관은 가장 높고 가장 밝게 빛나는 명료성을 가진 인식을 나타내며, 그것을 가진 사람은 그것의 옳음을 완전히 지각한다.) 어떤 감각적 존재를 인식한다는 것은 그 존재 밖에 서서 외적인 인상에 따라 그 존재를 판단한다는 뜻이다. 반면에 한 정신적 존재를 직관으로 인식한다는 것은 그 존재와 완전히 하나가 되고 그 존재의 내면과 결합하는 것을 의미한다. 정신 수련자는 단계적으로 그런 인식으로 올라간다. 상상은 그로 하여금 지각을 더 이상 존재들의 외적 특성으로 느끼는 것이 아니

라 그 안에 넘쳐흐르는 영혼적-정신적인 것을 인식하도록 해준다. 영감은 그를 존재들의 내면으로 계속 이끌어 간다. 그는 영감을 통해 그 존재들이 서로에 대해 어떤 관계인지 이해한다. 그리고 직관에서는 존재들 자체 안으로 밀고 들어간다. 직관이 어떤 의미인지는 이 책에서 상술하는 것에서 볼 수 있다. 선행한 장들에서는 토성과 태양과 달의 발달 과정이 다루어졌을 뿐만 아니고, 존재들이 갖가지 방식으로 그 과정에 참여한다는 사실도 언급되었다. 이와 관련해서 좌품천사나 의지의 정신, 지혜의 정신, 운동의 정신 등이 거론되었다. 지구의 발달에서는 루시퍼, 즉 아리만의 정신들이 언급되었다. 세계의 형성은 거기에 참여한 존재들에 의한 것이다. 이 존재들에 대해 경험할 수 있는 것은 직관적 인식을 통해 획득된다. 직관적 인식은 인간의 삶을 인식하고자 할 때도 필요하다. 죽음 이후 인간의 물질적 신체에서 분리되는 것은 이어지는 시기에 여러 상태를 거친다. 죽음 이후에 곧바로 이어지는 상태는 상상적 인식으로 어느 정도는 설명될 수 있을 것이다. 그러나 인간이 계속해서 죽음과 새로운 탄생 사이의 시기에 이르렀을 때 일어나는 일은 영감이 더해지지 않으면 상상적 인식만으로는 전혀 이해할 수 없을 것이다. 영감만이 인간이 "정신들의 영역"에서 정화된 이후의 삶에 대해 언급할 수 있는 것을 탐구할 수 있다. 그러다가 영감으로는 더 이상 이해할 수 없는 어떤 것, 말하자면 영감이 이해의 끈을 잃어버리는 지점에 이르게 된다. 죽음과 새로운 탄생 사이의 인간 발달에는 직관에 의해서만 인간의 본질에 다가갈 수 있는 시기가 있기 때문이다. 그러나 인간 본질의 이 부분은 항상 인간 안에 있다. 인간을 그의 진정한 내면성에 따라 이해하고자 한다면, 탄생과 죽음 사이의 시간에도 직관을 통해서 그를 찾아내야 한다. 상상과 영감이라는 수단만으로 인간을 인식하려는 사람은 육화를 거듭하는 인간 내면의 가장 깊은 본질이 겪는 과정들을 파악하지 못한다. 따라서 직관적 인식만이 반복적인 지상의 삶과 카르마에 대한 적절한 연구를 가능하게 한다. 이 과정들에 대해 전해져야 할 모든 진실은 직관적 인식에서 비롯되어야 한다. 또한 인간이 자기 자신의 내적 본질을 인식하고자 한다면, 그것은 직관을 통해서만 가능하다. 직관을 통해서 그는 자신 안에서 반복되는 지상의 삶으로 옮겨가는 것이 무엇인지 알게 된다.

42   인간은 영감과 직관을 통한 인식도 영혼적-정신적 수련을 통해서만 얻을 수 있다. 그 수련은 앞에서 상상에 도달하기 위한 내적 침잠(명상)으로 서술한 것과 비슷하다. 그러나 상상에 도달하기 위한 수련에서는 감각적-물질적 세계의 인상과의 연결이 이루어지는 반면, 영감을 위한 수련에서는 그 연결이 점점 끊어져야 한다. 어떤 일이 일어나야 하는지 분명히 알기 위해서는 앞에서 언급한 장미 십자가의 상징을 다시 한 번 생각해 보면 된다. 그 상징에 몰입하고 있으면 감각세계의 인상들에서 취한 하나의 상이 떠오른다. 십자가의 검정색이나 장미 등이다. 그러나 이 부분들이 장미 십자가로 조합된 것은 감각적-물질적 세계에서 취한 것이 아니다. 이제 정신 수련자가 감각적-현실적 사물에 대한 상인 검은 십자가와 붉은 장미를 자

신의 의식에서 완전히 사라지게 하고 그 부분들을 조합한 정신 활동만 간직하려고 노력한다면, 그는 자신을 서서히 영감으로 인도하는 명상의 수단을 갖게 된다. 마음속에서 가령 다음과 같은 식으로 스스로에게 물어 보라. "나는 십자가와 장미를 하나의 상징으로 구성하기 위해서 내적으로 무엇을 했나? 나는 내가 행한 것(나 자신의 영혼적 과정)을 꼭 붙잡을 것이지만 그 상 자체는 의식에서 사라지게 할 것이다. 그런 다음에는 내 영혼이 그 상을 만들기 위해서 행한 모든 것을 내 안에서 느낄 것이며, 대신에 그 상 자체는 떠올리지 않을 것이다. 그러니까 나는 이제 그 상을 만들어 낸 나 자신의 활동 안에서 완전히 내적으로 살 것이다. 나는 그 어떤 상이 아니라 상을 만들어 내는 나 자신의 영혼 활동 안으로 침잠할 것이다." 다른 많은 상징들과 관련해서도 이런 침잠이 시도되어야 한다. 그러면 그것은 영감을 통한 인식으로 나아간다. 또 다른 예는 생성하고 소멸하는 한 식물을 떠올리는 일에 침잠하는 것이다. 마음속으로 식물이 서서히 자라나는 모습을 떠올린다. 싹이 트고, 잎이 하나씩 자라나고, 꽃이 피고, 열매를 맺는 모습을 상상한다. 그 다음에는 식물이 다시 시들기 시작해서 완전히 사라지는 모습을 그려 본다. 그런 모습 안으로 침잠함으로써 서서히 생성과 소멸의 감정에 이르게 되는데, 이때 식물은 그런 감정을 위한 하나의 상징일 뿐이다. 수련이 꾸준히 지속되었다면 그린 감정으로부터 물질적 생성과 소멸의 바탕에 깔린 변형에 대한 상상이 키워질 수 있다. 그러나 그런 영감에 도달하고자 한다면 또 다른 방식의 수련이 있어야 한다. 이때는 식물의 모습에서 생성과 소멸에 대한 표상을 얻은 자신의 영혼 활동을 생각해 내야 한다. 이제 식물을 완전히 의식에서 사라지게 하고 자기 자신이 내적으로 행한 활동에만 몰입해야 한다. 그런 수련을 통해서만 영감으로 올라가는 것이 가능하다. 정신 수련자는 처음에 그런 수련을 어떤 식으로 준비해야 할지 완전히 파악하기가 쉽지 않을 것이다. 이는 자신의 내면생활을 외부 인상들에 의해 결정하도록 하는 일에 익숙한 사람이 이제 외부 인상들과의 모든 관계를 끊어버린 영혼 활동까지 펼쳐야 할 때 곧바로 불확실과 완전한 동요에 빠지기 때문이다. 따라서 정신 수련자가 영감을 얻기 위한 수련에 임할 때는 상상을 얻을 때보다 고차적으로 다음과 같은 점을 분명히 해야 한다. 즉 판단력, 감정 활동, 성격의 확실성과 강화로 이끌 수 있는 모든 예방 조치를 동시에 취할 수 있을 때만 그런 수련을 시도해야 한다는 것이다. 모든 예방 조치를 취한다면 그는 그 성과로 두 가지를 얻게 된다. 첫째, 그런 수련 덕분에 초감각적 관찰에서 그의 인격이 균형을 잃을 위험이 없어진다. 둘째, 그는 이 수련에서 요구되는 것을 실제로 수행할 수 있는 능력도 동시에 습득하게 된다. 아주 확실한 영혼 상태, 아주 확실한 감정과 느낌을 얻기까지는 이런 수련이 어렵다고 말하게 될 것이다. 그러나 자신의 영혼에서 초감각적 인식이 싹트기에 유리한 내적 특성을 인내와 끈기로 가꾸는 사람은 머지않아 이 수련에 대한 이해와 능력을 얻게 될 것이다. 자기 자신에 대해 깊이 생각하기보다는 자기 안에 고요히 머물며 삶에서 겪었던 일들을 정리하고 소화하는 방식으로 명상하는 일에 익숙한 사람은 많은 것을 얻을 수 있다. 그는 하나의 경험을 다른 경험들과 연관시킬 때 자신의 생각과 감정이 더 풍부해진다는 사실을 알게 될 것이다. 또한 새로운 인상과 체험을 통해서만이 아니라 예전의 것들을 자기 안에서 활동하게 함으로써 얼마나 많은 새로운 것을 경험하는지도 깨달을 것이다. 이때 자신의 체험과 자신이 얻은 의견들을 마치 자신의 호감과 반감, 개인적인 관심과 감정이 전혀 없는 것처럼 서로 대립시키는 방식으로 임하는 사람은 초감각적 인식 능력을 위해 특별히 좋은 토대를 마련할 것이다. 그는 *풍요로운 내면 생활*이라고 부를 수 있는 것을 실제로 키워나갈 것이다. 그러나 무엇보다 중요한 것은 영혼적 특성들의 균형과 안정이다. 인간은 특정한 영혼 활동에 몰입할 때 일면성에 빠지기 쉬운 경향을 보이기 때문이다. 그래서 내적 사색과 자신의 표상 세계에 머무는 일의 장점을 깨달은 사람은 그 대신 외부 세계의 인상들에 대해서는 자신을 점점 더 닫아 버리는 경향을 얻을 수 있다. 그러나 그것은 내면 생활을 메마르고 황폐하게 만든다. 그러므로 자신의 내면으로 물러나는 능력과 더불어 외부 세계의 모든 인상에 대해서도 민감한 감수성을 유지하는 사람이 가장 멀리 나아갈 수 있다. 이때는 이른바 삶에서 중요한 인상들만 떠올릴 필요는 없다. 아무리 보잘것없는 삶을 살더라도 삶에 대한 감각만 예민하게 유지한다면 모든 인간은 모든 상황에서 충분히 많은 것을 체험할 수 있다. 체험하려고 애써 추구할 필요는 없다. 그것은 어디에나 존재하기 때문이다. 그 체험들이 인간의 영혼에서 어떻게 가공되는지도 매우 중요하다. 예를 들어 누군가는 자신이나 다른 사람들에게 존경받는 한 인물이 성격적 결함이라고 해야 할 이런저런 특성을 가지고 있다는 것을 경험할 수 있다. 그는 이런 경험에 의해서 두 방향으로 생각에 빠질 수 있다. 먼저 스스로에게 단순히 이렇게 말할 수 있다. "그 사실을 알았으니 나는 이제 그 사람을 예전과 똑같이 존경할 수는 없다." 또는 다음과 같이 자문할 수도 있다. "존경하는 인물이 그런 결함을 갖고 있다는 것이 어떻게 가능하지? 이 결함이 *단지* 결함이 아니라 그 사람의 삶에 의해서, 어쩌면 그의 뛰어난 특성들에서 야기된 무엇이라는 것을 어떻게 생각해야 할까?" 스스로에게 이런 질문을 던진 사람은 그런 결함을 알았다고 해도 자신의 존경심은 조금도 줄어들지 않는다는 결론에 도달할 수도 있다. 그는 그런 결론을 통해서 매번 뭔가를 배우게 될 것이고, 그의 삶에 대한 이해에도 뭔가를 더 얻었을 것이다. 그러나 그런 호의적인 삶의 관찰로 인해서 자신이 좋아하는 사람이나 사물의 모든 것을 이해하거나 심지어 자신의 내적 발달에 이익을 준다는 이유로 비난받아 마땅한 모든 행동을 무시하는 습관으로 넘어가는 길로 빠진다면, 이는 그 사람에게 분명 나쁜 일이다. 자신의 내적 발달에 이익이 되는 경우는 결함을 단순히 비난하지 않고 이해하려는 충동을 자기 자신에게서 얻을 때가 *아니라*, 판단하는 사람이 뭔가를 얻거나 잃는 것에 상관없이 오직 해당 경우 자체에 의해서 그런 태도가 요구될 때이다. 잘못의 단죄가 *아니라* 잘못의 이해를 *통해서만* 배울 수 있다는 말은 전적으로 옳다. 그러나 이해 때문에 마음에 들지 않는 것을 전적으로 배제하려는 사람도 앞으로 나아가지는 못할 것이다. 여기서도 중요한 것은 어느 한 방향으로 향하는 일면성이 아니라 영혼적 힘들의 조화와 균형이다. 인간의 발달에 몹시 중요한 한 가지 영혼적 특성이 특히 그런데, 바로 존경(공경)의 감정이라고 부르는 것이 그렇다. 이 감정을 자기 안에서 키우거나 운 좋게도 천부적 재능으로 지니고 있는 사람은 초감각적 인식 능력을 위한 훌륭한 토대를 갖고 있는 것이다. 유년기와 청소년기에 높은 이상을 바라보듯 어떤 인물을 열정적으로 경탄하며 우러러볼 수 있었던 사람은 영혼 깊은 곳에 초감각적 인식이 훌륭하게 번성할 수 있는 무엇인가를 갖고 있다. 그리고 이후의 삶에서는 성숙한 판단력으로 별이 총총한 하늘을 바라보고 높은 힘들의 현현을 경탄하며 느끼는 사람은 바로 그런 것을 통해서 초감각적 세계를 인식할 수 있는 상태가 된다. 인간의 삶에 주재하는 힘들을 경탄할 수 있는 사람도 마찬가지다. 또한 성숙한 인간으로서 다른 사람들의 가치를 예감하거나 안다고 생각해서 그들을 지극히 존경할 수 있는 것도 결코 작지 않은 의미가 있다. 그런 존경이 있는 곳에서만 고차적 세계를 인식할 가능성이 열릴 수 있다. 존경할 수 없는 사람은 그의 인식에서 결코 특별히 멀리 나아가지 못한다. 이 세상 아무것도 인정하려 하지 않는 사람에게는 사물의 본질이 열리지 않는다. 그러나 존경과 헌신의 감정에 의해서 자기 안의 건강한 자의식과 자신감을 완전히 억누르는 태도를 취하는 사람은 조화와 균형의 법칙에 반하는 죄를 짓는 것이다. 정신 수련자는 자신을 점점 더 성숙시키기 위해서 끊임없이 자신을 길고 닦게 되지만, 동시에 자신의 인격을 신뢰하고 인격의 힘이 점점 더 커진다고 *믿어도 좋다.* 이 방향으로 올바른 감정에 도달한 사람은 스스로에게 이렇게 말한다. "내 안에는 힘이 감춰져 있고, 나는 나의 내면으로부터 그것을 끄집어낼 수 있다. 따라서 나보다 위에 있기 때문에 존경할 수밖에 없는 뭔가를 볼 때는, 단순히 존경하는 것에 그치지 않고 이런저런 존경받는 대상과 나를 비슷하게 만드는 모든 것을 내 안에서 발달시킬 수 있다고 나를 믿어야 한다."

43   처음부터 개인적으로 쉽게 판단할 수 없는 삶의 과정들에 주목하는 능력이 클수록, 정신세계로 발달해 나가기 위한 토대를 만들 가능성도 더 커진다. 다음의 예가 이를 생생하게 보여줄 것이다. 한 사람이 어떤 행위를 하거나 하지 않을 수 있는 상황에 있다고 생각해보자. 그의 판단은 그에게 그것을 행하라고 말한다. 그런데 그의 감정에는 그 행위를 하지 못하게 하는 설명할 수 없는 무엇이 있다. 이제 이 사람은 이 설명할 수 없는 뭔가에 주의를 돌리지 않고, 자신의 판단력에 맞게 단순히 그 행위를 할 수 있다. 그러나 그는 설명할 수 없는 뭔가의 압박에 굴복해서 그 행위를 그만둘 수도 있다. 그런 다음 그 문제를 계속 추적해보면, 그가 자신의 판단에 따랐다면 불행한 일이 생겼을 텐데 그렇게 하지 않음으로써 행복한 일이 생긴 것으로 드러날 수 있다. 이런 경험은 인간의 사고를 매우 특정한 방향으로 이끌 수 있다. 그는 스스로에게 이렇게 말할 수 있다. "내 안에는 내가 현재 가지고 있는 판단력의 정도보다 올바르게 나를 이끄는 무엇인가가 살아 있다. 나는 내 판단력으로는 아직 이르지 못한 내 안의 무엇에 대한 감각을 민감하게 유지해야 한다." 영혼이 삶에서 그

런 경우들에 주의를 기울이는 것은 영혼에 상당히 유익한 영향을 미친다. 그러면 *건강한* 예감에서처럼 인간 안에는 자신의 판단력으로 그때그때 내다볼 수 있는 것보다 *더 많은 것*이 있다는 사실이 드러난다. 그런 주의력은 영혼 활동의 *확장*을 목표로 노력한다. 그러나 여기서도 염려스러운 일면성이 나타날 수 있다. 이런저런 "예감"이 다 그치기 때문에 자신의 판단을 항상 배제하는 데 *익숙해진* 사람은 있을 수 있는 모든 불확실한 충동의 놀잇감이 될 수 있다. 그리고 그런 습관이 분별없음과 미신으로 나아가는 길은 그리 멀지 않다. 정신 수련자에게 미신은 어떤 종류든 치명적이다. 우리는 미신과 환상, 망상으로부터 자신을 세심하게 지킴으로써만 올바른 방식에서 정신 생활의 영역 안으로 밀고 들어갈 가능성을 얻을 수 있다. 어디선가 "인간의 생각으로는 파악할 수 없는" 어떤 과정을 체험할 수 있을 때 즐거워하는 사람이 올바른 방식에서 정신세계로 들어가는 것은 아니다. "설명할 수 없는 것"에 대한 애호는 그 누구도 정신 수련자로 만들지 못한다. 정신 수련자는 "신비주의자란 세상에서 설명할 수 없는 것, 탐구하기 어려운 것을 자신이 적합하다고 생각하는 어디서나 전제하는 사람"이라는 선입견을 완전히 버려야 한다. 정신 수련자의 올바른 감정은 어디서나 감춰진 힘과 존재들을 인정하는 것이며, 동시에 탐구하기 어려운 것도 거기에 필요한 능력만 있으면 탐구할 수 있다고 전제하는 것이다.

44   모든 발달 단계에는 정신 수련자에게 중요한 특정한 영혼

적 상태가 존재한다. 그가 자신의 지식에 대한 욕구를 항상 "이런저런 물음에 어떻게 대답할 수 있을까?"라는 목표가 아니고 "내 안에 있는 이런저런 능력을 어떻게 발달시킬까?"라는 목표에 맞춰야 한다는 것이다. 자신에 대한 끈기 있는 내적 작업으로 이런저런 능력이 발달했다면, 특정한 질문들에 대한 답은 주어진다. 정신 수련자들은 항상 이런 영혼 상태를 자기 안에서 키우게 된다. 그렇게 함으로써 그들은 자기 자신을 단련하여 자신을 점점 더 성숙하게 만들며, 특정 질문들에 대한 답을 억지로 얻으려는 것을 단념한다. 그들은 그런 대답이 주어질 때까지 *기다린다*. 그러나 여기서도 다시 일면성에 익숙해진 사람은 올바르게 나아가지 못한다. 정신 수련자는 어떤 시점에는 자신의 능력으로 최고 수준의 물음에 대답할 수 있다는 감정도 가질 수 있다. 그러니까 여기서도 영혼 상태의 조화와 균형이 중요한 역할을 한다.

45   정신 수련자가 연습을 통해 영감을 얻으려 할 때 육성하고 발달시키면 도움이 되는 영혼적 특성들에 대해 더 많이 언급할 수 있을 것이다. 어느 경우에나 무엇보다 중요한 영혼의 특성은 조화와 균형이라는 점이 강조되어야 한다. 영감을 얻기 위해서 행하는 수련에 대한 이해와 능력을 갖추도록 준비시켜 주는 것이 조화와 균형이기 때문이다.

46   직관을 위한 수련은 정신 수련자에게 상상을 얻기 위해서 몰

입했던 상들만이 아니라 영감을 얻기 위해서 침잠했던 영혼 활동의 삶까지도 그의 의식에서 사라지게 할 것을 요구한다. 다시 말해서 그가 이전에 알았던 외적이거나 내적인 체험들 중에서 그의 영혼이 가지고 있는 것이 글자그대로 *아무것도* 없어야 한다는 것이다. 그러나 이렇게 외적이고 내적인 체험을 던져 버리고 나서 그의 의식에 아무 것도 남아 있지 않다면, 이는 모든 의식이 사라지고 그가 무의식으로 가라앉는 것을 뜻한다. 그는 그 사실에서 자신이 아직 직관을 위한 연습을 수행할 만큼 성숙하지 않았고, 따라서 상상과 영감을 위한 수련을 계속해야 한다는 점을 인식할 수 있다. 영혼이 내적-외적 체험을 던져 버렸을 때 의식이 텅 비는 것이 아니라 체험들을 버리고 나서 그 효과로서 "무엇"인가가 의식에 남는 순간이 온다. 그러면 이전에 그의 삶이 외적이거나 내적인 인상들에서 기인한 것에 몰입한 것처럼 거기에도 몰입할 수 있다. 그러나 이 "무엇"은 매우 특별한 종류에 속한다. 그것은 선행하는 모든 경험과 비교할 때 뭔가 정말로 새로운 것이다. 그것을 체험하면 다음과 같은 사실을 깨닫는다. "이것은 내가 전에는 몰랐던 것이다. 이것은 하나의 지각이다. 귀가 듣는 실제 소리가 하나의 지각인 것처럼 말이다. 그러나 소리가 귀를 통해서만 의식 안으로 들어올 수 있듯이, 이 무엇은 직관을 통해서만 내 의식 안으로 들어올 수 있다." 직관을 통해서 인간의 인상들에서 마지막 남은 감각적-물질적인 깃이 벗겨졌다. 이제 징신세계는 물질적-감각적 세계의 특성들과 더 이상 그 어떤 공통점도 없는 형태로 인식되기 시작한다.

***

47   상상적 인식은 아스트랄체로부터 연꽃을 형성함으로써 도달된다. 영감과 직관을 얻기 위해서 시도하는 수련들을 통해서 인간의 에테르체나 생명체에는 이전에는 없던 특별한 움직임, 형성, 흐름이 나타난다. 이런 것들이 바로 인간에게 "감춰진 글 읽기"와 그 너머에 있는 것을 자신의 능력 안으로 수용하도록 하는 기관들이다. 영감과 직관에 도달한 사람의 에테르체에서 일어난 변화들은 초감각적 인식에 다음과 같은 방식으로 나타난다. 즉 물질적 심장 근처와 거의 같은 곳에 에테르적 기관으로 발전하는 새로운 중심이 에테르체에서 지각된다. 이 기관으로부터 갖가지 방식의 움직임과 흐름이 인체의 여러 구성 요소들로 이어진다. 이 중 가장 중요한 흐름은 연꽃들로 나아가며, 연꽃과 각 꽃잎을 통과한 다음 밖으로 향해 광선처럼 외부 공간으로 쏟아진다. 인간이 발달할수록 그의 주변에는 이 흐름이 지각되는 공간이 더 커진다. 그러나 심장 근처에 있는 그 중심은 본격적인 수련을 시작한 초기부터 바로 형성되지는 않는다. 먼저 그 중심의 형성이 준비된다. 일단은 머리 쪽에 일시적 중심이 생겨난다. 이어서 이 중심은 후두 영역으로 내려가고 마지막에는 심장 근처로 이동한다. 그런데 발달이 불규칙하게 이루어진다면 지금 거론하는 기관은 곧바로 심장 근처에 형성될 수도 있다. 그러면 인간은 고요하고 적절한 초감각적 직관에 이르지 못하고 몽상가와 망상가가 될 위험이 생긴다. 계속 발달하는 가운데 정신 수련자는 에테르체에 형성

된 흐름과 구조를 물질체로부터 독립시켜 독자적으로 사용하는 단계에 도달한다. 이때 그에게 에테르체를 움직이게 한 연꽃들이 도구로 사용된다. 그러나 이 일이 일어나기 전에 전체 에테르체 주위에는 먼저 미세한 그물망처럼 에테르체를 에워싸 그 자체를 독립적인 존재로 만드는 특별한 흐름과 광선이 형성되어야 한다. 그렇게 되면 에테르체에서 일어나는 움직임과 흐름이 방해받지 않고 외부의 영혼적-정신적 세계와 접촉하고 결합할 수 있으며, 이로써 외부의 정신적-영혼적 사건과 (인간의 에테르체에서 일어나는) 내부의 사건이 합류하게 된다. 그런 일이 일어나면 인간이 영감의 세계를 의식적으로 지각하는 순간이 도래한 것이다. 이 인식은 감각적-물질적 세계와 관련된 인식과는 다른 방식으로 나타난다. 감각적-물질적 세계에서는 감각에 의해서 지각에 이른 다음 지각을 통해서 표상과 개념을 얻는다. 그러나 영감을 통한 앎에서는 그렇지 않다. 인간의 인식은 직접적이고 단번에 이루어지며, 지각에 따른 심사숙고가 없다. 감각적-물질적 인식에서는 나중에야 비로소 파악되는 것이 영감을 통한 인식에서는 지각과 동시에 주어진다. 그 때문에 앞에서 언급한 미세한 그물망이 에테르체에 형성되지 않는다면, 영혼적-정신적 주변 세계와 하나로 합쳐져 그 세계로부터 자신을 구분할 수 없을 것이다.

48   직관을 위한 수련을 하면, 그 수련은 에테르체만이 아니라 물질체의 초감각적 힘들에까지 영향을 미친다. 다만 보통의 감각적 관찰로 알 수 있는 작용들이 물질체에서 이런 방식으로 일어난다고

생각해서는 안 된다. 그것은 초감각적 인식만 판단할 수 있는 작용이고, 모든 *외적인* 인식과는 아무 상관이 없다. 그 작용들은 이전에 알았던 모든 외적-내적 체험들에서 벗어났음에도 불구하고 직관 속에서 무엇인가를 체험할 수 있을 만큼 의식이 성숙한 결과 나타나는 것이다. 그러나 직관의 경험들은 여리고, 내밀하고, 섬세하다. 그런데 현재의 발달 단계에서 인간의 물질체는 그런 경험들에 비해 거칠다. 그 때문에 직관 수련의 성공을 방해하는 매우 강한 장애물로 작용한다. 그럼에도 불구하고 에너지와 끈기를 갖고 필요한 내적 고요 속에서 계속 수련을 이어간다면 결국에는 물질체의 강력한 장애물이 극복될 것이다. 이전에는 자신이 전혀 모르는 사이에 일어난 물질체의 어떤 표현들을 서서히 통제하게 되는 것에서 정신 수련자는 그 사실을 알게 된다. 또한 짧은 시간 동안 호흡(또는 그와 비슷한 행위)을 조절해서 수련이나 그밖에 다른 형태의 내적 침잠에서 영혼이 행한 것과 일치나 조화를 이루어야 한다는 욕구를 느끼는 것에서도 그 사실을 깨닫는다. 그런 호흡 수련을 포함한 모든 수련이 물질체 자체에 의해서 행해지는 것이 아니라, 물질체에 일어나야 할 모든 일이 오직 순수한 직관 수련의 결과로 나타나는 것이 이상적인 발달이다.

***

49   정신 수련자가 고차적 인식 세계로 나아가는 길에 올라서면, 그는 일정 단계에 이르렀을 때 자기 인격의 힘들이 물질적-감각적 세

계에서와는 다른 형태로 결합된다는 사실을 알게 된다. 물질적-감각적 세계에서는 우선 자아가 사고, 감정, 의지라는 영혼적 힘들의 통일적 작용을 야기한다. 이 세 가지 영혼의 힘은 그때그때 일반적인 삶의 상황에서 항상 어떤 식으로 연관되어 있다. 가령 외부 세계에 있는 어떤 사물을 본다고 치자. 영혼은 그것이 마음에 들거나 들지 않는다. 다시 말해서 사물에 대한 표상에는 어느 정도는 필연적으로 쾌감이나 불쾌감이 뒤따른다. 어쩌면 그 사물을 갈망하거나 이런저런 방향으로 바꾸려는 충동이 생길 수도 있다. 즉 갈망하는 힘과 의지가 표상과 감정에 더해지는 것이다. 이 결합은 자아가 표상(사고), 감정, 의지를 하나로 통합함으로써 인격의 힘들에 질서를 부여하는 것에 의해서 일어난다. 이 건강한 질서는 자아가 이 방면에서 무력한 것으로 드러날 때, 예를 들어 욕망이 감정이나 생각과는 다른 길을 가려고 할 때 중단될 것이다. 이런저런 것이 옳다고 생각하면서도 옳지 않다고 여기는 다른 것을 하려는 사람은 건강한 영혼 상태에 있을 수 없다. 누군가 자기 마음에 드는 것이 아니라 마음에 들지 않는 것을 하려 할 때도 마찬가지다. 이제 인간은 고차적 인식으로 나아가는 길에서 사고, 감정, 의지가 실제로 서로 분리되고 각각 어떤 독립성을 가진다는 사실을 알게 된다. 가령 특정한 사고가 더 이상은 저절로 특정한 느낌과 욕망을 불러일으키지는 않는다는 사실을 깨닫는다. 사고로는 뭔가를 올바르게 인지할 수 있지만, 어떤 감정이나 의지의 결정에 이르기 위해서는 자기 자신으로부터 비롯되는 독립적인 충동이 필요하다는 것이다. 초감각적으로 관찰하는 동안 사고, 감정,

의지는 인격의 공통된 자아-중심에서 발산하는 세 가지 *힘에* 머무는 것이 아니라 독립적인 존재들처럼 이를테면 세 개의 인격이 된다. 따라서 이제는 자신의 자아를 더 강하게 만들어야만 하는데, 세 가지 힘에 질서를 부여할 뿐만 아니라 세 존재를 조종하고 이끌어야 하기 때문이다. 그러나 이 분리는 초감각적으로 관찰하는 동안에만 이루어져야 한다. 여기서도 고차적 수련 행위 이외에도 판단력, 감정 활동, 의지 활동에 확신과 확고함을 주는 수련을 동반하는 것이 얼마나 중요한지가 다시 한 번 분명하게 드러난다. 이들을 고차적 세계로 함께 데려가지 않으면, 자아가 약한 것으로 드러나고 사고와 감정과 의지 제대로 된 조종자가 될 수 없다는 사실을 곧바로 알게 될 것이기 때문이다. 이런 약점이 있다면 영혼은 마치 세 인격에 이끌리듯 서로 다른 방향으로 잡아끌리고, 영혼의 내적 통일성은 중단될 수밖에 없을 것이다. 그러나 정신 수련자의 발달이 올바른 방향에서 진행된다면, 앞에서 언급한 힘의 변화는 진정한 진보를 의미한다. 다시 말해서 자아는 그의 영혼을 형성하는 독립적인 존재들 위에 군림하는 통치자가 된다. 그러면 앞에서 제시한 발달이 이어지는 과정에서 계속 진척된다. 이제 독립적으로 된 사고는 특별한 네 번째 영혼적-정신적 존재의 출현을 자극하는데, 이는 사고와 비슷한 흐름이 인간에게 직접적으로 유입되는 것과 유사하다고 말할 수 있다. 그러면 물질적-감각적 영역에서 한 사람 앞에 놓인 식물계와 동물계처럼 전체 세계가 하나의 사고 체계로 나타난다. 마찬가지로 독립적으로 된 감정과 욕망은 영혼 안에서 독립적인 존재처럼 작용하는 두 가지 힘을 자극한다. 또한 자신의 자아 자체와 비슷한 일곱 번째 힘과 존재가 거기에 더해진다.

50   이 모든 체험은 또 다른 하나의 체험과 결합된다. 인간은 초 감각적 세계로 들어가기 전에 사고, 감각, 의지를 영혼의 내적 체험 으로만 알고 있었다. 그러나 초감각적 세계로 들어서자마자 그는 감 각적-물질적인 것이 아닌 영혼적-정신적인 것을 표현하는 사물을 지 각하게 된다. 그가 지각한 새로운 세계의 특성들 뒤에는 영혼적-정 신적 존재들이 있다. 그리고 이 존재들은 이제 그에게 외부 세계로서 모습을 드러낸다. 물질적-감각적 영역에서 돌과 식물과 동물이 그의 감각 앞으로 다가왔던 것처럼 말이다. 정신 수련자는 자기 앞에 드러 나는 영혼적-정신적 세계와 지금까지 *자신*의 신체적 감각을 통해서 지각하는 것에 익숙했던 세계 사이에서 중요한 차이를 알 수 있다. 감각세계의 한 식물은 인간의 영혼이 그것에 대해 무엇을 느끼거나 생각하든 상관없이 그 모습 그대로 존재한다. 그러나 영혼적-정신적 세계에서 보이는 상들의 경우 처음에는 그렇지 않다. 그 상들은 인 간이 이런저런 것을 느끼거나 생각하는 바에 따라서 달라진다. 그렇 게 함으로써 인간은 그 상들에 자신의 본질에 좌우되는 특징을 부여 한다. 상상의 세계에서 인간 앞에 어떤 상 하나가 나타났다고 생각해 보자. 처음에 거기에 대해 무심한 태도를 보이면 그 상은 모종의 형 체로 나타난다. 그러나 그가 거기에 대해 쾌감이나 불쾌감을 느끼는 순간, 그 상은 곧 자기 형체를 바꾼다. 따라서 상들은 먼저 인간 외부

에 독립적으로 존재하는 무엇인가를 표현할 뿐만 아니라 인간 자체가 무엇인지도 반영한다. 상들에는 인간 자신의 본질이 완전히 스며들어 있다. 인간의 본질은 다른 존재들 위에 베일처럼 놓인다. 그러면 인간은 실제 존재와 마주서 있어도 그 존재가 아니라 자신이 만들어낸 것을 본다. 그래서 자기 앞에 진정한 것을 가지고 있으면서도 그릇된 것을 볼 수 있다. 이는 인간이 자기 자신에서 자신의 본질 자체로 인지하는 것과 관련된 경우만 그런 것이 아니고, 그에게 있는 모든 것이 영혼적-정신적 세계에 영향을 미친다. 예를 들어 인간은 교육과 성격에 의해서 삶에서는 드러나지 않는 감춰진 성향들을 가지고 있을 수 있다. 이 성향들은 정신적-영혼적 세계에 영향을 준다. 그리고 이 세계는 인간이 자신의 본성에 대해 얼마나 많이 알든 모르든 상관없이 그의 전체 본성을 통해서 고유한 색채를 얻는다. 인간이 이 발달 단계로부터 계속해서 더 나아갈 수 있으려면, 자기 자신과 정신적 외부 세계 사이를 구별하는 법을 배워야 한다. 또한 자신의 자아가 주변에 있는 영혼적-정신적 세계에 미치는 모든 영향을 차단하는 법을 배우는 것도 필요하다. 이는 인간 스스로 새로운 세계 안으로 가져가는 것에 대한 인식을 얻는 것 말고는 다른 방법이 없다. 따라서 주변의 정신적-영혼적 세계를 완전히 인지할 수 있기 위해서는 먼저 참되고 철저한 자기 인식을 갖는 것이 중요하다. 인간 발달의 어떤 사실들은 고차적 세계로 들어갈 때 그런 자기 인식이 필연적으로 일어날 *수밖에 없도록* 한다. 인간은 일상적인 물질적-감각적 세계에서 그의 자아를, 그의 자기 의식을 발달시킨다. 이 자아는 인간에 속하는 모든 것에 대해 중심처럼 작용한다. 그의 모든 성향, 호감, 반감, 열정, 견해 등은 흡사 이 자아를 중심으로 모이는 듯하다. 또한 이 자아는 인간의 카르마라고 부르는 것의 중심이기도 하다. 이 자아를 감춰져 있지 않은 상태로 보게 된다면, 거기서 인간이 이전의 육화에서는 어떤 삶을 살고 어떤 것을 습득했는지에 따라서 이번과 그 이후의 육화에서 어떤 운명을 만나게 될지도 알 수 있을 것이다. 인간의 영혼이 영혼적-정신적 세계로 올라가면, 그 자아는 그렇게 자아에 붙어 있는 모든 것과 함께 첫 번째 상으로서 인간의 영혼 앞에 *나타날 것이다*. 인간의 이 도펠갱어는 정신세계의 법칙에 따라 그 세계에 대한 첫 번째 인상으로서 다른 무엇보다 먼저 나타날 것이다. 그 세계의 근간이 되는 법칙은 다음에 이어지는 내용을 고려할 때 쉽게 이해할 수 있다. 인간은 물질적-감각적 삶에서 자신의 사고, 감정, 의지 안에서 자신을 내적으로 체험하는 한에서만 스스로를 지각한다. 그러나 이 지각은 내적인 지각이다. 인간에게 그것은 돌과 식물과 동물이 인간 앞에 놓여 있는 것처럼 나타나지 않는다. 인간은 내적 지각을 통해서도 부분적으로만 자기 자신을 알게 된다. 그의 내면에 깊은 자기 인식을 방해하는 무엇인가가 있기 때문이다. 그것은 인간이 자기 인식을 통해서 하나의 특성을 인정해야만 할 때, 그리고 *이 특성을 고치려는 자기기만에 빠지지 않으려 할 때* 곧바로 나타나는 충동이다.

51   이 충동에 따르지 않으면 인간은 쉽게 자기 자신으로부터 관

심을 돌려 있는 그대로의 모습에 머물고, 그로써 당연히 해당 부분에서 자기를 인식할 가능성도 스스로 박탈한다. 그러나 자기 자신 안으로 밀고 들어가 기만 없이 자신의 이런저런 특성들과 직면한다면, 자신의 특성들을 개선할 수 있는 상황이 되거나 그의 현재 삶에서는 개선하지 못하는 상황이 될 것이다. 개선하지 못하는 경우에는 수치심이라고 불러야 할 감정이 그의 영혼을 슬며시 뒤덮을 것이다. 실제로 인간의 건강한 본성은 그렇게 작용한다. 인간의 본성은 자기 인식을 통해서 갖가지 종류의 수치심을 느낀다. 이 감정은 일반적인 삶에서도 매우 분명한 영향을 미친다. 건강하게 사고하는 사람은 자기 자신을 이 감정으로 채우는 것이 외부로 드러나지 않고 외적 행동으로 발현되지 않도록 신경을 쓴다. 수치심은 결국 인간으로 하여금 자신의 내면에 있는 뭔가를 감추고 그것이 외부로 드러나지 않게 만드는 힘이다. 이 점을 충분히 고려한다면, 정신 연구가 수치심과 매우 비슷한 영혼의 내적 체험에 훨씬 더 광범한 영향을 인정하는 이유를 이해하게 될 것이다. 정신 연구는 영혼의 감춰진 깊은 곳에 인간이 물질적-감각적 삶에서는 의식하지 못하는 일종의 *감춰진* 수치심이 있다는 사실을 발견한다. 그런데 이 감춰진 감정은 일상적인 삶에서 그 특징이 드러나는 감정과 비슷한 방식으로 작용한다. 즉 그런 감정은 인간의 가장 내적인 본성이 하나의 지각 가능한 상으로 인간 앞에 나타나지 못하게 방해하는 것이다. 그 감정이 없다면 인간은 자기 자신 앞에서 있는 그대로의 자신을 인식할 것이다. 그는 자신의 사고, 감정, 의지를 내적으로 체험할 뿐만 아니라 돌과 동물과 식물을 지각하듯이 그것들을 지각할 것이다. 따라서 이 감정은 인간을 자기 자신에게서 가리는 은폐자이다. 동시에 모든 정신적-영혼적 세계의 은폐자이기도 하다. 인간의 고유한 내적 본성이 그 자신 앞에서 감춰짐으로써 영혼적-정신적 세계를 인식하기 위한 도구로 발달시켜야 하는 것까지도 인식하지 못하기 때문이다. 따라서 정신적 지각 기관들을 얻을 수 있도록 자기 본질을 변형시키지 못한다. 그러나 본격적인 수련을 통해서 그 지각 기관들을 얻게 된다면, 자기 자신이 무엇인지가 첫 번째 인상으로서 자기 앞에 나타난다. 그는 자신의 도펠갱어를 지각한다. 이 자기 지각은 정신적-영혼적 세계의 지각과 전혀 분리되지 않는다. 물질적-감각적 세계의 일상적인 삶에서는 앞에서 언급한 그 감정(수치심)이 인간이 정신적-영혼적 세계로 나아가는 문을 끊임없이 닫아버리도록 작용한다. 인간이 그 세계 안으로 밀고 들어가기 위해서 한 걸음 내딛기만 해도, 의식하지는 못하지만 곧바로 나타나는 수치심이 막 모습을 드러내려 하는 정신적-영혼적 세계를 가려 버린다. 그러나 여기서 언급한 수련들은 그 세계를 열어 보인다. 이제 그 감춰진 감정은 인간의 훌륭한 은인처럼 작용한다. 인간이 정신과학적 수련 없이 얻는 모든 판단력, 감정 활동, 성격을 통해서는 자기 본질의 진정한 모습을 지각하는 것을 바로 감당할 수 없기 때문이다. 인간은 자신의 참모습을 지각함으로써 모든 자기 감정, 자신감, 자기 의식을 잃을 것이다. 그런 일이 일어나지 않게 하려면 고차적 인식을 위한 수련과 병행해서 자신의 건전한 판단력, 감정, 성격을 돌보기 위한 대책들도 마련해야 한다. 인간은 본격적인 수련을 통해서 정신과학으로부터 많은 것을 저절로 배운다. 그 밖에도 인간이 자신의 도펠갱어를 힘차게 만나는 데 필요한 수많은 자기 인식과 자기 관찰 수단도 분명히 알게 된다. 그러면 정신 수련자는 자신이 물질적 세계에서 이미 알고 있었던 것을 상상적 세계의 상으로서 다른 형태에서 볼 뿐이다. 물질적 세계에서 자신의 지성의 힘으로 카르마 법칙을 올바른 방식에서 먼저 이해했다면, 그런 사람은 자기 도펠갱어의 상에서 운명의 맹아들이 새겨져 있는 모습을 본다고 해도 특별히 떨지는 않을 것이다. 자신의 판단력으로 우주와 인류의 발달을 알았고, 그 발달의 특정 시점에 루시퍼의 힘이 인간의 영혼 안으로 밀고 들어왔다는 사실을 아는 사람은 자기 본질의 상에 루시퍼적 존재들과 그들의 모든 작용이 포함되어 있다는 것을 알게 되었을 때 그 사실을 어렵지 않게 감당할 것이다. 그러나 이런 점으로 볼 때 인간이 물질적-감각적 세계에서 발달시킨 일반적인 판단력으로 정신세계에 대해 어느 정도의 진실을 이해하기 전에는 그 세계로 직접 들어가려 하지 않는 것이 얼마나 필요한지 알 수 있다. 그러므로 정신 수련자는 초감각적 세계로 들어가려는 욕망을 갖기 전, 이 책에서 고차적 세계의 인식에 대한 논의에 앞서 언급된 것들을 본격적인 발달 과정에서 자신의 일상적인 판단력으로 먼저 습득해야 한다.

52   판단력과 감정 활동, 성격 활동의 확실함과 견고함을 목표로 하지 않은 수련에서는 정신 수련자가 필요한 내적 능력을 갖기 전에 고차적 세계와 만나는 일이 일어날 수 있다. 그러면 그의 도펠갱어와

의 만남은 그를 압박하고 오류로 이끌 것이다. 그러나 — 이 또한 일어날 수 있는데 — 만남이 전혀 이루어지지 않았는데 초감각적 세계로 인도된다면, 이런 경우에도 인간은 초감각적 세계의 참모습을 인식하지 못한다. 그가 사물에서 보는 것과 그 사물의 실제 모습 사이를 구별하는 것이 전혀 불가능하기 때문이다. 이 구별은 자신의 실체를 하나의 상 자체로 지각하고, 이를 통해서 자기 내면으로부터 흘러나오는 모든 것을 주변으로부터 분리할 때만 가능하다. 도펠갱어는 물질적-감각적 세계의 인간 삶에 작용하는 방식은 즉 인간이 영혼적-정신적 세계로 다가갔을 때 앞서 언급한 수치심에 의해서 곧바로 자기 자신을 보이지 않게 만드는 것이다. 그러나 그는 그렇게 함으로써 그 세계 자체도 전부 가려버린다. 도펠갱어는 아직 그 세계로 들어오기에 적합하지 않은 사람의 출입을 막는 "수호자"처럼 그 앞에 서 있다. 그래서 "정신적-영혼적 세계 앞에 있는 문턱의 수호자"로 불릴 수 있다. 인간은 여기 기술한 초감각적 세계로 들어갈 때만이 아니라 육체적 죽음을 지날 때도 이 "문턱의 수호자"를 만난다. 그리고 이 수호자는 죽음과 새로운 탄생 사이에 일어나는 정신적-영혼적 발달이 진행되는 동안 서서히 자신의 모습을 드러낸다. 그러나 이때의 만남은 인간을 압박하지 않는데, 여기서는 그가 탄생과 죽음 사이의 삶에서와는 다른 세계들을 알기 때문이다.

53   "문턱의 수호자"를 만나지 않고 정신적-영혼적 세계로 들어간다면, 인간은 계속해서 착각에 빠질 수 있다. 자기 스스로 그 세계

로 들여가는 것과 실제로 그 세계에 속하는 것을 결코 구별할 수 없을 것이기 때문이다. 그러나 본격적인 수련은 정신 수련자를 환상의 영역이 아니라 진실의 영역으로만 이끌어야 한다. 그런 수련은 그 자체에 의해서 언젠가 필연적으로 그 만남이 이루어지도록 할 것이다. 그것이 초감각적 세계의 관찰을 위해 꼭 필요한 착각과 환상의 가능성을 막는 예방책이기 때문이다. 모든 정신 수련자가 반드시 취해야 할 예방책은 공상가가 되지 않기 위해서, 있을 수 있는 착각과 자기 기만(암시와 자기 암시)에 빠지는 사람이 되지 않기 위해서 자기 자신을 면밀하게 단련하는 것이다. 정신 수련을 위한 지침이 제대로 실행되는 곳에서는 동시에 착각을 일으킬 수 있는 근원도 파괴된다. 물론 그런 예방책에서 고려될 수 있는 수많은 세부 내용을 이 자리에서 상세하게 언급할 수는 없다. 다만 여기서 거론하는 착각은 다음 두 가지 근원에서 비롯된다는 점을 암시할 수는 있다. 먼저 그 착각은 부분적으로는 인간이 자신의 영혼적 본질로 현실을 물들이는 것에서 비롯된다. 물질적-감각적 세계의 일상적인 삶에서 착각의 이런 근원은 비교적 덜 위험하다. 거기서는 관찰자가 아무리 자신의 바람과 관심사에 따라서 현실을 물들이려고 해도 외부 세계가 항상 선명하게 관찰되기 때문이다. 그러나 상상적 세계로 들어서는 순간 그 세계의 상들은 그런 바람과 관심사에 의해서 바뀌고, 자기 자신이 형성했거나 적어도 함께 형성한 것을 마치 *현실*처럼 마주하게 된다. 이제 정신 수련자가 "문턱의 수호자"와의 만남으로 자기 안에 있는 것, 그러니까 그가 영혼적-정신적 세계로 들여갈 수 있는 모든 것을 알게 되면서 착각의 이 근원은 제거된다. 정신 수련자가 영혼적-정신적 세계로 들어가기 전에 갖추는 준비는 그로 하여금 감각적-물질적 세계를 관찰할 때부터 자기 자신을 배제하게 하고, 사물과 과정들로 하여금 순전히 그 자체의 본질을 토대로 말하게 하는 데 익숙해지게 한다. 이 준비를 충분히 갖춘 사람은 차분하게 "문턱의 수호자"와의 만남을 기다릴 수 있다. 그는 이 만남을 통해서 그가 이제 영혼적-정신적 세계를 마주할 때도 정말로 자기 자신을 배제할 수 있다고 느끼는지 최종적으로 시험하게 된다.

54   이 밖에 착각을 일으키게 하는 또 다른 근원이 존재한다. 이 근원은 우리가 받아들이는 어떤 인상을 올바르게 해석하지 못할 때 드러난다. 물질적-감각적 삶에서 생기는 그런 착각의 간단한 예를 들어 보자면, 기차를 탔을 때 실은 우리 자신이 기차와 함께 움직이는데도 차창 밖 나무들이 기차 반대 방향에서 움직인다고 믿는 *착각*이 있다. 감각적-물질적 세계에는 이 간단한 예와는 다르게 착각을 바로 잡기 어려운 경우들이 수없이 많지만, 인간은 이 세계 내에서도 그런 착각을 제거할 수단을 찾아낸다는 사실을 쉽게 알 수 있다. 그가 건강한 판단력으로 적절한 설명에 도움이 될 수 있는 모든 것을 고려한다면 말이다. 그러나 초감각적 영역 안으로 밀고 들어가자마자 상황은 달라진다. 감각세계에서는 인간의 착각으로 사실들이 틀려지지는 않는다. 그 때문에 선입견 없는 관찰을 통해서 사실들에 대한 착각을 바로잡는 일이 가능하다. 그러나 초감각적 세계에서는 그것이

곧바로 가능하지는 않다. 어떤 초감각적 과정을 관찰할 때 잘못된 판단으로 거기에 접근한다면, 이 잘못된 판단을 그런 과정 안에 들여놓는 셈이 된다. 그로 인해 잘못된 판단이 사실과 뒤얽히면서 그 둘을 곧바로 구별할 수 없게 된다. 오류는 인간에게 있고 정확한 사실은 인간 밖에 있는 것이 아니고, 오류 자체가 외적 사실의 구성 요소가 된 것이다. 따라서 선입견 없는 관찰로도 오류를 쉽게 바로잡을 수 없게 된다. 이것이 올바른 준비 없이 초감각적 세계로 다가가는 사람에게 얼마든지 착각과 공상을 불러일으킬 수 있는 근원이다. 정신 수련자가 초감각적 세계의 현상들을 자신의 본질로 물들이는 것에서 비롯된 착각을 차단하는 능력을 획득했다면, 이제는 앞에서 언급한 두 번째 근원을 무효화시키는 능력도 얻어야 한다. 그는 자신의 도펠갱어를 인식해야만 비로소 자기 자신에게서 나오는 것을 차단할 수 있다. 또한 초감각적 세계에 있는 어떤 사실의 속성에서 그것이 실제인지 착각인지 인식하는 능력을 얻어야 앞에서 언급한 착각의 두 번째 근원인 것을 차단할 수 있을 것이다. 착각이 실제와 정말로 똑같이 보인다면 구별은 불가능할 것이다. 그러나 그렇지 않다. 초감각적 세계의 착각은 그 *자체*로 실제와 구별되는 특징들이 있다. 중요한 것은 정신 수련자가 어떤 특징에서 실제를 인식할 수 있는지 아는 것이다. 정신 수련을 모르는 사람이 다음과 같이 말하는 것은 당연해 보인다. 착각을 일으키게 하는 원인이 그렇게 많은데 대체 그로부터 자기를 보호할 가능성이 대체 존재할까? 그리고 계속해서 다음과 같이 말하는 것도 마찬가지다. 그 어떤 정신 수련자든 자신의 이른바 고차적 인식이 착각과 자기기만(암시와 자기 암시)에만 근거한 것이 아니라고 자신할 수 있을까? 이렇게 말하는 사람은 모든 진정한 정신 수련에서는 그 수련의 전체 진행 방식에 의해서 착각의 원천들이 막힌다는 점을 고려하지 않는 것이다. 첫째, 진정한 정신 수련자는 준비 과정을 통해서 착각과 자기기만을 일으킬 수 있는 모든 것에 대해 충분한 지식을 갖게 된다. 그리고 그렇게 함으로써 그런 것들로부터 자신을 보호할 수 있는 상태가 된다. 그는 이 점에서는 삶의 과정에 대해 자기 자신을 다른 어떤 사람보다 냉철하고 판단력 있게 만들 기회를 갖는다. 또한 그가 경험하는 모든 것을 통해서 모호한 예감과 암시 등에 대해서는 전혀 신경 쓰지 않게 된다. 수련은 그를 가능한 한 조심스럽게 만든다. 거기에 더해서 모든 진정한 수련은 먼저 거대한 우주적 사건에 대한 개념들로, 다시 말해서 판단력의 팽팽한 긴장이 필요하지만 동시에 그 판단력을 더 섬세하고 날카롭게 만드는 사물들로 이끌어간다. 그렇게 멀리 있는 영역으로 들어가기를 거부하고, 더 가까이에 "드러나 있는 것들"만 붙잡으려는 사람은 착각과 실제를 확실히 구별하게 해주는 건강한 판단력을 단련하지 못할 수도 있다. 그러나 이 모든 것도 아직은 가장 중요한 것이 아니다. 가장 중요한 것은 본격적인 정신 수련에서 사용하는 수련들 자체에 있다. 이 수련들은 내적으로 침잠하는 동안 정신 수련자의 의식이 영혼 안에서 일어나는 모든 깃을 징확하게 바라볼 수 있도록 구축되어야 한다. 먼저 상상을 불러일으키기 위해서 하나의 상징이 형성된다. 이 상징에는 아직 외부 지각들에 대한 표상들이 포함되어 있다. 인간은 그 내용에 관여하지 않을 뿐 아니라 그것을 스스로 만들지 않는다. 따라서 그것이 성립된 과정에 대해 착각에 빠질 수 있고, 그 근원을 잘못 해석할 수도 있다. 그러나 영감을 위한 연습으로 들어서면 정신 수련자는 그 내용을 자신의 의식에서 멀리한다. 그는 상징을 형성한 자신의 영혼 활동에만 몰두한다. 여기서도 오류가 생길 수 있다. 인간은 교육과 학습 등을 통해서 자신이 하는 영혼 활동의 방식을 습득했다. 그는 이 활동의 근원에 대해 모든 것을 알지는 못한다. 그러나 정신 수련자는 이제 자신의 이 영혼 활동까지도 의식에서 멀리한다. 그런데도 무엇인가가 남아 있다면, 거기에는 이해할 수 없는 것은 *아무것도* 붙어 있지 않다. 전체 내용과 관련해서 판단할 수 없는 것은 그 무엇도 거기에 섞이지 못한다. 따라서 정신 수련자는 자신의 직관 속에 정신적-영혼적 세계의 분명한 현실이 어떤 상태인지 보여주는 무엇인가를 갖게 된다. 이제 그렇게 인식된 정신적-영혼적 현실의 특징을 그의 관찰로 다가오는 모든 것에 적용한다면, 현실과 허상을 구별할 수 있다. 또한 이 법칙을 적용한다면 초감각적 세계에서도 착각에 빠지는 일은 없을 거라고 확신할 수 있다. 물질적-감각적 세계에서 그가 떠올린 *뜨거운* 쇳조각을 실제로 뜨겁게 타오르는 쇳조각으로 여기지 않는 것처럼 말이다. 우리는 당연히 우리가 초감각적 세계에서 우리 자신의 체험으로 간주한 인식에 대해서만 그런 태도를 취하게 되고, 다른 사람들의 전언으로 받아들여 우리 자신의 지성과 건강한 진리 감각으로 파악한 것들에 대해서는 그렇게 하지 않는다. 정신 수련자는 하나의 방법으로 얻은 것과 또 다른 방법으로 얻은 것 사이에 정확한 경계선을 그으려고 노력할 것이다. 그는 한편으로는 고차적 세계에 관한 전언을 기꺼이 받아들이고 자신의 판단력으로 이해하려 할 것이다. 그러나 그가 무엇인가를 자기 경험이라고, 그 자신이 행한 관찰이라고 말한다면, 그는 이 관찰이 그가 분명한 직관으로 인식하는 법을 배운 바로 그 특성들과 함께 나타났는지 이미 확인했을 것이다.

55   정신 수련자가 앞에서 서술한 "문턱의 수호자"와의 만남을 경험하고 나면, 초감각적 세계로 올라가는 길에서 또 다른 체험들과 맞닥뜨린다. 그는 먼저 이 "문턱의 수호자"와 앞에서 일곱 번째로 생겨나 독립적인 존재처럼 형성된다고 설명한 영혼적 힘 사이에 내적인 유사성이 있다는 사실을 알게 될 것이다. 실제로 이 일곱 번째 존재는 어떤 점에서는 도펠갱어, "문턱의 수호자" 자체이다. 이 존재는 정신 수련자에게 특별한 과제를 부여한다. 즉 정신 수련자는 일상적의 자기 안에 있는 자신을, 그리고 그에게 상으로 나타나는 것을 새로 태어난 자기를 통해 조종하고 인도해야 한다. 도펠갱어에 맞서는 일종의 싸움이 벌어질 것이다. 일상적인 자기는 계속해서 우위를 점하려 할 것이다. 이 자기에 대해 올바른 관계를 수립하고 그에게 새로 태어난 "자아"의 영향 아래 일어나는 일 이외에는 아무것도 허용하지 않는 것은 인간의 힘을 강화하고 안정시킨다. 고차적 세계에서 자기 인식 문제는 어떤 측면에서는 물질적-감각적 세계에서와는 다르다. 후자에서는 자기 인식이 내적 체험으로만 나타나는 반면에 새

로 태어난 자기는 즉시 영혼적인 외부 현상으로 드러난다. 그래서 자신의 새로 태어난 자기를 마치 다른 존재처럼 보게 된다. 하지만 그것을 완전히 인식하지는 못한다. 초감각적 세계로 나아가는 길에서 어떤 단계에 올라섰든 여전히 고차적 단계들이 존재하기 때문이다. 그런 단계들에서는 자신의 "고차적 자기"에 대해서 항상 더 많이 인식하게 된다. 그러니까 "고차적 자기"는 어떤 단계에 이른 정신 수련자에게 부분적으로만 드러날 수 있다. 그런데 "고차적 자기"의 무엇인가를 일단 지각하게 되면, 이 "고차적 자기"를 물질적-감각적 세계에서 획득한 관점에서 관찰하려는 유혹이 매우 강하다. 이 유혹은 심지어 유익하고, 인간의 발달이 올바르게 진행되려면 *반드시* 나타나야만 한다. 우리는 도펠갱어로, "문턱의 수호자"로 나타나는 것을 관찰해야만 하고, 그것을 "고차적 자기" 앞에 세워 우리의 현재 모습과 앞으로 되어야 할 모습 사이의 간격을 알 수 있어야 한다. 그러나 이렇게 관찰하는 동안 "문턱의 수호자"는 완전히 다른 형태를 취하기 시작한다. "고차적 자기"의 발달을 가로막는 모든 *장애물*의 모습으로 나타나는 것이다. 이로써 그는 일상적인 자기가 어떤 짐을 끌고 다니는지 깨닫게 된다. 따라서 준비 작업을 통해서 스스로에게 "나는 여기서 멈춰 있지 않고 "고차적 자기"를 향해 끊임없이 나를 발전시킬 거야"라고 말할 정도로 충분히 강해져 있지 않다면, 그는 무기력해질 것이고, 자기 앞에 있는 것에 놀라 물러날 것이다. 그러면 영혼적-정신적 세계로 들어가긴 했지만 계속해서 자신을 발전시키는 일을 포기한다. 그러고는 이제 "문턱의 수호자"를 통해 영혼 앞에 서 있는 형체의 포로가 된다. 이 체험에서 포로가 된다는 느낌을 갖지 않다는 사실은 의미심장하다. 우리는 오히려 전혀 다른 뭔가를 체험한다고 생각하게 될 것이다. "문턱의 수호자"가 불러일으킨 형체는 관찰자가 이 발달 단계에서 관찰자의 영혼에 나타나는 상들 속에서 이미 가능한 모든 세계 전체를 보고 있다는 인상을 불러일으킬 수 있다. 인식의 정점에 도달했으며, 더 이상 추구할 필요가 없다는 인상을 그에게 줄 수 있는 것이다. 따라서 그는 자신을 포로로 느끼는 대신 세계의 모든 비밀을 소유한 더없는 부자로 느낄 것이다. 그러나 그것을 체험하는 사람은 이미 영혼적-정신적 세계 안에 있다는 사실, 그리고 그 안에서는 사건들이 반대로 나타날 수도 있는 것이 이 세계의 특성이라는 사실 등을 고려하는 사람이라면 참된 사실과는 반대되는 그와 같은 체험을 할 수 있다는 점에 놀라지 않을 것이다. 이 책에서는 죽음 이후의 삶을 고찰한 부분에서 이런 사실이 언급된 바 있다.

56   정신 수련자가 이 발달 단계에서 지각하는 형체는 "문턱의 수호자"가 처음 자기 모습을 드러냈을 때와는 다른 뭔가를 보여준다. 이 도펠갱어에서는 인간의 일상적인 자기가 루시퍼의 영향 때문에 갖고 있는 모든 특성이 지각될 수 있다. 그런데 인간의 발달 과정에서는 루시퍼의 영향에 의해서 또 다른 힘이 인간의 영혼 속으로 들어갔다. 이 책의 앞부분에서 아리만의 힘으로 명명한 바로 그것이나. 이는 물질적-감각적 삶에서 인간이 감각적인 것의 표면 뒤에 놓인 외부 세계의 정신적-영혼적 존재를 인식하지 못하게 방해하는 힘이다.

이 힘의 영향을 받은 인간의 영혼이 보여주는 것이 방금 언급한 체험에서 나타나는 형체이다. 적절하게 준비된 상태로 이 체험에 다가가는 사람은 그것에 진정한 의미를 부여하게 될 것이고, 그러면 앞에서 특징된 "작은 수호자"와는 반대로 "문턱의 큰 수호자"로 부를 수 있는 다른 형체가 곧 나타날 것이다. 이 큰 수호자는 정신 수련자에게 이 단계에 머물러 있지 말고 계속해서 힘차게 매진하라고 알려준다. 그는 관찰자에게 적절한 방식에서 작업이 계속해야 정복된 세계가 하나의 진실이 되어 환상으로 변하지 않는다는 의식을 불러일으킨다. 그러나 잘못된 정신 수련에 의해 준비되지 않은 상태에서 이 체험에 다가간다면, "문턱의 큰 수호자"에 이르렀을 때 "헤아릴 수 없는 공포감", "엄청난 두려움"과 비교할 수 있는 무엇이 그의 영혼으로 쏟아져 들어올 것이다.

57   "문턱의 작은 수호자"와의 만남이 정신 수련자에게 자기 존재를 초감각적 세계로 들여놓을 때 생길 수 있는 착각들로부터 자신을 지킬 수 있을지 확인하는 가능성을 주는 것처럼, 그는 "문턱의 큰 수호자"로 이끌어가는 체험에서도 앞에서 언급한 두 번째 근원에서 생기는 착각을 이겨낼지 확인할 수 있다. 그가 만일 자신은 그저 포로일 뿐인데 마치 획득한 상들의 세계를 소유한 엄청난 부자인 것처럼 믿게 만드는 강력한 환상에 저항할 수 있다면, 그는 계속되는 발달 과정에서 허상을 현실로 여기는 것으로부터도 자신을 지킬 수 있다.

58   "문턱의 수호자"는 모든 개개의 인간에게 어느 정도까지는 개별적인 형태를 취할 것이다. 그러나 그와의 만남은 초감각적 관찰의 개인적 성격을 극복하게 하는 체험이며, 개인적 색채에서 자유롭고 모든 인간 존재에 통용되는 체험 영역으로 들어갈 가능성을 주는 체험이다.

59   정신 수련자가 위에서 서술된 체험들을 거쳤다면, 그는 영혼적-정신적 주변 세계에서 자기 자신인 것과 자기 밖에 있는 것을 구별할 수 있다. 그러면 인간과 인간의 삶을 이해하기 위해서는 이 책에서 서술한 우주 과정에 대한 이해가 필요하다는 점을 인식하게 된다. 우리는 인간의 물질체가 토성과 태양과 달과 지구의 발달에 의해 구성되었다는 점을 인식할 때만 물질체를 이해할 수 있다. 에테르체는 태양과 달과 지구의 발달에 의한 형성 과정을 뒤쫓을 때만 이해할 수 있다. 그러나 현재 지구의 발달과 관련된 것 역시 모든 것이 어떻게 점진적으로 발달했는지를 인식해야만 이해할 수 있다. 정신 수련을 통해서는 인간에게 있는 모든 것이 인간 외부에 있는 세계의 해당 사실들 및 존재들과 어떤 관계에 있는지 인식할 수 있게 된다. 인간의 각 구성 요소는 나머지 전체 세계와 연관되어 있기 때문이다. 이 책에서는 그 점에 대해 개략적으로만 제시할 수 있었다. 그러나 가령 인간의 물질체는 토성이 발달하는 동안에는 첫 번째 맹아로서만 존재했다는 점을 염두에 두어야 한다. 물질체의 심장, 폐, 뇌 같은 기관들은 나중에 태양과 달과 지구 시기 동안 첫 번째 맹아들로부터 발달

했다. 따라서 심장과 폐 등은 태양과 달과 지구의 발달과 연관되어 있다. 에테르체, 감각체, 감정영혼 등의 구성 요소도 마찬가지다. 인간은 가장 가까이에 있는 전체 세계로부터 구성되었고, 인간에게 있는 개별 요소는 외부 세계의 어떤 과정, 어떤 존재에 해당한다. 정신 수련자는 상응하는 발달 단계에서 자신의 존재와 거대한 세계의 이런 관계를 깨닫게 된다. 이 인식 단계를 인간 자신인 "작은 세계", 즉 소우주와 "거대한 세계"인 대우주의 대응을 인지하는 단계라고 할 수 있다. 정신 수련자가 그런 인식에 이르기까지 헤치고 나왔다면, 이제 그에게는 새로운 체험이 나타날 수 있다. 자신이 완전한 독립되어 있다고 느끼면서도 전체 우주 구조와도 하나인 것처럼 느끼기 시작하는 것이다. 이는 온 우주로의 상승, 자기 존재를 잃지 않으면서 온 우주와 하나가 되는 느낌이다. 이 발달 단계를 "대우주와 하나가 된 단계"라고 부를 수 있다. 이때 중요한 것은 이렇게 하나가 되는 것을 분리된 의식이 중단되고 인간 존재가 우주로 흘러 나가는 것처럼 생각하지 말아야 하는 사실이다. 그런 사고는 단련되지 않은 판단력에서 나온 의견 표명에 불과할 뿐이기 때문이다. 여기서 서술한 입문 과정의 의미에서 고차적 인식의 개별 단계들은 다음과 같이 나타낼 수 있다.

1. 정신과학 연구. 이때 처음에는 물질적-감각적 세계에서 얻은 판단력을 사용한다.
2. 상상적 인식 획득.
3. 감춰진 글 읽기(영감에 따라).

4. 정신적 주변 세계에 적응하기(직관에 따라).

5. 소우주와 대우주의 관계에 대한 인식.

6. 대우주와 하나 되기.

7. 영혼의 기본 분위기로서 이전 경험들의을 전체적으로 체험하기.

그러나 이 단계들을 순차적으로 거쳐야 한다고 생각할 필요는 없다. 수련은 오히려 각 정신 수련자 개인에 따라서 선행 단계가 어느 정도까지 진척되었을 때 다음 단계에 해당하는 수련을 시작하는 방식으로 진행될 수 있다. 예를 들어 몇 가지 상상적 인식을 확실하게 얻었을 때, 영감이나 직관, 또는 소우주와 대우주의 관계에 대한 인식을 자신의 체험 영역으로 끌어들이는 연습을 하는 것이 매우 유익할 수 있다.

***

60   정신 수련자가 직관에 대한 체험을 얻었다면 단순히 영혼적-정신적 세계의 상들만 지각하지는 않는다. 그는 "감춰진 글" 속에서 그것들의 관계를 읽을 수 있을 뿐만 아니라 인간이 속한 세계를 형성한 존재들 자체도 인식하게 된다. 그렇게 함으로써 그는 영혼적-정신적 세계에서 정신적 존재로서 가지고 있는 형체 속에서 지기 지신을 알게 된다. 그는 자신의 고차적 자아를 인지하는 단계에까지 이르렀고, 자신의 도펠갱어, 즉 "문턱의 수호자"를 통제하기 위해 계속

해서 매진해야 한다는 사실을 깨달았다. 그러나 그의 앞에서 계속 매진하라고 끊임없이 요구하는 "문턱의 큰 수호자"와의 만남도 경험했다. 이제 이 "문턱의 큰 수호자"는 정신 수련자가 따르고자 하는 본보기가 된다. 그런 느낌이 정신 수련자에게 나타난다면 그는 "문턱의 큰 수호자"로서 그 앞에 있는 존재가 원래 누구인지 인식할 수 있는 단계에 이르게 된다. 이 수호자가 정신 수련자의 지각 속에서 점점 그리스도의 형상으로 변하기 때문이다. 그리스도의 존재와 지구의 발달 과정에 대한 개입은 선행한 장들에서 이미 밝혀진 바 있다. 그렇게 해서 정신 수련자는 그리스도의 이름과 결부된 숭고한 비밀 자체에 입문하게 된다. 그리스도는 그에게 "지상 인간의 위대한 본보기"로 나타난다. 그런 방식으로 직관에 의해 정신세계에서 그리스도가 인식되었다면, 포스트 아틀란티스 시대의 네 번째 지구 발달 시기(그리스-로마 시대)에 지상에서 역사적으로 무슨 일들이 일어났는지도 이해하게 될 것이다. 정신 수련자에게는 그 시기에 고차적 태양 존재, 즉 그리스도 존재가 지구의 발달에 개입했고, 지금도 여전히 이 지구 발달 내에서 작용하고 있다는 사실이 직접 체험한 인식이 될 것이다. 이것이 정신 수련자가 직관을 통해서 얻게 되는 지구 발달의 의미와 중요성에 대한 깨달음이다.

61 여기서 서술한 초감각적 세계의 인식을 위한 길은 모든 인간이 현재 처해 있는 삶의 조건들에서도 나아갈 수 있는 길이다. 그런 길에 대해 말할 때 염두에 두어야 할 점은, 인식과 진리의 목표는 지

구 발달의 어느 시대를 막론하고 동일하지만 인간의 출발점은 시대에 따라 달랐다는 것이다. 현재 초감각적 영역으로 들어가고자 하는 사람이 예를 들어 고대 이집트의 입문자와 동일한 출발점에서 시작할 수는 없다. 따라서 고대 이집트에서 정신 수련자에게 부과된 연습들을 현대 인간이 그대로 수행하는 것은 불가능하다. 그 시기 이후로 인간의 영혼은 다양한 육화를 거쳐 왔으며, 이렇게 육화에서 육화로 계속 진행되는 것은 의미와 중요성이 없지 않다. 영혼의 능력과 특징들은 육화를 거듭하는 동안 달라진다. 인간의 삶과 역사를 피상적으로만 관찰해도 12세기와 13세기 이후로는 모든 삶의 조건이 이전과 달라졌고 인간의 생각과 감정은 물론 능력까지도 이전과는 달라졌다는 사실을 알 수 있다. 여기 서술한 고차적 인식으로 나아가는 길은 지금 현재에 육화한 영혼들에 적합하다. 그 길은 인간이 현재에 의해서 있게 된 어떤 삶의 상황들에, 그가 현재 서 있는 바로 거기에 정신적 발달의 출발점을 놓는다. 계속되는 발달은 고차적 인식으로 나아가는 길과 관련해서 인류를 각 시기마다 항상 다른 형태로 이끈다. 외적인 삶이 그 형태를 바꾸는 것처럼 말이다. 그러므로 외적인 삶과 입문 사이에도 언제나 완전한 일치가 지배해야 한다.

VI.

우주와 인간 발달의 현재와 미래

1   정신과학의 의미에서는 인간과 우주 발달의 과거를 모르면
서 그 현재와 미래를 인식한다는 것은 불가능하다. 정신 연구자가 과
거의 감춰진 사실들을 관찰할 때 그의 지각에 제공되는 것은 동시에
그가 현재와 미래에 대해 알 수 있는 모든 것을 포함하기 때문이다.
이 책에서는 토성과 태양과 달과 지구의 발달을 이야기했다. 선행한
발달 시기의 사실들을 관찰하지 않으면 정신과학의 의미에서 지구의
발달을 이해하지 못한다. 현재의 지상 세계 내에서 인간에게 일어나
는 것에는 어떤 점에서는 달과 태양과 토성 발달의 사실들이 들어 있
기 때문이다. 달의 발달에 참여했던 존재와 사물들은 계속해서 발전
해 왔다. 그들로부터 현재 지구에 속하는 모든 것이 형성되었다. 그
러나 물질적-감각적 의식은 달에서부터 지구로 발딜해 온 모든 것을
지각하지는 못한다. 달에서부터 발달해 온 것의 일부는 초감각적 의
식의 어떤 단계에서만 비로소 드러난다. 이 인식에 도달했다면 우리

의 지상 세계가 초감각적 세계와 연결되어 있다는 사실도 인식된다. 초감각적 세계는 물질적-감각적으로 지각할 수 있을 정도로 응축되지 못한 달 존재의 일부를 포함하고 있다. 처음에는 오래전 달 발달 당시에 있었던 상태가 *아니라 현재* 있는 상태로 포함하고 있다. 그러나 초감각적 의식은 당시의 상태에 대한 상을 얻을 수 있다. 다시 말해서 이 초감각적 의식이 현재 가질 수 있는 지각 안으로 침잠해 들어간다면, 이 지각이 스스로 서서히 두 *가지* 상으로 분리되는 모습이 나타난다. 하나는 달이 발달하는 동안 지구가 취했던 형태로 나타난다. 그러나 다른 하나의 상은 아직은 맹아 상태에 있지만 지구가 지금 실제적인 것처럼 미래에 비로소 실제가 될 하나의 형상이 그 안에 포함되어 있는 것으로 드러난다. 계속되는 관찰에서는 어떤 의미에서는 지구에서 일어나는 일의 작용으로 생겨나는 것이 그 미래의 형태로 끊임없이 흘러 들어가는 것이 보인다. 그 때문에 이 미래의 형태에서는 우리의 지구가 되어야 할 모습에 직면한다. 지구라는 실체의 작용은 초감각적 세계에서 일어나는 일과 결합될 것이고, 그로부터 새로운 우주 실체가 생겨날 것이며, 지구는 달이 지구로 변한 것처럼 그 새로운 실체로 변할 것이다. 이 미래 형태를 목성 상태라고 부를 수 있다. 초감각적으로 관조하며 이 목성 상태를 관찰하는 사람에게는 미래에 일어날 *수밖에 없는* 어떤 과정들이 나타난다. 달에서 유래한 지구의 초감각적 부분에는 물질적-감각적 지구에서 이런저런 일이 일어날 때 분명한 형태를 취하게 될 존재와 사물들이 있기 때문이다. 따라서 목성 상태에는 달의 발달에 의해서 이미 예정된 무

엇인가 있을 것이고, 그것은 목성 상태에서 지구의 과정들을 통해서
야 비로소 전체 발달 안으로 들어가는 새로운 것이 될 것이다. 그 때
문에 초감각적 의식은 목성 상태에 있는 동안 일어날 일에 대한 뭔가
를 경험할 수 있다. 이 의식의 영역에서 관찰되는 존재와 사실들에는
감각적-구상적인 특징이 없다. 감각적 인상을 상기시키는 작용들을
일으킬 미세한 기체 형성물도 나타나지 *않는다*. 그들에서는 순수한
정신적 소리, 인상, 빛 인상, 열 인상을 얻는다. 이런 인상들은 어떤
물질적 형체로 표현되지 않는다. 오직 초감각적 의식에 의해서만 포
착될 수 있다. 이 존재들은 하나의 "몸"을 가지고 있다고 말할 수 있
다. 그러나 이 몸은 그들의 현재적 실체로 나타나는 영혼적인 것 내
에서 그들의 영혼적인 본성 내에 품고 있는 *응축된 기억*의 총합처럼
보인다. 우리는 그들의 본성에서 그들이 지금 체험하는 것과 그들이
이미 체험한 것, 그들이 무엇을 기억하는지 구별할 수 있다. 그들이
기억하는 것은 마치 신체적인 것처럼 그들 안에 포함되어 있다. 그
들은 지상의 인간이 자신의 몸을 체험하는 것처럼 그것을 체험한다.
달과 목성 인식에 필요한 것으로 언급된 것보다 더 차원 높은 초감각
적 관찰 단계에서는 초감각적인 존재와 사물들이 지각된다. 이들은
태양 상태에 있는 동안 이미 있었지만, 현재는 달 형태들을 지각하는
단계까지만 도달한 의식이 전혀 알지 못할 정도로 고차적인 존재 단
계를 가진 것이 더 발달된 형태들이다. 이 세계에 대한 성도 내적 침
잠에서 다시 둘로 분리된다. 하나는 과거의 태양 상태에 대한 인식으
로 이끌고, 다른 하나는 지구의 미래 형태, 즉 지구와 목성 과정들의

작용이 그 세계의 형태들로 흘러 들어갔을 때 변하게 될 지구의 형태를 나타낸다. 이런 방식으로 이 미래 세계에서 관찰하는 것은 정신과학의 의미에서 금성 상태라고 할 수 있다. 비슷한 방식으로 더 발달된 초감각적 의식에는 화산 상태라고 말할 수 있는 미래의 발달 상태가 생겨난다. 이 화산 상태는 금성 상태가 태양의 상태, 목성 상태가 달 발달과 관계가 있는 것과 동일하게 토성 상태와 관계가 있다. 따라서 지구 발달의 과거와 현재와 미래를 관찰하면 토성, 태양, 달, 지구, 목성, 금성, 화산의 발달에 대해 말할 수 있다. 지구 발달의 이런 포괄적인 관계들처럼 더 가까운 미래에 대한 관찰도 의식 안에 나타난다. 미래의 그런 상도 과거의 *각각의* 상에 해당한다. 그러나 그런 문제를 언급할 때는 어떤 식으로든 *가능한 한에서는* 반드시 고려되어야 할 한 가지가 강조되어야 한다. 우리가 그와 같은 것을 인식하고자 한다면, 감각적으로 지각할 수 있는 현실과 연관된 단순한 철학적 고찰이 거기에 대해서 무엇인가를 규명할 수 있을 것이라는 생각은 완전히 버려야 한다는 것이다. 이런 문제들은 그런 고찰로는 결코 탐구할 수 없고 탐구해서도 안 된다. 정신과학을 통해서 달 상태가 어떠했는지에 대한 전언을 받았을 때, 지구와 달의 상황들을 나란히 놓고 비교하면 그런 고찰을 통해서 목성이 어떤 상태일지 파악할 수 있다고 믿는 사람은 엄청난 착각에 빠질 것이다. 그 상황들은 초감각적 의식이 관찰로 올라섰을 때만 *탐구되어야* 한다. 그렇게 탐구된 내용이 전달되어야만 그것이 초감각적 의식 없이도 이해될 수 있다.

2   정신 수련자는 이제 미래에 관한 전언들에 대해 과거에 관한 전언들과는 다른 상태에 놓인다. 인간은 미래의 일에 대해서는 과거와 관련하여 가능했던 것처럼 선입견 없이 대하는 것이 처음에는 불가능하다. 미래에 일어나는 일은 인간의 감정과 욕망을 자극하지만, 과거는 완전히 다른 방식으로 감당된다. 삶을 관찰하는 사람은 그것이 일상적인 삶에도 해당된다는 점을 안다. 그러나 삶의 감춰진 사실들에 대해서 그것이 얼마나 막강하게 상승하고 어떤 형태를 취하는지는 초감각적 세계의 일들을 아는 사람만이 알 수 있다. 이로써 이 문제에 대한 인식이 매우 분명한 한계와 결부되어 있는 이유가 제시되었다.

3   거대한 우주의 발달이 토성 시기에서 화산 시기에 이르기까지 그 상태가 연속적으로 설명될 수 있는 것처럼, 지구의 발달과 같은 더 짧은 기간의 발달을 서술하는 것도 가능하다. 고대 아틀란티스의 삶을 끝낸 대변동 이후 인류의 발달에는 이 책에서 고대 인도, 원시 페르시아, 이집트-칼데아, 그리스-로마 시기로 언급한 상태들이 이어졌다. *다섯 번째* 시기는 지금 인류가 있는 *현재*이다. 이 시기는 기원후 4세기와 5세기부터 준비를 거쳐 12, 13, 14세기에 서서히 시작되었다. 아주 분명한 등장은 15세기부터였다. 그에 앞선 그리스-로마 시기는 대략 기원전 8세기에 시작되었다. 이 시기의 3분의 1이 지날 무렵 그리스도 사건이 일어났다. 인간의 영혼 상태, 인간의 모든 능력은 이집트-칼데아 시기에서 그리스 로마 시기로 넘어가는 동

안 변화했다. 이집트-칼데아 시기에는 우리가 지금 논리적 숙고, 세계에 대한 지적 이해라고 알고 있는 것이 아직 없었다. 인간이 지금 자신의 지성으로 인식하는 것을 그때는 당시에 적합했던 형태로 얻었다. 내적이고 어떤 점에서는 초감각적인 앎을 통해서 그것을 직접적으로 얻은 것이다. 인간은 사물을 지각했고, 사물을 지각함으로써 인간이 그 사물들에 대해 사용한 개념이, 상이 영혼에 나타났다. 인식하는 능력이 이와 같다면, 감각적-물리적 세계의 상들만 나타나는 것이 아니라 영혼 깊은 곳에서 비감각적 사실들과 존재들에 대한 어떤 인식도 올라온다. 이는 한때 전체 인류의 공통 소유였던 고대의 희미한 초감각적 의식의 잔재였다. 그리스-로마 시기에는 그런 능력이 없는 사람들이 점점 더 많이 태어났다. 사물에 대한 지성적 숙고가 그 능력을 대신했다. 인간은 정신적-영혼적 세계에 대한 직접적이고 몽상적인 지각에서는 점점 더 멀어졌고, 지성과 감정을 통해서 그 세계에 대한 상을 형성하는 일에 점점 더 의존하게 되었다. 이 상태는 어떤 점에서는 포스트 아틀란티스 시대의 네 번째 시기 내내 지속되었다. 옛 영혼 상태를 유산처럼 간직한 사람들만이 정신세계를 여전히 직접적으로 의식할 수 있었다. 그러나 이 사람들은 더 오래된 어느 시대로부터 뒤늦게 온 이들이다. 그들의 인식 방식은 더 이상 새로운 시대에 맞지 않았다. 발달의 법칙에 따르면 옛 영혼의 능력은 새로운 능력이 나타날 때 그 완전한 의미를 잃기 때문이다. 그러면 인간의 삶은 이 새로운 능력에 적응한다. 그리고 옛 능력으로는 더 이상 아무것도 하지 못한다. 그러나 이미 얻은 지성과 감정의 힘에 더해서 정신적-영혼적 세계 안으로 밀고 들어가는 것을 다시 가능하게 해준 고차적 힘을 의식적으로 계속 발전시키기 시작한 사람들도 있었다. 이들은 그 일을 옛 입문자의 제자들에게서 일어났던 것과는 다른 방식으로 시작해야만 했다. 옛 입문자의 제자들은 네 번째 시기에서야 발달한 영혼의 능력들을 아직은 고려할 필요가 없었다. 이 책에서 현재의 정신 수련이라고 기술한 수련 방식은 네 번째 시기에 초기 단계로 시작되었다. 그러나 당시에 그 수련 방식은 그야말로 초기 상태였다. 그것은 다섯 번째 시기(12세기와 13세기 이후, 특히 15세기 이후)에 와서야 진정한 완성을 경험할 수 있었다. 이런 방식으로 초감각적 세계로의 상승을 추구한 사람들은 자신들의 상상, 영감, 직관을 통해서 존재의 고차적 영역에 대하여 무엇인가를 알 수 있었다. 발달된 지성과 감정의 능력에 머문 사람들은 예전의 투시적 능력으로 알았던 것을 여러 세대를 거치며 입에서 입으로, 또는 글로 계속 전해져 온 것들을 통해서만 경험할 수 있었다.

4   나중에 태어난 사람들이 초감각적 세계의 인식 단계로 올라서지 못했을 때, 그들은 그리스도 사건의 본질이 근본적으로 무엇인지도 그런 전승을 통해서만 얼마간 알 수 있었다. 물론 초감각적 세계에 대한 자연적인 지각 능력을 아직 가지고 있어서 새로운 지성과 감정의 힘을 도외시했음에도 불구하고 고차적 세계로 올라선 입문자들도 있었다. 이들을 통해서 예전의 입문 방식에서 새로운 방식으로 넘어가는 일이 이루어졌다. 그런 사람들은 이어지는 시기에도 있

었다. 정신적-영혼적 세계와의 직접적인 교류에서 영혼을 배제함으로써 인간의 지성과 감정의 힘이 강화되고 단단해졌다는 것이 네 번째 시기의 본질적인 특징이다. 당시 지성과 감정의 힘이 높은 수준으로 발달한 상태에서 육화한 영혼들은 이 발달의 성과를 다섯 번째 시기에 육화한 영혼들에게 건네주었다. 영혼이 정신적-영혼적 세계와의 직접적인 교류에서 배제된 대신에 엄청난 양의 고대 지혜들, 특히 그리스도 사건의 지혜들이 전해졌으며, 이렇게 전래된 것들은 그 내용의 힘에 의해서 영혼들에게 고차적 세계에 대한 신뢰할 만한 지식을 주었다. 그러나 지성과 감정의 능력들에 더해서 고차적 인식 능력을 발달시킨 사람들도 항상 존재했다. 직접적인 초감각적 지식을 통해서 고차적 세계의 사실들, 특히 그리스도 사건의 비밀을 알아내는 것이 이들의 의무였다. 이들에게서는 항상 다른 사람들의 영혼이 이해할 수 있고 그에 유익한 만큼만 그 사람들의 영혼으로 흘러 들어갔다. 지구 발달의 의미에 따라 그리스도교의 첫 전파는 인류의 많은 부분에서 초감각적 인식 능력이 발달하지 않았던 시대에 이루어져야 했다. 당시 전승의 힘이 그처럼 막강했던 것도 그 때문이었다. 스스로는 초감각적 세계를 인식할 수 없는 사람들을 그 세계에 대한 믿음으로 인도하기 위해서는 가장 강력한 힘이 필요했던 것이다. (13세기의 짧은 예외적 시기를 제외하면) 상상, 영감, 직관을 통해서 고차적 세계로 올라갈 수 있던 사람들은 거의 항상 있었다. 이 사람들은 옛 입문자들의 그리스도 탄생 이후의 후계자들이며, 신비 지식의 지도자이자 구성원이었다. 이들의 임무는 옛 신비 지식으로 파악할 수 있었던 것을 자신의 능력으로 재인식하는 것이었고, 거기에 그리스도 사건의 본질에 대한 인식을 더하는 것이었다.

5   이렇게 해서 이 새로운 입문자들 사이에서는 옛 입문의 대상이었던 모든 것을 포함한 하나의 인식이 생겨났으며, 이 인식의 중심에서는 그리스도 사건의 비밀에 대한 고차적 지식이 환하게 빛났다. 네 번째 시기의 인간 영혼들은 지성과 감정의 능력이 강화되어야 하는 동안 그런 인식은 아주 적은 정도로만 일상적인 삶 안으로 흘러 들어갈 수 있었다. 따라서 이 시기에 그것은 상당히 "감춰진 지식"이었다. 그러다가 다섯 번째 시기라고 명명된 새로운 시기가 시작되었다. 이 시기의 본질은 지적 능력이 계속 발달해서 엄청난 전성기를 이루었으며 현재를 거쳐 미래에도 계속해서 발전해 나갈 것이라는 데 있다. 그것은 12세기와 13세기에 서서히 준비되어 16세기부터 현재에 이르기까지 점점 더 빠르게 진행되었다. 이런 영향 아래 다섯 번째의 발달 시기는 지적 능력의 육성이 점점 더 중요시되는 시기였으며, 그에 반해 과거의 믿을 만한 지식, 전래된 인식은 점점 인간 영혼에 대한 힘을 잃었다. 그러나 대신에 근대의 초감각적 의식에서 비롯된 지식이 점점 더 강하게 인간의 영혼으로 유입되었다고 할 수 있는 발달도 이 시기에 이루어졌다. 처음에는 비록 거의 눈에 띄지 않았지만, "감춰진 지식"은 이 시기에 인간의 사고방식으로 흘러 들어왔다. 현재에 이르기까지도 지성의 힘이 그 지식에 대해 거부적인 태도를 취하는 것은 당연한 일이다. 다만 일어나야 할 일은 모든 일시적 거부에도 불구하고

407

일어나게 된다. 이런 측면에서 인류가 포착하고 점점 더 포착하게 될 "감춰진 지식"은 상징적으로 "성배"에 대한 인식이라고 부를 수 있다. 이야기와 전설에서 묘사하는 성배라는 상징을 더 깊은 의미에 따라 이해하는 법을 배우는 사람은, 그것이 앞에서 그리스도의 비밀을 중심으로 한 새로운 입문 인식이라고 불린 것의 본질을 의미 있게 구체화한다는 사실을 알게 될 것이다. 그 때문에 근대의 입문자들은 "성배의 입문자들"이라고도 할 수 있다. 이 책에서 그 첫 단계들이 서술된 초감각적 세계로 가는 길은 "성배에 대한 지식"으로 이어진다. 이 지식은 여기서 언급한 그에 필요한 수단들을 얻었을 때만 그 사실들을 *탐구할* 수 있다는 특징이 있다. 그러나 그 사실들은 일단 탐구되면 다섯 번째 시기에 발달한 영혼적인 힘에 의해서 이해될 수 있다. 그리고 영혼의 힘은 그런 지식을 통해서 점점 고차적인 만족감을 얻는다는 사실도 점점 드러날 것이다. 오늘날 우리는 이전보다 훨씬 더 풍부하게 이 지식을 일반적인 의식으로 수용해야 할 시대에 살고 있다. 그리고 이 책은 이런 관점에서부터 관련 내용을 전하고자 했다. 인류의 발달이 성배의 지식을 흡수하는 정도에 따라서 그리스도 사건을 통해서 주어진 충동은 점점 더 중요해질 것이다. 그리스도교 발달의 외적 측면에는 점점 더 그 *내적* 측면이 이어질 것이다. 그리스도의 비밀과 결합된 고차적 세계에 대해 상상, 영감, 직관으로 인식할 수 있는 것은 점점 사람들의 표상 생활, 감정 생활, 의지 생활로 스며들 것이다. "성배에 대한 감춰진 지식"은 드러날 것이고, 그것은 내적인 힘으로서 사람들의 삶의 표현들 안으로 점점 스며들 것이다.

6   초감각적 세계의 지식은 다섯 번째 시기 내내 인간의 의식 속으로 흘러 들어갈 것이다. 그리고 여섯 번째 시기가 시작되면, 인류는 이전 시기에는 아직 어렴풋한 종류의 비감각적 관찰로 소유했던 것을 이전보다 차원 높은 단계에서 다시 얻을 수 있을 것이다. 그러나 새로운 소유는 옛 소유와는 완전히 다른 형태를 취할 것이다. 영혼이 옛날에 고차적 세계에 대해 알았던 것은 자신의 지성과 감정의 힘에 의해서 영혼 속으로 스며들지 않았다. 영혼은 그것을 직감 Eingebung으로 알았다. 앞으로 영혼은 단순히 직감을 가지고 있을 뿐만 아니라 그 *직감*을 이해하고 그것을 자기 존재의 본질이라고 느낄 것이다. 영혼이 이런저런 존재나 사물에 대해서 알게 될 때, 지성은 이 인식을 자신의 본질에 의해서도 정당화되었다고 생각할 것이다. 윤리적 법칙이나 인간의 행동에 대한 다른 인식이 이루어진다면, 영혼은 스스로에게 이렇게 말할 것이기 때문이다. "나의 감정은 내가 이 인식이 의미하는 바를 실행할 때만 그 자체로 정당화된다." 그런 영혼 상태는 여섯 번째 시기의 상당수 인류에게서 형성되어야 할 것이다. 다섯 번째 시기에는 세 번째 시기인 이집트-칼데아 시기가 인류 발달에서 성취한 것이 모종의 방식에서 반복된다. 그 당시 영혼은 초감각적 세계의 어떤 사실들을 아직은 지각하고 있었다. 그런 사실들의 지각은 바로 그 당시에 사라지기 시작했다. 지성의 힘이 발달을 준비하고 있었고, 그 힘이 처음에는 인간을 고자석 세계로부터 배제해야 했기 때문이다. 다섯 번째 시기에는 세 번째 시기의 희미한 의식에서 지각된 초감각적 사실들이 다시 드러나지만, 이제부터는 사

람들의 지성과 개인적 감정의 힘이 스며든 상태였다. 초감각적 사실들은 또한 *그리스도 비밀*에 대한 인식을 통해서 영혼에 부여될 수 있는 것으로도 가득 채워진다. 그 때문에 그것들은 이전과는 완전히 다른 형태를 취한다. 옛날에 고차적 세계에서 받은 인상들은 인간이 속해 있지 않은 정신적 외부 세계로부터 인간을 움직이는 힘으로 느껴졌다면, 이후 시기의 발달을 통해서는 인간이 점차 익숙해져서 그 안에 있을 때가 점점 더 많아진 세계의 인상들이라고 느껴진다. 당시에 이집트-칼데아 문화의 반복으로 인해 그 시기에 전래된 것이 단순히 영혼에 의해서 받아들여질 수 있었다고 생각해서는 결코 안 된다. 올바르게 이해된 그리스도 충동은 그것을 받아들인 인간 영혼이 스스로를 정신세계의 구성원으로 느끼고, 그런 존재로서 자신이 이전에 서 있던 세계 밖에서 인식하고 행동하도록 작용한다. 그런 방식으로 다섯 번째 시기에 세 번째 시기가 다시 살아나 네 번째 시기가 완전히 새로이 얻은 것과 함께 인간 영혼으로 스며들었다면, 여섯 번째 시기에는 두 번째 시기와 관련해서, 그리고 일곱 번째 시기에는 첫 번째인 고대 인도 시기와 관련해서 비슷한 일이 일어날 것이다. 당시의 위대한 스승들이 전할 수 있었던 고대 인도의 모든 놀라운 지혜는 인간 영혼의 삶의 진리로 일곱 번째 시기에 다시 나타날 수 있을 것이다.

7   이제 인간 밖에 놓인 지구 사물들의 변화는 인류의 고유한 발달과 특정하게 연관된 방식으로 일어난다. 일곱 번째 시기가 지나고 난 뒤 지구는 아틀란티스 시기와 포스트 아틀란티스 시기 사이

에 일어난 것과 비교할 수 있을 만한 대변동에 휩싸일 것이다. 그리고 나중에 변화된 지구 상태는 다시 일곱 번의 시기 속에서 계속 발달할 것이다. 그 다음에 육화할 인간 영혼은 아틀란티스인들이 저차원적 단계에서 체험한 고차적 세계와의 결합을 고차적 단계에서 체험할 것이다. 그러나 새로 형성된 지구의 상태에 대처할 수 있는 사람들은 그리스-로마 시기와 그 뒤에 이어진 포스트 아틀란티스 시대의 다섯 번째, 여섯 번째, 일곱 번째 발달 시기의 영향을 받은 영혼이 육화한 사람들뿐일 것이다. 그런 영혼들의 내면은 그때까지 지구에서 형성된 것과 일치할 것이다. 그러면 이전에는 함께 나아갈 조건들을 스스로 만들지 여부를 선택할 수 있었던 다른 영혼들은 이제 모두 잔류해야만 할 것이다. 아틀란티스 이후 다섯 번째에서 여섯 번째 시기로 넘어갈 때 지성과 감정의 힘으로 초감각적 인식을 가득 채울 수 있는 영혼들은 다음 대변동 이후에 생성될 상태에 대처할 준비가 되었을 것이다. 말하자면 다섯 번째와 여섯 번째가 결정적인 시기이다. 여섯 번째 시기의 목표를 달성한 영혼들은 일곱 번째 시기에도 그에 적합하게 계속 발달할 것이다. 그러나 다른 영혼들은 변화한 주변 상황 아래서 지체된 것을 만회할 기회를 점점 찾지 못할 것이다. 더 많은 시간이 지난 미래에야 그런 기회를 허락하는 조건들이 다시 나타날 것이다. 이렇게 발달은 한 시기에서 다른 시기로 계속 이어진다. *초감각적* 인식은 *지구만* 관련된 미래의 **변화**뿐만 아니라 주변 전체들과의 공동 작용 속에서 일어나는 변화도 관찰한다. 지구와 인류의 발달이 훨씬 진척되면, 레무리아 시기에 지구에서 분리될 수밖에 없

411

었던 세력과 존재들이 지구를 계속 발달시키기 위해서 지구와 다시 하나가 될 수 있는 시기가 올 것이다. 그러면 달은 다시 지구와 결합될 것이다. 이 일이 일어나게 되는 이유는 충분히 많은 수의 인간 영혼이 강한 내적 힘을 갖게 되어 달의 힘을 또 다른 발달에 유용하게 만들 것이기 때문이다. 그 시기는 적합한 수의 인간 영혼에게 높은 수준의 발달이 이루어지는 한편으로 악한 쪽으로 방향을 잡은 또 다른 발달이 나타나게 될 때일 것이다. 뒤에 남겨진 영혼들은 자신들의 카르마 속에 너무 많은 오류와 추함과 악을 축적했을 것이고, 그래서 우선은 인간들의 선한 공동체와 첨예하게 대립하려고 하는 악한 존재, 오류에 빠진 존재들과 특별한 연합을 형성할 것이다.

8   선한 인류는 자신들의 발달로 인해 달의 힘을 사용할 줄 알게 될 것이고, 이를 통해서 악한 부분도 지구의 특별한 영역으로 함께 발달할 수 있도록 변형시킬 것이다. 선한 인류의 이 작업에 의해서 달과 결합된 지구는 어느 정도의 발달 시기가 지난 뒤에는 태양과(그리고 다른 행성들과도) 다시 하나가 될 것이다. 또한 고차적 세계에 머무는 것처럼 보이는 중간 상태가 지난 뒤 지구는 목성 상태로 변할 것이다. 이 상태 내에는 지금 광물계로 불리는 곳이 존재하지 않을 것이고, 이 광물계의 힘들은 식물적 힘으로 변할 것이다. 그러나 지금의 식물계에 비해 완전히 새로운 형태를 갖게 될 식물계는 목성 상태 동안 가장 낮은 세계로 보일 것이다. 마찬가지로 변형된 동물계는 고차적인 곳으로 편입된다. 그 다음에는 지구에서 생겨난 악한 공동체의 후손으

로 드러난 인간계가 나온다. 그 다음은 고차적 단계의 인간계로서 선한 인류 공동체의 후손들이 나온다. 이 인간계에서 이루어지는 작업의 상당 부분은 악한 공동체에 빠진 영혼들을 정화해서 그들이 진정한 인간계로 들어가는 길을 찾을 수 있도록 하는 데 있다. 금성 상태는 식물계도 사라지는 상태가 될 것이다. 가장 낮은 세계는 다시 변형된 동물계가 될 것이고, 거기서 위로 올라가면서 서로 다른 완전함의 단계에 이른 세 개의 인간계가 있을 것이다. 이 금성 상태에 있는 동안 지구는 태양과 결합된 채이다. 그에 반해 목성기의 발달은 어느 순간 태양이 다시 목성에서 분리되고 목성이 외부로부터 태양의 작용을 받아들이는 식으로 진행될 것이다. 그런 다음에는 다시 태양과 목성의 결합이 이루어지고, 변화는 서서히 금성 상태로 넘어간다. 그 상태에 있는 동안 금성에서는 특별한 우주체 하나가 분리되어 나온다. 이 우주체는 발달에 저항하는 모든 것을 본질에 포함하고 있다. 이를테면 인간이 지상에서 체험할 수 있는 모든 것과는 너무 다르기 때문에 도저히 말로 표현할 수 없는 특성으로 인해 발달에 반대하는 "개선할 수 없는 달"과 같다. 그러나 발달한 인류는 완전히 정신화된 삶 속에서 이 책의 서술 범위 밖에 놓인 화산 발달을 향해 계속 나아간다.

9 　　　우리는 인간에게서 가능한 인간 발달의 최고 이상이 "성배의 인식"으로부터 나온다는 것을 알 수 있는데, 그것은 바로 인간이 자기 자신의 노력을 통해 도달하는 정신화이다. 이 정신화는 결국 조화의 결과로 보이기 때문으로, 인간은 현재 발달의 다섯 번째와 여섯 번째

시기에 그때까지 도달한 지성 및 감정의 힘과 초감각적 세계의 인식 사이에서 그 조화를 만들어 낸다. 인간이 자신의 영혼 깊은 곳에서 노력으로 얻은 것은 결국에는 스스로 외부 세계가 되어야 한다. 인간의 정신은 자기 외부 세계의 강력한 인상들을 통해서 자신을 고양시키며, 그 인상들 뒤에 있는 정신 존재들을 처음에는 예감하고 나중에는 인식하게 된다. 인간의 가슴은 이 정신적인 것의 무한한 숭고함을 느낀다. 그러나 인간은 자기 내면의 지적, 감정적, 성격적 체험들이 생성 중에 있는 정신세계의 맹아라는 사실 또한 인식할 수 있다.

10   여기서 인간의 자유가 사물들에게서 미래에 이루어질 형상화에 대한 예지 및 예정과 조화를 이룰 수 없다고 생각하는 사람이 생각해야 할 점이 있다. 그것은 미래에 인간의 자유로운 행동도 예정된 사물들이 어떻게 될 것인지에 달려 있지 않으며, 이 자유는 그가 현재 계획을 세우는 집에서 1년 뒤에 살기로 결심하는 것에 좌우된다는 사실이다. 그는 자신이 지은 집에서 자신의 내적 본성에 따를 수 있는 만큼 자유로울 것이고, 목성과 금성에서도 거기에 생성될 상황들 *내에서* 자신의 내면과 일치하는 만큼 자유로울 것이다. 자유는 선행하는 상황들에 의해 예정된 것이 아니라 영혼이 자신으로부터 만들어 낸 것에 좌우될 것이다.

11   지구 상태에는 그에 선행하는 토성과 태양과 달 상태 내에서 발달한 것이 포함되어 있다. 지구 인간은 자기 주변에서 진행되는 과

414

정들에서 지혜를 발견한다. 이 지혜는 이전에 일어난 일의 결과로서 그 과정들 안에 있다. 지구는 옛 달의 후손이다. 그리고 옛 달은 자기에게 속한 것과 함께 "지혜의 우주"로 발전했다. 지구는 이제 이 지혜로 새로운 힘을 불어넣을 발달의 초기에 있다. 그 힘은 인간에게 자신을 정신세계의 독립된 구성원으로 느끼게 해준다. 이는 인간 안에 있는 "자아"가 지구 시기에 "형태의 정신들"에 의해서 형성되었기 때문이다. 토성에서는 "의지의 정신들"에 의해서 그의 물질체가 형성되었고, 태양에서는 "지혜의 정신들"에 의해서 그의 생명체가, 달에서는 "운동의 정신들"에 의해서 그의 아스트랄체가 형성된 것처럼 말이다. "의지, 지혜, 운동 정신들"의 공동 작용으로 생겨나는 것은 지혜로 나타난다. 지구의 존재들과 과정들은 이 세 부류 정신들의 작업 덕분에 지혜 안에서 그들 세계의 다른 존재들과 조화를 이룬다. 인간은 "형태의 정신들"을 통해서 독립적인 "자아"를 얻는다. 이 자아는 이제 지구 상태를 통해 지혜에 더해진 힘에 의해서 지구, 목성, 금성, 화산의 존재들과 조화를 이루게 될 것이다. 그 힘은 사랑의 힘이다. 사랑의 힘은 지구의 인간 안에서 시작되어야 한다. 그리고 "지혜의 우주"는 *사랑의 우주*로 발달해 나아간다. 자아가 자기 안에서 펼쳐 낼 수 있는 모든 것은 *사랑*이 되어야 한다. 그리스도 발달을 서술하는 과정에서 그 특징이 언급된 고차적 태양 존재는 두루 미치는 "사랑의 **본보기**"로서 드러난다. 그로써 인간 본성의 가장 깊은 내면에 사랑의 맹아가 심어졌다. 사랑의 맹아는 거기서부터 전체 발달 속으로 흘러 들어가야 한다. 이전에 형성된 지혜가 지구의 감각적 외부 세계의 힘, 즉 현재의 "자연의 힘들"에서 드러나는 것처럼, 미래에는 사랑 자체가 새로운 자연의 힘들로 모든 현상들에서 나타날 것이다. 그것이 미래로 나아가는 모든 발달의 비밀이다. 즉 인간이 발달에 대한 진정한 이해를 바탕으로 실행하는 모든 것도 *사랑*으로 자라야 할 하나의 씨뿌리기라는 인식이다. 사랑의 힘이 더 많이 생겨날수록 미래를 위한 창조적인 일도 더 많이 행해진 것이다. 사랑에서 생겨난 것에는 앞에서 서술한 정신화의 최종 결과를 불러오는 강한 힘들이 들어있을 것이다. 인류와 지구 발달로 흘러 들어오는 정신적 인식이 많을수록 미래를 위한 생명력 있는 맹아들도 많아질 것이다. 정신적 인식은 *자신의 본질*을 통해서 사랑으로 변한다. 그리스-로마 시대에서 현재에 이르는 기간에 대해 서술된 전체 과정은 이 변화가 어떻게 진행되어야 하고, 무엇을 위해서 미래로 나아가는 발달의 시작이 행해졌는지 보여준다. 토성과 태양과 달에 의해서 준비된 지혜는 인간의 물질체, 에테르체, 아스트랄체 안에서 작용한다. 그것은 "세계의 지혜"로 나타나지만 "자"아에서 내면화된다. "외부 세계의 지혜"는 지구 상태에서부터 인간의 내적 지혜가 된다. 그리고 이 지혜가 내면화되면 그것은 사랑의 맹아가 된다. 지혜는 *사랑*의 전제 조건이다. 사랑은 "자아" 속에서 다시 태어난 지혜의 결과물이다.

12   이런 설명으로 인해 앞에서 서술한 발달이 숙명론적 특징을 지닌다는 생각으로 현혹될 수 있는 사람은 그 발달을 잘못 이해한 것이다. 그런 발달에서는 일정 수의 인간들이 "악한 인류"의 세계에 속

하도록 단죄되었다고 생각한 사람은 그 발달에서 감각적인 것과 영혼적-정신적인 것의 상호 관계가 어떻게 형성되는지 모르는 것이다. 감각적인 것과 영혼적-정신적인 것은 일정한 경계 내에서 각각 독립된 발달의 흐름을 형성한다. 감각적으로 지각할 수 있는 흐름이 가진 고유한 힘에 의해서 "악한 인류"의 형태들이 생겨난다. 인간 영혼이 그런 형태로 육화할 필연성은 그 인간 영혼 스스로가 그에 대한 조건을 만든 경우에만 존재할 것이다. 감각적으로 지각할 수 있는 것의 힘들에서 생겨난 형태들이 이전 시대에서 유래하는 인간 영혼을 발견하지 못하는 경우도 생길 수 있는데, 그런 몸에 육화하기에는 그 영혼들이 너무 선하기 때문일 것이다. 그러면 이 형태들은 이전의 인간 영혼들에 의한 것과는 다르게 우주로부터 영혼을 부여 받아야 할 것이다. 언급한 이 형태들 스스로가 그런 육화에 준비되어 있을 때만 인간 영혼이 그들에 깃들 수 있다. 초감각적 인식은 이 분야에서 자기가 통찰한 것을 말해야 한다. 그것은 다가올 미래에는 선하고 악한 두 개의 인간계가 존재하리라는 사실이다. 그러나 그 세계를 현재의 인간 영혼 상태에서 자연적인 필연성에 따르는 것처럼 나타날 미래의 상태라고 지적으로 추론할 필요는 없다. 초감각적 인식은 인간 형태의 발달과 영혼적 운명의 발달을 완전히 분리된 두 길에서 추구해야 한다. 그리고 세계관 내에서 그 둘이 뒤섞이는 것은 물질주의적 태도의 잔재일 것이며, 만일 그런 잔재가 존재한다면 우려스러운 방식으로 초감각적인 것에 관한 학문 안으로 끼어들 것이다.

VII.

정신과학 영역의 개별 사항들

인간의 에테르체

1   인간의 고차적 구성 요소들이 초감각적 지각에 의해 관찰된
다면, 이 지각은 외적 감각들에 의해 행해지는 것과는 결코 완전히
동일하지 않다. 인간이 하나의 대상에 손을 대서 온기를 감지한다면
그는 그 대상에서 나오는 것, 말하자면 거기서 흘러나오는 것과 그가
영혼에서 체험하는 것 사이를 구분해야 한다. 온기를 느낀다는 영혼
의 내적 체험은 대상에서 흘러나오는 온기와는 다른 무엇이다. 이제
외부 대상 없이 영혼의 이 체험만을 생각해 보자. 외부에 있는 물질
적 대상에 의한 동인 없이 영혼 안에서 온기를 느끼는, 그야말로 영
혼적인 체험을 떠올려 보자. 그런 체험이 아무 동인 *없이* 그냥 일어
난다면 그것은 공상일 것이다. 정신 수련자는 물질적 동인 없는, 특
히 자신의 신체에 의한 동인 없는 그런 내적 지각을 체험한다. 그러

나 이 내적 지각은 발달의 특정 단계에서는 그가 다음의 사실을 알 수 있는 (언급한 바와 같이 체험 자체에 의해서 알 수 있는) 방식으로 나타난다. 즉 내적 지각은 공상이 아니고, 가령 외부의 물질적-감각적 대상에 의해서 일반적인 온기 감각이 일깨워지듯이 초감각적 외부 세계의 정신적-영혼적 존재에 의해서 야기된다는 것이다. 색채에 대한 지각을 말할 때도 마찬가지다. 이때는 외부 대상의 색채와 영혼에서 느끼는 내적 색채 감각이 구별되어야 한다. 영혼이 물질적-감각적 외부 세계에 있는 빨간 대상을 지각했을 때 갖는 내적 감각을 생각해 보라. 빨간색에서 받은 인상에 대해 매우 생생한 기억을 갖고 있지만 그 대상에서 시선을 돌린다고 상상해 보라. 그 색채에 대한 기억의 상으로 갖고 있는 것을 내적 체험으로 떠올려 보라. 그러면 색채에서 느끼는 내적 체험과 외적인 색채 사이를 구분하게 될 것이다. 이런 내적 체험들은 외부의 감각적 인상들과는 내용적으로 완전히 다르다. 내적 체험은 슬픔과 기쁨으로 느껴지는 특징을 보통의 감각적 느낌보다 훨씬 더 많이 가지고 있다. 이제 외부의 물질적-감각적 대상이나 그 대상에 대한 기억에 의해서 야기되지 않은 내적 체험이 영혼 내에서 생긴다고 생각해 보라. 초감각적으로 인식하는 사람은 그런 체험을 가질 수 있다. 그는 이런 경우에도 그것이 공상이 아니라 영혼적-정신적 존재의 표현이라는 것을 알 수 있다. 이 영혼적-정신적 존재가 물질적-감각적 세계의 빨간 대상과 같은 인상을 불러일으킨다면, 그 존재는 빨갛다고 불릴 수 있을 것이다. 그러나 감각적-물질적 대상에서는 항상 외적 인상이 먼저 있고 그 다음에 색채에 대한 내적 체험이 있을 것이다. 반면에 우리 시대 인간의 진정한 초감각적 관찰에서는 그 반대여야 할 것이다. 즉 처음에는 단순한 색에 대한 기억처럼 어렴풋한 내적 체험이 있고, 그 다음에 점점 뚜렷하게 나타나는 상이 있을 것이다. 그 과정이 그래야만 한다는 것에 주의를 기울이지 않을수록 실제 정신적 지각과 공상적 현혹(환영, 환각 등) 사이도 구별할 수 없게 된다. 그런 영혼적-정신적 지각에서의 상이 얼마나 생생한지, 그것이 불분명한 생각처럼 아주 흐릿하게 남아있는지, 아니면 하나의 외부 대상처럼 강렬하게 작용하는지는 초감각적으로 인식하는 사람이 어떻게 발달했는지에 전적으로 좌우된다. 이제 관찰하는 사람이 인간의 에테르체에 대해 갖는 일반적인 인상은 다음과 같이 설명될 수 있다. 즉 초감각적으로 인식하는 사람이 자기 앞에 육체적 인간이 서 있음에도 불구하고 육체의 눈이 보는 것에서 주의를 돌릴 수 있을 만큼 강력한 의지를 갖고 있다면, 그는 초감각적 의식을 통해서 육체적 인간이 차지한 공간 안을 들여다볼 수 있다는 것이다. 물론 자신이 생각하고 있는 어떤 것만이 아니라 자기 앞에 있는 어떤 무엇으로부터도 주의를 돌려 물질적 인상이 완전히 소멸되도록 하려면 의지의 강력한 상승이 필요하다. 그러나 이런 상승은 가능하며, 초감각적 인식을 위한 수련을 통해 나타난다. 그렇게 되면 초감각적으로 인식하는 사람은 우선 에테르체의 일반적인 인상을 가질 수 있다. 그의 영혼에서는 그가 가령 복숭아꽃의 색을 볼 때 갖는 것과 같은 내적 느낌이 나타나고, 그러면 이 느낌은 에테르체가 복숭아꽃 색이라고 말할 수 있을 정도로 생생해진다. 그 다음에 그는 에테르체의 개별 기관들과 흐름들을 인지한다. 그러나 열에 대한 감각, 소리에 대한 인상 등에 해당하는 영혼의 체험들을 제시하면서 에테르체를 계속해서 설명할 수도 있다. 에테르체는 *단순한* 색채 현상이 아니기 때문이다. 아스트랄체와 인간 존재의 다른 구성 요소들도 이런 의미에서 기술될 수 있다. 이런 점을 고려한다면 정신과학의 의미에서 행해진 설명들을 어떻게 받아들여야 할지 알게 될 것이다.

아스트랄적 세계

2   물질적 세계만 관찰한다면 지구는 인간의 거주지로서 분리된 우주체처럼 나타난다. 그러나 초감각적 인식이 다른 세계들로 올라가면 이 분리는 중단된다. 따라서 상상은 지구와 함께 현재에 이르기까지 발달해 온 달의 상태까지 동시에 지각한다고 말할 수 있다. 우리가 이런 방식으로 발을 들여놓는 세계는 지구의 초감각적인 부분이 속하는 세계일뿐만 아니고, 물리적으로 지구와 분리된 다른 우주체들도 그 안에 깃들어 있다. 그러면 초감각적 세계를 인식하는 사람은 단지 지구의 초감각적인 것만이 아니라 *처음에는* 다른 우주체들의 *초감각적인 것*도 관찰한다. (초감각적으로 관찰하는 사람들은 대체 왜 화성과 같은 곳들이 어떤 모습인지를 말하지 않느냐고 묻는 사람은 처음에는 다른 우주체들의 *초감각적인 것*에 대한 관찰이 중요하다는 점을 명심해야 한다. 그렇게 묻는 사람은 물질적-감각적 상황에 눈길을 주고

있기 때문이다.) 따라서 이 책에서는 지구의 발달이 동시에 토성, 목성, 화성 등의 발달과는 어떤 관계에 있는지에 대해서도 언급할 수 있었다. 인간의 아스트랄체는 잠에 사로잡혀 있을 때 지구 상태만이 아니라 다른 우주 영역들(별들의 세계)도 포함되어 있는 세계들에도 속한다. 이 세계들은 깨어있는 상태에서도 인간의 아스트랄체에 영향을 미친다. 따라서 "아스트랄체"라는 이름이 합당하게 보일 것이다.

죽음 이후 인간의 삶에 관하여

3   이 책의 상술에서는 인간의 죽음이 나타난 이후 아스트랄체가 아직 에테르체와 결합되어 있는 시간에 대해서 언급되었다. 이 시간 동안에는 방금 끝나버린 전체 삶에 대한 기억이 서서히 희미해지는 상태로 존재한다. (〈잠과 죽음〉 장 참조) 그 시간은 사람들마다 서로 다르다. 그것은 한 사람의 아스트랄체가 에테르체를 자신에게 붙잡아두는 힘이 얼마나 강한지, 전자가 후자에 대해 어떤 위력을 갖고 있는지에 달려 있다. 초감각적 인식이 그 위력에 대한 인상을 얻을 수 있는 경우는 영혼적-신체적 상태에 따라 원래는 잠자고 있어야 함에도 내적인 힘에 의해서 깨어있는 상태를 유지하는 사람을 관찰할 때이다. 그러면 사람마다 중간에 잠에 압도되지 않고 깨어있을 수 있는 시간이 서로 다르다는 사실이 드러난다. 죽음 이후 방금 끝난 삶에 대한 기억, 다시 말해서 에테르체와의 결합은 극단적인 경우 한

사람이 깨어있을 수 있는 한 계속 이어진다.

***

4   죽음 이후 에테르체가 인간에게서 분리되었을 때(〈잠과 죽음〉 참조), 에테르체에서는 나중에 이어질 인간의 모든 발달을 위한 진액이나 진수로 부를 수 있는 무엇인가가 남겨진다. 이 진액은 지나간 삶의 열매들을 포함하고 있다. 또한 죽음과 새로운 탄생 사이에 이루어지는 인간의 정신적 발달 과정에서 다음 삶을 위한 하나의 맹아로 자라나는 모든 것도 담고 있다. (〈잠과 죽음〉 장 참조)

5   죽음과 새로운 탄생 사이의 시간(〈잠과 죽음〉 장 참조)이 지속되는 기간은 일반적으로 "자아"가 물질적-감각적 세계로 다시 돌아가는 것에 의해 결정되는데, 이는 "자아"가 새로운 것을 경험할 수 있도록 그 세계가 그사이 변했을 경우에만 그러하다. 자아가 정신적 영역에 있는 동안 지상의 거처는 변화한다. 이 변화는 한 쪽으로는 우주의 큰 변화들, 즉 지구와 태양 등의 위치 변화와 관련이 있다. 그러나 그런 변화는 새로운 상황들과 결합된 일정한 반복이 나타나는 변화들이다. 그 변화는 예를 들어 봄이 시작될 때 태양이 떠오르는 하늘의 지점이 약 2만 6천 년을 주기로 순환하는 것으로 외적으로 드러난다. 이 춘분점은 그 기간 동안 하늘의 한 지역에서 다른 지역으로 움직인 것이다. 그 기간의 열두 번째 부분에 해당하는 약 2100년 동안 지구의 상황

들은 인간 영혼이 이전에 육화한 이후로 다시 새로운 것을 체험할 수 있을 만큼 충분히 변했다. 그러나 인간의 체험은 여자나 남자로 육화했느냐에 따라 서로 다르다. 그래서 앞에서 언급한 기간 내에 *일반적*으로 한번은 남자, 한번은 여자로 두 번의 육화가 일어난다. 그러나 이 문제는 인간이 죽음을 지나는 동안 지상의 삶으로부터 함께 가져오는 힘이 어떤 상태인가에도 좌우된다. 따라서 여기서 제시한 모든 진술은 본질적으로는 유효하지만, 개별적인 경우에는 갖가지 다양한 방식으로 변화된 상태에서 나타나는 것으로 이해해야 한다. 인간의 "자아"가 죽음과 새로운 탄생 사이의 정신세계에 얼마나 오래 머무는가는 한 가지 측면에서는 우주의 상황들에 좌우된다. 다른 측면에서는 그 기간이 인간이 그 기간 동안 경험한 발달 상태가 어떤지에 좌우된다. 이 상태들은 일정한 시간 이후에는 자아를 내적인 정신 생활에서는 더 이상 만족을 찾지 못하는 정신적 상태로 이끌고, 그래서 육체적 체험을 통한 자기 반영에서 충족되는 의식의 변화에 대한 갈망을 발전시킨다. 육화에 대한 이런 내적 갈증과 그에 해당하는 신체성을 찾으려는 우주에 주어진 가능성이 함께 작용하면서 인간은 지구의 삶으로 들어오게 된다. 인간의 지구 생활 진입은 ― 그 두 가지가 함께 작용해야만 하기 때문에 ― 한번은 "갈증"이 아직 절정에 이르지 않았더라도 대략적으로 적응된 육화가 달성될 수 있어서 이루어진다. 다른 경우에는 "갈증"이 정상적인 수준을 넘어섰더라도 해당 시기에는 아직 육화의 가능성이 없었기 때문에 이루어진다. 한 인간이 자신의 육체적 본성의 상태로 인해서 처한 일반적인 삶의 분위기는 이런 상황들과 연관되어 있다.

인간의 삶의 과정

6   탄생과 죽음 사이에 연속되는 상태들에서 드러나는 인간의 삶을 완전히 이해하려면 감각적-물질적 신체만이 아니라 인간 본성의 초감각적 구성 요소들에서 일어나는 변화들까지 고려해야 한다. 이 변화는 다음의 방식으로 생각할 수 있다. 육체적 탄생은 인간이 모체의 외피에서 분리되는 것으로 나타난다. 인간 맹아가 세상에 나오기 전에 어머니의 몸과 공유했던 힘은 탄생 이후에는 독립적인 힘으로만 존재한다. 그런데 이후의 삶에서 초감각적 지각에도 육체적 탄생 때 일어난 감각적 사건과 비슷한 초감각적 사건이 일어난다. 다시 말해서 인간은 에테르체와 관련하여 대략 이갈이에 이를 때(여섯 살이나 일곱 살)까지는 에테르적 외피로 싸여 있다. 에테르적 외피는 삶의 이 시기에 떨어져 나가고, 이때 에테르체의 "탄생"이 일어난다. 그러나 인간은 여전히 아스트랄 외피에 둘러싸여 있는데, 열두 살에서 열여섯 살 사이(성적 성숙기)에 그 외피가 떨어져 나가면서 아스트랄체의 "탄생"이 일어난다. 그리고 더 이후에는 본래적 "자아"가 태어난다. (이런 초감각적 사실에서 비롯된 교육을 다루는데 유익한 관점들은 나의 작은 저술《정신과학의 관점에서 본 아동 교육》[41]에 제

---

41)《정신과학의 관점에서 본 아동 교육 Die Erziehung des Kindes vom Gesichtspunkte der Geisteswissenschaft》: 처음에는 루돌프 슈타이너가 창간하고 발행한 잡지〈루시퍼-그노시스〉, Nr. 33 (1907)에 기고문으로 실렸다. 1907년에 같은 제목으로 독립된 판본으로 출간되었다. 지금은 잡지〈루시퍼-그노시스〉에 실린 논문들을 모음집으로 엮은《루시퍼-그노시스》, GA 34, S. 309-346에 실려 있다. 단행본으로도 나와 있다.

시되어 있다. 이 저술에는 여기서는 암시만 될 수 있었던 것에 대한 자세한 설명이 나온다.) "자아"의 탄생 이후 인간은 이제 세계와 삶의 상황들에 편입되고, 그 안에서 자아를 통해 활동하는 구성 요소들인 감정영혼, 지성영혼, 의식영혼에 따라서 행동하는 방식으로 살아간다. 그 다음에는 에테르체가 다시 원래대로 되는 시기가 나타나며, 에테르체는 이때 일곱 살 때부터 시작된 자신의 발달 과정을 역순으로 다시 경험한다. 이전에는 아스트랄체가 태어날 때 자기 안에 맹아로 존재했던 것을 먼저 발전시키고, 그 다음에 "자아"가 태어난 뒤에는 외부 세계의 체험들을 통해서 스스로를 풍요롭게 하는 식으로 발달하며, 특정한 시기부터는 자신의 에테르체를 바탕으로 스스로를 정신적으로 키우기 시작한다. 아스트랄체가 에테르체를 소모하는 것이다. 삶이 계속되는 동안 에테르체도 물질체를 소모하기 시작한다. 노년에 일어나는 물질체의 쇠퇴는 그것과 관련되어 있다. 이로써 인간의 삶의 과정은 세 부분으로 나뉜다. 물질체와 에테르체가 펼쳐지는 시기, 아스트랄체와 "자아"가 발달하는 시기, 마지막으로 에테르체와 물질체가 변하는 시기 등이 그것이다. 다만 아스트랄체는 탄생과 죽음 사이에 일어나는 모든 과정에 관여한다. 그런데 아스트랄체는 원래 열두 살에서 열여섯 살 사이에야 비로소 정신적으로 태어나고, 삶의 마지막 시기에는 에테르와 물질체의 힘에 기대어 살아야만 한다. 그로 인해서 아스트랄체가 자신의 힘으로 할 수 있는 것은 물질체와 에테르체 안에 있지 않았을 때보다 더 천천히 발달하게 된다. 따라서 죽음 이후 물질체와 에테르체가 떨어져 나간 뒤 정화 시기(〈잠과 죽음〉 참조)에 이루어지는 발달은 탄생과 죽음 사이의 삶에 필요한 기간의 3분의 1이 걸린다.

정신세계의 고차적 영역들

7   초감각적 인식은 상상과 영감과 직관에 의해서 서서히 정신세계의 영역으로 올라가며, 거기서 우주와 인류의 발달에 참여한 존재들에 도달하게 된다. 또한 그럼으로써 죽음과 새로운 탄생 사이에 일어나는 인간의 발달을 이해할 수 있는 방식으로 추적하는 일도 가능해진다. 이제 고차적 존재 영역들이 있는데, 여기서는 그에 대해 간략하게만 제시할 수 있다. 직관에까지 올라섰다면 초감각적 인식은 정신들의 세계에서 살아간다. 이 존재들도 발달을 경험한다. 현재 인류의 관심사는 거의 직관의 세계로까지 확장된다. 다만 인간은 죽음과 새로운 탄생 사이의 발달 과정에서 고차적 세계들에서 오는 영향도 받지만 그 영향을 직접적으로 경험하지는 못한다. 정신세계의 존재들이 그 영향을 인간에게 전달한다. 그리고 정신세계의 존재들이 관찰된다면, 인간에게 일어나는 모든 것이 드러난다. 그러나 이 존재들 자신의 관심사, 즉 이들이 인간의 발달을 이끌기 위해서 스스로 필요로 하는 것은 직관을 넘어서는 인식을 통해서만 관찰될 수 있다. 그렇게 되면 지구에서는 가장 높은 정신적 관심사가 거기서는 더 낮은 것에 속하는 것으로 여겨지는 세계들에 대한 단서가 주어진다.

예를 들어 이성적 결정은 지상 영역에서는 가장 높은 영역에 속하고, 광물계의 작용은 가장 낮은 영역에 속한다. 그런데 고차적 영역에서 이성적 결정은 지상에서 광물계의 작용이 차지하는 위치와 비슷하다. 정신적 원인들에 의해서 우주의 계획이 짜이는 그 영역은 직관의 영역 위에 놓여 있다.

인간의 본질적 구성 요소들

8   "자아"가 인간 본질의 구성 요소들인 물질체, 에테르체, 아스트랄체에 작용해 이들을 역순으로 자아정신, 생명정신, 정신인간으로 변형시킨다고 언급했는데, 이 말은 최고의 능력을 통해서 인간 존재에 작용하는 자아의 활동에 관한 이야기이며, 그 능력들의 발달은 지구 상태의 과정에서 비로소 시작되었다. 그러나 이 변형에 앞서 낮은 단계에서 다른 변형이 일어나며, 이를 통해서 감정영혼, 지성영혼, 의식영혼이 생겨난다. 인간의 발달 과정에서 감정영혼이 형성되는 동안 아스트랄체에서 변화가 일어나며, 지성영혼의 형성은 에테르체의 변형에서, 의식영혼의 형성은 물질체의 변형에서 나타난다. 이 책에서 제시된 지구 발달의 서술 과정에서는 거기에 대한 자세한 내용이 언급되었다. 따라서 어떤 의미에서는 감정영혼은 변형된 아스트랄체, 지성영혼은 변형된 에테르체, 의식영혼은 변형된 물질체를 바탕으로 한다고 말할 수 있다. 그러나 영혼의 이 세 구성 요소는 아스

트랄체의 부분들이라고 말할 수도 있는데, 예를 들어 의식영혼은 의식영혼에 적응한 물질체 안에 있는 아스트랄적 본질이라는 것을 통해서만 있을 수 있기 때문이다. 다시 말해서 의식영혼은 자신의 거주지로 만들어진 물질체 안에서 아스트랄적 삶을 살아가는 것이다.

꿈꾸는 상태

9   꿈꾸는 상태는 어떤 측면에서는 이 책의 〈잠과 죽음〉 장에서 이미 그 특징이 서술되었다. 다른 측면에서는 인간이 달 발달 기간과 지구 발달의 상당 기간 동안에 획득한 옛 상 의식의 잔재로 이해된다. 발달은 이전의 상태들이 이후의 상태들에 영향을 미치는 방식으로 앞으로 나아간다. 그래서 꿈꾸는 상태에 있는 동안 인간에게는 이전에 보통의 상태였던 것의 잔재가 나타난다. 그러나 이 상태는 다른 측면에서는 옛 상 의식과는 또 다르다. 자아가 형성된 이후로는 자아도 꿈을 꾸는 동안 일어나는 아스트랄체의 과정들에 영향을 주기 때문이다. 그래서 꿈에서는 자아의 현존에 의해서 변화된 상 의식이 나타난다. 그러나 꿈을 꾸는 동안 자아는 아스트랄체에 대한 자신의 활동을 의식적으로 행하는 것이 아니고, 따라서 꿈 활동의 영역에 속하는 그 어떤 것도 실제로는 정신과학의 의미에서 초감각적 세계의 인식으로 이끌 수 있는 것으로 고려되어서는 안 된다. 흔히 환영, 예감, 또는 "예지력Deuteroskopie"으로 부르는 것도 마찬가지다. 이

런 것들은 "자아"가 차단되고 그 결과로 옛 의식 상태들의 잔재가 생겨남으로써 이루어진다. 그러나 이것들은 정신과학에서 직접적으로 사용되지는 않는데, 그 안에서 관찰되는 것은 진정한 의미에서 정신과학의 결과로 간주될 수 없기 때문이다.

초감각적 인식에 도달하기 위하여

10 이 책에서 상세하게 기술한 초감각적 세계의 인식에 도달하는 길은 "직접적인 인식의 길"로 불릴 수 있다. 그 외에도 "감정의 길"로 부를 수 있는 또 다른 길이 있다. 그렇다고 해서 직접적인 인식의 길이 감정의 발달과는 아무 상관이 없으리라고 생각하는 것은 전적으로 옳지 않다. 그 길은 오히려 감정 생활을 최대한으로 심화시킨다. 그러나 "감정의 길"은 그야말로 *직접적*으로 단순한 감정으로 향하고, 거기서부터 인식으로 올라가려고 한다. 이 길은 영혼이 일정 시간 동안 하나의 감정에 완전히 몰입하면 그 감정이 하나의 인식으로, 명료한 직관으로 바뀌는 것에 근거한다. 예를 들어 영혼이 몇 주나 몇 달, 또는 그보다 오래 겸허의 감정으로 가득 차 있으면, 그 감정의 내용이 어떤 직관으로 바뀐다. 그런 감정을 단계적으로 거치는 방법으로도 초감각적 영역으로 들어가는 길을 찾을 수 있다. 그러나 일상적인 삶의 조건들 내에서 살아가는 현재의 인간이 이를 실행하기는 쉽지 않다. 그 과정에서는 고독, 지금의 삶으로부터의 은거 등

이 거의 불가피하다. 일상생활이 제공하는 인상들은 특히 발달 초기에 영혼이 특정한 감정에 침잠함으로써 도달하는 상태를 해치기 때문이다. 그에 반해 이 책에서 서술한 인식의 길은 현재의 모든 삶의 상황에서 실행될 수 있다.

정신세계의 특수한 일들과 존재들에 대한 관찰

11   초감각적 인식에 도달하기 위한 수단인 내적 침잠을 비롯한 수단들이 단지 죽음과 새로운 탄생 사이에 있는 인간의 *관찰만* 허용하는지, 아니면 다른 정신적 과정들을 *일반적으로* 허용하는지, 또는 죽은 사람처럼 아주 분명한 개별 과정과 존재들을 관찰하는 것도 가능하게 하는지에 대해 의문이 제기될 수 있다. 거기에 대해서는 다음과 같이 대답할 수밖에 없다. 즉 여기 서술된 수단들을 통해서 정신세계를 관찰할 수 있는 능력을 얻은 사람은 그 세계에서 일어나는 개별 사항들도 관찰할 수 있게 된다고 말이다. 그런 사람은 죽음과 새로운 탄생 사이에 *정신세계에* 살고 있는 사람들과 결합하는 능력을 얻는다. 다만 그런 일은 초감각적 인식을 위한 본격적인 수련을 거치고 난 이후에 정신과학의 의미에서 일어난다는 점을 유념해야 한다. 그 이후에야 특수한 일들과 존재들에 관련된 착각과 현실을 구분할 수 있기 때문이다. 올바른 수련 없이 개별적인 것을 관찰하려고 하는 사람은 수많은 착각의 제물이 될 수 있다. 심지어는 가장 기본적인

것, 즉 초감각적 세계의 *특별한* 사실들에 대한 인상이 어떻게 해석될 수 있는지 이해하는 것도 발전된 정신 수련 없이는 불가능하다. 이 책에 기술된 것의 관찰을 위해서 고차적 세계로 인도하는 정신 수련은 개별적인 한 인간의 죽음 이후의 삶도 추적할 수 있게 해주며, 나아가 감춰진 세계로부터 드러난 세계로 영향을 미치는 모든 특별한 정신적-영혼적 존재들도 관찰하고 이해할 수 있게 해준다. 그러나 특히 개별적인 것에 대한 확실한 관찰은 정신세계의 보편적이고 중요한, 모든 인간과 관련된 우주와 인류의 사실들에 대한 인식이 있어야 가능하다. 하나를 갈망하면서 다른 하나를 원하지 않는 사람은 잘못된 길을 가는 것이다. 정신세계의 관찰과 관련해서 겪어야만 하는 경험들에 따르면, 우리가 무엇보다도 *갈망하는* 초감각적 삶의 영역들로 들어가는 일은 보편적 인식 문제에만 관심을 쏟는 진지하고 어려운 길에서 삶의 의미를 밝혀주는 것을 얻으려고 애쓰는 사람에게만 주어진다. 순수하고 사심 없는 인식에 대한 갈망에서 그 길을 걸었다면, 비로소 그는 개별적인 일들을 관찰할 수 있을 정도로 성숙한 상태이다. 비록 갈망하는 사람 자신은 예를 들어 죽은 사람에 대한 사랑에서 정신세계에 대한 인식을 추구한다고 믿었다 하더라도 전에는 그런 일들에 대한 관찰이 단지 이기적 욕망을 충족하는 일이었을 것이다. 정신과학의 보편적 문제들에 대한 진지한 관심 때문에 특별한 것도 이기적 욕망 없이 객관적인 과학적 진리처럼 받아들일 수 있게 된 사람만이 특별한 것을 통찰할 수 있다.

특별한 언급

(본문 67쪽 이하)

이 책에서 기억력에 대해 제시한 설명들은 아주 쉽게 오해될 여지가 있다. 외적 과정들만 관찰하는 사람은 기억과 비슷한 무엇인가 나타날 때 동물에서, 심지어는 식물에서 일어나는 것과 여기서 인간의 실제 기억이라고 서술한 것 사이의 차이를 곧바로 알아차리지 못할 것이기 때문이다. 만일 어떤 동물이 하나의 행동을 세 번이나 네 번 행한다면, 그 동물은 해당 행동의 외적 과정이 마치 기억이 있고 기억과 결합된 학습이 있는 것처럼 보이게 행동할 수 있을 것이다. 개별적인 자연 연구자들과 그 추종자들이 하는 것처럼 심지어는 기억이나 기억력의 개념까지 다음과 같이 말할 정도로 확장할 수도 있다. 즉 병아리는 알을 깨고 나오면 바로 낟알을 쪼아 먹고, 심지어는 *머리와 몸*을 목표에 도달하도록 움직일 줄 안다. 그것은 알 속에서 배울 수 있는 것이 아니고 그 병아리가 유래한 수천수만 개의 존재들을 통해서 배운 것이라고 말이다. (가령 헤링이 그렇게 말한다.)[42] 여기 제시된 현상을 기억처럼 보

---

42) 에발트 헤링(Ewald Hering, 1834-1918), 《조직화된 물질의 일반적 기능으로서의 기억에 관하여 Über das Gedächtnis als eine allgemeine Funktion der organisierten Materie》, Wien 1870.

이는 무엇인가로 나타낼 수는 있다. 그러나 인간 안에서 이전 상태가 이후 상태에 미치는 영향으로가 아니라 이전 체험들이 나중에 실제적인 인지 과정으로 나타나는 매우 특별한 것에 주목하지 않는다면, 인간 존재에 대한 진정한 이해에는 결코 도달하지 못할 것이다. 여기 이 책에서 말하는 기억이란 이전의 것이 비록 변화된 상태라도 나중의 것 속에 단순히 재등장하는 것이 아니라 지나간 것을 실제로 *인지하는 것*이다. 기억이라는 단어를 식물계와 동물계의 상응하는 과정들에도 사용하고자 한다면 인간에 대해서는 다른 단어를 사용해야 할 것이다. 이 책에 언급된 설명에서는 결코 단어가 문제가 아니며, 중요한 것은 인간 존재의 이해를 위해서는 *차이가 인식되어야 한다*는 사실이다. 동물들에게서 나타나는 외견상 상당히 높은 수준의 지적 능력도 *여기서* 기억으로 불리는 것과 연관시켜서는 안 된다.

(본문 86쪽 이하)

자아의 활동에 의해 아스트랄체에서 이루어지는 변화들과 에테르체에서 일어나는 변화들 사이에는 명확한 경계를 지을 수가 없다. 하나가 다른 하나로 넘어가기 때문이다. 인간이 무엇인가를 배워서 일정한 판단 능력을 얻는다면, 이는 아스트랄체에서 변화가 일어난 것이다. 그러나 그 판단이 그의 영혼 상태를 변화시켜 배움 이후에는 어떤 일을 이전과는 다르게 *느끼는 데* 익숙해지게 한다면, 그것은 에테르체에 변화가 있는 것이다. 이렇게 인간이 반복적으로 기억할 수 있음으로써 그의 소유가 되는 모든 것은 에테르체의 변화에 근거한다. 서서히 기억의 확고한 자원이 되는 것의 바탕에는 아스트랄체에 대한 작업이 에테르체로 옮겨졌다는 사실이 깔려 있다.

(본문 90쪽 이하)

　잠과 피로의 관계는 대부분 사실들이 요구하는 방식에서 관찰되지 않는다. 우리는 잠이 피로 때문에 나타난다고 생각한다. 그러나 이 생각이 너무 단순하다는 사실은 종종 전혀 피곤하지 않은 사람이 관심 없는 연설을 듣거나 비슷한 기회에 잠이 드는 경우에서 알 수 있다. 인간은 바로 그런 일로 인해 피로해진다고 주장하는 사람의 설명 방식에는 올바른 인식적 진지함이 결여되어 있다. 선입견 없는 관찰에서 중요한 것은 깨어있는 것과 잠자는 것이 몸에 대한 영혼의 서로 다른 관계를 명시한다는 것으로, 그 관계는 진자의 왕복 운동처럼 리드미컬하게 연속되는 규칙적인 삶의 과정에서 나타날 수밖에 없다. 그런 선입견 없는 관찰에서는 외부 세계의 인상들로 가득 차 있는 영혼의 상태가 영혼 안에 어떤 욕망을 일깨운다는 사실이 드러나는데, 자신의 신체성을 향유하는 데 몰두함으로써 그 상태 이후 다른 상태로 들어가려는 욕망이 그것이다. 이때는 두 가지 영혼 상태가 교대된다. 즉 외부 인상에 몰입한 상태와 자기 신체성에 몰입한 상태가 교차하는 것이다. 첫 번째 상태에서는 두 번째 상태에 대한 갈망이 무의식적으로 생겨나는데, 그것은 무의식 속에서조차 계속된다. 자신의 신체성을 향유하려는 갈망의 표현이 피로다. 따라서 원래는 피곤하다고 느껴서 잠을 자려는 것이 아니라 잠을 자고 싶어서 피곤하다고 느끼는 것이라고 말해야 한다. 인간 영혼은 보통의 삶에 필연적으로 나타나는 상태들도 자의적으로 자기 안에 불러일으킬 수 있는데, 이는 그런 것에 익숙해져 있기 때문이다. 그래서 주어진 외부 인상에 둔감해졌을 때 영혼은 자신의 신체성을 향유하려는 욕망을 불러일으키는 것이 가능하다. 다시 말해서 영혼은 인간의 내적 상태로는 그럴 이유가 없을 때도 잠드는 것이다.

(본문 129쪽 이하)

단순한 "유전" 법칙의 지배를 받는 것이 인간의 개인적 재능이라면, 그 재능은 혈연 관계의 끝이 아니라 처음에 나타나야 한다는 말은 당연히 잘못 이해되기 십상이다. *그런 재능*은 일단 발달해야 하기 때문에 처음에는 나타날 수 없다고 말할 수 있을 것이다. 그러나 그것은 올바른 반박이 아니다. 무엇인가가 그에 선행하는 것에서 유전되었다는 사실을 증명하려면, 이전에 이미 있었던 것이 어떻게 후손에서 다시 발견되는지를 보여주어야 하기 때문이다. 계속되는 과정에서 다시 발견될 무엇인가가 혈연관계의 처음에 있었다는 것이 드러났다면 유전에 대해 말할 수 있을 것이다. 그러나 이전에 없었던 무엇인가가 마지막에 나타났다면 그것을 두고 유전을 말할 수는 없다. 앞에 제시한 문장을 뒤바꾼 것은 유전에 대한 생각이 불가능한 생각임을 보이려는 것일 뿐이다.

(본문 155쪽 이하)

이 책의 개별 장들에서는 인간의 세계와 인간 자신이 어떻게 토성, 태양, 달, 지구, 목성, 금성, 화산이라는 이름으로 지칭된 상태들을 거치는지 서술되었다. 또한 인간의 발달이 지구 옆에 있는 토성, 목성, 화성 등으로 언급된 천체들과 어떤 관계에 있는지도 대략 서술되었다. 토성, 목성, 화성 등의 천체들도 당연히 제각기 자신의 발달을 거친다. 이들은 현재 이들에게서 지각되는 물질적 부분들이 물리천문학에서 토성, 목성, 화성 등으로 부르는 것으로 나타나는 단계에 도달해 있다. 이제 정신과학의 의미에서 현재의 토성을 관찰한다면, 그것은 어느 정도는 옛 토성이었던 것이 재형체화한 것이다. 토성은 태양이 지구에서 분리되기 전에 그 분리에 동참할 수 *없었던* 어떤 존재들이 있었기 때문에 생겨났는데, 그 존재들은 토성의 삶에 적합한 특성들을 너무 많이 편입해 있어서 태양의 특성들이 우선적으로 펼쳐지는 곳에는 있을 수 없었던 것이다. 그러나 현재의 목성이 생겨난 것은 미래의 목성에서야 비로소 전체 발달이 이루어질 수 있는 특성들을 지닌 존재들이 있었기 때문이다. 이 존재들을 위해서는 이들이 이후의 발달을 선취할 수 있는 거처가 생겨났다. 이처럼 화성은 달의 발달을 거치는 동안 지구에서는 더 이상 펼쳐낼 수 있는 것이 전혀 주어지지 않은 존재들이 거주하는 천체이다. 화성은 옛 달이 고차적 단계에서 재형체화한 것이다. 현재의 수성은 지구의 어떤 특성들을 지구에서 일어날 수 있는 것보다 고차적 방식으로 형성하고 있으며, 그래서 지구의 발달보다 더 나아간 존재들을 위한 거주지이다. 현재의 금성은 비슷한 방식으로 미래의 금성 상태를 예언적으로 선취한 천체이다. 지구에 선행했고 지구에 뒤따르는 상태들을 명명하기 위해 현재 우주에 있는 천체들을 선택한 것이 이 모든 설명으로 정당화된다. 초감각적으로 관찰된 토성과 태양 등의 상태들, 그리고 같은 이름으로 불리는 물리적 천체들을 이렇게 나란히 놓은 것에 대해 외적인 자연 관찰에 경도된 지성을 동원해서 판단하려는 사람은 당연히 여기 제시한 것에 많은 이의를 제기할 것이다. 그러나 태양계를 수학적 표상을 이용하여 공간적-시간적 사건의 상으로 나타낼 수 있는 것처럼, 초감각적 인식으로 그 수학적 상에 영혼적인 내용을 섞는 것이 가능하다. 그러면 앞에서 언급한 병렬 방식이 적합한 구성이 될 것이다. 그런데 영혼적인 내용의 이런 혼입은 엄격한 자연과학적 관찰을 실행하는 다른 경우들에도 일어난다. 다만 그런 관찰 방식은 아직은 순전히 수학적-기계적 개념들에 따라 태양계와 지구의 상호 관계를 찾는 경우로 한정된다. 그런 일을 행하는 것으로 미래의 자연과학은 스스로 기계적인 것을 영혼적인 것으로 확장하는 사고를 지향하게 될 것이다. 그런 확장이 현재 자연과학적 사고의 토대 위에서도 *일어날 수 있음*을 보여주려면 그런 문제만을 다루는 책을 한 권 별도로 써야 할 것이다. 여기서는 문제가 되는 것에 대해서만 언급할 수 있는데, 다만 그렇게 언급한 것은 결과적으로 많은 오해를 야기한다. *외견상일 따름이지만* 정신과학은 종종 자연과학과 일치하지 않는다. 이는 오늘날 자연과학이 초감각적 인식이 요구하는 사고만이 아니라 감각적으로 지각할 수 있는 것을 고수하는 인식이 정말로 요구하는 사고도 하려 하지 않기 때문이다. 선입견 없는 관찰자는 현재의 자연과학적 관찰 결과들 곳곳에서 순전히 감각적으로 지각되는 다른 관찰 영역들에 대한 단서들을 발견한다. 장차 순전히 자연과학적으로 연구하기 시작할 그 영역들은 초감각적 통찰로 드러나는 것이 자연 관찰에 의해서 완전히 확인된다는 사실을 보여줄 것인데, 이는 그 초감각적 인식이 감각적으로 지각되는 현현에 상응하는 초감각적 세계 사건과 관련되는 한에서 그럴 것이다.

발행인 보충 설명

이 책의 판본에 관하여

여기 이 책은 1925년에 제16-20번째 판으로 출간된 저자 최종본을 기반으로 했다. 제27판(1962년)의 출간을 위해 기존 원고들과 본문을 비교하는 작업이 이루어졌고, 제30판(1989년)에 대해서도 루돌프 슈타이너가 마지막으로 정리한 최종본(1925년)과 비교하는 작업이 시도되었다. 최종본 이후 발행인들에 의해 시도된 모든 수정 사항은 다시 검토되어 무효화되었거나 필요한 경우에는 그대로 둔 채 관련 내용에 대한 설명이 더해졌다. 철자법과 구두법의 통일은 특별히 언급되지 않았다. 지금까지 독자로부터 받은 모든 수정 제안도 다시 한 번 검토되었고, 거기서 비롯된 몇 가지 수정 사항은 본문에 반영되었다. 의심스러운 경우에는 이전에 나온 판본들과 기존의 원고들이 사용되었다.

그 밖에도 이 제30판(1989년)에는 본문을 설명하는 추가적인 참고 저작과 인명 색인이 더해졌다.

다비트 호프만David Hoffmann

440

인명 색인

루돌프 슈타이너 전집 목록

루돌프 슈타이너 - 문학적-예술적 작품. 도서 목록 일람에 따른 구성
(전집 번호는 괄호 안에 이탤릭체로 표기하고, 서제는 한국인지학출판사 출판물 서제를 따름)

A. 저작물

I. 저서

- Goethes Naturwissenschaftliche Schriften, eingeleitet und kommentiert von R. Steiner, 5Bände, 1884-97, Neuausgabe 1975, *(1a-e)*, separate Ausgabe der Einleitungen, 1925 *(1)*
  《괴테의 자연과학 저술들》, 루돌프 슈타이너의 서문과 주해, 총 5권. 1975년 개정판, 1925년 서문 독립판
- Grundlinien einer Erkenntnistheorie der Goetheschen Weltanschauung, 1886 *(2)*
  《괴테 세계관의 인식론적 기초》(한국어판: 괴테 세계관의 인식론적 기초, 한국인지학출판사 2018)
- Wahrheit und Wissenschaft. Vorspiel einer 〈Philosophie der Freiheit〉, 1892 *(3)*
  《진리와 학문. 〈자유의 철학〉 서막》
- Die Philosophie der Freiheit. Grundzüge einer modernen Weltanschauung, 1894 *(4)*

《자유의 철학. 현대적 세계관의 기본 특징들》
- Friedrich Nietzsche. Ein Kämpfer gegen seine Zeit, 1895 *(5)*
  《프리드리히 니체. 시대에 맞선 투사》
- Goethes Weltanschauung, 1897 *(6)*
  《괴테의 세계관》
- Die Mystik im Aufgange des neuzeitlichen Geisteslebens und ihr Verhältnis zur modernen Weltanschauung, 1901 *(7)*
  《근대 정신 생활의 등장에 나타나는 신비주의와 현대 세계관과의 관계》
- Das Christentum als mystische Tatsache und die Mysterien des Altertums, 1902 *(8)*
  《신비적 사실인 그리스도교와 고대의 비밀 의식들》
- Theosophie. Einführung in übersinnliche Welterkenntnis und Menschenbestimmung, 1904 *(9)*
  《신지학. 초감각적 세계 인식과 인간 규정 입문》
- Wie erlangt man Erkenntnisse der höheren Welten? 1904-05 *(10)*
  《어떻게 고차적 세계의 인식에 도달할 것인가?》
- Aus der Akasha-Chronik 1904-08 *(11)*
  《아카샤 연대기로부터》(한국어판: 인간과 지구의 발달. 아카샤 기록의 해석, 한국인지학출판사 2018)
- Die Stufen der höheren Erkenntnis 1905-08 *(12)*
  《고차적 인식의 단계들》
- Die Geheimwissenschaft im Umriss 1910 *(13)*
  《비밀학 개요》(한국어판: 비밀학 개요, 한국인지학출판사 2024)
- Vier Mysteriendramen: Die Pforte der Einweihung / Die Prüfung der Seele / Der Hüter der Schwelle / Der Seelen Erwachen, 1910-13 *(14)*
  《신비극 4편》: 입문의 문 / 영혼의 시련 / 문턱의 수호자 / 영혼의 각성
- Die geistige Führung des Menschen und der Menschheit, 1911 *(15)*
  《인간과 인류의 정신적 인도》
- Anthroposophischer Seelenkalender, 1912 *(in 40)*
  《인지학 영혼 달력》(한국어판: 인지학 영혼달력. 루돌프 슈타이너 명상시 52편, 한국인지학출판사 2017)
- Ein Weg zur Selbsterkenntnis des Menschen, 1912 *(16)*

《인간의 자기 인식을 위한 길》
- Die Schwelle der geistigen Welt, 1913 *(17)*
《정신세계의 문턱》
- Die Rätsel der Philosophie in ihrer Geschichte als Umriss dargestellt, 1914 *(18)*
《철학의 역사 속에서 개요로 서술된 철학의 수수께끼》
- Vom Menschenrätsel, 1916 *(20)*
《인간의 수수께끼에 관하여》
- Von Seelenrätseln, 1917 *(21)*
《영혼의 수수께끼에 관하여》
- Goethes Geistesart in ihrer Offenbarung durch seinen Faust und durch das Märchen von der Schlange und der Lilie, 1918 *(22)*
《파우스트와 동화 초록 뱀과 아름다운 백합을 통해 드러나는 괴테의 정신적 특징》
- Die Kernpunkte der sozialen Frage in den Lebensnotwendigkeiten der Gegenwart und Zukunft, 1919 *(23)*
《현재와 미래의 삶에 필수적인 사회 문제의 핵심》
- Aufsätze über die Dreigliederung des sozialen Organismus und zur Zeitlage 1915-1921, *(24)*
《사회 유기체의 3구성과 시대 상황에 관한 논문들》
- Philosophie, Kosmologie, Religion, 1922 *(25)*
《철학, 우주론, 종교》(한국어판: 철학, 우주론, 종교. 인지학에서 바라본 세 영역, 한국인지학출판사 2018)
- Anthroposophische Leitsätze, 1924-25 *(26)*
《인지학의 기본 원칙들》(한국어판: 인지학의 기본 원칙들, 한국인지학출판사 2024)
- Grundlegendes für eine Erweiterung der Heilkunst nach geisteswissen-schaftlichen Erkenntnissen, 1925. Von Dr. R. Steiner und Dr. I. Wegman *(27)*
《정신과학적 인식에 의한 치유법의 확장을 위한 토대》. 루돌프 슈타이너 박사와 이타 베흐만 박사 공저
- Mcin Lcbensgang, 1923-25 *(28)*
《루돌프 슈타이너 자서전 - 내 인생의 발자취》(한국어판: 루돌프 슈타이너 자서전. 내 인생의 발자취, 한국인지학출판사 2018)

II. 논문 모음

- Gesammelte Aufsätze zur Dramaturgie, 1889-1901 *(29)*
  《극작법에 관한 논문들》
- Methodische Grundlagen der Anthroposophie, 1884-1901 *(30)*
  《인지학의 방법론적 토대》
- Gesammelte Aufsätze zur Kultur- und Zeitgeschichte, 1887-1901 *(31)*
  《문화사와 시대사에 관한 논문들》
- Gesammelte Aufsätze zur Literatur, 1884-1902 *(32)*
  《문학에 관한 논문들》
- Biographien und biographische Skizzen, 1894-1905 *(33)*
  《전기와 전기적 초안들》
- Aufsätze aus 〈Lucifer-Gnosis〉, 1903-1908 *(34)*
  《잡지 〈루시퍼-그노시스〉에 실린 논문들》
- Philosophie und Anthroposophie, 1904-1918 *(35)*
  《철학과 인지학》
- Aufsätze aus 〈Das Goetheanum〉, 1921-1925 *(36)*
  《잡지 〈괴테아눔〉에 실린 논문들》

III. 유고 간행물

- Briefe 편지들 / Wahrspruchworte 잠언집 / Bühnenbearbeitungen 무대 작업
  들 / Entwürfe zu Vier Mysteriendramen, 1910-1913 신비극 4편을 위한 초안들
  / Anthroposophie. Ein Fragment aus dem Jahre 1910 인지학. 1910년에 나온
  미완성 원고 / Gesammelte Skizzen und Fragmente 스케치와 미완성 원고들 /
  Aus Notizbüchern und Notizblättern 수첩과 메모장에 적힌 글 모음 / *(38-47)*

B. 강연 저작

I. 공개 강연

- Berliner öffentlichen Vortragsreihen, 1903/1904 bis 1917/1918 *(51-56)*
  베를린 연속 강연
- Öffentliche Vorträge, Vortragsreihen und Hochschulkurse an anderen
  Orten Europas 1906-1924 *(68-84)*
  공개 강연, 연속 강연, 유럽 각지 대학에서 열린 강좌 내용 모음

II. 인지학협회 회원을 위한 강연

- Vorträge und Vortragszyklen allgemein-anthroposophischen Inhalts 일반
  적인 인지학 내용에 대한 강연과 연속 강연 모음
- Christologie und Evangelien-Betrachtungen 그리스도론과 복음서 고찰
- Geisteswissenschaftliche Menschenkunde 정신과학적 인간학
- Kosmische und menschliche Geschichte 우주와 인간의 역사
- Die geisteigen Hintergründe der sozialen Frage 사회 문제의 정신적 배경
- Der Mensch in seinem Zusammenhang mit dem Kosmos 우주와의 관계 속
  에 존재하는 인간
- Karma-Betrachtungen 카르마 고찰 *(91-244)*
- Vorträge und Schriften zur Geschichte der anthroposophischen Bewegung
  und der Anthroposophischen Gesellschaft 인지학 운동과 인지학 협회의 역사
  에 관한 강연과 저술들 *(251-266)*

III. 개별적인 삶의 영역들에 관한 강연과 강좌

- Vorträge über Kunst: Allgemein-Künstliches 예술에 관한 강연들: 일반적인 예
  술을 다룬 강연
- Eurythmie 오이리트미
- Sprachgestaltung und Dramatische Kunst 언어 구성과 극예술

- Musik 음악
- Bildende Künste 조형 예술
- Kunstgeschichte 예술사 *(271-292)*
- Vorträge über Erziehung 교육에 관한 강연들 *(293-311)*
- Vorträge über Medizin 의학에 관한 강연들 *(312-319)*
- Vorträge über Naturwissenschaft 자연과학에 관한 강연들 *(320- 327)*
- Vorträge über das soziale Leben und die Dreigliederung des sozialen Organismus 사회적 삶과 사회 유기체의 3구성에 관한 강연들 *(328-341)*
- Vorträge für die Arbeiter am Getheanumbau 괴테아눔 건설 노동자들을 위한 강연들 *(347-354)*

C. 예술 작품

- Originalgetreue Wiedergabe von malerischen und graphischen Entwürfen und Skizzen Rudolf Steiners in Kunstmappen oder als Einzelblätter: Entwürfe für die Malerei des Ersten Getheanum 루돌프 슈타이너가 스케치북이나 낱장에 그린 그림 및 그래픽의 초안과 스케치를 원본에 충실하게 재현: 첫 번째 괴테아눔을 위해 구상한 그림들
- Schulungsskizzen für Maler 화가를 위한 연습 스케치
- Programmbilder für Eurythmie-Aufführungen 오이리트미 공연을 위한 프로그램 그림들
- Eurythmieformen 오이리트미 동선들
- Entwürfe zu den Eurythmiefiguren, u. a. 오이리트미 모형물 등에 대한 구상들